Programación de servicios y procesos

3.ª edición

M.ª Jesús Ramos Martín

Técnico Superior en **Desarrollo de Aplicaciones Multiplataforma**

Programación de servicios y procesos

3.ª edición

![Garceta grupo editorial]

Programación de servicios y procesos 3.ª Edición

M.ª Jesús Ramos Martín

ISBN: 978-84-1903-491-5

IBERGARCETA PUBLICACIONES, S.L., Madrid, 2025

Edición: 3.ª

N.º de páginas: 344

Formato: 20 × 26 cm.

Materia IBIC: UMW. Programación Web

Programación de servicios y procesos. 3.ª Edición
© **M.ª Jesús Ramos Martín**
COPYRIGHT © 2025 IBERGARCETA PUBLICACIONES, S.L.
info@garceta.es

Edición: 3.ª

Impresión: 1.ª

ISBN: 978-84-1903-491-5

Depósito Legal: M-17562-2025

Imagen de cubierta Spring, de Ignacio Ferre Pérez © Flickr con licencia Creative Commons 001

Impresión: Imprenta Valle del Tiétar, S.L.
OI: 0254/2025

IMPRESO EN ESPAÑA - PRINTED IN SPAIN

ÍNDICE

PROGRAMACIÓN MULTIPROCESO

Objetivos

Conocer las características de un proceso y su ejecución por el sistema operativo.

Conocer las características y diferencias de la programación concurrente, paralela y distribuida.

Crear procesos en Linux y utilizar clases Java para crear procesos en Windows.

RESUMEN DEL CAPÍTULO

En este capítulo estudiaremos los procesos. Aprenderemos a gestionar los procesos que se están ejecutando en el sistema operativo. Utilizaremos clases para lanzar procesos. Conoceremos las características de la programación concurrente, paralela y distribuida.

1.1. INTRODUCCIÓN

Todos los ordenadores actuales realizan varias tareas a la vez, por ejemplo, ejecutar un programa de procesador de textos, leer información de un disco duro, imprimir un documento por la impresora, visualizar información en pantalla, etc. Cuando un programa se carga en la memoria para su ejecución se convierte en un proceso.

En un sistema operativo **multiproceso** o **multitarea** se puede ejecutar más de un proceso (programa) a la vez, dando la sensación al usuario de que cada proceso es el único que se está ejecutando. La única forma de ejecutar varios procesos simultáneamente es tener varias CPUs (ya sea en una máquina o en varias). En los sistemas operativos con una única CPU se va alternando la ejecución de los procesos, es decir, se quita un proceso de la CPU, se ejecuta otro y se vuelve a colocar el primero sin que se entere de nada; esta operación se realiza tan rápido que parece que cada proceso tiene dedicación exclusiva.

La **programación multiproceso** tiene en cuenta la posibilidad de que múltiples procesos puedan estar ejecutándose simultáneamente sobre el mismo código de programa. Es decir, desde una misma aplicación podemos realizar varias tareas de forma simultánea, o lo que es lo mismo, podemos dividir un proceso en varios subprocesos. En este capítulo aprenderemos a ejecutar varios procesos simultáneamente.

1.2. PROCESOS Y SISTEMA OPERATIVO

Se puede definir un **proceso** como un programa en ejecución. Consiste básicamente en el código ejecutable del programa, los datos y la pila del programa, el contador de programa, el puntero de pila y otros registros, y toda la información necesaria para ejecutar el programa.

Todos los programas que se ejecutan en el ordenador se organizan como un conjunto de procesos. El sistema operativo decide parar la ejecución de un proceso, por ejemplo, porque ha consumido su tiempo de CPU, y arrancar la de otro. Cuando se suspende temporalmente la ejecución de un proceso debe rearrancarse posteriormente en el mismo estado en que encontraba cuando se paró, esto implica que toda la información referente al proceso debe almacenarse en alguna parte.

El **BCP** es una estructura de datos llamada *Bloque de Control de Proceso* donde se almacena información acerca de un proceso:

- Identificación del proceso. Cada proceso que se inicia es referenciado por un identificador único.

- Estado del proceso.

- Contador de programa.

- Registros de CPU.

- Información de planificación de CPU como la prioridad del proceso.

- Información de gestión de memoria.

- Información contable como la cantidad de tiempo de CPU y tiempo real consumido.

- Información de estado de E/S como la lista de dispositivos asignados, ficheros abiertos, etc.

Mediante el comando **ps** (*process status*) de Linux podemos ver parte de la información asociada a cada proceso. El siguiente ejemplo muestra los procesos actualmente vivos en la máquina, se muestran 2 procesos ejecutándose, uno es el Shell (**bash**) y el otro es la ejecución de la orden **ps**:

```
mj@linuxmint:~$ ps
    PID TTY          TIME CMD
   1926 pts/0     00:00:00 bash
   1932 pts/0     00:00:00 ps
```

PID: identificador del proceso:

TTY: terminal asociado del que lee y al que escribe. Si no hay aparece interrogación.

TIME: tiempo de ejecución asociado, es la cantidad total de tiempo de CPU que el proceso ha utilizado desde que nació.

CMD: nombre del proceso.

La orden **ps –f** muestra más información:

```
mj@linuxmint:~$ ps -f
UID          PID    PPID  C STIME TTY          TIME CMD
mj          1926    1920  0 12:54 pts/0     00:00:00 bash
mj          1934    1926  0 12:55 pts/0     00:00:00 ps -f
```

UID: nombre de usuario

PPID: PID del padre de cada proceso.

C: porcentaje de recursos de CPU utilizado por el proceso.

STIME: hora de inicio del proceso.

La orden **ps –AF** muestra todos los procesos activos con todos los detalles; como en los ejemplos anteriores se puede observar que la última línea que aparece es la del comando que se está ejecutando:

```
mj@linuxmint:~$ ps -AF
UID          PID    PPID  C    SZ   RSS PSR STIME TTY          TIME CMD
root           1      0  0  5638 13384   0 12:52 ?         00:00:00 /sbin/init s
root           2      0  0     0     0   0 12:52 ?         00:00:00 [kthreadd]
root           3      2  0     0     0   0 12:52 ?         00:00:00 [pool_workqu
root           4      2  0     0     0   0 12:52 ?         00:00:00 [kworker/R-r
root           5      2  0     0     0   0 12:52 ?         00:00:00 [kworker/R-r
root           6      2  0     0     0   0 12:52 ?         00:00:00 [kworker/R-s
. . . . . . . .  . . . . . . . . . . . . . . . . . . . .
systemd+     449      1  0  5395 13184   0 12:52 ?         00:00:00 /usr/lib/sys
systemd+     503      1  0 22803  7808   0 12:52 ?         00:00:00 /usr/lib/sys
root         563      1  0 79053  8124   0 12:52 ?         00:00:00 /usr/libexec
avahi        564      1  0  2152  4352   0 12:52 ?         00:00:00 avahi-daemon
root         566      1  0  3010  2688   0 12:52 ?         00:00:00 /usr/sbin/cr
```

```
message+    570        1   0   2754   6400    0 12:52 ?         00:00:00 @dbus-daemon
polkitd     579        1   0  96210  11068    0 12:52 ?         00:00:00 /usr/lib/pol
. . . . . . . . . . .  .  .  .  .  .  .  .  .  .  .  .  .  .  .  .  .  .  .  .  .  .
mj         1871        1   0 188064  86156    0 12:52 ?         00:00:00 mintUpdate
mj         1920     1548   0 118118  42680    0 12:54 ?         00:00:00 xfce4-termin
mj         1926     1920   0   3449   5248    0 12:54 pts/0     00:00:00 bash
mj         1936     1926   0   4094   4608    0 12:55 pts/0     00:00:00 ps -AF
```

C: porcentaje de CPU utilizado por el proceso.

SZ: tamaño virtual de la imagen del proceso.

RSS: tamaño de la parte residente en memoria en kilobytes.

PSR: procesador que el proceso tiene actualmente asignado.

En Linux si tenemos instalada la herramienta *Monitor del Sistema* (se puede instalar escribiendo desde la terminal ***sudo gnome-system-monitor***) podemos acceder a la interfaz gráfica que nos muestra información sobre los procesos que se están ejecutando, véase Figura 1.1.

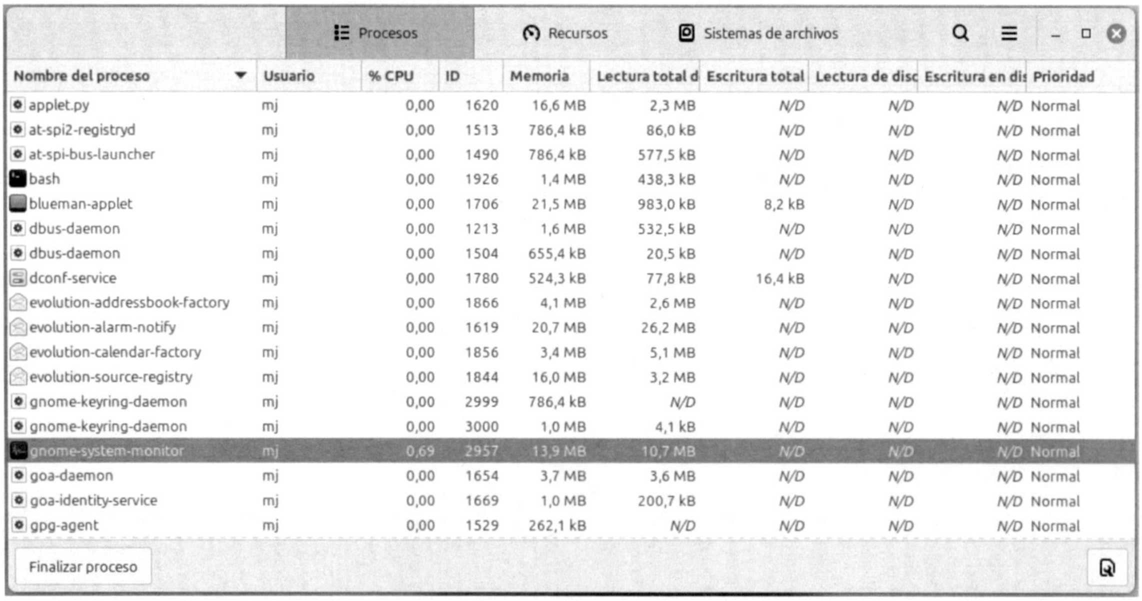

Figura 1.1. Monitor del Sistema en Linux.

Desde el *Gestor de Tareas* podemos monitorear el uso de la CPU y la memoria, ver los procesos como árbol, seleccionar las columnas a mostrar, etc. Véase Figura 1.2.

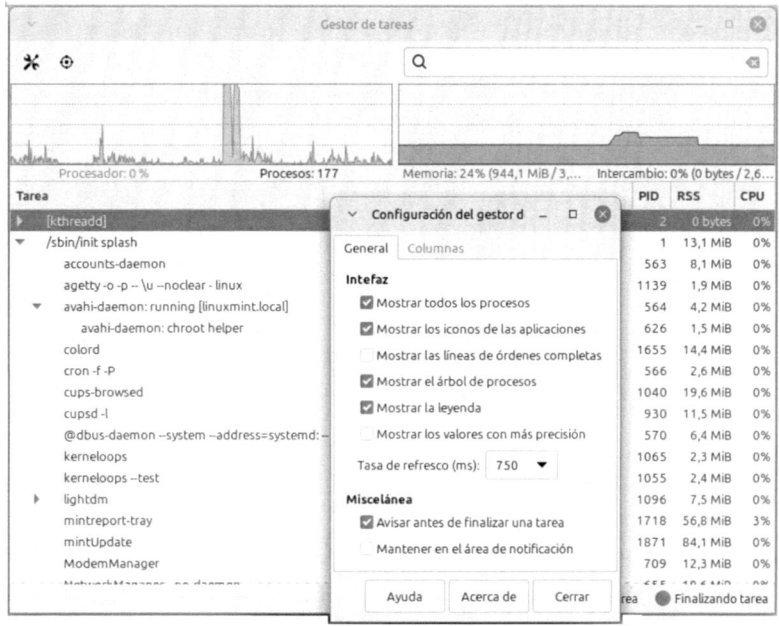

Figura 1.2. Gestor de Tareas en Linux.

En sistemas operativos Windows podemos usar desde la línea de comandos del DOS la orden **tasklist** para ver los procesos que se están ejecutando:

```
D:\>tasklist
```

Nombre de imagen	PID	Nombre de sesión	Núm. de ses	Uso de memor
System Idle Process	0	Services	0	8 KB
System	4	Services	0	152 KB
Secure System	72	Services	0	73.112 KB
Registry	132	Services	0	119.376 KB
smss.exe	568	Services	0	1.212 KB
csrss.exe	812	Services	0	5.568 KB
wininit.exe	928	Services	0	6.472 KB
services.exe	1000	Services	0	11.192 KB
LsaIso.exe	1020	Services	0	3.552 KB
lsass.exe	96	Services	0	25.024 KB
svchost.exe	1052	Services	0	36.288 KB
fontdrvhost.exe	1076	Services	0	3.716 KB
WUDFHost.exe	1124	Services	0	8.288 KB
svchost.exe	1188	Services	0	19.480 KB
svchost.exe	1252	Services	0	10.588 KB
WUDFHost.exe	1272	Services	0	18.552 KB
WUDFHost.exe	1340	Services	0	7.880 KB

. . . .

La siguiente orden muestra los servicios que se están ejecutando bajo el proceso **svchost.exe**:

```
D:\>tasklist /svc /fi "imagename eq svchost.exe"

Nombre de imagen            PID  Servicios
========================= ======== =============================================
svchost.exe               1052 BrokerInfrastructure, DcomLaunch, PlugPlay,
                               Power, SystemEventsBroker
svchost.exe               1188 RpcEptMapper, RpcSs
svchost.exe               1252 LSM
svchost.exe               1560 BDESVC
svchost.exe               1616 nsi
svchost.exe               1636 BTAGService
svchost.exe               1652 HvHost
svchost.exe               1680 bthserv
svchost.exe               1692 BthAvctpSvc
svchost.exe               1816 Wcmsvc
svchost.exe               1844 NcbService
svchost.exe               1852 TimeBrokerSvc
. . . . . . . . . . . . . . . . . . . . . . . . . . . . . . . . . .
```

Con esta orden **tasklist /v /fi "STATUS eq running"** se muestra en consola todos los procesos activos que están en ejecución, no distingue si el proceso es un servicio o una aplicación normal.

Podemos decir que un **proceso** es una aplicación que el usuario puede ejecutar de manera directa, interactuar con ella y gestionarla activamente, teniendo control sobre su funcionamiento. En cambio, un **servicio** es una aplicación que opera en segundo plano para realizar tareas del sistema, sin intervención directa del usuario, donde el único control que se puede ejercer es iniciarlo, detenerlo o reiniciarlo.

En Windows lo más típico es usar la combinación de teclas **[CTRL+ Alt + Supr]** para que se muestre la pantalla que da acceso al *Administrador de tareas de Windows*, véase Figura 1.3. Se divide en varias pestañas que ofrecen diferentes tipos de información. Desde la pestaña ***Procesos*** se muestran todas las aplicaciones, procesos en segundo plano y servicios que se están ejecutando. La información que ofrece es la siguiente:

- Nombre: nombre de la aplicación o proceso.

- Estado:

- CPU: porcentaje de uso del procesador.

- Memoria: cantidad de RAM utilizada.

- Disco: actividad de lectura/escritura en el disco.

- Red: Consumo de red (descarga y carga).

- GPU: uso de la tarjeta gráfica.

- Motor de GPU.

- Consumo de energía.

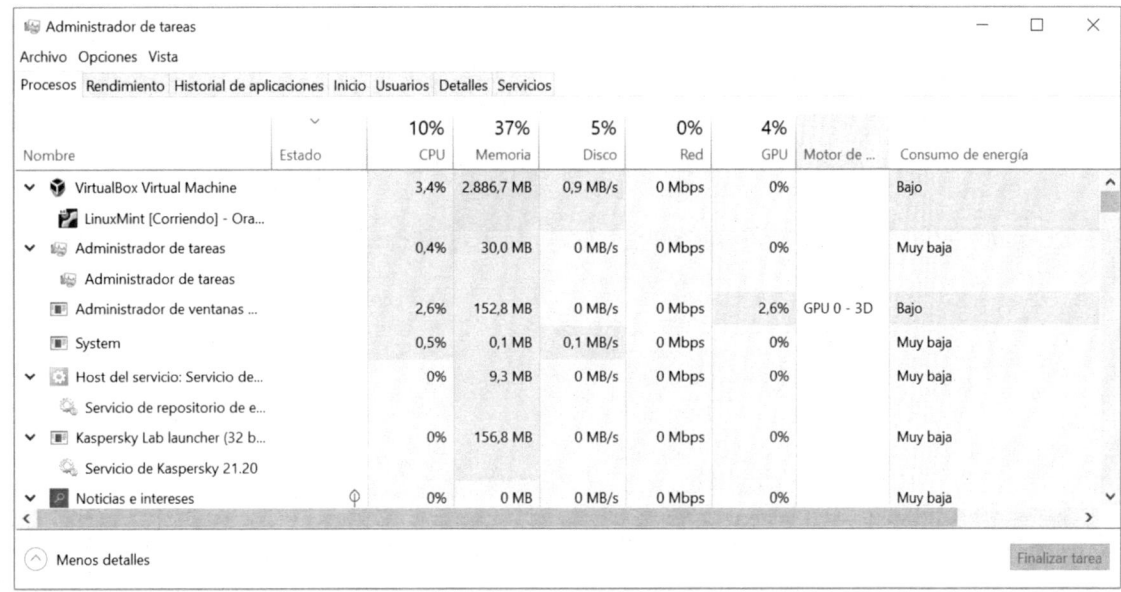

Figura 1.3. Administrador de tareas de Windows.

Desde la pestaña ***Rendimiento*** se puede monitorear el rendimiento general del sistema en tiempo real. Muestra gráficos sobre:

- CPU: uso, velocidad, número de núcleos.
- Memoria RAM: total, disponible, en uso.
- Disco: uso, velocidad de transferencia.
- Red: velocidad de envío y recepción.
- GPU: rendimiento gráfico.

Desde la pestaña ***Historial de aplicaciones*** se muestra el uso de recursos por aplicación de la Tienda de Windows, como el uso de CPU o consumo de red. Desde la pestaña ***Inicio*** se pueden gestionar las aplicaciones que se ejecutan automáticamente al encender el equipo.

Desde la pestaña ***Usuarios*** se muestra qué usuarios están activos en el sistema y qué recursos están utilizando. Se pueden consultar por usuario los procesos activos, uso de CPU, uso de memoria, de disco, de GPU y uso de red. La pestaña ***Detalles*** proporciona información más técnica sobre cada proceso. Y la pestaña ***Servicios*** muestra todos los servicios de Windows que se están ejecutando o detenidos.

1.2.1. Estados de un proceso

Un proceso, aunque es una entidad independiente, puede generar una salida que se use como entrada para otro proceso. Entonces este segundo proceso tendrá que esperar a que el primero termine para obtener los datos a procesar, en este caso debe bloquearse hasta que sus datos de entrada estén disponibles. Un proceso también se puede parar porque el sistema operativo decida asignar el procesador a otro proceso. En definitiva, los estados en los que se puede encontrar un proceso son los siguientes:

- **En ejecución**: el proceso está actualmente ejecutándose, es decir, usando el procesador.

- **Bloqueado:** el proceso no puede hacer nada hasta que no ocurra un evento externo, como por ejemplo la finalización de una operación de E/S.

- **Listo:** el proceso está parado temporalmente y listo para ejecutarse cuando se le de oportunidad.

La Figura 1.4 muestra mediante un diagrama de estados los estados en que se puede encontrar un proceso.

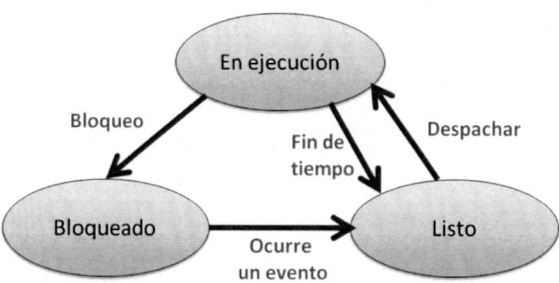

Figura 1.4. Estados de un proceso.

Las transiciones entre los estados son las siguientes:

- **En ejecución - Bloqueado**: un proceso pasa de ejecución a bloqueado cuando espera la ocurrencia de un evento externo.

- **Bloqueado - Listo:** un proceso pasa de bloqueado a listo cuando ocurre el evento externo que se esperaba.

- **Listo - En ejecución:** un proceso pasa de listo a ejecución cuando el sistema le otorga un tiempo de CPU.

- **En ejecución - Listo**: un proceso pasa de ejecución a listo cuando se le acaba el tiempo asignado por el sistema operativo.

1.2.2. Control de procesos en Linux

Seguro que más de una vez hemos necesitado dentro de un programa ejecutar otro programa que realice alguna tarea concreta. Linux ofrece varias funciones para realizar esto: **system(), fork()** y **execl()**.

La función **system()** se encuentra en la librería estándar *stdlib.h* por lo que funciona en cualquier sistema operativo que tenga un compilador de C/C++ como por ejemplo Linux, Windows, etc. El formato es el siguiente:

```
int system(const char *cadena)
```

La función recibe como parámetro una cadena de caracteres que indica el comando que se desea procesar. Dicha instrucción es pasada al intérprete de comandos del ambiente en el que se esté trabajando y se ejecuta. Devuelve el valor -1 si ocurre un error y el estado devuelto por el comando en caso contrario.

La ejecución del siguiente ejemplo en C lista el contenido del directorio actual y lo envía a un fichero (*ls > ficsalida*), abre el editor **gedit** (que tiene que estar instalado en el sistema) con el fichero generado y ejecuta un comando que no existe en el intérprete de comandos de Linux:

```c
//ejemploSystem.c
#include <stdio.h>
#include <stdlib.h>
void main()
{
  printf("Ejemplo de uso de system():");
  printf("\n\tListado del directorio actual y envío a un fichero:");
  printf("%d", system("ls > ficsalida"));
  printf("\n\tAbrimos con el gedit el fichero...");
  printf("%d", system("gedit ficsalida"));
  printf("\n\tEste comando es erróneo: %d", system("ged"));
  printf("\nFin de programa....\n");
}
```

Lo compilamos y lo ejecutamos desde Linux (hemos de cerrar **gedit** para que el programa continúe):

```
mj@linuxmint:~/EjemplosC$ gcc ejemploSystem.c -o ejemploSystem
mj@linuxmint:~/EjemplosC$ ./ejemploSystem
Ejemplo de uso de system():
    Listado del directorio actual y envio a un fichero:0
sh: 1: ged: not found
    Abrimos con el gedit el fichero...0
    Este comando es erróneo: 32512
Fin de programa....
mj@linuxmint:~/EjemplosC$
```

Esta función no se debe usar desde un programa con privilegios de administrador porque pudiera ser que se emplearan valores extraños para algunas variables de entorno y podrían comprometer la integridad del sistema. En este caso se utiliza **execl()**.

La función **execl()** tiene otras 5 funciones relacionadas (que no se tratarán en el tema). Realiza la ejecución y terminación del proceso. La llamada a la función **execl()** nos va a permitir sustituir el proceso llamante por uno nuevo. Su formato es:

```c
#include <unistd.h>

int execl(const char *path_y_programa, const char *arg0, ...,

          char *argn, (char *)NULL);
```

La función recibe el nombre del programa que se va a ejecutar con su trayectoria y luego los argumentos del programa terminando con un puntero nulo. Devuelve -1 si ocurre algún error y en la variable global *errno* se pondrá el código de error adecuado. Por ejemplo, para ejecutar el comando */bin/ls -l* escribimos lo siguiente:

```c
execl("/bin/ls", "ls", "-l", (char *)NULL);
```

Donde en *"/bin/ls"* se indica la ruta absoluta del comando *ls* que se ejecutará. *"ls"* es el nombre del proceso y *"-l"* es el parámetro que indica que se muestre la lista en formato detallado. *(char *)NULL* marca el fin de los argumentos, obligatorio para terminar la lista.

A continuación, se muestra un ejemplo de uso de la función, muestra los ficheros en el directorio actual, en este caso el directorio se llama *EjemplosC*:

```
//ejemploExec.c
#include <unistd.h>
#include <stdio.h>
void main()
{
        printf("Ejemplo de uso de exec(): ");
        printf("Los ficheros en el directorio son: \n");
        execl("/bin/ls", "ls", "-l",(char *)NULL);
        printf("¡¡¡ Esto no se ejecuta !!!\n");
}
```

Compilamos y ejecutamos:

```
mj@linuxmint:~/EjemplosC$ gcc ejemploExec.c -o  ejemploExec
mj@linuxmint:~/EjemplosC$ ./ejemploExec
Ejemplo de uso de exec():Los ficheros en el directorio son:
total 44
-rwxrwxr-x 1 mj mj 16048 mar  6 16:30 ejemploExec
-rw-rw-rw- 1 mj mj   257 mar  6 16:30 ejemploExec.c
-rwxrwxr-x 1 mj mj 16056 mar  6 16:12 ejemploSystem
-rw-rw-rw- 1 mj mj   396 mar  5 23:35 ejemploSystem.c
-rw-rw-r-- 1 mj mj    40 mar  6 16:13 ficsalida
```

Observa que no se muestra el mensaje *¡¡¡ Esto no se ejecuta !!!* ya que esta función sustituye el proceso que hace la llamada por el que se ejecuta. El número que aparece después de *total* (*total 44*) indica la cantidad total de bloques de disco ocupados por todos los ficheros y directorios listados en ese directorio.

El siguiente programa utiliza la función **execl()** para listar los procesos activos en el momento de la ejecución, prueba cambiando el path del comando, los argumentos, y comprueba los mensajes que se visualizan:

```
//ejemploExec2.c
#include <unistd.h>
#include <stdio.h>
#include <errno.h>

void main()
{
  printf ("Lista de procesos\n");
  if (execl ("/bin/ps", "ps", "-f", (char *)NULL) < 0)
      printf("Error en exec %d\n", errno);
  else
      printf ("Fin de la lista de procesos\n");
}
```

Para crear nuevos procesos disponemos de la función **fork()** sin ningún tipo de parámetros y que se trata en el siguiente apartado.

1.2.2.1. Creación y ejecución de procesos

Hasta ahora hemos visto funciones que ejecutaban comandos ya sea del intérprete de comandos o de ficheros en disco, a continuación, veremos una función cuya misión es crear un proceso. Se trata de la función **fork()**. Su sintaxis es:

```
#include <unistd.h>

pid_t fork(void);
```

Al llamar a esta función se crea un nuevo proceso (proceso hijo) que es una copia exacta en código y datos del proceso que ha realizado la llamada (el proceso padre), salvo el PID y la memoria que ocupa. Las variables del proceso hijo son una copia de las del padre, por lo que modificar una variable en uno de los procesos no se refleja en el otro (ya que tienen distintas memorias). Una vez realizada la copia el proceso padre y el hijo continúan la ejecución en el mismo punto y a partir del **fork()**.

El valor devuelto por **fork()** es un valor numérico:

- Devuelve -1 si se produce algún error en la ejecución.

- Devuelve 0 si no se produce ningún error y nos encontramos en el proceso hijo.

- Devuelve el PID asignado al proceso hijo si no se produce ningún error y nos encontramos en el proceso padre.

Antes de hacer un ejemplo con la función **fork()** vamos a ver cómo obtener el identificador de un proceso o PID. Para ello usamos 2 funciones que devuelven un tipo *pid_t*. Las funciones son las siguientes:

```
pid_t getpid(void);
```

Devuelve el identificador del proceso que realiza la llamada, es decir, del proceso actual.

```
pid_t getppid(void);
```

Devuelve el identificador del proceso padre del proceso actual.

Veamos un simple ejemplo para ver los PID del proceso actual y del proceso padre:

```c
//ejemploPadres.c
#include <stdio.h>
#include <unistd.h>

void main()
{
   pid_t id_pactual, id_padre;

   id_pactual = getpid();
   id_padre = getppid();

   printf("PID de este proceso: %d\n", id_pactual);
   printf("PID del proceso padre: %d\n", id_padre);
}
```

Lo compilamos y ejecutamos. Se visualiza una salida similar a:

```
mj@linuxmint:~/EjemplosC$ gcc ejemploPadres.c -o ejemploPadres
mj@linuxmint:~/EjemplosC$ ./ejemploPadres
Identificador de este proceso: 3355
Identificador del proceso padre: 3252
```

Si ejecutamos el comando **ps** para ver los procesos que se están ejecutando, podemos ver que el PID del shell (3252) coincide con el padre del proceso ejecutado anteriormente:

```
mj@linuxmint:~/EjemplosC$ ps
    PID TTY          TIME CMD
   3252 pts/0     00:00:00 bash
   3357 pts/0     00:00:00 ps
```

A continuación, vamos a ver un ejemplo donde el proceso actual (proceso padre) crea un proceso (proceso hijo) con la función **fork()** (Figura 1.5):

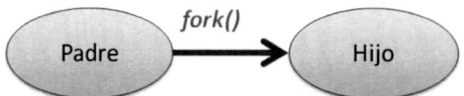

Figura 1.5. Proceso padre crea un hijo.

```c
//ejemplo1Fork.c
#include <stdlib.h>
#include <unistd.h>
#include <stdio.h>
include <sys/types.h>
#include <sys/wait.h>

void main() {
  pid_t pid, Hijo_pid;
  pid = fork();

  if (pid == -1) //Ha ocurrido un error
  {
    printf("No se ha podido crear el proceso hijo...");
    exit(-1);
  }
  if (pid == 0)  //Nos encontramos en Proceso hijo
  {
    printf("Soy el proceso hijo \n\t
          Mi PID es %d, El PID de mi padre es: %d.\n",
          getpid(), getppid() );
  }
  else    //Nos encontramos en Proceso padre
  {
   Hijo_pid = wait(NULL); //espera la finalización del proceso hijo
   printf("Soy el proceso padre:\n\t
          Mi PID es %d, El PID de mi padre es: %d.\n\t
          Mi hijo: %d terminó.\n",
          getpid(), getppid(), pid);
  }
  exit(0);
}
```

Lo compilamos y ejecutamos. Se visualiza una salida similar a:

```
mj@linuxmint:~/EjemplosC$ gcc ejemplo1Fork.c -o ejemplo1Fork
mj@linuxmint:~/EjemplosC$ ./ejemplo1Fork
Soy el proceso hijo
        Mi PID es 3420, El PID de mi padre es: 3419.
Soy el proceso padre:
        Mi PID es 3419, El PID de mi padre es: 3252.
        Mi hijo: 3420 terminó.
mj@linuxmint:~/EjemplosC$
```

En el código anterior se utiliza la función **wait()** para que el proceso padre espere la finalización del proceso hijo, el proceso padre quedará bloqueado hasta que termine el hijo. La sintaxis de la orden es la siguiente:

pid_t wait(int *status);

Devuelve el identificador del proceso hijo cuya ejecución ha finalizado. La sentencia *wait(NULL)* es la forma más básica de esperar a que un hijo termine.

Partiendo del ejemplo anterior, creamos un nuevo proceso en el proceso hijo; así tendremos el proceso padre (ABUELO), el proceso hijo (HIJO) y el proceso hijo del hijo (NIETO) (Figura1.6):

Figura 1.6. Procesos Abuelo-Hijo-Nieto.

```c
//ejemplo1_2Fork.c
#include <stdlib.h>
#include <unistd.h>
#include <stdio.h>
#include <sys/types.h>
#include <sys/wait.h>

//ABUELO-HIJO-NIETO
void main() {
  pid_t pid, Hijo_pid, pid2, Hijo2_pid;

  pid = fork(); //Soy el Abuelo, creo a Hijo

  if (pid == -1 ) //Ha ocurrido un error
  {
    printf("No se ha podido crear el proceso hijo...");
    exit(-1);
  }

  if (pid == 0 )  //Nos encontramos en Proceso hijo
  {
```

```
    pid2 = fork();//Soy el Hijo, creo a Nieto
    switch(pid2)
    {
      case -1:    // error
        printf("No se ha podido crear el proceso hijo
                en el HIJO...");
        exit(-1);
        break;
      case 0:     // proceso hijo
        printf("\t\tSoy el proceso NIETO %d; Mi padre es = %d \n",
                getpid(), getppid());
        break;
      default:    // proceso padre
        Hijo2_pid = wait(NULL);
        printf("\tSoy el proceso HIJO %d, Mi padre es: %d.\n",
                getpid(), getppid());
        printf("\tMi hijo: %d terminó.\n ", Hijo2_pid);
    }
  }

  else     //Nos encontramos en Proceso padre
  {
   Hijo_pid = wait(NULL); //espera la finalización del proceso hijo
   printf("Soy el proceso ABUELO: %d, Mi HIJO: %d terminó.\n",
          getpid(), pid);
  }
  exit(0);
}
```

La compilación y ejecución muestra la siguiente salida:

```
mj@linuxmint:~/EjemplosC$ gcc ejemplo1_2Fork.c -o ejemplo1_2Fork
mj@linuxmint:~/EjemplosC$ ./ejemplo1_2Fork
            Soy el proceso NIETO 3492; Mi padre es = 3491
        Soy el proceso HIJO 3491, Mi padre es: 3490.
        Mi hijo: 3492 terminó.
Soy el proceso ABUELO: 3490, Mi HIJO: 3491 terminó.
mj@linuxmint:~/EjemplosC$
```

ACTIVIDAD 1.1

Realiza un programa en C que cree un proceso (tendremos 2 procesos uno padre y otro hijo). El programa definirá una variable entera y le dará el valor 6. El proceso padre incrementará dicho valor en 5 y el hijo restará 5. Se deben mostrar los valores en pantalla. A continuación, se muestra un ejemplo de la ejecución:

```
mj@linuxmint:~/EjemplosC$ gcc actividad1_1.c -o actividad1_1
mj@linuxmint:~/EjemplosC$ ./actividad1_1
Valor inicial de la variable: 6
Variable en Proceso Hijo: 1
Variable en Proceso Padre: 11
mj@linuxmint:~/EjemplosC$
```

1.2.2.2. Comunicación entre procesos

Existen varias formas de comunicación entre procesos (*Inter-Process Communication* o IPC) de Linux: pipes, colas de mensajes, semáforos y segmentos de memoria compartida. En este tema trataremos los mecanismos más sencillos, los **pipes** (*tuberías* en castellano).

PIPES SIN NOMBRE

Un **pipe** es una especie de falso fichero que sirve para conectar dos procesos, véase Figura 1.7. Si el proceso A quiere enviar datos al proceso B, los escribe en el **pipe** como si este fuera un fichero de salida. El proceso B puede leer los datos sin más que leer el **pipe** como si se tratara de un fichero de entrada. Así la comunicación entre procesos es parecida a la lectura y escritura en ficheros normales.

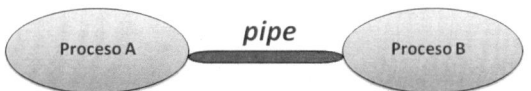

Figura 1.7. Dos procesos conectados por un *pipe*.

Cuando un proceso quiere leer del **pipe** y este está vacío, tendrá que esperar (es decir, se bloqueará) hasta que algún otro proceso ponga datos en él. Igualmente, cuando un proceso intenta escribir en el **pipe** y está lleno se bloqueará hasta que se vacíe. El **pipe** es bidireccional, pero, cada proceso lo utiliza en una única dirección, es este caso, el kernel gestiona la sincronización.

Para crear un *pipe* se realiza una llamada a la función **pipe()**:

```
#include <unistd.h>

int pipe(int fd[2]);
```

Esta función recibe un solo argumento, que es un array de dos enteros: *fd[0]* contiene el descriptor para lectura y *fd[1]* el de escritura. Si la función tiene éxito devuelve 0 y el array contendrá dos nuevos descriptores de ficheros para ser usados por la tubería. Si ocurre algún error devuelve -1.

Para enviar datos al **pipe**, se usa la función **write()**, y para recuperar datos del **pipe**, se usa la función **read()**. La sintaxis es la siguiente:

```
int read( int fd, void *buf, int count );

int write( int fd, void *buf, int count );
```

read() intenta leer *count* bytes del descriptor de fichero definido en *fd*, para guardarlos en el buffer *buf*. Devuelve el número de bytes leídos; si comparamos este valor con la variable *count* podemos saber si ha conseguido leer tantos bytes como se pedían.

write() es muy similar. A *buf* le damos el valor de lo que queramos escribir, definimos su tamaño en *count* y especificamos el fichero en el que escribiremos en *fd*. Veamos a continuación un sencillo ejemplo que usa ficheros, pero antes se exponen las funciones que abren y cierran ficheros. Usamos la función **open()** para abrirlo y **close()** para cerrarlo, la sintaxis es la siguiente:

```
int open( const char *fichero, int modo );

int close(int fd);
```

open() abre el fichero indicado en la cadena *fichero* según el modo de acceso indicado en el entero *modo* (0 para lectura, 1 para escritura, 2 para lectura y escritura, etc). Devuelve -1 si ocurre algún error. Para cerrar el fichero usamos **close()** indicando entre paréntesis el descriptor de fichero a cerrar.

Partimos de la existencia de un fichero vacío de nombre *texto.txt*, el programa abre el fichero para escritura, escribe un saludo y después cierra el fichero. Posteriormente vuelve a abrir el fichero en modo lectura y hace un recorrido leyendo los bytes de uno en uno. Al finalizar la lectura se cierra el fichero. El programa es el siguiente:

```c
//ejemWriteRead.c
#include <stdio.h>
#include <stdlib.h>
#include <string.h>
#include <unistd.h>
#include <fcntl.h>

void main()
{
  char saludo[] = "Un saludo!!!\n";
  char buffer[10];
  int fd, bytesleidos;

  fd = open("texto.txt",1); //fichero se abre solo para escritura
  if(fd == -1)
  {
   printf("ERROR AL ABRIR EL FICHERO...\n");
   exit(-1);
  }

  printf("Escribo el saludo...\n");
  write(fd, saludo, strlen(saludo));
  close(fd); //cierro el fichero

  fd = open("texto.txt", 0);//el fichero se abre solo para lectura
  printf("Contenido del Fichero: \n");

  //leo bytes de uno en uno y lo guardo en buffer
  bytesleidos = read(fd, buffer, 1);
  while (bytesleidos !=0 ){
      printf("%1c", buffer[0]);  //pinto el byte leido
      bytesleidos = read(fd, buffer, 1);//leo otro byte
  }
  close(fd);
}
```

La compilación y ejecución muestra la siguiente salida:

```
mj@linuxmint:~/EjemplosC$ gcc ejemWriteRead.c -o ejemWriteRead
mj@linuxmint:~/EjemplosC$ ./ejemWriteRead
Escribo el saludo...
Contenido del Fichero:
Un saludo!!!
mj@linuxmint:~/EjemplosC$
```

Una vez que sabemos cómo leer y escribir en ficheros veamos algunos ejemplos usando *pipes*. En el primer ejemplo se crea un proceso hijo con **fork()**. El proceso hijo envía al proceso padre mediante el uso de **pipes** el mensaje *"Hola papi"* en el descriptor para escritura *fd[1]*, el proceso padre mediante el descriptor *fd[0]* lee los datos enviados por el hijo:

```c
//ejemploPipe1.c
#include <stdio.h>
#include <stdlib.h>
#include <unistd.h>
#include <sys/types.h>
#include <sys/wait.h>

int main() {
 int  fd[2];
 char buffer[30];
 pid_t pid;

 pipe(fd); //se crea el pipe

 pid = fork(); //se crea el proceso hijo

 switch(pid) {
   case -1 : //ERROR
           printf("NO SE HA PODIDO CREAR HIJO...");
           exit(-1);
           break;
   case 0 : //HIJO
           printf("El HIJO escribe en el pipe...\n");
           write(fd[1], "Hola papi", 10);
           break;
   default : //PADRE
           wait(NULL); //espera que finalice proceso hijo
           printf("El PADRE lee del pipe...\n");
           read(fd[0], buffer, 10);
           printf("\tMensaje leido: %s\n",buffer);
           break;
 }
}
```

La compilación y ejecución muestra la siguiente salida:

```
mj@linuxmint:~/EjemplosC$ gcc ejemploPipe1.c -o ejemploPipe1
mj@linuxmint:~/EjemplosC$ ./ejemploPipe1
El HIJO escribe en el pipe...
El PADRE lee del pipe...
     Mensaje leido: Hola papi
mj@linuxmint:~/EjemplosC$
```

Primero se crea la tubería con **pipe()** y a continuación el proceso hijo. Recordemos que cuando se crea un proceso hijo con **fork()**, recibe una copia de todos los descriptores de ficheros del proceso padre, incluyendo copia de los descriptores de ficheros del **pipe** (*fd[0]* y *fd[1]*). Esto permite que el proceso hijo mande datos al extremo de escritura del **pipe** *fd[1]*, y el padre los reciba del extremo de lectura *fd[0]*, véase Figura1.8.

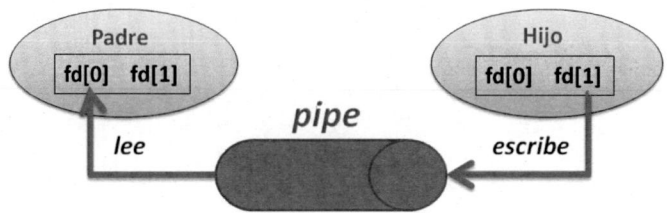

Figura 1.8. Pipe para un proceso hijo que escribe y otro padre que lee.

Los procesos padre e hijo están unidos por el ***pipe*** (Figura 1.9), pero la comunicación es en una única dirección, por tanto, se debe decidir en qué dirección se envía la información, del padre al hijo o del hijo al padre; y dado que los descriptores se comparten siempre debemos estar seguros de cerrar el extremo que no nos interesa.

Cuando el flujo de información va del padre hacia el hijo:

- El padre debe cerrar el descriptor de lectura *fd[0]*.
- El hijo debe cerrar el descriptor de escritura *fd[1]*.

Cuando el flujo de información va del hijo hacia padre ocurre lo contrario:

- El padre debe cerrar el descriptor de escritura *fd[1]*.
- El hijo debe cerrar el descriptor de lectura *fd[0]*.

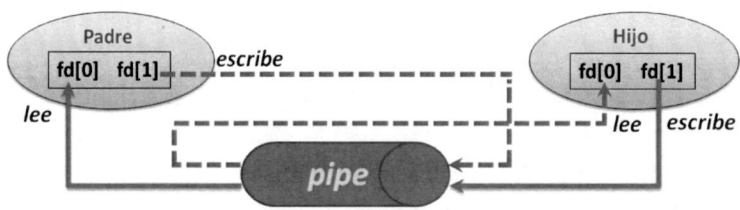

Figura 1.9. Pipe para un proceso padre e hijo que se envían datos.

El siguiente ejemplo crea un *pipe* en el que el padre envía un mensaje al hijo, el flujo de la información va del padre al hijo, el padre debe cerrar el descriptor *fd[0]* y el hijo *fd[1]*; el padre escribe en *fd[1]* y el hijo lee de *fd[0]*:

```c
//ejemploPipe2.c
#include <stdio.h>
#include <unistd.h>
#include <stdlib.h>
#include <string.h>
#include <sys/types.h>
#include <sys/wait.h>

int main(void)
```

```
{
  int fd[2];
  pid_t pid;
  char saludoPadre[] = "Buenos dias hijo.\0";
  char buffer[80];

  pipe(fd);     //creo pipe
  pid = fork(); //creo proceso

  switch(pid) {
   case -1 : //ERROR
       printf("NO SE HA PODIDO CREAR HIJO...");
       exit(-1);

   case 0 : //HIJO RECIBE
       close(fd[1]);//cierra el descriptor de entrada
       read(fd[0], buffer, sizeof(buffer)); //leo el pipe
       printf("\tEl HIJO recibe algo del pipe: %s\n",buffer);
       break;

   default : //PADRE ENVIA
       close(fd[0]);
       write(fd[1], saludoPadre, strlen(saludoPadre));//escribo en pipe
       printf("El PADRE ENVIA MENSAJE AL HIJO...\n");
       wait(NULL); //espero al proceso hijo
       break;
 }
 return 0;
}
```

La compilación y ejecución muestra la siguiente salida:

```
mj@linuxmint:~/EjemplosC$ gcc ejemploPipe2.c -o ejemploPipe2
mj@linuxmint:~/EjemplosC$ ./ejemploPipe2
El PADRE ENVIA MENSAJE AL HIJO...
        El HIJO recibe algo del pipe: Buenos dias hijo.
mj@linuxmint:~/EjemplosC$
```

ACTIVIDAD 1.2

Siguiendo el ejemplo anterior, realiza un programa en C que cree un *pipe* en el que el hijo envíe un mensaje al padre, es decir la información fluya del hijo al padre. La ejecución debe mostrar la siguiente salida:

```
mj@linuxmint:~/EjemplosC$ gcc actividad1_2.c -o actividad1_2
mj@linuxmint:~/EjemplosC$ ./actividad1_2
        El HIJO envia algo al pipe.
El PADRE recibe algo del pipe: Hola papi.
mj@linuxmint:~/EjemplosC$
```

En el siguiente ejemplo vamos a hacer que padres e hijos puedan enviar y recibir información, como la comunicación es en un único sentido crearemos dos pipes *fd1* y *fd2*. Cada proceso usará un *pipe* para enviar la información y otro para recibirla. Partimos de los procesos ABUELO, HIJO y NIETO, la comunicación entre ellos se muestra en la Figura 1.10:

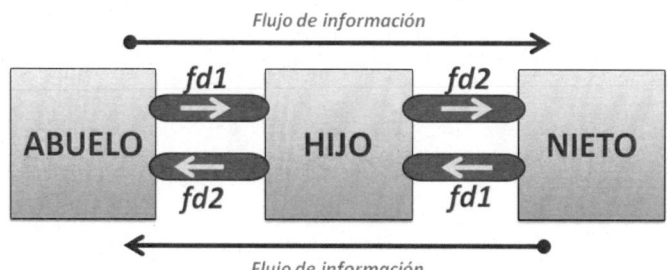

Figura 1.10. Pipe para un proceso padre e hijo que se envían datos.

- El ABUELO usará el *fd1* para enviar información al HIJO y recibirá la información de este a través del *fd2*.

- El HIJO usará el *fd2* para enviar información al NIETO y recibirá la información de este a través del *fd1*.

- El NIETO usará el *fd1* para enviar información al HIJO (su padre) y recibirá la información de este a través del *fd2*.

El código del programa es el siguiente:

```
//ejemploForkPipe.c
#include <stdlib.h>
#include <unistd.h>
#include <stdio.h>
#include <string.h>
#include <sys/types.h>
#include <sys/wait.h>

//ABUELO-HIJO-NIETO
void main() {
  pid_t pid, Hijo_pid, pid2, Hijo2_pid;

  int fd1[2];
  int fd2[2];

  char saludoAbuelo[] = "Saludos del Abuelo.\0";
  char saludoPadre[]  = "Saludos del Padre..\0";
  char saludoHijo[]   = "Saludos del Hijo...\0";
  char saludoNieto[]  = "Saludos del Nieto..\0";

  char buffer[80] = "";

  pipe(fd1);    //pipe para comunicación de padre a hijo
  pipe(fd2);    //pipe para comunicación de hijo a padre

  pid = fork(); //Soy el  Abuelo, creo a Hijo

  if (pid == -1 ) //Ha ocurrido un error
  {
    printf("No se ha podido crear el proceso hijo...");
    exit(-1);
  }
```

```c
if (pid == 0 )   //Nos encontramos en Proceso hijo
{
    pid2 = fork();//Soy el Hijo, creo a Nieto
    switch(pid2)
    {
        case -1:   // error
            printf("No se ha podido crear el proceso hijo en el HIJO.");
            exit(-1);
            break;
        case 0:  // proceso hijo (nieto)
            //NIETO RECIBE
            close(fd2[1]);//cierra el descriptor de entrada
            read(fd2[0], buffer, sizeof(buffer)); //leo el pipe
            printf("\t\tNIETO RECIBE mensaje de su padre:
                    %s\n",buffer);

            //NIETO ENVIA
            printf("\t\tNIETO ENVIA MENSAJE a su padre...\n");
            close(fd1[0]);
            write(fd1[1], saludoNieto, strlen(saludoNieto));
            break;
        default:   // proceso padre (hijo)
            //HIJO RECIBE
            close(fd1[1]);//cierra el descriptor de entrada
            read(fd1[0], buffer, sizeof(buffer)); //leo el pipe
            printf("\tHIJO recibe mensaje de ABUELO: %s\n",buffer);

            //HIJO ENVIA a su hijo
            close(fd2[0]);
            write(fd2[1], saludoPadre, strlen(saludoPadre));
            Hijo2_pid = wait(NULL); //espero al hijo

            //RECIBE de su hijo
            close(fd1[1]);//cierra el descriptor de entrada
            read(fd1[0], buffer, sizeof(buffer)); //leo el pipe
            printf("\tHIJO RECIBE mensaje de su hijo: %s\n",buffer);

            //HIJO ENVIA a su PADRE
            printf("\tHIJO ENVIA MENSAJE a su padre...\n");
            close(fd2[0]);
            write(fd2[1], saludoHijo, strlen(saludoHijo));
    }
}
else     //Nos encontramos en Proceso padre (abuelo)
{
    //PADRE ENVIA
    printf("ABUELO ENVIA MENSAJE AL HIJO...\n");
    close(fd1[0]);
    write(fd1[1], saludoAbuelo, strlen(saludoAbuelo));//escribo
    Hijo_pid = wait(NULL); //espera la finalización del hijo

    //PADRE RECIBE
```

```
        close(fd2[1]);//cierra el descriptor de entrada
        read(fd2[0], buffer, sizeof(buffer)); //leo el pipe
        printf("El ABUELO RECIBE MENSAJE del HIJO: %s\n", buffer);
    }
    exit(0);
}
```

La compilación y ejecución muestra la siguiente salida:

```
mj@linuxmint:~/EjemplosC$ gcc ejemploForkPipe.c -o ejemploForkPipe
mj@linuxmint:~/EjemplosC$ ./ejemploForkPipe
ABUELO ENVIA MENSAJE AL HIJO...
        HIJO recibe mensaje de ABUELO: Saludos del Abuelo.
            NIETO RECIBE mensaje de su padre: Saludos del Padre..
            NIETO ENVIA MENSAJE a su padre...
        HIJO RECIBE mensaje de su hijo: Saludos del Nieto..
        HIJO ENVIA MENSAJE a su padre...
El ABUELO RECIBE MENSAJE del HIJO: Saludos del Hijo...
mj@linuxmint:~/EjemplosC$
```

PIPES CON NOMBRE O FIFOS (First In First Out)

Los *pipes* vistos anteriormente establecían un canal de comunicación entre procesos emparentados (padre-hijo). Los **FIFOS** permiten comunicar procesos que no tienen que estar emparentados.

Un **FIFO** es como un fichero con nombre que existe en el sistema de ficheros y que pueden abrir, leer y escribir múltiples procesos. Los datos escritos se leen como en una cola, primero en entrar (*FIRST IN*), primero en salir (*FIRST OUT*); y una vez leídos no pueden ser leídos de nuevo. Los **FIFOS** tienen algunas diferencias con los ficheros:

- Una operación de escritura en un **FIFO** queda en espera hasta que el proceso pertinente abra el **FIFO** para iniciar la lectura.

- Sólo se permite la escritura de información cuando un proceso vaya a recoger dicha información.

Hay varias formas de crear un **FIFO**: ejecutando el comando **mkfifo** desde la línea de comandos de Linux o desde un programa C usando la función **mkfifo()**.

Para usar **mkfifo** desde la línea de comandos de Linux seguimos el siguiente formato:

```
mkfifo [opciones] nombreFichero p
```

Donde:

nombreFichero es el nombre del **FIFO**. Las *opciones* pueden ser:

-*m modo*, --*mode=modo*: establece los permisos de los ficheros creados según el valor de *modo* (su comportamiento es similar al del comando *chmod*).

--*help*: muestra en la salida estándar ayuda sobre el modo de empleo del comando, y luego finaliza.

--*version*: muestra en la salida estándar información sobre la versión, y luego finaliza.

El siguiente ejemplo crea un **FIFO** llamado *FIFO1* desde la línea de comandos y luego se muestra la información del fichero creado. Se puede observar el indicador *"p"* que aparece en la lista del directorio y el símbolo de *pipe* | detrás del nombre:

```
mj@linuxmint:~/EjemplosC$ mkfifo FIFO1
mj@linuxmint:~/EjemplosC$ l -l FIFO1
prw-rw-r-- 1 mj mj 0 mar 10 12:35 FIFO1|
```

Desde el explorador de ficheros el **FIFO** creado tiene el siguiente aspecto:

| FIFO1 | 0 bytes canalización |

A continuación, veamos cómo funciona el **FIFO**. Ejecuto desde la línea de comandos la orden **cat** con el nombre *FIFO1*:

```
mj@linuxmint:~/EjemplosC$ cat FIFO1
```

Observamos que se queda a la espera. Abro una nueva terminal, voy a la carpeta donde está el *FIFO1* y ejecuto desde la línea de comandos la orden *l* para enviar la información del directorio al *FIFO1*:

```
mj@linuxmint:~$ cd EjemplosC

mj@linuxmint:~/EjemplosC$ l > FIFO1
```

Veremos que el **cat** que anteriormente estaba a la espera se ejecuta ya que ha recibido la información.

Para crear un FIFO en C, utilizamos la función **mkfifo()**.Su formato es el siguiente:

```
#include <sys/types.h>

#include <sys/stat.h>

#include <fcntl.h>

#include <unistd.h>

mkfifo(const char *pathname, mode_t modo);
```

Donde:

pathname*:* es el nombre del dispositivo creado.

modo*:* especifica tanto los permisos de uso y el tipo de nodo que se creará. Debe ser una combinación (utilizando OR bit a bit) de uno de los tipos de fichero que se enumeran a continuación y los permisos para el nuevo nodo. El tipo de nodo debe ser uno de los siguientes:

- S_IFREG o 0: para especificar un fichero normal (que será creado vacío).
- S_IFCHR: para especificar un fichero especial de caracteres.
- S_IFBLK: un fichero especial de bloques.
- S_IFIFO: para crear un FIFO.

Si *pathname* ya existe, o es un enlace simbólico, esta llamada fallará devolviendo el error EEXIST.

La función **mkfifo()** devuelve 0 si ha funcionado correctamente, -1 si ha ocurrido un error.

A continuación, se muestra un ejemplo de uso de FIFOS. El programa *fifocrea.c* crea un **FIFO** de nombre *FIFO2* y lee la información del **FIFO**; mientras no hay información quedará en espera. El programa *fifoescribe.c* escribe información en el **FIFO**. La Figura1.11 muestra la ejecución, primero se ejecuta *fifocrea* desde un terminal y después ejecutamos varias veces *fifoescribe* desde otro terminal.

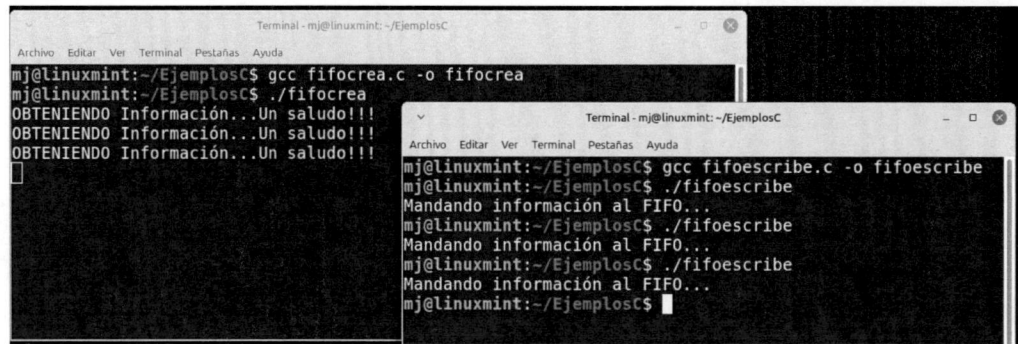

Figura 1.11. Ejecución de una FIFO.

El código es el siguiente:

```c
//fifocrea.c
#include <stdio.h>
#include <stdlib.h>
#include <sys/types.h>
#include <sys/stat.h>
#include <fcntl.h>
#include <unistd.h>

int main()
{
  int fp;
  int p, bytesleidos;
  char saludo[] = "Un saludo!!!\n", buffer[10];

  p = mkfifo("FIFO2", S_IFIFO|0666);//permiso de lectura y escritura

  if (p==-1) {
      printf("HA OCURRIDO UN ERROR...\n");
      exit(0);
  }

  while(1) {
   fp = open("FIFO2", 0);
   bytesleidos= read(fp, buffer, 1);
   printf("OBTENIENDO Información...");
   while (bytesleidos!=0){
       printf("%1c", buffer[0]);  //pinto el byte leido
       bytesleidos = read(fp, buffer, 1);//leo otro byte
   }
   close(fp);
  }
  return(0);
}
```

```
//fifoescribe.c
#include <stdio.h>
#include <stdlib.h>
#include <string.h>
#include <sys/types.h>
#include <sys/stat.h>
#include <fcntl.h>
#include <unistd.h>

int main()
{
  int fp;
  char saludo[] = "Un saludo!!!\n";
  fp = open("FIFO2", 1);

  if(fp == -1) {
    printf("ERROR AL ABRIR EL FICHERO...");
    exit(1);
  }
  printf("Mandando información al FIFO...\n");
  write(fp,saludo, strlen(saludo));
  close(fp);
  return 0;
}
```

Con *mkfifo("FIFO2", S_IFIFO|0666)* se crea un **FIFO** de nombre *FIFO2* con permisos de lectura y escritura.

1.2.2.3. Sincronización entre procesos

En el epígrafe anterior se han tratado los mecanismos más sencillos de comunicación entre procesos. Pero para que los procesos interactúen unos con otros necesitan cierto nivel de sincronización, es decir, es necesario que haya un funcionamiento coordinado entre los procesos a la hora de ejecutar alguna tarea. Podemos utilizar **señales** para llevar a cabo la sincronización entre dos procesos.

A continuación, se muestran una serie de funciones útiles que utilizaremos para que un proceso padre y otro hijo se comuniquen de forma síncrona usando señales.

Una señal es como un aviso que un proceso manda a otro proceso. La función **signal()** es el gestor de señales por excelencia que especifica la acción que debe realizarse cuando un proceso recibe una señal. Su formato es el siguiente:

```
#include <signal.h>
void (*signal(int Señal, void (*Func)(int))(int);
```

Recibe dos parámetros:

- *Señal*: contiene el número de señal que queremos capturar. En nuestro ejemplo pondremos *SIGUSR1* que es una señal definida por el usuario para ser usada en programas de aplicación. Otra señal interesante es *SIGKILL* que se usa para terminar con un proceso.

- *Func*: contiene la función a la que queremos que se llame. Esta función es conocida como el manejador de la señal (*signal handler*). En el ejemplo que se verá a continuación se definen dos manejadores de señal, uno para el proceso padre (*void gestion_padre(int segnal)*) y otro para el hijo (*void gestion_hijo(int segnal)*).

La función devuelve un puntero al manejador previamente instalado para esa señal. Un ejemplo de uso de la función: **signal(SIGUSR1, gestion_padre);** significa que cuando el proceso (en este caso el proceso padre) recibe una señal *SIGUSR1* se realizará una llamada a la función *gestion_padre()*.

Para enviar una señal usaremos la función **kill()**:

```
#include <signal.h>
int kill(int Pid, int Señal);
```

Recibe dos parámetros: el PID del proceso que recibirá la señal y la señal. Por ejemplo y suponiendo que *pid_padre* es el PID de un proceso padre: **kill(pid_padre, SIGUSR1);** envía una señal *SIGUSR1* al proceso padre.

Cuando queremos que un proceso espere a que le llegue una señal, usamos la función **pause()**. Para capturar esa señal, el proceso debe haber establecido un tratamiento de la misma con la función **signal()**. Este es su formato:

```
int pause(void);
```

Por último, la función **sleep()** suspende al proceso que realiza la llamada la cantidad de segundos indicada o hasta que se reciba una señal.

```
#include <unistd.h>
 unsiged int sleep (unsigned int seconds);
```

En el siguiente ejemplo se crea un proceso hijo y el proceso padre le va a enviar dos señales *SIGUSR1*. Se define la función *manejador()* para gestionar la señal, visualizará un mensaje cuando el proceso hijo la reciba. En el proceso hijo se realiza la llamada a **signal()** donde se decide lo que se hará en el caso de recibir una señal, en este caso pinta un mensaje. Después hacemos un bucle infinito que no hace nada para simular que el proceso hijo está haciendo algo.

En el proceso padre se hacen las llamadas a **kill()** para enviar las señales. Con la función **sleep()** hacemos que los procesos esperen un segundo, antes de continuar.

El código es el siguiente:

```
//sincronizar-1.c
#include <stdio.h>
#include <stdlib.h>
#include <signal.h>
#include <fcntl.h>
#include <unistd.h>
#include <sys/types.h>
#include <sys/stat.h>
/*-------------------------------------------*/
/* gestión de señales en proceso HIJO        */
void manejador( int segnal )
{
 printf("Hijo recibe señal..%d\n", segnal);
}
/*-------------------------------------------*/
```

```c
int main()
{
    int pid_hijo;
    pid_hijo = fork(); //creamos hijo

    switch(pid_hijo)
    {
        case -1:
            printf( "Error al crear el proceso hijo...\n");
            exit( -1 );
        case 0:    //HIJO
            signal(SIGUSR1, manejador); //MANEJADOR DE SEÑAL EN HIJO
            while(1) {
            };
        break;
        default: //PADRE envia 2 señales
            sleep(1);
            kill(pid_hijo, SIGUSR1);//ENVIA SEÑAL AL HIJO
            sleep(1);
            kill(pid_hijo, SIGUSR1);//ENVIA SEÑAL AL HIJO
            sleep(1);
        break;
    }
    return 0;
}
```

La compilación y ejecución muestra la siguiente salida:

```
mj@linuxmint:~/EjemplosC$ gcc sincronizar-1.c -o sincronizar-1
mj@linuxmint:~/EjemplosC$ ./sincronizar-1
Hijo recibe señal..10
Hijo recibe señal..10
mj@linuxmint:~/EjemplosC$
```

En el ejemplo que se muestra a continuación un proceso padre y otro hijo se ejecutan de forma síncrona. Se han definido dos funciones para gestionar la señal uno para el padre y otro para el hijo, con las acciones que se realizarán cuando los procesos reciban una señal; en este caso se visualizará un mensaje.

En primer lugar, el proceso padre crea el proceso hijo. Dentro de cada proceso se realiza una llamada a **signal()** donde se decide lo que se hará en el caso de recibir una señal. En el proceso padre tenemos las siguientes instrucciones donde se observa que entra en bucle infinito esperando a recibir una señal. Cuando recibe la señal se ejecutaría la función *gestion_padre()*. Con **kill()** envía la señal de respuesta al proceso hijo mediante su PID, y el proceso se vuelve a repetir:

```c
signal( SIGUSR1, gestion_padre );
while(1)   {
    pause();//padre espera hasta recibir una señal del hijo
    sleep(1);
    kill(pid_hijo, SIGUSR1);//ENVIA SEÑAL AL HIJO
}
```

En el proceso hijo también tenemos un trozo de código parecido, por la colocación de la función **pause()** se puede deducir que es el proceso hijo el que inicia la comunicación con el padre mediante la llamada **kill().** Primero envía la señal al padre y después espera a que le llegue una señal de respuesta, cuando recibe la señal ejecutaría la función *gestion_hijo()*:

```
signal( SIGUSR1, gestion_hijo );
while(1) { //bucle infinito
    sleep(1);
    kill(pid_padre, SIGUSR1);//ENVIA SEÑAL AL PADRE
    pause();//hijo espera hasta que llegue una señal de respuesta
}
```

El código completo es el siguiente:

```
//sincronizar.c
#include <stdio.h>
#include <stdlib.h>
#include <signal.h>
#include <fcntl.h>
#include <unistd.h>
#include <sys/types.h>
#include <sys/stat.h>
/*------------------------------------------*/
/* gestión de señales en proceso padre      */
void gestion_padre( int segnal )
{
 printf("Padre recibe señal..%d\n", segnal);
}

/* gestión de señales en proceso hijo       */
void gestion_hijo( int segnal )
{
 printf("Hijo recibe señal..%d\n", segnal);
}
/*------------------------------------------*/

int main()
{
  int pid_padre, pid_hijo;

  pid_padre = getpid();
  pid_hijo = fork(); //se crea el hijo

  switch(pid_hijo)
  {
    case -1:
     printf( "Error al crear el proceso hijo...\n");
     exit( -1 );

    case 0:    //HIJO
     //tratamiento de la señal en proceso hijo
     signal( SIGUSR1, gestion_hijo );
     while(1) { //bucle infinito
```

```
        sleep(1);
        kill(pid_padre, SIGUSR1);//ENVIA SEÑAL AL PADRE
        pause();//hijo espera hasta que llegue una señal de respuesta
    }
    break;

    default: //PADRE
    //tratamiento de la señal en proceso padre
    signal( SIGUSR1, gestion_padre );
    while(1)  {
        pause();//padre espera hasta recibir una señal del hijo
        sleep(1);
        kill(pid_hijo, SIGUSR1);//ENVIA SEÑAL AL HIJO
    }
    break;
    }
    return 0;
}
```

La Figura 1.12 muestra un momento de la ejecución de los procesos.

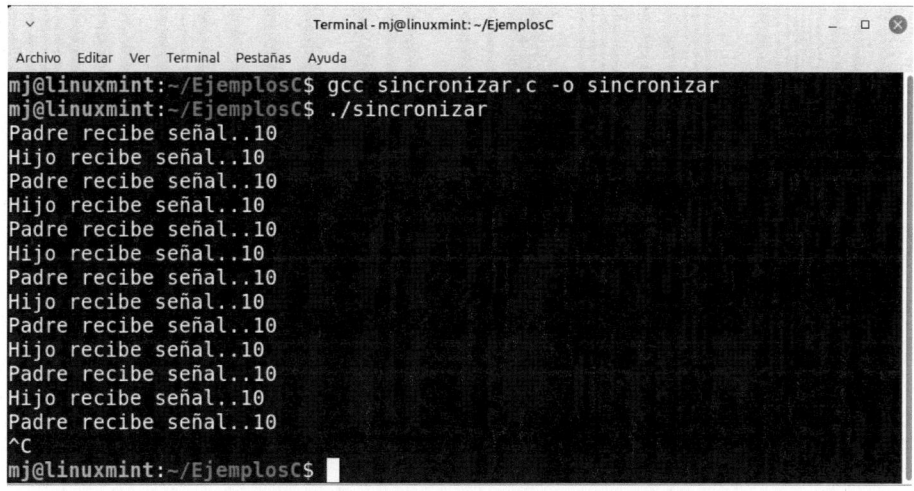

Figura 1.12. Ejecución de procesos sincronizados.

Para detener el proceso podemos pulsar las teclas **[CTRL+C]** o bien mediante el comando **ps** podemos ver el PID de los procesos padre e hijo que se están ejecutando:

```
mj@linuxmint:~$ ps -fc | grep sincronizar
mj          6157        1 98 13:24 pts/0     00:11:27 ./sincronizar-1
mj          6204     2132  0 13:32 pts/0     00:00:00 ./sincronizar
mj          6205     6204  0 13:32 pts/0     00:00:00 ./sincronizar
mj          6215     6197  0 13:36 pts/1     00:00:00 grep --color=auto
sincronizar
mj@linuxmint:~$ kill 6205
mj@linuxmint:~$ kill 6204
```

Primero eliminaremos el proceso hijo con la orden **kill** (PID 6205) y después el padre (PID 6204). El proceso no finaliza hasta que no finalice el proceso padre.

ACTIVIDAD 1.3

Realiza un programa C en donde un hijo envíe 3 señales *SIGUSR1* a su padre y después envíe una señal *SIGKILL* para que el proceso padre termine.

1.2.3. Creación de procesos con Java

Java dispone en el paquete **java.lang** de varias clases para la gestión de procesos. Una de ellas es la clase **ProcessBuilder**. Cada instancia **ProcessBuilder** gestiona una colección de atributos del proceso. El método **start()** crea una nueva instancia de **Process** con esos atributos y puede ser invocado varias veces desde la misma instancia para crear nuevos subprocesos con atributos idénticos o relacionados.

Por ejemplo, para ejecutar el comando DIR de DOS usando estas dos clases escribimos lo siguiente, indicando en el constructor de **ProcessBuilder** los argumentos del proceso que se quiere ejecutar como una lista de cadenas separadas por comas, y después usamos el método **start()** para iniciar el proceso lo que generará una instancia de **Process**:

```
ProcessBuilder pb = new ProcessBuilder("CMD", "/C","DIR");
Process p = pb.start();
```

La clase **Process** proporciona métodos para realizar la entrada desde el proceso, obtener la salida del proceso, esperar a que el proceso se complete, comprobar el estado de salida del proceso y destruir el proceso. En la siguiente tabla se muestran los más importantes:

Métodos	Misión
InputStream getInputStream ()	Devuelve el flujo de entrada conectado a la salida normal del subproceso. Nos permite leer el stream de salida del subproceso, es decir, podemos leer lo que el comando que ejecutamos escribió en la consola.
int waitFor ()	Provoca que el proceso actual espere hasta que el subproceso representado por el objeto **Process** finalice. Devuelve 0 si ha finalizado correctamente y distinto de cero si finalizó con error.
InputStream getErrorStream()	Devuelve el flujo de entrada conectado a la salida de error del subproceso. Nos va a permitir poder leer los posibles errores que se produzcan al lanzar el subproceso.
OutputStream getOutputStream()	Devuelve el flujo de salida conectado a la entrada normal del subproceso. Nos va a permitir escribir en el stream de entrada del subproceso, así podemos enviar datos al subproceso que se ejecute.
void destroy ()	Elimina el subproceso.
int exitValue ()	Devuelve el valor de salida del subproceso.
boolean isAlive ()	Comprueba si el subproceso representado por **Process** está vivo
long pid()	Devuelve el PID del proceso.
ProcessHandle.Info info()	Devuelve una instantánea de información sobre el proceso.

Por defecto el proceso que se crea (subproceso o proceso hijo) no tiene su propia terminal o consola. Todas las operaciones de E/S serán redirigidas al proceso padre, donde se puede acceder a ellas usando los métodos **getOutputStream()**, **getInputStream()** y **getErrorStream()**. El proceso padre utiliza estos flujos para alimentar la entrada y obtener la salida del subproceso. En algunas plataformas se pueden producir bloqueos en el subproceso debido al tamaño de búfer limitado para los flujos de entrada y salida estándar.

Cada constructor de **ProcessBuilder** gestiona los siguientes atributos de un proceso:

- *Un comando.* Es una lista de cadenas que representa el programa que se invoca y sus argumentos si los hay.

- *Un entorno (environment) con sus variables.*

- *Un directorio de trabaj*o. El valor por defecto es el directorio de trabajo del proceso en curso.

- *Una fuente de entrada estándar.* Por defecto, el subproceso lee la entrada de una tubería. El código Java puede acceder a esta tubería a través de la secuencia de salida devuelta por **Process.getOutputStream ()**. Sin embargo, la entrada estándar puede ser redirigida a otra fuente con **redirectInput()**. En este caso, **Process.getOutputStream()** devolverá una secuencia de salida nulo.

- *Un destino para la salida estándar y la salida de error.* Por defecto, el subproceso escribe en las tuberías de la salida y el error estándar. El código Java puede acceder a estas tuberías a través de los flujos de entrada devueltos por **Process.getInputStream()** y **Process.getErrorStream()**. Igual que antes, la salida estándar y el error estándar pueden ser redirigido a otros destinos utilizando **redirectOutput()** y **redirectError()**. En este caso, **Process.getInputStream()** y/o **Process.getErrorStream()** devuelven una secuencia de entrada nula.

- *Una propiedad redirectErrorStream.* Inicialmente, esta propiedad es *false*, significa que la salida estándar y salida de error de un subproceso se envían a dos corrientes separadas, que se pueden acceder a través de los métodos **Process.getInputStream()** y **Process.getErrorStream()**.

Algunos de los métodos proporcionados por la clase **ProcessBuilder** son los siguientes:

Métodos	Misión
ProcessBuilder command (String argumentos ...)	Define el programa que se quiere ejecutar indicando sus argumentos como una lista de cadenas separadas por comas.
List < String > command ()	Devuelve todos los argumentos del objeto **ProcessBuilder**.
Map < String , String > environment ()	Devuelve en una estructura Map las variables de entorno del objeto **ProcessBuilder**.
ProcessBuilder redirectError (File file)	Redirige la salida de error estándar a un fichero.
ProcessBuilder redirectInput (File file)	Establece la fuente de entrada estándar en un fichero.

Métodos	Misión
ProcessBuilder redirectOutput (File file)	Redirige la salida estándar a un fichero.
File directory()	Devuelve el directorio de trabajo del objeto **ProcessBuilder**.
ProcessBuilder directory(File directorio)	Establece el directorio de trabajo del objeto **ProcessBuilder**.
Process start ()	Inicia un nuevo proceso utilizando los atributos del objeto **ProcessBuilder**.
ProcessBuilder inheritIO()	Establece el origen y el destino de la E/S estándar del subproceso para que coincidan con los del proceso Java actual.

1.2.3.1. Iniciar un proceso

Para iniciar un nuevo proceso que utiliza el directorio de trabajo y el entorno del proceso en curso usamos el método **start()**:

```
Process p = new ProcessBuilder("Comando", "Argum1").start();
```

Por ejemplo, para ejecutar el comando DIR de DOS podemos escribir lo siguiente:

```
Process pb = new ProcessBuilder("CMD", "/C","DIR").start();
```

El siguiente ejemplo Java muestra cómo se puede ejecutar una aplicación de Windows, en este caso el NOTEPAD, que es el bloc de notas de Windows:

```
public class Ejemplo1 {
    public static void main(String[] args) throws IOException  {
        Process pb = new ProcessBuilder("NOTEPAD").start();
    }
}//Ejemplo1
```

El ejemplo es equivalente al siguiente:

```
public class Ejemplo1 {
    public static void main(String[] args) throws IOException  {
        ProcessBuilder pb = new ProcessBuilder("NOTEPAD");
        Process p = pb.start();
    }
}//Ejemplo1
```

> **Sabías que...**
>
> CMD Inicia una nueva instancia del intérprete de comandos de Windows. Para ver la sintaxis del comando escribimos desde el indicador del DOS: HELP CMD.
>
> Para ejecutar un comando escribimos:
>
> CMD /C comando: Ejecuta el comando especificado y luego finaliza.
>
> CMD /K comando: Ejecuta el comando especificado, pero sigue activo.

Para los comandos de Windows que no tienen ejecutable (como por ejemplo DIR o ATTRIB) es necesario utilizar el comando CMD.EXE. Entonces para hacer un DIR desde un programa Java tendríamos que construir un objeto **ProcessBuilder** con los siguientes argumentos: "CMD", "/C" y "DIR".

1.2.3.2. Leer datos enviados por el proceso

El siguiente ejemplo ejecuta el comando DIR. Usaremos el método **getInputStream()** de la clase **Proccess** para leer el stream de salida del proceso, es decir, para leer lo que el comando DIR envía a la consola. Definiremos así el stream:

```
InputStream is = p.getInputStream();
```

Para leer la salida usamos el método **read()** de **InputStream** que nos devolverá carácter a carácter la salida generada por el comando. El programa Java es el siguiente:

```java
import java.io.*;
public class Ejemplo2 {
  public static void main(String[] args) throws IOException {

    //Ejecutamos el proceso DIR
    Process p = new ProcessBuilder("CMD", "/C", "DIR").start();

    //Mostramos carácter a carácter la salida generada por DIR
    try {
      InputStream is = p.getInputStream();
      int c;
      while ((c = is.read()) != -1) System.out.print((char) c);
      is.close();

    } catch (Exception e) {
        e.printStackTrace();
    }

    //COMPROBACIÓN DE ERROR - 0 bien - 1 mal
    int exitVal;
    try {
        exitVal = p.waitFor(); //recoge la salida de System.exit()
        System.out.println("Valor de Salida: " + exitVal);
    } catch (InterruptedException e) {
        e.printStackTrace();
    }
  }
}// Ejemplo2
```

Al ejecutarlo, desde el entorno Eclipse, se muestra una salida similar a la siguiente:

```
El volumen de la unidad C no tiene etiqueta.
El número de serie del volumen es: 4E5F-9AFE
```

```
 Directorio de C:\PSP\EjemplosCapitulo1

10/03/2025  18:18    <DIR>            .
10/03/2025  18:18    <DIR>            ..
10/03/2025  18:09              1.608 .classpath
10/03/2025  18:08                569 .project
10/03/2025  18:18    <DIR>            .settings
10/03/2025  18:09                587 pom.xml
10/03/2025  18:18    <DIR>            src
10/03/2025  18:18    <DIR>            target
               3 archivos          2.764 bytes
               5 dirs  490.489.278.464 bytes libres
Valor de Salida: 0
```

El método **waitFor()** hace que el proceso actual espere hasta que el subproceso representado por el objeto **Process** finalice. Este método recoge lo que **System.exit()** devuelve, por defecto en un programa Java si no se incluye esta orden el valor devuelto es 0, que normalmente responde a una finalización correcta del proceso.

El método **inheritIO()** de **ProcessBuilder** permite que la salida del proceso hijo aparezca directamente en la consola del proceso padre sin necesidad de capturarla manualmente, en este caso no será necesario usar **getInputStream()** para recoger el resultado devuelto por el proceso hijo. Podemos simplificar el ejemplo anterior:

```java
public class Ejemplo2InheritIO {
  public static void main(String[] args) throws Exception {
      ProcessBuilder pb = new ProcessBuilder("CMD", "/C", "DIR");
      Process p = pb.inheritIO().start();

      System.out.println("Valor de Salida: " + p.waitFor());
  }
}// Ejemplo2InheritIO
```

El siguiente ejemplo muestra un programa Java que ejecuta el programa Java anterior, en este caso el programa se ejecutará desde el entorno Eclipse. Como el proceso a ejecutar (*Ejemplo2.class*) se encuentra en la carpeta **target\classes** del proyecto será necesario crear un objeto **File** que referencie a dicho directorio para ubicarnos previamente en él.

Después para establecer el directorio de trabajo para el proceso que se va a ejecutar se debe usar el método **directory()**, a continuación, se ejecutará el proceso y por último será necesario recoger el resultado de salida usando el método **getInputStream()** o bien usar el método **inheritIO()** para que la salida del proceso hijo se muestre en la consola:

```java
import java.io.*;
public class Ejemplo3 {
  public static void main(String[] args) throws IOException {

    //creamos objeto File al directorio donde esta Ejemplo2
    File directorio = new File("target\\classes");

    //El proceso a ejecutar es Ejemplo2
    ProcessBuilder pb = new ProcessBuilder("java", "Ejemplo2");
```

```
    //se establece el directorio donde se encuentra el ejecutable
    pb.directory(directorio);

    System.out.printf("Directorio de trabajo: %s%n",pb.directory());

    //se ejecuta el proceso hijo y la salida se muestra en consola
    pb.inheritIO().start();
    }
}// Ejemplo3
```

La salida mostrará los ficheros y carpetas del directorio definido en la variable *directorio*. Si el *Ejemplo2* a ejecutar se encontrase en la carpeta *D:\PSP*, tendríamos que definir el objeto *directorio* de la siguiente manera: *File directorio = new File("D:\\PSP")*. Si la clase a ejecutar está dentro de un paquete se debe poner delante el nombre del mismo, por ejemplo:

```
ProcessBuilder pb = new ProcessBuilder("java", "ejemplos.Ejemplo2");
```

Si ambos ficheros están en la misma carpeta o directorio y la clase se ejecuta desde ese mismo directorio no será necesario establecer el directorio de trabajo para el objeto **ProcessBuilder.**

ACTIVIDAD 1.4

Crea un programa Java llamado *LeerNombre.java* que reciba desde los argumentos de *main()* un nombre y lo visualice en pantalla. Utiliza *System.exit(0)* para una finalización correcta del programa y *System.exit(-1)* para el caso que no se hayan introducido los argumentos correctos en *main()*.

A continuación, haz un programa parecido a *Ejemplo3.java* para ejecutar *LeerNombre.java*. Utiliza el método **waitFor()** para comprobar el valor de salida del proceso que se ejecuta. Prueba la ejecución del programa dando valor a los argumentos de *main()* y sin darle valor. ¿Qué valor devuelve **waitFor()** en un caso y en otro?

La clase **Process** posee el método **getErrorStream()** que nos va a permitir obtener un stream para poder leer los posibles errores que se produzcan al lanzar el proceso. En el *Ejemplo2.java* si cambiamos los argumentos y escribimos algo incorrecto, por ejemplo, lo siguiente:

```
    Process p = new ProcessBuilder("CMD", "/C", "DIRR").start();
```

Al ejecutarlo aparecerá como valor de salida 1 indicando que el proceso no ha finalizado correctamente. Pero si añadimos el siguiente código al ejemplo:

```
try {
    InputStream er = p.getErrorStream();
    BufferedReader brer =
        new BufferedReader(new InputStreamReader(er));
    String liner = null;
    while ((liner = brer.readLine()) != null)
        System.out.println("ERROR >" + liner);
} catch (IOException ioe) {
        ioe.printStackTrace();
}
```

Se obtendrá la siguiente salida indicando el error que se ha producido:

```
ERROR >"DIRR" no se reconoce como un comando interno o externo,
ERROR >programa o archivo por lotes ejecutable.
Valor de Salida: 1
```

El método **inheritIO()** permite que un proceso hijo utilice la entrada estándar (*System.in*), así como la salida y la salida de error del proceso padre. Esto facilita el código al eliminar la necesidad de llamar a **getInputStream()** y **getErrorStream()**. Sin embargo, si es necesario procesar, filtrar o redirigir la salida del proceso hijo, es preferible emplear **getInputStream()** y **getErrorStream()** en lugar de **inheritIO()**.

ACTIVIDAD 1.5

Partiendo del *Ejemplo3.java*, muestra en pantalla los errores que se producen al ejecutar un programa Java que no exista.

1.2.3.3. Enviar datos al proceso

Supongamos ahora que queremos ejecutar un proceso que necesita información de entrada. Por ejemplo, si ejecutamos DATE desde la línea de comandos del DOS (con permiso de administrador) y pulsamos la tecla **[Intro]** nos pide escribir una nueva fecha:

```
D:\>DATE
La fecha actual es: 11/03/2025
Escriba la nueva fecha: (dd-mm-aa) 12-03-2025
```

La clase **Process** posee el método **getOutputStream()** que nos permite escribir en el stream de entrada del proceso, así podemos enviarle datos. El siguiente ejemplo ejecuta el comando DATE y le da los valores *"12-03-25"*. Se crea un **OutputStreamWriter** que convierte el **OutputStream** en un **Writer** para poder manejar caracteres en lugar de bytes y se envuelve en un **BufferedWriter** para mejorar el rendimiento y permitir escribir texto de forma más eficiente:

```java
import java.io.*;
public class Ejemplo4 {
  public static void main(String[] args) throws IOException {

    Process p = new ProcessBuilder("CMD", "/C", "DATE").start();

    // escritura -- envia datos a DATE
    BufferedWriter bw = new BufferedWriter(new
                    OutputStreamWriter(p.getOutputStream()));
    bw.write("12-03-25");
    bw.flush(); // vacía el buffer de salida
    bw.close(); // cerramos indicando que no hay más datos

    // lectura -- obtiene la salida de DATE
    InputStream is = p.getInputStream();
    int c;
    while ((c = is.read()) != -1)
        System.out.print((char) c);
    is.close();
```

```
    // COMPROBACION DE ERROR - 0 bien - distinto de 0 mal
    int exitVal;
    try {
        exitVal = p.waitFor();
        System.out.println("Valor de Salida: " + exitVal);
    } catch (InterruptedException e) {
        e.printStackTrace();
    }
  }
}//Ejemplo4
```

La compilación y ejecución desde la línea de comandos del DOS (con privilegio de administrador) muestra la siguiente salida (desde el entorno Eclipse el valor de salida será 1 porque no se dispone de privilegios para cambiar la fecha):

```
D:\>javac Ejemplo4.java

D:\>java Ejemplo4
La fecha actual es: 11/03/2025
Escriba la nueva fecha: (dd-mm-aa) 12-03-25
Valor de Salida: 0
```

Supongamos que tenemos un programa Java que lee una cadena desde la entrada estándar (el teclado) y la muestra en pantalla:

```
import java.io.*;
public class EjemploLectura{
 public static void main (String [] args)
 {
    InputStreamReader in = new InputStreamReader(System.in);
    BufferedReader br = new BufferedReader (in);
    String texto;
    try {
       System.out.println("Introduce una cadena....");
       texto = br.readLine();
       System.out.println("Cadena introducida: " + texto);
       in.close();
    }catch (Exception e) { e.printStackTrace();}
 }
}//EjemploLectura
```

Con el método **getOutputStream()** podemos enviar datos a la entrada estándar (*System.in*) del programa *EjemploLectura*. Por ejemplo, para enviar la cadena *"Hola Mundo"* cambiamos varias cosas en el *Ejemplo4.java*:

```
File directorio = new File("target\\classes");
ProcessBuilder pb = new ProcessBuilder("java", "EjemploLectura");
pb.directory(directorio);
Process p = pb.start();

// Enviar datos al proceso
BufferedWriter bw = new BufferedWriter(new
                    OutputStreamWriter(p.getOutputStream()));
bw.write("Hola Mundo!\n");
bw.flush(); // vacía el buffer de salida
bw.close(); // cerrar no hay más datos
```

Cada línea que mandemos a *EjemploLectura* debe terminar con "\n", igual que cuando escribimos desde la consola la entrada de datos termina cuando pulsamos la tecla **[Intro]**. Suponiendo que hemos guardado estos cambios en *Ejemplo5.java*, la ejecución muestra la siguiente salida:

```
Introduce una cadena....
Cadena introducida: Hola Mundo!
Valor de Salida: 0
```

ACTIVIDAD 1.6

Escribe un programa Java que lea dos números desde la entrada estándar y visualice su suma. Controlar que lo introducido por teclado sean dos números. Haz otro programa Java que envíe los números a sumar al programa anterior y lo ejecute.

El siguiente ejemplo usa varios métodos de la clase **ProcessBuilder**: **environment()** que devuelve las variables de entorno del proceso; el método **command()** sin parámetros, que devuelve los argumentos del proceso definido en el objeto **ProcessBuilder**; y con parámetros donde se define un nuevo proceso y sus argumentos. Después se ejecutará este último proceso:

```java
import java.io.*;
import java.util.*;
public class Ejemplo6 {
    public static void main(String args[]) {

        ProcessBuilder test = new ProcessBuilder();
        Map<String, String> entorno = test.environment();
        System.out.println("Variables de entorno:");
        System.out.println(entorno);

        test = new ProcessBuilder("java", "LeerNombre", "Pepa");

        // devuelve el nombre del proceso y sus argumentos
        List<String> lista = test.command();
        System.out.println("\nArgumentos del comando:");
        for (String li: lista)
            System.out.println("\t" + li);

        // ejecutamos java -version
        test = test.command("java", "-version");
        try {
            Process p = test.start();
            InputStream is = p.getErrorStream();

            // Leer la salida del proceso
            BufferedReader br = new BufferedReader(new
                        InputStreamReader(is));
            String linea;
            while ((linea = br.readLine()) != null) {
                System.out.println(linea);
            }
            br.close();
            is.close();

        } catch (Exception e) {
            e.printStackTrace();
        }
    }
}// Ejemplo6
```

Para obtener la salida de la orden *java -version* usamos *p.getErrorStream()* en lugar de *p.getInputStream(),* ya que esa orden escribe en *stderr*. Al ejecutar se muestra la siguiente salida:

```
Variables de entorno:
{USERDOMAIN_ROAMINGPROFILE=PCMSI-MJESUS, PROCESSOR_LEVEL=6,
SESSIONNAME=Console, ALLUSERSPROFILE=C:\ProgramData,
PROCESSOR_ARCHITECTURE=AMD64, PSModulePath=C:\Program
Files\WindowsPowerShell\Modules;C:\Windows\system32\WindowsPowerShell\v1.
0\Modules, SystemDrive=C:, JRE_HOME=C:\Program Files\Java\jdk-17.0.2,
USERNAME=mjrm2, ProgramFiles(x86)=C:\Program Files (x86),. . . . . . .
. . . . . . . . . . . . . . . . . . . . . . . . . . . . . . . . . .
. . . . . . . . . . . . . . . . . . . . . NUMBER_OF_PROCESSORS=8}

Argumentos del comando:
      java
      LeerNombre
      Pepa
openjdk version "21.0.5" 2024-10-15 LTS
OpenJDK Runtime Environment Temurin-21.0.5+11 (build 21.0.5+11-LTS)
OpenJDK 64-Bit Server VM Temurin-21.0.5+11 (build 21.0.5+11-LTS, mixed
mode, sharing)
```

1.2.3.4. Redireccionando la entrada y la salida

Los métodos **redirectOutput()** y **redirectError()** nos permiten redirigir la salida estándar y de error a un fichero. El siguiente ejemplo ejecuta el comando DIR y envía la salida al fichero *salida.txt*, si ocurre algún error se envía a *error.txt*:

```java
import java.io.*;
public class Ejemplo7 {
  public static void main(String args[]) throws IOException {
    ProcessBuilder pb = new ProcessBuilder("CMD","/C" ,"DIR");

    File fOut = new File("salida.txt");
    File fErr = new File("error.txt");

    pb.redirectOutput(fOut);
    pb.redirectError(fErr);
    pb.start();
  }
}// Ejemplo7
```

También podemos ejecutar varios comandos del sistema operativo dentro de un fichero BAT. El siguiente ejemplo ejecuta los comandos MS-DOS que se encuentran en el fichero *fichero.bat*. Se utiliza el método **redirectInput()** para indicar que la entrada al proceso se encuentra en un fichero, es decir la entrada para el comando CMD será el *fichero.bat*. La salida del proceso se envía al fichero *salida.txt* y la salida de error al fichero *error.txt*:

```java
import java.io.*;

public class Ejemplo8 {
  public static void main(String args[]) throws IOException {
    ProcessBuilder pb = new ProcessBuilder("CMD");
```

```
      File fBat = new File("fichero.bat");
      File fOut = new File("salida.txt");
      File fErr = new File("error.txt");

      pb.redirectInput(fBat);
      pb.redirectOutput(fOut);
      pb.redirectError(fErr);
      pb.start();
   }
}// Ejemplo8
```

Suponiendo que los comandos MS-DOS del *fichero.bat* son estos (este fichero se debe crear en el proyecto Eclipse):

```
MKDIR NUEVO
CD NUEVO
ECHO CREO FICHERO > Mifichero.txt
DIR
DIRR
ECHO FIN COMANDOS
```

Donde: se crea la carpeta NUEVO en el directorio actual, nos dirigimos a dicha carpeta con CD, ECHO muestra un mensaje en la pantalla y redirige la salida al fichero *Mifichero.txt*, creándolo si no existe o sobrescribiéndolo si ya existe, se ejecuta el comando DIR, el siguiente comando DIRR es erróneo y se muestra en pantalla el mensaje FIN COMANDOS. Al ejecutarlo desde el entorno Eclipse el contenido del fichero de salida *salida.txt* es similar a este:

```
Microsoft Windows [Versión 10.0.19045.5555]
(c) Microsoft Corporation. Todos los derechos reservados.

C:\PSP\EjemplosCapitulo1>MKDIR NUEVO

C:\PSP\EjemplosCapitulo1>CD NUEVO

C:\PSP\EjemplosCapitulo1\NUEVO>ECHO CREO FICHERO > Mifichero.txt

C:\PSP\EjemplosCapitulo1\NUEVO>DIR
 El volumen de la unidad C no tiene etiqueta.
 El número de serie del volumen es: 4E5F-9AFE

Directorio de C:\PSP\EjemplosCapitulo1\NUEVO

11/03/2025  15:07    <DIR>          .
11/03/2025  15:07    <DIR>          ..
11/03/2025  15:07                15 Mifichero.txt
               1 archivos             15 bytes
               2 dirs  490.369.908.736 bytes libres

C:\PSP\EjemplosCapitulo1\NUEVO>DIRR

C:\PSP\EjemplosCapitulo1\NUEVO>ECHO FIN COMANDOS
FIN COMANDOS

C:\PSP\EjemplosCapitulo1\NUEVO>
```

Y el del fichero de error *error.txt*:

```
"DIRR" no se reconoce como un comando interno o externo,
programa o archivo por lotes ejecutable.
```

ACTIVIDAD 1.7

Modifica el *Ejemplo5.java* para que la salida del proceso y la salida de error se almacenen en un fichero de texto, y la entrada la tome desde otro fichero de texto.

Para llevar a cabo el redireccionamiento, tanto de entrada como de salida del proceso que se ejecuta, también podemos usar la clase **ProcessBuilder.Redirect**. El redireccionamiento puede ser uno de los siguientes:

- El valor especial **Redirect.INHERIT**, indica que la fuente de entrada y salida del proceso será la misma que la del proceso actual.

- **Redirect.from(File)**, indica redirección para leer de un fichero, la entrada al proceso se encuentra en el objeto **File**.

- **Redirect.to(File)**, indica redirección para escribir en un fichero, el proceso escribirá en el objeto **File** especificado.

- **Redirect.appendTo (File)**, indica redirección para añadir a un fichero, la salida del proceso se añadirá al objeto **File** especificado.

El ejemplo anterior usando esta clase quedaría de esta manera:

```
pb.redirectInput(ProcessBuilder.Redirect.from(fBat));
pb.redirectOutput(ProcessBuilder.Redirect.to(fOut));
pb.redirectError(ProcessBuilder.Redirect.to(fErr));
```

Partimos del *Ejemplo5.java* que lanza la ejecución de la clase Java *EjemploLectura* (donde se lee por teclado una cadena) enviando datos a la entrada estándar del proceso, lo modificamos usando **ProcessBuilder.Redirect** para que la entrada la tome desde un fichero de texto, la salida del proceso se muestre en la consola, y la salida de error la lleve a un fichero de texto:

```java
import java.io.*;
public class Ejemplo9 {

    public static void main(String[] args) throws Exception {

        File directorio = new File("target\\classes");
        ProcessBuilder pb = new ProcessBuilder("java", "EjemploLectura");
        pb.directory(directorio);

        //salida a consola
        pb.redirectOutput(ProcessBuilder.Redirect.INHERIT);

        //los datos de entrada están en un fichero
        File fichero = new File("DatosEjemplo9.txt");
        pb.redirectInput(ProcessBuilder.Redirect.from(fichero));

        //la salida de error a un fichero
        File ferror = new File("FErrorEjemplo9.txt");
        pb.redirectError(ProcessBuilder.Redirect.to(ferror));
```

```
        // se ejecuta el proceso
        Process p = pb.start();
        System.out.println("Valor de salida: "+ p.waitFor());
    }
}// Ejemplo9
```

El siguiente ejemplo muestra en la consola la salida de ejecutar el fichero JAR de nombre *PintaDatos.jar*, este fichero recibe datos desde los argumentos de *main(String[] args)* y los muestra en la consola. Se encuentra en la carpeta desde donde se lanza su ejecución. Como el fichero JAR no lee de *System.in* entonces es necesario pasar los datos como argumentos de **ProcessBuilder**. El ejemplo usa el método **command()** para definir los comandos que ejecutará el fichero JAR, se pueden agregar más argumentos dinámicamente usando *command().add()* si la lista de comandos ya está inicializada; en este ejemplo se usa para mandar los datos a los argumentos de *main(String[] args)* del proceso *PintaDatos.jar*. La orden de ejecución del fichero JAR es la siguiente: *java -jar PintaDatos.jar uno dos tres*:

```
public class Ejemplo10_LanzaJar {
    public static void main(String args[]) throws Exception {

        String ficherojar = "PintaDatos.jar";
        ProcessBuilder pb = new ProcessBuilder();
        pb = pb.command("java", "-jar", ficherojar);
        pb.command().add("uno");  //añade al final el valor
        pb.command().add("dos");  //añade al final el valor
        pb.command().add("tres"); //añade al final el valor

        pb.redirectOutput(ProcessBuilder.Redirect.INHERIT);

        Process p = pb.start();
        System.out.println("Valor de salida: " + p.waitFor());
    }
}// Ejemplo10_LanzaJar
```

Si el fichero JAR a ejecutar se encuentra en otra carpeta es necesario indicar toda la ruta, por ejemplo: *"D:\\ejemploJAR\\PintaDatos.jar"*. Igualmente se puede usar **command()** de la siguiente manera: *pb = pb.command("java", "-jar", ficherojar, "uno", "dos", "tres")* sin necesidad de añadir los elementos al final del comando, el método *add()* es útil cuando no se conocen los valores y se añaden durante la ejecución. Otra forma de lanzar el proceso es sin usar **command()**: *pb = new ProcessBuilder("java", "-jar", ficherojar, "uno", "dos", "tres")*.

Puede ocurrir que los argumentos a pasar a *main(String[] args)* estén en un fichero, en este caso primero se lee el fichero creando un lista con los datos del fichero y después se pasan al **ProcessBuilder** usando *command().addAll(argumentos)*. Por ejemplo, los argumentos a pasar al proceso *PintaDatos* se encuentran en el fichero de nombre *FdatosJar.txt*, cada fila del fichero es un argumento, se recorre el fichero y se van almacenando los datos en una lista:

```
import java.io.*;
import java.util.*;
```

```java
public class Ejemplo10_LanzaJar2 {

    public static void main(String args[]) throws Exception {

        String ficherojar = "PintaDatos.jar";

        // Lee argumentos desde un fichero y los lleva a una lista
        List<String> argumentos = new ArrayList<>();
        BufferedReader br = new BufferedReader(
                        new FileReader(new File("FdatosJar.txt")));
        String linea;
        while ((linea = br.readLine()) != null) argumentos.add(linea);
        br.close();

        //
        ProcessBuilder pb = new ProcessBuilder();
        pb = pb.command("java", "-jar", ficherojar);
        pb.command().addAll(argumentos); // Agregar argumentos

        pb.redirectOutput(ProcessBuilder.Redirect.INHERIT);

        Process p = pb.start();
        System.out.println("Valor de salida: "+p.waitFor());

    }
}// Ejemplo10_LanzaJar2
```

1.2.3.5. Información de los procesos en Java

Para obtener información sobre los procesos en ejecución disponemos de las interfaces **ProcessHandle** y **ProcessHandle.Info** del paquete **java.lang**. **ProcessHandle** representa un proceso en ejecución en el sistema operativo, se puede usar para:

- Obtener el PID del proceso con el método *pid()*.

- Obtener el proceso actual: *current()*.

- Obtener información detallada: *info()*.

- Finalizar un proceso: *destroy()*.

- Ver si un proceso sigue vivo: *isAlive()*.

- Obtener todos los procesos en ejecución: *allProcesses()*.

ProcessHandle.Info info(): devuelve una instantánea de la información del proceso, dispone de métodos que devuelven información detallada sobre el proceso si está disponible. Los métodos son los siguientes:

- El comando que inició el proceso: *command()*.

- Los argumentos que recibió el proceso: *arguments()*.

- El momento de tiempo en el que se inicia el proceso: *startInstant()*.

- El tiempo total de CPU que ha usado el proceso: *totalCpuDuration()*.

- El usuario que lanza el proceso: *user()*.

El siguiente ejemplo muestra información del proceso actual, en primer lugar, se obtiene el proceso actual con el método *current(),* y con el método *info()* se obtiene la información del proceso:

```java
public class InforProcesoActual {

    public static void main(String[] args) {
        // Obtener proceso actual
        ProcessHandle ph = ProcessHandle.current();

        // Obtener información del proceso actual
        ProcessHandle.Info phinfo = ph.info();

        System.out.println("PID        : " + ph.pid());
        System.out.println("Argumentos: " + phinfo.arguments());
        System.out.println("Comando    : " + phinfo.command());
        System.out.println("Inicio     : " + phinfo.startInstant());
        System.out.println("Total CPU : " + phinfo.totalCpuDuration());
        System.out.println("Usuario    : " + phinfo.user());
    }
}
```

La compilación y ejecución desde la línea de comandos del DOS muestra la siguiente salida:

```
D:\PSP_2025>javac InforProcesoActual.java

D:\PSP_2025>java InforProcesoActual
PID        : 11700
Argumentos: Optional.empty
Comando    : Optional[C:\Program Files\Java\jdk-21\bin\java.exe]
Inicio     : Optional[2025-03-12T19:18:18.203Z]
Total CPU : Optional[PT0.0625S]
Usuario    : Optional[PCMSI-MJESUS\mjrm2]
```

Para ver todos los procesos que se están ejecutando usamos el método *allProcesses()* de **ProcessHandle**, que devuelve un **Stream** con todos los procesos en ejecución. Se recorre el **Stream** para mostrar los datos de cada proceso, ejemplo:

```java
// Obtener todos los procesos
Stream<ProcessHandle> procesos = ProcessHandle.allProcesses();

procesos.forEach(ph -> {
  System.out.println("\nPID: " + ph.pid());
  System.out.println("Comando     : " + ph.info().command());
  System.out.println("Inicio      : " + ph.info().startInstant());
  System.out.println("Duración CPU: " + ph.info().totalCpuDuration());
  System.out.println("Usuario     : " + ph.info().user());
});
```

Cuando un proceso (**Process**) es iniciado desde Java usando **ProcessBuilder**, se puede obtener su información (**ProcessHandle.Info**) con el método **info()** de la siguiente manera:

```java
Process proceso = new ProcessBuilder("CMD", "/C", "DIR").start();
ProcessHandle.Info info = proceso.info();
```

1.3. PROGRAMACIÓN CONCURRENTE

El diccionario *WordReference.com* (http://www.wordreference.com/definicion/) nos muestra varias acepciones de la palabra concurrencia. Nos quedamos con la tercera: *"Acaecimiento o concurso de varios sucesos en un mismo tiempo"*. Si sustituimos sucesos por procesos ya tenemos una aproximación de lo que es la concurrencia en informática: la existencia simultánea de varios procesos en ejecución.

1.3.1. Programa y proceso

Al principio del tema se definió un **proceso** como un programa en ejecución. Y ¿qué es un programa?, podemos definir **programa** como un conjunto de instrucciones que se aplican a un conjunto de datos de entrada para obtener una salida. Un proceso es algo activo que cuenta con una serie de recursos asociados, en cambio un programa es algo pasivo, para que pueda hacer algo hay que ejecutarlo.

Pero un programa al ponerse en ejecución puede dar lugar a más de un proceso, cada uno ejecutando una parte del programa. Por ejemplo, el navegador web, por un lado, está controlando las acciones del usuario con la interfaz, por otro hace las peticiones al servidor web. Entonces cada vez que se ejecuta este programa crea 2 procesos. Por ejemplo, podemos observar desde el *Administrador de tareas de Windows* la cantidad de procesos que abre el navegador web **Chrome** con el nombre *chrome.exe* o el navegador web *Microsoft Edge* con el nombre *msedge.exe*.

En la Figura 1.13 existe un programa almacenado en disco y 3 instancias del mismo ejecutándose, por ejemplo, por 3 usuarios diferentes. Cada instancia del programa es un proceso, por tanto, existen 3 procesos independientes ejecutándose al mismo tiempo sobre el sistema operativo, tenemos entonces 3 procesos concurrentes.

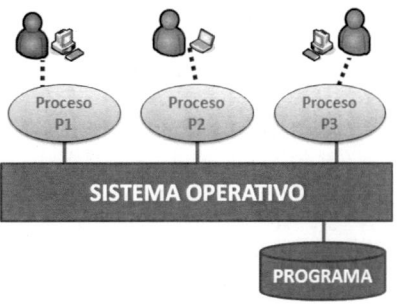

Figura 1.13. Un programa con 3 instancias ejecutándose.

Dos procesos serán concurrentes cuando la primera instrucción de uno de ellos se ejecuta después de la primera instrucción del otro y antes de la última. Es decir, existe un solapamiento o intercalado en la ejecución de sus instrucciones. No hay que confundir el solapamiento con la ejecución simultánea de las instrucciones, en este caso estaríamos en una situación de **programación paralela**, aunque a veces el hardware subyacente (más de un procesador) sí permitirá la ejecución simultánea.

Supongamos ahora que el programa anterior al ejecutarse da lugar a 2 procesos más, cada uno ejecutando una parte del programa, entonces la Figura 1.13 se convierte en la 1.14. Ya que un programa puede estar compuesto por diversos procesos, una definición más acertada de proceso es la de una actividad asíncrona susceptible de ser asignada a un procesador[1].

---

[1] Programación concurrente. José Tomás Palma Méndez y otros. Ed Paraninfo. ISBN: 9788497321846

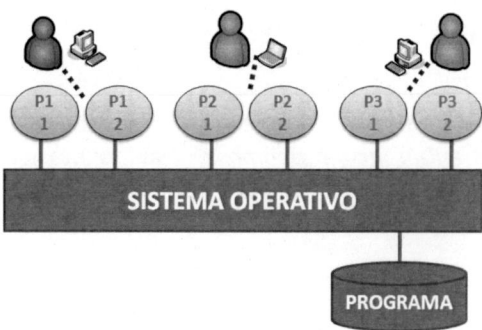

Figura 1.14. Un programa dando lugar a más de un proceso.

Cuando varios procesos se ejecutan concurrentemente puede haber procesos que colaboren para un determinado fin (por ejemplo, P1.1 y P1.2), y otros que compitan por los recursos del sistema (por ejemplo, P2.1 y P3.1). Estas tareas de colaboración y competencia por los recursos exigen **mecanismos de comunicación y sincronización entre procesos.**

1.3.2. Características

La **programación concurrente** es la disciplina que se encarga del estudio de las notaciones que permiten especificar la ejecución concurrente de las acciones de un programa, así como las técnicas para resolver los problemas inherentes a la ejecución concurrente (comunicación y sincronización).

BENEFICIOS

La programación concurrente aporta una serie de beneficios:

Mejor aprovechamiento de la CPU. Un proceso puede aprovechar ciclos de CPU mientras otro realiza una operación de entrada/salida.

Velocidad de ejecución. Al subdividir un programa en procesos, éstos se pueden "repartir" entre procesadores o gestionar en un único procesador según importancia.

Solución a problemas de naturaleza concurrente. Existen algunos problemas cuya solución es más fácil utilizando esta metodología:

- Sistemas de control: son sistemas en los que hay captura de datos, normalmente a través de sensores, análisis y actuación en función del análisis. Un ejemplo son los sistemas de tiempo real.

- Tecnologías web: los servidores web son capaces de atender múltiples peticiones de usuarios concurrentemente, también los servidores de chat, correo, los propios navegadores web, etc.

- Aplicaciones basadas en GUI: el usuario puede interactuar con la aplicación mientras la aplicación está realizando otra tarea. Por ejemplo, el navegador web puede estar descargando un archivo mientras el usuario navega por las páginas.

- Simulación: programas que modelan sistemas físicos con autonomía.

- Sistemas Gestores de Bases de Datos: Los usuarios interactúan con el sistema, cada usuario puede ser visto como un proceso.

CONCURRENCIA Y HARDWARE

En un sistema **monoprocesador** (de un solo procesador) se puede tener una ejecución concurrente gestionando el tiempo de procesador para cada proceso. El S.O. va alternando el tiempo entre los distintos procesos, cuando uno necesita realizar una operación de entrada salida, lo abandona y otro lo ocupa; de esta forma se aprovechan los ciclos del procesador. En la Figura 1.15 se muestra como el tiempo de procesador es repartido entre 3 procesos, en cada momento sólo hay un proceso. Esta forma de gestionar los procesos en un sistema monoprocesador recibe el nombre de **multiprogramación**.

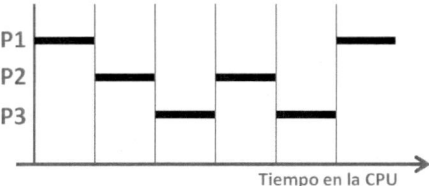

Figura 1.15. Concurrencia.

En un sistema **monoprocesador** todos los procesos comparten la misma memoria. La forma de comunicar y sincronizar procesos se realiza mediante variables compartidas.

En un sistema **multiprocesador** (existe más de un procesador) podemos tener un proceso en cada procesador. Esto permite que exista paralelismo real entre los procesos, véase Figura 1.16.

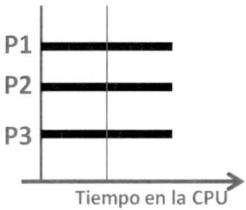

Figura 1.16. Paralelismo.

Estos sistemas se pueden clasificar en:

- **Fuertemente acoplados**: cuando poseen una memoria compartida por todos los procesadores, véase Figura 1.17.

- **Débilmente acoplados**: cuando los procesadores poseen memorias locales y no existe la compartición de memoria, véase Figura 1.18.

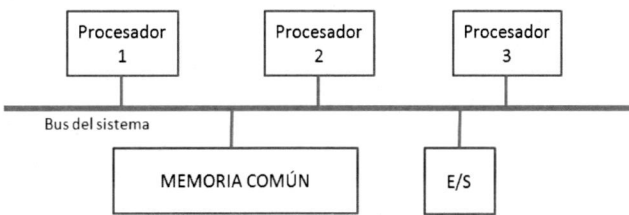

Figura 1.17. Fuertemente acoplados.

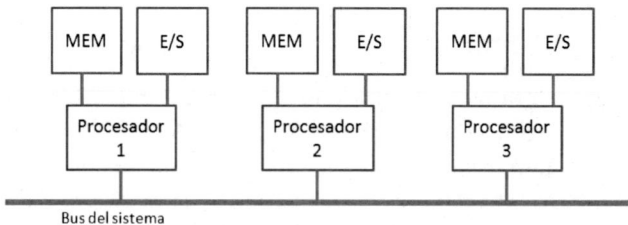

Figura 1.18. Débilmente acoplados.

Se denomina **multiproceso** a la gestión de varios procesos dentro de un sistema multiprocesador, donde cada procesador puede acceder a una memoria común.

1.3.3. Programas concurrentes

Un **programa concurrente** define un conjunto de acciones que pueden ser ejecutadas simultáneamente. Supongamos que tenemos estas dos instrucciones en un programa, está claro que el orden de la ejecución de las mismas influirá en el resultado final:

x=x+1; y=x+1;	La primera instrucción se debe ejecutar antes de la segunda.

En cambio, si tenemos estas otras, el orden de ejecución es indiferente:

x=1;
y=2;
z=3;
	El orden no interviene en el resultado final.

CONDICIONES DE BERNSTEIN

Bernstein definió unas condiciones para que dos conjuntos de instrucciones se puedan ejecutar concurrentemente. En primer lugar, es necesario formar 2 conjuntos de instrucciones:

- **Conjunto de lectura:** formado por instrucciones que cuentan con variables a las que se accede en modo lectura durante su ejecución.

- **Conjunto de escritura:** formado por instrucciones que cuenta con variables a las que se accede en modo escritura durante su ejecución.

Por ejemplo, sean las siguientes instrucciones:

Instrucción 1:	x := y+1
Instrucción 2;	y := x+2
Instrucción 3:	z := a+b

Los conjuntos de lectura y escritura estarían formados por las variables siguientes:

	Conjunto lectura - L	Conjunto escritura - E
Instrucción 1- I1:	y	x
Instrucción 2- I2:	x	y
Instrucción 3- I3:	a,b	z

Se pueden expresar de la siguiente manera:

L(I1)={y}	
L(I2)={x}	E(I1)={x} E(I2)={y}
L(I3)={a,b}	E(I3)={z}

Para que dos conjuntos se puedan ejecutar concurrentemente se deben cumplir estas 3 condiciones:

- La intersección entre las variables leídas por un conjunto de instrucciones *Ii* y las variables escritas por otro conjunto *Ij* debe ser vacío, es decir, no debe haber variables comunes:

$$L(Ii) \cap E(Ij) = \emptyset$$

- La intersección entre las variables de escritura de un conjunto de instrucciones *Ii* y las variables leídas por otro conjunto *Ij* debe ser nulo, es decir, no debe haber variables comunes:

$$E(Ii) \cap L(Ij) = \emptyset$$

- Por último, la intersección entre las variables de escritura de un conjunto de instrucciones *Ii* y las variables de escritura de un conjunto *Ij* debe ser vacío, no debe haber variables comunes:

$$E(Ii) \cap E(Ij) = \emptyset$$

En el ejemplo anterior tenemos las siguientes condiciones, donde se observa que las instrucciones I1 e I2 no se pueden ejecutar concurrentemente porque no cumplen las 3 condiciones:

Conjunto I1 e I2	Conjunto I2 e I3	Conjunto I1 e I3
$L(I1) \cap E(I2) \neq \emptyset$	$L(I2) \cap E(I3) = \emptyset$	$L(I1) \cap E(I3) = \emptyset$
$E(I1) \cap L(I2) \neq \emptyset$	$E(I2) \cap L(I3) = \emptyset$	$E(I1) \cap L(I3) = \emptyset$
$E(I1) \cap E(I2) = \emptyset$	$E(I2) \cap E(I3) = \emptyset$	$E(I1) \cap E(I3) = \emptyset$

En los programas secuenciales hay un orden fijo de ejecución de las instrucciones, siempre se sabe por dónde va a ir el programa. En cambio, en los programas concurrentes hay un orden parcial. Al haber solapamiento de instrucciones no se sabe cuál va a ser el orden de ejecución, puede ocurrir que ante unos mismos datos de entrada el flujo de ejecución no sea el mismo. Esto da lugar a que los programas concurrentes tengan un comportamiento indeterminista donde repetidas ejecuciones sobre un mismo conjunto de datos puedan dar diferentes resultados.

1.3.4. Problemas inherentes a la programación concurrente

A la hora de crear un programa concurrente podemos encontrarnos con dos problemas:

- **Exclusión mutua.** En programación concurrente es muy típico que varios procesos accedan a la vez a una variable compartida para actualizarla. Esto se debe evitar, ya que puede producir inconsistencia de datos: uno puede estar actualizando la variable a la vez que otro la puede estar leyendo. Por ello es necesario conseguir la exclusión mutua de los procesos respecto a la variable compartida. Para ello se propuso la **región crítica**. Cuando dos o más procesos comparten una variable, el acceso a dicha variable debe efectuarse siempre dentro de la región crítica asociada a la variable. Sólo uno de los procesos podrá acceder para actualizarla y los demás deberán esperar, el tiempo de estancia es finito.

- **Condición de sincronización.** Hace referencia a la necesidad de coordinar los procesos con el fin de sincronizar sus actividades. Puede ocurrir que un proceso P1 llegue a un estado X que no pueda continuar su ejecución hasta que otro proceso P2 haya llegado a un estado Y de su ejecución. La programación concurrente proporciona mecanismos para bloquear procesos a la espera de que ocurra un evento y para desbloquearlos cuando este ocurra.

Algunas herramientas para manejar la concurrencia son: la región crítica, los semáforos, región crítica condicional, buzones, sucesos, monitores y sincronización por *rendez-vous*.

ACTIVIDAD 1.8

Responde a las siguientes cuestiones:

Escribe alguna característica de un programa concurrente.

¿Cuál es la ventaja de la concurrencia en los sistemas monoprocesador?

¿Cuáles son las diferencias entre multiprogramación y multiproceso?

¿Cuáles son los dos problemas principales inherentes a la programación concurrente?

1.3.5. Programación concurrente con Java

Al igual que el sistema operativo puede ejecutar varios procesos concurrentemente, dentro de un proceso podemos encontrarnos con varios hilos de ejecución. Un hilo es como una secuencia de control dentro de un proceso que ejecuta sus instrucciones de forma independiente, véase Figura1.19. Los hilos comparten el contexto del proceso, pero cada hilo mantiene una parte local.

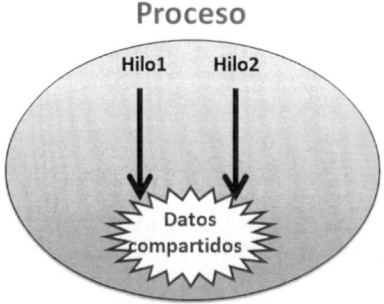

Figura 1.19. Hilos en un proceso.

Entre procesos e hilos hay algunas diferencias:

- Los hilos comparten el espacio de memoria del proceso, muchos comparten datos y espacios de direcciones; a diferencia de los procesos que generalmente poseen espacios de memoria de trabajo independientes e interactúan a través de mecanismos de comunicación dados por el sistema.

- Hilos y procesos pueden encontrarse en diferentes estados, pero los cambios de estado en los procesos son más costosos ya que los hilos pertenecen al mismo proceso. A los hilos también se les llama procesos ligeros.

- Se tarda menos tiempo en crear o en terminar un hilo que un proceso.

- En la comunicación entre procesos debe intervenir el núcleo del sistema, entre hilos no se necesita que intervenga el núcleo.

Para programar concurrentemente podemos dividir nuestro programa en hilos. Java proporciona la construcción de programas concurrentes mediante la clase **Thread** (hilo o hebra). Esta clase permite ejecutar código en un hilo de ejecución independiente.

En Java existen dos formas de utilizar o crear un hilo:

- Creando una clase que herede de la clase **Thread** y sobrecargando el método **run()**.

- Implementando la interface **Runnable**, y declarando el método **run()**. Se utiliza este modo cuando una clase ya hereda de otra.

El siguiente ejemplo crea un hilo de nombre *HiloSimple* heredando de la clase **Thread**. En el método **run()** se indican las líneas de código que se ejecutarán simultáneamente con las otras partes del programa. Cuando se termina la ejecución de ese método, el hilo de ejecución termina también:

```java
public class HiloSimple extends Thread {
  public void run() {
    for (int i = 0; i < 5; i++)
        System.out.println("En el Hilo... ");
  }
}//
```

Para usar el hilo creo la clase *UsaHilo*:

```java
public class UsaHilo {
    public static void main(String[] args) {
      HiloSimple hs = new HiloSimple();
      hs.start();
      for (int i = 0; i < 5; i++)
          System.out.println("Fuera del hilo..");
    }
}//
```

Desde esta clase se arranca el hilo: primero se invoca al operador *new* para crear el hilo y luego al método **start()** que invoca al método **run()**. La compilación y ejecución muestra la siguiente salida, en la que se puede observar que se intercala las instrucciones del hilo y de fuera del hilo. La salida puede variar cada vez que vez que ejecutemos el programa:

```
D:\PSP_2025>javac HiloSimple.java
D:\PSP_2025>javac UsaHilo.java
D:\PSP_2025>java UsaHilo
Fuera del hilo..
Fuera del hilo..
En el Hilo...
En el Hilo...
En el Hilo...
En el Hilo...
En el Hilo...
Fuera del hilo..
Fuera del hilo..
Fuera del hilo..
```

Las 2 clases anteriores implementando la interfaz **Runnable** quedarían así:

```
public class HiloSimple2 implements Runnable{
    public void run() {
       for (int i = 0; i < 5; i++)
          System.out.println("En el Hilo...");
    }
}//

public class UsaHilo2 {
    public static void main(String[] args) {
       HiloSimple2 hs = new HiloSimple2();
       Thread t = new Thread(hs);
       t.start();
       for (int i = 0; i < 5; i++)
          System.out.println("Fuera del hilo..");
    }
}//
```

En el siguiente capítulo se tratarán más ampliamente los hilos con Java.

1.4. PROGRAMACIÓN PARALELA Y DISTRIBUIDA

1.4.1. Programación paralela

Un **programa paralelo** es un tipo de programa concurrente diseñado para ejecutarse en un sistema **multiprocesador**. El procesamiento paralelo permite que muchos elementos de proceso independientes trabajen simultáneamente para resolver un problema. Estos elementos pueden ser un número arbitrario de equipos conectados por una red, un único equipo con varios procesadores o una combinación de ambos. El problema a resolver se divide en partes independientes de tal forma que cada elemento pueda ejecutar la parte de programa que le corresponda a la vez que los demás.

Recordemos que en un sistema **multiprocesador,** donde existe más de un procesador, podemos tener un proceso en cada procesador y todos juntos trabajan para resolver un problema. Cada procesador realiza una parte del problema y necesita intercambiar información con el resto. Según cómo se realice este intercambio podemos tener modelos distintos de programación paralela:

- Modelo de **memoria compartida** (sin hilos): los procesadores comparten físicamente la memoria, es decir, todos acceden al mismo espacio de direcciones. Un valor escrito en memoria por un procesador puede ser leído directamente por cualquier otro. La comunicación entre procesos se realiza a través de **variables compartidas**.

- Modelo de **paso de mensajes (memoria distribuida)**: cada procesador dispone de su propia memoria independiente del resto y accesible sólo por él. Para realizar el intercambio de información es necesario que cada procesador realice la petición de datos al procesador que los tiene, y éste haga el envío, por tanto, la comunicación se realiza mediante paso de mensajes, se usa en sistemas distribuidos.

- Modelo basado en **hilos (memoria compartida con hilos)**: dentro de un mismo proceso los hilos comparten la memoria y los recursos, los hilos pueden ejecutarse en núcleos separados dentro de la misma máquina.

- Modelo de **datos paralelos**: se fragmenta un gran conjunto de datos en partes más pequeñas, cada fragmento se asigna a un procesador o subproceso, los procesadores trabajan en paralelo en sus respectivos fragmentos. Se aplica la misma operación a cada fragmento de manera independiente. En un sistema de memoria compartida, los datos serán accesibles para todos, pero en un sistema de memoria distribuida estos serán divididos entre las memorias y trabajados de forma local. Se usa en *GPU computing*, uso de unidades de procesamiento gráfico (GPU) para realizar cálculos no relacionados con gráficos.

- Modelo **híbrido**: combinación de modelos de memoria compartida y distribuida. Típico en supercomputación.

- Modelo **SPMD - Single Program Multiple Data** (programa único, datos múltiples): un solo programa se ejecuta en múltiples procesadores con diferentes datos. Es un modelo de programación de alto nivel que puede construirse sobre cualquier combinación de los modelos de programación paralela mencionados anteriormente.

- Modelo **MPMD - Multiple Program Multiple Data** (programa múltiple, datos múltiples): diferentes programas se ejecutan en paralelo con diferentes conjuntos de datos. Se usa en modelos heterogéneos, donde distintos tipos de cálculos requieren diferentes algoritmos o hardware. Por ejemplo, un nodo ejecuta un programa de simulación física, mientras otro procesa los gráficos en un juego.

El intercambio de información entre procesadores depende del sistema de almacenamiento que se disponga. Según este criterio las arquitecturas paralelas se clasifican en: **Sistemas de memoria compartida o multiprocesadores**: los procesadores comparten físicamente la memoria; y **Sistemas de memoria distribuida o multicomputadores**: cada procesador dispone de su propia memoria.

Dentro de los sistemas de memoria distribuida o multicomputadores nos encontramos con los **Clusters**. Son sistemas de procesamiento paralelo y distribuido donde se utilizan múltiples ordenadores, cada uno con su propio procesador, enlazados por una red de interconexión más o menos rápida, de tal forma que el conjunto de ordenadores es visto como un único ordenador, más potente que los comunes de escritorio.

Otro ejemplo de sistemas de memoria distribuida son los **Grids** o computadores de múltiples dominios administrativos conectados para solucionar una tarea determinada y en los que los componentes de hardware, software y tecnología de red pueden ser muy diferentes. El punto crucial de un sistema computacional **grid** estriba en que los recursos de distintas organizaciones son puestos a la disposición de un grupo de personas o instituciones para que colaboren entre sí. Los **grids** en memoria distribuida son fundamentales en Big Data, IA y computación de alto rendimiento.

Tradicionalmente, el paralelismo se ha utilizado en centros de supercomputación para resolver problemas de elevado coste computacional en un tiempo razonable, pero en la última década su interés se ha extendido por la difusión de los procesadores con múltiples núcleos (combina dos o más procesadores independientes en un solo circuito integrado). Estos procesadores permiten que un dispositivo computacional exhiba una cierta forma del paralelismo a nivel de thread (thread-level parallelism) (TLP) sin incluir múltiples microprocesadores en paquetes físicos separados. Esta forma de TLP se conoce a menudo como multiprocesamiento a nivel de chip (chip-level multiprocessing) o CMP[2].

---

[2] https://es.wikipedia.org/wiki/Procesador_multinúcleo

El paralelismo de datos se usa en diversas áreas donde se procesan grandes volúmenes de información de manera eficiente. Algunas aplicaciones clave son las siguientes:

- Inteligencia artificial y *Machine Learning*.
- Big data y procesamiento masivo.
- Simulaciones científicas y modelado.
- Computación gráfica y videojuegos.
- Biología computacional y medicina.
- Finanzas y trading algorítmico.
- Minería de criptomonedas.
- Búsqueda en bases de datos y motores de recomendación.

VENTAJAS E INCONVENIENTES

Ventajas del procesamiento paralelo:

- Proporciona ejecución simultánea de tareas.
- Disminuye el tiempo total de ejecución de una aplicación.
- Resolución de problemas complejos y de grandes dimensiones.
- Utilización de recursos no locales, por ejemplo, los recursos que están en una red distribuida, una WAN o la propia red internet.
- Disminución de costos, en vez de gastar en un supercomputador muy caro se pueden utilizar otros recursos más baratos disponibles remotamente.

Pero no todo son ventajas, algunos inconvenientes son:

- Los compiladores y entornos de programación para sistemas paralelos son más difíciles de desarrollar.
- Los programas paralelos son más difíciles de escribir.
- El consumo de energía de los elementos que forman el sistema.
- Mayor complejidad en el acceso a los datos.
- La comunicación y la sincronización entre las diferentes subtareas.

La computación paralela resuelve problemas como: predicciones y estudios meteorológicos, estudio del genoma humano, modelado de la biosfera, predicciones sísmicas, simulación de moléculas, inteligencia artificial, *Big Data*, computación cuántica... En algunos casos se dispone de tal cantidad de datos que serían muy lento o imposible tratar con máquinas convencionales.

ACTIVIDAD 1.9

Responde a las siguientes cuestiones:

Cita algunas características de la computación serie.

Cita algunas características de la computación en paralelo.

Ámbitos en los que se usa la computación en paralelo.

¿Cómo hace uso de la computación paralela el proyecto SETI @ home?

1.4.2. Programación distribuida

Uno de los motivos principales para construir un sistema distribuido es compartir recursos. Probablemente, el sistema distribuido más conocido por todos es Internet que permite a los usuarios donde quiera que estén hacer uso de la *World Wide Web*, el correo electrónico y la transferencia de ficheros. Empresas como *Google*, *Facebook* y *Amazon* utilizan sistemas distribuidos para gestionar y analizar enormes volúmenes de datos generados diariamente por sus usuarios. La computación distribuida permite procesar estos datos de manera eficiente, mejorando la toma de decisiones y la personalización de servicios.

Se define un sistema distribuido como aquel en el que los componentes hardware o software, localizados en computadores unidos mediante una red, comunican y coordinan sus acciones mediante el paso de mensajes. Esta definición tiene las siguientes consecuencias[3]:

- **Concurrencia:** lo normal en una red de ordenadores es la ejecución de programas concurrentes.

- **Inexistencia de reloj global:** cuando los programas necesitan cooperar coordinan sus acciones mediante el paso de mensajes. No hay una temporalización, los relojes de los *host* no están sincronizados.

- **Fallos independientes:** cada componente del sistema puede fallar independientemente, permitiendo que los demás continúen su ejecución.

La programación distribuida es un paradigma de programación enfocado en desarrollar sistemas distribuidos, abiertos, escalables, transparentes y tolerantes a fallos. Este paradigma es el resultado natural del uso de las computadoras y las redes. Casi cualquier lenguaje de programación que tenga acceso al máximo al hardware del sistema puede manejar la programación distribuida, considerando una buena cantidad de tiempo y código[4].

Una arquitectura típica para el desarrollo de sistemas distribuidos es la arquitectura **cliente-servidor**. Los clientes son elementos activos que demandan servicios a los servidores realizando peticiones y esperando la respuesta, los servidores son elementos pasivos que realizan las tareas bajo requerimientos de los clientes.

Por ejemplo, un cliente web solicita una página, el servidor web envía al cliente la página solicitada. Véase Figura 1.20. La comunicación entre servidores y clientes se realiza a través de la red.

Existen varios modelos de programación para la comunicación entre los procesos de un sistema distribuido:

- **Sockets**. Proporcionan los puntos extremos para la comunicación entre procesos. Es actualmente la base de la comunicación. Pero al ser de muy bajo nivel de abstracción, no son adecuados a nivel de aplicación. En el capítulo 3 se tratarán los sockets en Java.

- **Llamada de procedimientos remotos o RPC** (*Remote Procedure Call*). Permite a un programa cliente llamar a un procedimiento de otro programa en ejecución en un proceso

---

[3] Sistemas Distribuidos: Conceptos y Diseño. George Coulouris y otros. Ed: Addison-Wesley.

[4] http://es.wikipedia.org/wiki/Programación_distribuida

servidor. El proceso servidor define en su interfaz de servicio los procedimientos disponibles para ser llamados remotamente.

- **Invocación remota de objetos**. El modelo de programación basado en objetos ha sido extendido para permitir que los objetos de diferentes procesos se comuniquen uno con otro por medio de una *invocación a un método remoto* o **RMI** (*Remote Method Invocation*). Un objeto que vive en un proceso puede invocar métodos de un objeto que reside en otro proceso. **Java RMI** extiende el modelo de objetos de Java para proporcionar soporte de objetos distribuidos en lenguaje Java.

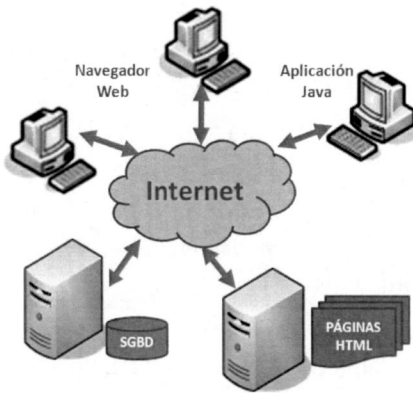

Figura 1.20. Cliente-servidor sobre web.

VENTAJAS E INCONVENIENTES

Ventajas que aportan los sistemas distribuidos:

- Se pueden compartir recursos y datos.
- Capacidad de crecimiento incremental.
- Mayor flexibilidad al poderse distribuir la carga de trabajo entre diferentes ordenadores.
- Alta disponibilidad.
- Soporte de aplicaciones inherentemente distribuidas.
- Carácter abierto y heterogéneo.

Pero no todo son ventajas, algunos inconvenientes son:

- Aumento de la complejidad, se necesita nuevo tipo de software.
- Problemas con las redes de comunicación: pérdida de mensajes, saturación del tráfico.
- Problemas de seguridad como por ejemplo ataques de denegación de servicio en la que se "bombardea" un servicio con peticiones inútiles de forma que un usuario interesado en usar el servicio no pueda usarlo.

ACTIVIDAD 1.10

Busca en Internet aplicaciones de los sistemas distribuidos.

> **PROGRAMACION CONCURRENTE, PARALELA Y DISTRIBUIDA**
>
> **Programación Concurrente**: Tenemos varios elementos de proceso (hilos, procesos) que trabajan de forma conjunta en la resolución de un problema. Se suele llevar a cabo en un único procesador o núcleo.
>
> **Programación Paralela**: Es programación concurrente cuando se utiliza para acelerar la resolución de los problemas, normalmente usando varios procesadores o núcleos.
>
> **Programación Distribuida**: Es programación paralela cuando los sistemas están distribuidos a través de una red (una red de procesadores); se usa paso de mensajes.

COMPRUEBA TU APRENDIZAJE

1º) Haz un programa C que genere una estructura de procesos con un padre y 3 hijos (Figura 1.21). Visualiza por cada hijo su PID y el del padre. Visualiza también el PID del padre de todos. Un ejemplo de ejecución se muestra a continuación:

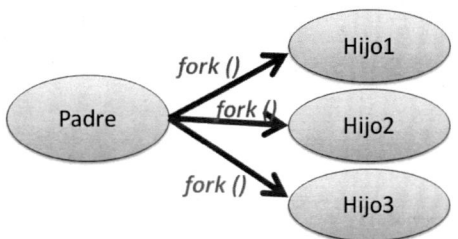

Figura 1.21. Ejercicio 1.

```
mj@linuxmint:~/EjemplosC$ gcc ejercicio1_1.c -o ejercicio1_1
mj@linuxmint:~/EjemplosC$ ./ejercicio1_1
Soy el hijo= 1, Mi padre es= 2010, Mi PID= 2011
Soy el hijo= 2, Mi padre es= 2010, Mi PID= 2012
Soy el hijo= 3, Mi padre es= 2010, Mi PID= 2013
Proceso PADRE = 2010
mj@linuxmint:~/EjemplosC$
```

2º) Haz un programa C y crea los *pipes* necesarios para que la comunicación entre un padre y un hijo fluya en ambos sentidos. Un ejemplo de ejecución se muestra a continuación:

```
mj@linuxmint:~/EjemplosC$ gcc ejercicio1_2.c -o ejercicio1_2
mj@linuxmint:~/EjemplosC$ ./ejercicio1_2
PADRE ENVIA MENSAJE.
     HIJO RECIBE MENSAJE de PADRE: Saludos del Padre..
     HIJO ENVIA MENSAJE a su PADRE.
PADRE RECIBE MENSAJE del HIJO: Saludos del Hijo...
mj@linuxmint:~/EjemplosC$
```

3º) Busca información sobre los comandos *top* y *free* de Linux y utilízalos para obtener información de los procesos.

4º) Realiza un programa Java que admita argumentos desde *main(String[] args)* y devuelva con *System.exit()* los siguientes valores:

- 1: Si el número de argumentos es < 1.

- 2: Si el argumento es una cadena.

- 3: Si el argumento es un número entero menor que 0.

- 0: En cualquier otra situación.

Realiza un segundo programa Java que ejecute al anterior. Este segundo programa deberá mandarle una cadena o un número o nada y deberá mostrar en pantalla lo que pasa dependiendo del valor devuelto al ejecutar el programa anterior. Ejemplos de ejecución mandando los distintos valores:

Se envía un número mayor o igual que 0, se debe mostrar:
```
Valor de Salida: 0
NÚMERO MAYOR O IGUAL QUE 0...
```

No se envían valores:
```
Valor de Salida: 1
NO HAY ARGUMENTOS...
```

Se envía una cadena:
```
Valor de Salida: 2
ES UNA CADENA...
```

Se envía un número menor que 0:
```
Valor de Salida: 3
NÚMERO MENOR QUE 0...
```

5º) Crea un programa Java que visualice 5 veces la cadena que se le envía desde los argumentos de *main(String[] args)*. Si la cadena que se le envía está vacía debe mostrar un mensaje indicándolo y debe finalizar el programa con *System.exit(1)*.

A continuación, crea un segundo programa Java que introduzca por teclado una cadena y se la mande al programa anterior para que realice las operaciones pertinentes. Ejemplo de ejecución introduciendo una cadena e introduciendo una cadena vacía:

```
Introduzca la cadena: HOLA        Introduzca la cadena:
1. HOLA                           CADENA VACIA...
2. HOLA                           Valor de Salida: 1
3. HOLA                           FINAL INCORRECTO...
4. HOLA
5. HOLA
Valor de Salida: 0
FINAL CORRECTO...
```

6º) Partiendo del ejercicio anterior, realiza los cambios necesarios para que los datos que devuelva el proceso en lugar de mostrarse en pantalla se guarden en un fichero de texto.

7º) Crea un programa Java que lea cadenas desde la entrada estándar hasta escribir un *. A continuación, crea otro programa que ejecute el anterior.

8º) Realiza un programa Java que lea una cadena desde la entrada estándar y visualice en pantalla si la cadena es o no palíndromo o si la cadena está vacía (la longitud es 0).

Realiza un segundo programa Java que ejecute el anterior, debe leer la cadena desde teclado y mandársela además de mostrar la salida por pantalla. Transforma este ejercicio para que la cadena se obtenga de un fichero de texto, y se envíe la salida de error a un fichero.

9º) Modifica el Ejercicio 7 para que al ejecutar el programa la entrada al proceso se obtenga a partir de un fichero de texto y la salida del proceso y de error se guarde en otro fichero de texto.

10º) ¿Cuáles de las siguientes afirmaciones son falsas?:

a) Un programa concurrente se suele concebir como un conjunto de procesos que colaboran y compiten entre sí.

b) Las sentencias de un programa concurrente se ejecutan de acuerdo con un orden estricto.

c) Un programa paralelo es un tipo de programa concurrente diseñado para ejecutarse en un sistema multiprocesador.

d) En los programas concurrentes no existen múltiples líneas de flujo de control.

e) En los programas concurrentes las sentencias que constituyen el programa no se ejecutan siguiendo una ordenación que corresponde a una secuencia temporal lineal.

11º) A partir del siguiente conjunto de instrucciones indica las que se pueden ejecutar concurrentemente y las que no:

Instrucción 1:	a := x + y;
Instrucción 2:	b := z – 1;
Instrucción 3:	c := a – b;
Instrucción 4:	w := c + 1;

12º) Parte 1. Realiza un programa Java que lea por teclado en un proceso repetitivo datos de alumnos:

- Los datos de alumnos a leer son el nombre (String) y la edad (int).
- El proceso repetitivo finaliza cuando el nombre sea *.
- Si el nombre leído es blanco o su longitud de caracteres es 0 (quitar blancos a izquierda y derecha) se debe volver a leer.
- Si la edad no está comprendida entre 1 y 99, se debe volver a leer.
- Igualmente se vuelve a leer la edad si se introduce una cadena en vez de un número en dicho campo.
- Se deben visualizar mensajes al pedir los datos y cuando no son correctos.

Una vez finalizado el proceso de lectura de datos se debe mostrar al final un mensaje, el número de alumnos leídos, el nombre de alumno con más edad y el nombre con menos edad. Nombra al programa **Ejercicio12_parte1.java**. Ejemplo de ejecución de este programa.

```
1 -Introduce datos de alumnos:
        Escribe un nombre: JUAN
        Introduce la EDAD entre 1 y 99: 10

        Datos introducidos: JUAN, 10
2 -Introduce datos de alumnos:
        Escribe un nombre: PEDRO
        Introduce la EDAD entre 1 y 99: 16

        Datos introducidos: PEDRO, 16
3 -Introduce datos de alumnos:
        Escribe un nombre:
                Incorrecto, escríbelo de nuevo:
        Escribe un nombre: ANA
        Introduce la EDAD entre 1 y 99: 0

                Incorrecto, debe estar entre: 1, y 99
        Introduce la EDAD entre 1 y 99: 33

        Datos introducidos: ANA, 33
4 -Introduce datos de alumnos:
        Escribe un nombre: *
Fin del proceso de lectura...
Datos leídos: 3
Alumno con más edad: ANA
Alumno con menos edad: JUAN
```

Parte 2. Realiza otro programa Java para ejecutar **Ejercicio12_parte1**:

- Este programa recibe desde los argumentos de *main(String[] args)* el nombre de los ficheros que contendrán los datos de entrada para la ejecución del **Ejercicio12_parte1**. Pueden ser varios ficheros. El programa **Ejercicio12_parte1** se ejecutará tantas veces como ficheros hay en los argumentos de *main()*.

- La **salida de las distintas ejecuciones del programa se debe almacenar en un fichero**, el nombre de este fichero coincidirá con el nombre del fichero de entrada, pero añadiendo la letra **S** al principio del nombre del mismo. También la **salida de error** de cada ejecución se almacenará en otro fichero, el nombre de este será el mismo que el nombre del fichero de entrada, pero añadiendo la letra **E** al principio del nombre del mismo.

- Si el programa no recibe los argumentos requeridos (1 o más) debe mostrar un mensaje y finalizar la ejecución.

- Si alguno de los nombres de fichero indicados en los argumentos de *main()* no existe, se debe mostrar mensaje indicándolo.

- El programa debe mostrar en pantalla el número de veces que se va a ejecutar **Ejercicio12_parte1** y el nombre del fichero que se está procesando, al final mostrará el mensaje de *Fin de proceso*.

- El programa debe crear tantos ficheros de salida como ficheros de entrada existan. Por ejemplo, si los ficheros de entrada se llaman *Fichero1.txt, Fichero2.txt* y *Fichero3.txt* y existen, se deben generar los ficheros de salida *SFichero1.txt, SFichero2.txt* y *SFichero3.txt*.

- Y se deben crear tantos ficheros de salida de error como ficheros de entrada (siempre y cuando los ficheros de entrada existan). En este caso *EFichero1.txt, EFichero2.txt* y *EFichero3.txt* que estarán vacíos si no se produce ningún error.

Este programa se llamará **Ejercicio12_ejecuta.java**.

<u>Ejemplo de Ejecución:</u> primero compilamos los dos ficheros Java y ejecutamos **Ejercicio12_ejecuta** desde la línea de comandos del DOS escribiendo a la derecha el nombre de los ficheros donde están los datos a enviar al proceso **Ejercicio12_parte1**, estos ficheros se llaman: *Fichero12_1.txt, Fichero12_2.txt* y *Fichero12_3.txt*; el contenido se muestra en la Figura 1.22 (cada línea del fichero representa lo que se introduciría por teclado en el **Ejercicio12_parte1**). Al ejecutarse el programa se mostrará en consola la siguiente información indicando el fichero que se está procesando:

```
D:\PSP_2025\Ejercicio12>javac Ejercicio12_parte1.java
D:\PSP_2025\Ejercicio12>javac Ejercicio12_ejecuta.java
D:\PSP_2025\Ejercicio12>java Ejercicio12_ejecuta
Faltan argumentos....

D:\PSP_2025\Ejercicio12>java Ejercicio12_ejecuta Fichero12_1.txt
        Fichero12_2.txt Fichero12_3.txt
Se va a probar el programa 3 veces
Procesando Fichero: Fichero12_1.txt
        Valor de Salida: 0
Procesando Fichero: Fichero12_2.txt
        Valor de Salida: 0
Procesando Fichero: Fichero12_3.txt
        Valor de Salida: 0
Fin de proceso...
```

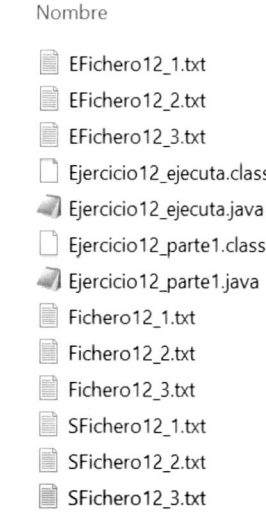

Fichero12_1.txt	Fichero12_2.txt	Fichero12_3.txt
1 ANA	1	1 JOSEFA
2 9	2	2 90
3	3 ANDRES	3 PILAR
4 LUIS	4 15	4 39
5 30	5 LAURA	5 *
6 PEDRO	6 *	
7 45	7 0	
8 MARTA	8 23	
9 15	9 *	
10 *		

Nombre

- EFichero12_1.txt
- EFichero12_2.txt
- EFichero12_3.txt
- Ejercicio12_ejecuta.class
- Ejercicio12_ejecuta.java
- Ejercicio12_parte1.class
- Ejercicio12_parte1.java
- Fichero12_1.txt
- Fichero12_2.txt
- Fichero12_3.txt
- SFichero12_1.txt
- SFichero12_2.txt
- SFichero12_3.txt

Figura 1.22. Contenido de los ficheros de entrada para el Ejercicio 12.

Figura 1.23. Ficheros de generados al ejecutar el Ejercicio12.

Se habrán generado tres ficheros de salida de nombre: *SFichero12_1.txt SFichero12_2.txt* y *SFichero12_3.txt*; y tres de error: *EFichero12_1.txt, EFichero12_2.txt* y *EFichero12_3.txt*. El contenido es el siguiente, donde se puede observar que aparecen los datos de los ficheros de entrada:

```
SFichero12_1.txt          SFichero12_3.txt          SFichero12_2.txt
 1   1 -Introduce datos de alumnos:
 2       Escribe un nombre:  Introduce la EDAD entre 1 y 99:
 3       Datos introducidos: ANA, 9
 4   2 -Introduce datos de alumnos:
 5       Escribe un nombre:       Incorrecto, escribelo de nuevo:
 6       Escribe un nombre:  Introduce la EDAD entre 1 y 99:
 7       Datos introducidos: LUIS, 30
 8   3 -Introduce datos de alumnos:
 9       Escribe un nombre:  Introduce la EDAD entre 1 y 99:
10       Datos introducidos: PEDRO, 45
11   4 -Introduce datos de alumnos:
12       Escribe un nombre:  Introduce la EDAD entre 1 y 99:
13       Datos introducidos: MARTA, 15
14   5 -Introduce datos de alumnos:
15       Escribe un nombre: Fin del proceso de lectura...
16   Datos leidos: 4
17   Alumno con mas edad: PEDRO
18   Alumno con menos edad: ANA
19
```

Figura 1.24. Fichero de salida *SFichero12_1.txt*.

```
SFichero12_1.txt          SFichero12_2.txt          SFichero12_3.txt
 1   1 -Introduce datos de alumnos:
 2       Escribe un nombre:       Incorrecto, escribelo de nuevo:
 3       Escribe un nombre:       Incorrecto, escribelo de nuevo:
 4       Escribe un nombre:  Introduce la EDAD entre 1 y 99:
 5       Datos introducidos: ANDRES, 15
 6   2 -Introduce datos de alumnos:
 7       Escribe un nombre:  Introduce la EDAD entre 1 y 99:
 8           Incorrecto, escribelo de nuevo:
 9       Introduce la EDAD entre 1 y 99:
10           Incorrecto, debe estar entre: 1, y 99
11       Introduce la EDAD entre 1 y 99:
12       Datos introducidos: LAURA, 23
13   3 -Introduce datos de alumnos:
14       Escribe un nombre: Fin del proceso de lectura...
15   Datos leidos: 2
16   Alumno con mas edad: LAURA
17   Alumno con menos edad: ANDRES
18
```

Figura 1.25. Fichero de salida *SFichero12_2.txt*.

```
SFichero12_1.txt          SFichero12_2.txt          SFichero12_3.txt
 1   1 -Introduce datos de alumnos:
 2       Escribe un nombre:  Introduce la EDAD entre 1 y 99:
 3       Datos introducidos: JOSEFA, 90
 4   2 -Introduce datos de alumnos:
 5       Escribe un nombre:  Introduce la EDAD entre 1 y 99:
 6       Datos introducidos: PILAR, 39
 7   3 -Introduce datos de alumnos:
 8       Escribe un nombre: Fin del proceso de lectura...
 9   Datos leidos: 2
10   Alumno con mas edad: JOSEFA
11   Alumno con menos edad: PILAR
12
```

Figura 1.26. Fichero de salida *SFichero12_3.txt*.

13º) Crea un fichero SQL donde escribas algunas órdenes SQL y al final la orden EXIT, por ejemplo, escribimos dos SELECT para consultar dos tablas:

```
SELECT * FROM EMPLEADOS;
SELECT * FROM DEPARTAMENTOS;
EXIT;
```

A continuación, crea una clase Java que use **ProcessBuilder()** para conectarse a SQLPLUS y lanzar el fichero SQL anterior. Se necesita tener instalada una base de datos Oracle, y tener creado el usuario y clave en el que se ejecutarán las sentencias del fichero SQL. La entrada al proceso será el fichero SQL anterior. Define para la salida del proceso y de error otro fichero. Tomamos como referencia la forma de ejecutar SQLPLUS desde la línea de comandos del DOS, donde BD es el nombre de la base de datos, en *Oracle Express* suele ser XE:

```
SQLPLUS usuario/clave@BD @directorio\nombrescript.sql
```

CAPÍTULO 2

PROGRAMACIÓN MULTIHILO

Contenidos

Hilos. Estados de un hilo.

Gestión de hilos.

Creación de hilos en Java.

Compartir información entre hilos.

Comunicación de hilos.

Sincronización de hilos.

Gestión de prioridades.

Objetivos

Conocer las características de los hilos en Java.

Crear y gestionar hilos.

Crear programas para compartir información entre hilos.

Crear programas formados por varios hilos sincronizados.

Utilizar clases del paquete **java.util.concurrent**.

RESUMEN DEL CAPÍTULO

En este capítulo estudiaremos los hilos. Aprenderemos a crear y gestionar hilos en programas Java. Utilizaremos clases del paquete **java.util.concurrent** que dan soporte de alto nivel a los hilos en Java.

2.1. INTRODUCCIÓN

En el capítulo anterior se estudió la programación concurrente y cómo se podían realizar programas concurrentes con el lenguaje Java. Se hizo una breve introducción al concepto de hilo y las diferencias entre estos y los procesos.

Recordemos que los hilos comparten el espacio de memoria del usuario, es decir, corren dentro del contexto de otro programa; y los procesos generalmente mantienen su propio espacio de direcciones y entorno de operaciones. Por ello a los hilos se les conoce a menudo como **procesos ligeros**.

En este capítulo usaremos los hilos en Java para realizar programas concurrentes.

2.2. QUÉ SON LOS HILOS

Un **hilo** (hebra, *thread* en inglés) es una secuencia de código en ejecución dentro del contexto de un proceso. Los hilos no pueden ejecutarse ellos solos, necesitan la supervisión de un proceso padre para ejecutarse. Dentro de cada proceso hay varios hilos ejecutándose. La Figura 2.1 muestra la relación entre hilos y procesos.

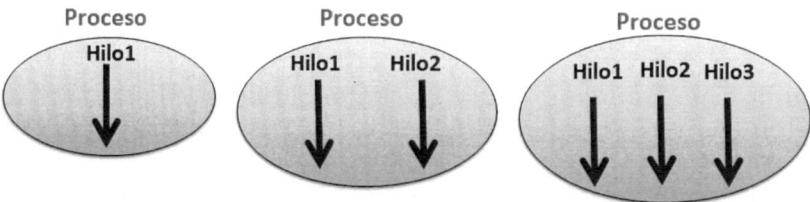

Figura 2.1. Relación entre hilos y procesos.

Podemos usar los hilos para diferentes aplicaciones: para realizar programas que tengan que realizar varias tareas simultáneamente, en los que la ejecución de una parte requiera tiempo y no deba detener el resto del programa. Por ejemplo, un programa que controla sensores en una fábrica, cada sensor puede ser un hilo independiente y recoge un tipo de información; y todos deben controlarse de forma simultánea. Un programa de impresión de documentos debe seguir funcionando, aunque se esté imprimiendo un documento, tarea que se puede llevar por medio de un hilo. Un programa procesador de textos puede tener un hilo comprobando la gramática del texto que estoy escribiendo y otro hilo guardando el texto en disco cada cierto tiempo. En un programa de bases de datos un hilo pinta la interfaz gráfica al usuario. En un servidor web, un hilo puede atender las peticiones entrantes y crear un hilo por cada cliente que tenga que servir.

2.3. CLASES PARA LA CREACIÓN DE HILOS

En Java existen dos formas para crear hilos: extendiendo la clase **Thread** o implementando la interfaz **Runnable**. Ambas son parte del paquete **java.lang**.

2.3.1. La clase THREAD

La forma más simple de añadir funcionalidad de hilo a una clase es extender la clase **Thread**. O lo que es lo mismo crear una subclase de la clase **Thread**. Esta subclase debe sobrescribir el método **run()** con las acciones que el hilo debe desarrollar. La clase **Thread** define también los métodos **start()** y **stop()** (actualmente en desuso) para iniciar y parar la ejecución del hilo. La forma general de declarar un hilo extendiendo **Thread** es la siguiente:

```
class NombreHilo extends Thread {
    //propiedades, constructores y métodos de la clase
    public void run() {
        //acciones que lleva a cabo el hilo
    }
}
```

Para crear un objeto hilo con el comportamiento de *NombreHilo* escribo:

```
NombreHilo h = new NombreHilo();
```

Y para iniciar su ejecución utilizamos el método **start()**:

```
h.start();
```

El siguiente ejemplo declara la clase *PrimerHilo* que extiende la clase **Thread**, desde el constructor se inicializa una variable numérica que se usará para pintar un número de veces un mensaje; en el método **run()** se escribe la funcionalidad del hilo:

```
public class PrimerHilo extends Thread {
    private int x;
    PrimerHilo (int x)
    {
        this.x = x;
    }

    public void run() {
        for (int i = 0; i<x; i++)
            System.out.println("En el Hilo... "+i);
    }
}//PrimerHilo
```

A continuación, para crear un objeto hilo escribimos:

```
PrimerHilo p = new PrimerHilo (10);
```

Y para iniciar su ejecución:

```
p.start();
```

Dentro de la clase anterior podemos añadir el método **main()** para crear el hilo e iniciar su ejecución:

```
public static void main(String[] args) {
    PrimerHilo p = new PrimerHilo(10);
    p.start();
}// main
```

En el siguiente ejemplo se crea una clase que extiende **Thread**. Dentro de la clase se definen el constructor, el método **run()** con la funcionalidad que realizará el hilo y el método **main()** donde se crearán 3 hilos. La misión del hilo, descrita en el método **run()**, será visualizar un mensaje donde se muestre el nombre del hilo que se está ejecutando y el contenido de un contador. Se utiliza una variable para mostrar el nombre del hilo que se ejecuta, esta variable se pasa al constructor y éste se lo pasa al constructor de la clase base **Thread** mediante la palabra reservada **super**, para acceder a este nombre se usa el método **getName()**. Desde el método **main()** se crean los hilos y para iniciar cada hilo usamos el método **start()**:

```java
public class HiloEjemplo1 extends Thread {
    //constructor
    public HiloEjemplo1(String nombre) {
        super(nombre);
        System.out.println("CREANDO HILO:" + getName());
    }
    // método run
    public void run() {
        for (int i = 0; i<5; i++)
            System.out.println("Hilo: " + getName() + " C = " + i);
    }

    //
    public static void main(String[] args) {
        HiloEjemplo1 h1 = new HiloEjemplo1("Hilo 1");
        HiloEjemplo1 h2 = new HiloEjemplo1("Hilo 2");
        HiloEjemplo1 h3 = new HiloEjemplo1("Hilo 3");

        h1.start();
        h2.start();
        h3.start();

        System.out.println("3 HILOS INICIADOS...");
    }// main

}// HiloEjemplo1
```

Es muy típico ver dentro del método **run()** un bucle infinito de forma que el hilo no termina nunca (más adelante veremos cómo detener el hilo). La ejecución del ejemplo anterior no siempre muestra la misma salida, en este caso se puede observar que los hilos no se ejecutan en el orden en que se crean:

```
CREANDO HILO:Hilo 1
CREANDO HILO:Hilo 2
CREANDO HILO:Hilo 3
3 HILOS INICIADOS...
Hilo: Hilo 1 C = 0
Hilo: Hilo 1 C = 1
Hilo: Hilo 1 C = 2
Hilo: Hilo 3 C = 0
Hilo: Hilo 3 C = 1
Hilo: Hilo 3 C = 2
Hilo: Hilo 2 C = 0
```

```
Hilo: Hilo 1 C = 3
Hilo: Hilo 1 C = 4
Hilo: Hilo 3 C = 3
Hilo: Hilo 2 C = 1
Hilo: Hilo 3 C = 4
Hilo: Hilo 2 C = 2
Hilo: Hilo 2 C = 3
Hilo: Hilo 2 C = 4
```

En este ejemplo se ha incluido el método **main()** dentro de la clase hilo. Podemos definir por un lado la clase hilo y por otro la clase que usa el hilo, tendríamos dos clases, la que extiende **Thread**, *HiloEjemplo1_V2.java*:

```
public class HiloEjemplo1_V2 extends Thread {
      // constructor
      public  HiloEjemplo1_V2(String nombre) {
            super(nombre);
            System.out.println("CREANDO HILO:" + getName());
      }
      // método run
      public void run() {
        for (int i = 0; i<5; i++)
            System.out.println("Hilo: " + getName() + " C = " + i);
      }
}// HiloEjemplo1_V2
```

Y la clase que usa el hilo *HiloEjemplo1_V2Usa.java*:

```
public class HiloEjemplo1_V2Usa  {
      public static void main(String[] args) {
        HiloEjemplo1_V2 h1 = new HiloEjemplo1_V2 ("Hilo 1");
        HiloEjemplo1_V2 h2 = new HiloEjemplo1_V2 ("Hilo 2");
        HiloEjemplo1_V2 h3 = new HiloEjemplo1_V2 ("Hilo 3");

        h1.start();
        h2.start();
        h3.start();

        System.out.println("3 HILOS INICIADOS...");
    }
}//UsaHiloEjemplo1_V2
```

Se compila primero la clase hilo y después la que usa el hilo, se ejecuta la clase que usa el hilo:

```
D:\CAPIT2>javac HiloEjemplo1_V2.java
D:\CAPIT2>javac HiloEjemplo1_V2Usa.java
D:\CAPIT2>java HiloEjemplo1_V2Usa
```

En la siguiente tabla se muestran algunos métodos útiles sobre los hilos, algunos ya se han usado:

Métodos	Misión
void start()	Hace que el hilo comience la ejecución; la máquina virtual de Java llama al método **run()** de este hilo.
boolean isAlive()	Comprueba si el hilo está vivo, devuelve *true* si está vivo.
static void sleep(long mils)	Hace que el hilo actualmente en ejecución pase a dormir temporalmente durante el número de milisegundos especificado. Puede lanzar la excepción *InterruptedException*.
void run()	Constituye el cuerpo del hilo. Es llamado por el método **start()** después de que el hilo apropiado del sistema se haya inicializado. Si el método **run()** devuelve el control, el hilo se detiene. Es el único método de la interfaz **Runnable**.
String toString()	Devuelve una representación en formato cadena de este hilo, incluyendo el identificador del hilo, el nombre, la prioridad, y el grupo de hilos. Ejemplo: Thread[#23,HILO1,2,main]
void yield()	Hace que el hilo actual de ejecución pare temporalmente y permita que otros hilos se ejecuten.
String getName()	Devuelve el nombre del hilo.
setName(String name)	Cambia el nombre de este hilo, asignándole el especificado como argumento.
int getPriority()	Devuelve la prioridad del hilo.
setPriority(int p)	Cambia la prioridad del hilo al valor entero p.
void interrupt()	Interrumpe la ejecución del hilo.
boolean interrupted()	Comprueba si el hilo actual ha sido interrumpido.
Thread currentThread()	Devuelve una referencia al objeto hilo que se está ejecutando actualmente.
boolean isDaemon()	Comprueba si el hilo es un hilo Daemon. Los hilos daemon o demonio son hilos con prioridad baja que normalmente se ejecutan en segundo plano. Un ejemplo de hilo demonio que está ejecutándose continuamente es el recolector de basura (*garbage collector*).
setDaemon(boolean on)	Establece este hilo como hilo Daemon, asignando el valor *true*, o como hilo de usuario, pasando el valor *false*.
void stop()	Detiene el hilo. Este método está en desuso.
Thread currentThread()	Devuelve una referencia al objeto hilo actualmente en ejecución.
int activeCount()	Este método devuelve el número de hilos activos en el grupo de hilos del hilo actual.
Thread.State getState()	Devuelve el estado del hilo: NEW, RUNNABLE, BLOCKED, WAITING, TIMED_WAITING, TERMINATED

Se puede consultar más información sobre todos estos métodos en la siguiente URL: *https://docs.oracle.com/en/java/javase/21/docs/api/java.base/java/lang/Thread.html*.

El siguiente ejemplo muestra el uso de algunos de los métodos anteriores, donde usamos ***Thread.currentThread()*** para obtener el hilo actual en ejecución:

```
public class HiloEjemplo2 extends Thread {
  public void run() {
      System.out.println(
          "Dentro del Hilo  : " + getName() +
          "\n\tPrioridad      : " + getPriority() +
          "\n\tEstá vivo?     : " + isAlive());
  }
  //
  public static void main(String[] args) {
      Thread.currentThread().setName("Principal");//nombre a main
      System.out.println(Thread.currentThread().getName());
      System.out.println(Thread.currentThread().toString());

      HiloEjemplo2 h = null;

      for (int i = 0; i < 3; i++) {
          h = new HiloEjemplo2(); //crear hilo
          h.setName("HILO"+i);     //damos nombre al hilo
          h.setPriority(i+1);      //damos prioridad
          h.start();               //iniciar hilo
          System.out.println(
              "Información del " + h.getName() + ": " + h.toString());
      }
      System.out.println("3 HILOS CREADOS...");
      System.out.println("Hilos activos: " + Thread.activeCount());

  }//

}// HiloEjemplo2
```

La ejecución muestra la siguiente salida (que puede variar de una ejecución a otra), en la que podemos observar que el método **toString()** devuelve un string que representa al hilo: *Thread[ID del hilo, nombre del hilo, la prioridad, grupo de hilos]*, el método **currentThread()** que devuelve una referencia al objeto hilo actualmente en ejecución y **activeCount()** que devuelve el número de hilos activos actualmente dentro del grupo de hilos del hilo actual:

```
Principal
Thread[#1,Principal,5,main]
Informacion del HILO0: Thread[#21,HILO0,1,main]
Informacion del HILO1: Thread[#22,HILO1,2,main]
Informacion del HILO2: Thread[#23,HILO2,3,main]
3 HILOS CREADOS...
Hilos activos: 4
Dentro del Hilo  : HILO0
      Prioridad      : 1
      Está vivo?     : true
Dentro del Hilo  : HILO2
      Prioridad      : 3
      Está vivo?     : true
Dentro del Hilo  : HILO1
      Prioridad      : 2
      Está vivo?     : true
```

El ID del hilo es un identificador único asignado por la máquina virtual de Java. Todo hilo de ejecución en Java debe formar parte de un grupo. Por defecto, si no se especifica ningún grupo en el constructor, los hilos serán miembros del grupo **main**, que es creado por el sistema cuando arranca la aplicación Java.

La clase **ThreadGroup** se utiliza para manejar grupos de hilos en las aplicaciones Java, proporciona dos constructores:

- **ThreadGroup(String name)**: crea un nuevo grupo de hilos con el nombre especificado. Este grupo de hilos será un subgrupo del grupo de hilos del hilo actual

- **ThreadGroup(ThreadGroup parent, String name)**: crea un nuevo grupo de hilos con el nombre especificado, será un subgrupo del grupo de hilos especificado en *parent*.

La clase **Thread** proporciona constructores en los que se puede especificar el grupo del hilo que se está creando en el mismo momento de instanciarlo. El siguiente ejemplo crea un grupo de hilos de nombre *Grupo de hilos*. A continuación, crea tres hilos usando el siguiente constructor de la clase **Thread**:

```
Thread(ThreadGroup group, Runnable task, String name)
```

En el que se especifica el grupo de hilos, la tarea que ejecutará el hilo y el nombre del hilo. El código es el siguiente:

```java
public class HiloEjemplo2Grupos extends Thread {
  public void run() {
      System.out.println("Información del hilo: " +
                    Thread.currentThread().toString());
      for (int i = 0; i < 1000; i++) i++;
      System.out.println(Thread.currentThread().getName() +
              " Finalizando la ejecución.");
  }
  //
  public static void main(String[] args) {
      Thread.currentThread().setName("Principal");
      System.out.println(Thread.currentThread().getName());
      System.out.println(Thread.currentThread().toString());

      ThreadGroup grupo = new ThreadGroup("Grupo de hilos");
      HiloEjemplo2Grupos h = new HiloEjemplo2Grupos();

      Thread h1 = new Thread(grupo, h, "Hilo 1");
      Thread h2 = new Thread(grupo, h, "Hilo 2");
      Thread h3 = new Thread(grupo, h, "Hilo 3");

      h1.start();
      h2.start();
      h3.start();

      System.out.println("3 HILOS CREADOS...");
      System.out.println("Hilos activos: " + Thread.activeCount());
  }
}// HiloEjemplo2Grupos
```

La ejecución muestra la siguiente salida:

```
Principal
Thread[#1,Principal,5,main]
3 HILOS CREADOS...
Información del hilo: Thread[#23,Hilo 2,5,Grupo de hilos]
Información del hilo: Thread[#22,Hilo 1,5,Grupo de hilos]
Hilo 1 Finalizando la ejecución.
Información del hilo: Thread[#24,Hilo 3,5,Grupo de hilos]
Hilo 3 Finalizando la ejecución.
Hilo 2 Finalizando la ejecución.
Hilos activos: 4
```

ACTIVIDAD 2.1

Crea dos clases (hilos) Java que extiendan la clase **Thread**. Uno de los hilos debe visualizar en pantalla en un bucle infinito la palabra TIC y el otro hilo la palabra TAC. Dentro del bucle utiliza el método **sleep()** para que nos dé tiempo a ver las palabras que se visualizan cuando lo ejecutemos, tendrás que añadir un bloque **try-catch** (para capturar la excepción *InterruptedException*). Crea después la función *main()* que haga uso de los hilos anteriores. ¿Se visualizan los textos TIC y TAC de forma ordenada (es decir TIC TAC TIC TAC …)?

2.3.2. La interfaz RUNNABLE

Para añadir la funcionalidad de hilo a una clase que deriva de otra clase siendo esta distinta de **Thread**, se utiliza la interfaz **Runnable**. Esta interfaz añade la funcionalidad de hilo a una clase con solo implementarla. Por ejemplo, para añadir la funcionalidad de hilo a una clase que extiende de otra clase definimos la clase como:

```
public class MiClase extends ClasePadre implements Runnable {}
```

La interfaz **Runnable** proporciona un único método, el método **run()**. Este es ejecutado por el objeto hilo asociado. La forma general de declarar un hilo implementando la interfaz **Runnable** es la siguiente:

```
class NombreHilo implements Runnable {
    //propiedades, constructores y métodos de la clase
    public void run() {
        //acciones que lleva a cabo el hilo
    }
}//
```

Para crear un objeto hilo con el comportamiento de *NombreHilo* escribo lo siguiente:

```
NombreHilo h = new NombreHilo();
```

Y para iniciar su ejecución utilizamos el método **start()**:

```
new Thread(h).start();
```

O bien para lanzar el hilo escribimos lo anterior en dos pasos:

```
Thread h1 = new Thread(h);

h1.start();
```

O en un paso todo:

```
new Thread(new NombreHilo()).start();
```

El siguiente ejemplo declara la clase *PrimerHiloRunnable* que implementa la interfaz **Runnable**, en el método **run()** se indica la funcionalidad del hilo, en este caso es pintar el nombre del hilo y el valor de un contador 5 veces añadiendo una pausa de un segundo cada vez que se pintan estos datos:

```java
public class PrimerHiloRunnable implements Runnable {
    public void run() {
        for (int i = 1; i <= 5; i++) {
            System.out.println(Thread.currentThread().getName() +
                                    " - Contador: " + i);
            try {
                Thread.sleep(100); // Pausa
            } catch (InterruptedException e) {
                System.out.println(Thread.currentThread().getName()
                                        + "interrumpido.");
            }
        }
    }
}
```

A continuación, se muestra la clase *PrimerHiloRunnableUso.java* donde se lanzan varios hilos del tipo anterior de distintas formas:

```java
public class PrimerHiloRunnableUso {
    public static void main(String[] args) {
        //Primer hilo
        PrimerHiloRunnable hilo1 = new PrimerHiloRunnable();
        new Thread(hilo1, "HILO1").start();

        //Segundo hilo
        PrimerHiloRunnable hilo2 = new PrimerHiloRunnable();
        Thread hilo = new Thread(hilo2, "HILO2");
        hilo.start();

        //Tercer Hilo
        new Thread(new PrimerHiloRunnable(), "HILO3").start();
    }
}//PrimerHiloRunnableUso
```

ACTIVIDAD 2.2

Transforma la actividad anterior usando la interfaz **Runnable** para declarar los hilos.

2.4. ESTADOS DE UN HILO

Un hilo en Java puede estar en diferentes estados. Estos estados están definidos en la constante **Thread.State**, véase la Figura 2.2, son los siguientes:

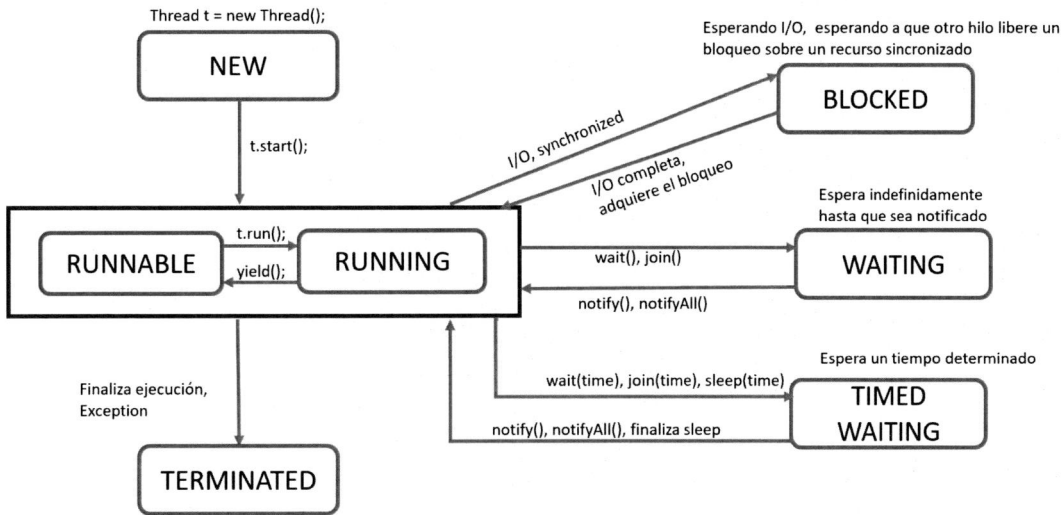

Figura 2.2. Estados de un hilo en Java.

- **NEW**: este es el estado de un hilo cuando se crea con el operador *new*, por ejemplo, *new Hilo()*, en este estado el hilo aún no se ha iniciado; es decir, el programa no ha comenzado la ejecución del código del método **run()** del hilo.

- **RUNNABLE**: este es el estado de un hilo cuando está listo para ejecutarse y esperando tiempo de CPU; por ejemplo, al llamar al método **start()** o cuando un hilo bloqueado o en espera vuelve a ser elegible para ejecutarse. En este estado, un hilo puede estar ejecutándose (**RUNNING**) o listo para ejecutarse en cualquier momento. Cuando el programador de hilos selecciona un hilo del estado ejecutable y lo asigna a un núcleo de CPU, el hilo está en estado de ejecución ejecuta su método **run()** y realiza sus tareas. El programador de hilos es responsable de asignarle tiempo para ejecutarse. Un programa multihilo asigna un tiempo fijo a cada hilo. Cada hilo tiene un tiempo limitado para ejecutarse. Tras un tiempo de ejecución, un hilo se pausa y cede el uso de la CPU para que otros puedan ejecutarse.

- **BLOCKED**: el hilo está bloqueado, intentando adquirir un bloqueo que ya lo ha adquirido otro hilo. Por ejemplo, cuando un hilo intenta acceder a un bloque o método sincronizado que ya está ocupado por otro hilo, se bloquea hasta que se libera el bloqueo. O cuando está esperando a que se complete una operación de E/S. El hilo pasará del estado bloqueado al estado ejecutable al adquirir el bloqueo.

- **WAITING**: estado de espera, el hilo está esperando indefinidamente hasta que otro realice una acción. Pasará al estado de ejecución cuando otro hilo notifique o finalice. Por ejemplo, cuando un hilo llama al método **wait()** de un objeto o al método **join()** de otro hilo está en estado de espera.

- **TIMED_WAITING**: el hilo está esperando un tiempo específico a que otro hilo realice una acción. Por ejemplo, cuando un hilo invoca al método **sleep()**, al método **wait()** o al método **join()** con un parámetro de tiempo. El hilo permanece en este estado hasta que se completa el tiempo de espera o hasta que recibe una notificación.

- **TERMINATED**: el hilo ha finalizado. Un hilo finaliza por cualquiera de las siguientes razones:

  — Porque sale normalmente. Esto ocurre cuando el código del hilo ha sido ejecutado completamente por el programa, finaliza su método **run()**.

  — Porque se produjo algún evento erróneo inusual, como un fallo de segmentación o una excepción no controlada.

El método **getState()** devuelve esa constante que indica el estado del hilo.

Las transiciones entre los estados son las siguientes:

- **NEW → RUNNABLE**: llamando a **start()**.

- **RUNNABLE → RUNNING**: no es un estado separado en **Thread.State**. El hilo está listo para ejecutarse, pero depende del planificador de la CPU. Cuando el sistema operativo le asigna CPU, se ejecuta. Transición llamando a **run()**.

- **RUNNING → BLOCKED**: ocurre cuando un hilo intenta acceder a un recurso sincronizado bloqueado o espera a que se complete una operación de E/S.

- **RUNNING → WAITING**: ocurre cuando un hilo llama a **wait()** o **join()**, espera indefinidamente a que otro hilo lo despierte con **notify()**.

- **RUNNING → TIMED_WAITING**: ocurre cuando un hilo espera por un tiempo determinado usando métodos como: **sleep(time)**, **wait(time)**, **join(time)**.

- **BLOCKED / WAITING / TIMED_WAITING → RUNNABLE**: Se regresa a RUNNABLE cuando:

  — Se libera el bloqueo (**BLOCKED → RUNNABLE**).
  — Otro hilo llama a **notify()** (**WAITING → RUNNABLE**).
  — Se acaba el tiempo de espera (**TIMED_WAITING → RUNNABLE**).

- **RUNNING → TERMINATED**: el método **run()** del hilo termina su ejecución.

¿Cuál es el estado de un hilo cuando espera a que se complete una operación de E/S? Puede ser bloqueado o en espera temporizada, según el tipo de operación de E/S y la API utilizada. Cuando un hilo realiza una operación de E/S con bloqueo tradicional, como leer un fichero o un socket, entra en estado bloqueado y espera a que la operación finalice. Sin embargo, algunas operaciones de E/S pueden tener un parámetro de tiempo de espera que especifica cuánto tiempo debe esperar el hilo para que se complete la operación. En este caso, el hilo entra en estado de espera temporizada y espera a que la operación finalice o a que expire el tiempo de espera.

¿Puede el sistema operativo bloquear un hilo que ejecuta un bloque sincronizado a mitad de camino y programar un hilo bloqueado que espera el bloqueo? No. Esto se debe a que el bloque sincronizado garantiza que solo un hilo pueda entrar en el bloque a la vez, y el hilo que entra en el bloque adquiere el bloqueo de monitorización del objeto utilizado para la sincronización. El sistema operativo no puede interrumpir ni interrumpir un hilo que mantiene un bloqueo de monitor, a menos que el hilo libere voluntariamente el bloqueo saliendo del bloque o llamando a **wait()** en el objeto[1].

---

[1] https://dev.to/ishansoni22/java-multithreading-thread-states-and-introduction-to-thread-profiling-52jo.

2.4.1. wait() y notify()

El método **wait()** hace que el hilo actual espere hasta que se le despierte, generalmente mediante una notificación (**notify()**) o una interrupción. El método **notify()** despierta el hilo que estaba esperando con **wait().**

Los métodos **wait()**, **notify()** y **notifyAll()** interactúan con el **monitor** de una instancia de una clase Java. Un **monitor** en Java es un mecanismo de sincronización que controla el acceso a secciones críticas. Cada objeto Java está asociado a un **monitor**, que un hilo puede bloquear o desbloquear adquiriendo y liberando el bloqueo del monitor:

- Cuando un hilo llama a **wait()**, el hilo suelta el monitor y entra en espera.

- Cuando otro hilo llama a **notify()** o **notifyAll()**, despierta a los hilos en espera.

Estos métodos solo pueden usarse dentro de un bloque sincronizado (**synchronized**), porque dependen del monitor del objeto sobre el que se están ejecutando. Forman parte de la definición de **Object**, porque el monitor se define a nivel de **Object**.

El siguiente código que se usará en los siguientes ejemplos significa que el hilo adquiere el **monitor** del objeto actual (**synchronized (this)**) y al llamar a **wait()** el hilo suspende su ejecución y por tanto provoca que el **monitor** se libere inmediatamente:

```
synchronized (this) {
    wait(); // WAITING se detiene el hilo
}
```

El siguiente ejemplo muestra la clase *MiHilo.java* que implementa **Runnable**. Nada más entrar en el método **run()** se muestra el estado usando *Thread.currentThread().getState()*, en este caso es **RUNNABLE.** A continuación, el hilo se detiene un segundo con *Thread.sleep(1000);* durante este tiempo, su estado es **TIMED_WAITING**. El hilo adquiere el monitor y llama al método **wait()** para detener el hilo, para que su estado sea **WAITING**. Sale de este estado cuando otro hilo lo despierte con **notify()**:

```
public class MiHilo implements Runnable {
    public void run() {
        try {
            System.out.println(Thread.currentThread().getName() +
            " - Estado: " + Thread.currentThread().getState()); // RUNNABLE

            Thread.sleep(1000); // se detiene 1 segundo TIMED_WAITING
            synchronized (this) {
                wait(); // WAITING se detiene el hilo
            }
        } catch (InterruptedException e) {
            e.printStackTrace();
        }
    }
}
```

Definimos la clase *MuestraEstadosHilo.java* que creará un hilo del tipo anterior y realizará algunas operaciones para mostrar los diferentes estados, el estado **NEW** se mostrará antes de iniciar la ejecución con **start()**, una vez iniciado el método el hilo se pone en **RUNNABLE**:

```java
public class MuestraEstadosHilo {
    public static void main(String[] args) {
        MiHilo tarea = new MiHilo();
        Thread hilo = new Thread(tarea, "Hilo1");

        System.out.println(hilo.getName() + " - Antes de start(): " +
                        hilo.getState()); // NEW

        hilo.start();
        System.out.println(hilo.getName() + " - Después de start(): " +
                        hilo.getState()); // RUNNABLE

        try {
            Thread.sleep(400); // Esperamos para capturar TIMED_WAITING
            System.out.println(hilo.getName() + " - Mientras duerme: "
                            + hilo.getState()); // TIMED_WAITING

            Thread.sleep(1500); // Esperamos para capturar WAITING
            System.out.println(hilo.getName() + " - Espera: " +
                        hilo.getState()); // WAITING

            synchronized (tarea) {
                tarea.notify(); // para despertar el hilo
            }

            hilo.join(); // Esperamos que termine
            System.out.println(hilo.getName() + " - Después de join(): " +
                        hilo.getState()); // TERMINATED
        } catch (InterruptedException e) {
            e.printStackTrace();
        }
    }
}
```

El hilo principal espera 400ms con *Thread.sleep(400)* para capturar el estado **TIMED_WATING** ya que en el método **run()** de *MiHilo* hay un *Thread.sleep(1000)*. Este hilo espera otros 1.500ms para capturar **WAITING**, después de este *sleep*, *MiHilo* entra en **WAITING** ya que ejecuta **wait()**. Desde el hilo principal se usa el siguiente código para despertar al hilo que se encuentra esperando con **wait()**:

```java
synchronized (tarea) {
    tarea.notify(); // para despertar el hilo
}
```

Este código es similar al anterior, en este caso el hilo principal obtiene el monitor del objeto *tarea* y al llamar a **tarea.notify()** despierta el hilo que estaba en **WAITING** asociado a dicho objeto.

Con el método **join()** hacemos que el hilo principal espere a que *hilo* termine. Cuando finaliza, el estado del hilo es **TERMINATED**. La ejecución muestra la siguiente salida:

```
Hilo1 - Antes de start(): NEW
Hilo1 - Después de start(): RUNNABLE
Hilo1 - Estado: RUNNABLE
Hilo1 - Mientras duerme: TIMED_WAITING
Hilo1 - Espera: WAITING
Hilo1 - Después de join(): TERMINATED
```

Para mostrar el estado **BLOCKED** usamos dos hilos que intentan acceder a la sección sincronizada al mismo tiempo, causando que uno de ellos entre en este estado mientras espera el acceso. A continuación, se muestra el código del hilo, similar al anterior, pero en este caso en el bloque sincronizado se muestra un mensaje y se asigna un tiempo para mantener el bloqueo:

```java
class MiHilo2 implements Runnable {
    public void run() {
        try {
            Thread.sleep(1000); // TIMED_WAITING
            synchronized (this) {
                System.out.println(Thread.currentThread().getName() +
                        " - Entró en sección sincronizada");
                Thread.sleep(2000); // Mantiene el bloqueo
            }
        } catch (InterruptedException e) {
            e.printStackTrace();
        }
    }
}

public class MuestraEstadoBloqueado {
    public static void main(String[] args) {
        MiHilo2 mihilo = new MiHilo2();
        Thread hilo1 = new Thread(mihilo, "Hilo-1");
        Thread hilo2 = new Thread(mihilo, "Hilo-2");

        hilo1.start();
        hilo2.start();

        try {
            Thread.sleep(400); // para que hilo1 entre en TIMED_WAITING
            System.out.println(hilo1.getName() + " - Mientras duerme: " +
                        hilo1.getState()); // TIMED_WAITING

            Thread.sleep(1000); // Esperamos para ver BLOCKED
            System.out.println(hilo2.getName() + " - Mientras espera
                el bloqueo: " + hilo2.getState()); // BLOCKED

            hilo1.join(); // Esperamos que termine
            hilo2.join(); // Esperamos que termine

        } catch (InterruptedException e) {
            e.printStackTrace();
        }
    }
}
```

En el hilo principal se crean dos hilos y se lanza su ejecución. El hilo principal espera 400ms para capturar el estado **TIMED_WATING** del *hilo1* que entra en el bloque sincronizado y hace un *sleep* para mantener el bloqueo. En el hilo principal se añade un *sleep* para que dé tiempo a mostrar como el *hilo2* está bloqueado esperando entrar en el bloque sincronizado tomado por el *hilo1*, cuando este termine el *hilo2* se desbloquea y continúa ejecutándose. La ejecución muestra la siguiente salida (prueba la ejecución varias veces si no se muestra el estado bloqueado):

```
Hilo-1 - Mientras duerme: TIMED_WAITING
Hilo-1 - Entró en sección sincronizada
Hilo-2 - Mientras espera el bloqueo: BLOCKED
Hilo-2 - Entró en sección sincronizada
```

2.5. CREAR, ARRANCAR, SUSPENDER Y PARAR HILOS

Ya hemos visto como crear y arrancar hilos. Para crear un hilo extendemos la clase **Thread** o implementamos la interfaz **Runnable**. La siguiente línea de código crea un hilo de la clase *MiHilo* que hereda de **Thread** o que implementa la interfaz **Runnable**, se le pasan dos argumentos que se deben definir en el constructor de la clase y se utilizan, por ejemplo, para iniciar variables del hilo:

```
MiHilo h = new MiHilo("Hilo 1", 200);
```

Si todo va bien en la creación del hilo tendremos en *h* el objeto hilo. Para arrancar el hilo usamos el método **start()** de esta manera si extiende **Thread**:

```
h.start();
```

Y si implementa **Runnable** lo arrancamos así:

```
new Thread(h).start();
```

Lo que hace este método es llamar al método **run()** del hilo que es donde se colocan las acciones que queremos que haga el hilo, cuando finalice el método finalizará también el hilo.

2.5.1. Suspensión de un hilo

En ejemplos anteriores usamos el método **sleep()** para detener un hilo un número de milisegundos. Realmente el hilo no se detiene, sino que se queda "dormido" el número de milisegundos que indiquemos.

Para suspender de forma segura el hilo (sin usar los métodos **suspend()** y **resume()** que no se usan en las versiones modernas de Java) se utilizarán los métodos **wait()** y **notify()**. Se debe introducir en el hilo una variable, por ejemplo, *suspender* (declarada como **volatile** para garantizar que los cambios en la variable sean visibles inmediatamente para el método **run()**) que inicialmente se le asigna el valor *false*, y dos métodos para cambiar el valor de la variable, *Suspender()* y *Reanudar()*:

```
    private volatile boolean suspender = false;

    public void Suspender() {// petición de SUSPENDER HILO
        suspender = true;
    }

    public void Reanudar() {// petición de CONTINUAR
        suspender = false;
        synchronized (this) {
            notify();
        }
    }
```

Desde el método *Suspender()* simplemente se cambia el valor de la variable a *true* indicando que el hilo debe detenerse. El método *Reanudar()* cambia el valor a *false* para permitir que el hilo continúe. Usa **notify()** para despertar al hilo si estaba suspendido (porque ejecutó un **wait()**). Debe estar en un bloque sincronizado, **synchronized (this)** garantiza que el bloqueo se haga sobre la misma instancia donde se suspendió el hilo.

En el método **run()** que ejecuta el hilo debe aparecer un bloque sincronizado con un bucle que pregunte si la variable *suspender* es *true*, en ese caso el hilo se pone en espera con **wait()** hasta que se llame al *Reanudar()*:

```
public void run() {
   try {
      while (true) {
         synchronized (this) {
            while (suspender) {
               wait(); // SUSPENDER HILO HASTA RECIBIR
                       // notify() o notifiAll()- Reanudar()
            }
         }
         //instrucciones del hilo
      }
   } catch (InterruptedException exception) {
   }
}
```

En el siguiente ejemplo se muestra la clase *MyHilo* que usaremos para suspender y reanudar el hilo. Se define una variable *contador* que se inicia con valor 0 y una variable, *stopHilo*, que se inicializa con valor *false* para detener la ejecución del hilo, el valor cambiará cuando se llame al método *pararHilo()*. En el método **run()** se realiza un proceso repetitivo que finalizará cuando la variable *stopHilo* sea *true*. Se incluye un bloque sincronizado con un bucle que pregunte si la variable *suspender* es *true*, y se pinta e incrementa el valor de la variable *contador*:

```
public class MyHilo extends Thread {
      private volatile boolean suspender = false;
      private int contador = 0;
      private volatile boolean stopHilo = false; //finalizar ejecución

      public void Suspender() {// petición de SUSPENDER HILO
            suspender = true;
      }

      public void Reanudar() { // petición de CONTINUAR
            suspender = false;
            synchronized (this) {
                  notify();
            }
      }

      public void pararHilo() { //parar el hilo
            stopHilo = true;
      }
```

```java
    public void run() {
        try {
            while (!stopHilo) {
                synchronized (this) {
                    while (suspender) {
                        wait();
                    }
                }
                System.out.printf("%d  ", contador++);
                Thread.sleep(50);
            }
        } catch (InterruptedException exception) {
        }
    }
}//
```

La clase que crea el hilo anterior es la siguiente:

```java
public class ProbarSuspender {

    public static void main(String[] args) throws Exception {

        MyHilo hilo = new MyHilo();
        System.out.println("Lanzando hilo...");
        hilo.start();

        for (int i = 1; i <= 5; i++) {
            Thread.sleep(200);
            System.out.printf("\nIteración %d Suspendiendo hilo..", i);
            hilo.Suspender();// SUSPENDER HILO

            Thread.sleep(200);
            System.out.printf("\nIteración %d Reanudando hilo..", i);
            hilo.Reanudar(); // REANUDAR HILO
        }

        System.out.println("\nParando hilo.");
        hilo.pararHilo(); //llamada para finalizar run();
        hilo.join();
    }
}
```

Donde se hace un bucle y se va llamando de forma alternativa a los métodos *Suspender()* y *Reanudar()* del hilo, se hace una llamada al método *pararHilo()* para que cambie el valor de la variable *stopHilo* y finalice el método **run()**. La ejecución muestra la siguiente salida:

```
Lanzando hilo...
0  1  2  3
Iteración 1 Suspendiendo hilo..
Iteración 1 Reanudando hilo..4  5  6  7
Iteración 2 Suspendiendo hilo..
Iteración 2 Reanudando hilo..8  9  10  11
Iteración 3 Suspendiendo hilo..
```

```
Iteración 3 Reanudando hilo..12   13   14   15
Iteración 4 Suspendiendo hilo..
Iteración 4 Reanudando hilo..16   17   18   19
Iteración 5 Suspendiendo hilo..
Iteración 5 Reanudando hilo..
Parando hilo.
20
```

Sabías que...

Java proporciona una forma más débil de sincronización que solo implica visibilidad y asocia esta propiedad únicamente con la palabra clave **volatile**. Cuando usar **volatile**:

- Cuando se tiene una variable compartida entre múltiples hilos.

- Cuando solo se necesitan garantías de visibilidad y no de atomicidad si hay múltiples modificaciones concurrentes.

- Para banderas de control de ejecución de hilos, como por ejemplo el uso de las variables *suspender* y *stopHilo*.

ACTIVIDAD 2.3

A partir del ejemplo anterior, modifica la clase *MyHilo* añadiendo un método que reciba una cadena y la muestre en pantalla. El método **run()** es similar al anterior, pero se quita la línea que muestra en pantalla el *contador*, la variable *contador* sobra.

Para probar la clase crea un método *main()*, en el que realices varias llamadas a suspender y reanudar el hilo y al método que pinta la cadena en pantalla. Intenta que la salida sea la siguiente haciendo 5 llamadas a cada uno de los métodos:

```
Lanzando hilo...
TIC TAC TIC TAC TIC TAC TIC TAC TIC TAC
Parando hilo.
```

2.5.2. Parada de un hilo

Un hilo finaliza cuando finaliza el método **run()** o cuando ocurre alguna excepción no controlada. El método **stop()** detiene la ejecución de un hilo de forma permanente y ésta no se puede reanudar con el método **start().** Al igual que los métodos **suspend(), resume()** y **destroy()** están obsoletos y desaconsejados porque pueden causar problemas de concurrencia.

Vimos anteriormente como parar el hilo usando una variable. También se pueden usar interrupciones para parar el hilo. El método **interrupt()** envía una petición de interrupción a un hilo. Si el hilo se encuentra bloqueado por una llamada a **sleep()** o **wait()** se lanza una excepción *InterruptedException*. El método **isInterrupted()** devuelve *true* si el hilo ha sido interrumpido, en caso contrario devuelve *false*.

El siguiente ejemplo usa interrupciones para detener el hilo. En el método **run()** se comprueba en el bucle while si el hilo está interrumpido, si no lo está se ejecuta el código. El método *interrumpir()* ejecuta el método **interrupt()** que lanza una interrupción que es recogida por el manejador (**catch**):

```java
public class HiloInterrupcion extends Thread {
    public void run() {
        while (!isInterrupted()) {
            System.out.println("Hilo ejecutándose..");
            try {
                Thread.sleep(20); // Simula trabajo
            } catch (InterruptedException e) {
                System.out.println("EXCEPCIÓN, HILO INTERRUMPIDO");
                break;
            }
        }
        System.out.println("FIN DEL HILO");
    }// run

    public void interrumpir() {
        interrupt();
    }//

    public static void main(String[] args) throws Exception {
        HiloInterrupcion h = new HiloInterrupcion();
        h.start();
        Thread.sleep(10);
        System.out.println("Interrumpiendo hilo...");
        h.interrumpir();
    }//
}//
```

Un ejemplo de ejecución muestra la siguiente información:

```
Hilo ejecutándose..
Hilo ejecutándose..
Interrumpiendo hilo...
EXCEPCIÓN, HILO INTERRUMPIDO
FIN DEL HILO
```

En el código anterior también podemos interrumpir el hilo directamente escribiendo *h.interrupt();* sin llamar al método *interrumpir()*. Si en el código anterior quitamos la línea *Thread.sleep(20);* del hilo también hay que quitar el bloque **try-catch**, la interrupción será recogida por el método **isInterrupted()**, que será *true* con lo que la ejecución del hilo terminará ya que finaliza el método **run()**.

El método **join()** que ya lo hemos usado, provoca que el hilo que hace la llamada espere la finalización de otros hilos. Por ejemplo, si en el hilo actual escribo *h1.join()*, el hilo se queda en espera hasta que muera el hilo sobre el que se realiza el **join()**, en este caso *h1*. En el siguiente ejemplo el método **run()** de la clase *HiloJoin* visualiza en un bucle *for* un contador que empieza en 1 hasta un valor *n* que recibe el constructor del hilo:

```java
class HiloJoin extends Thread {
    private int n;
    public HiloJoin(String nom, int n) {
        super(nom);
        this.n=n;
    }
    public void run() {
```

```
     for(int i=1; i<= n; i++)  {
        System.out.println(getName() + ": " + i);
        try {
            sleep(1000);
        } catch (InterruptedException ignore) {}
     }
        System.out.println("Fin Bucle "+ getName());
   }
}//

public class EjemploJoin {
  public static void main(String[] args)  {
    HiloJoin h1 = new HiloJoin("Hilo1",2);
    HiloJoin h2 = new HiloJoin("Hilo2",5);
    HiloJoin h3 = new HiloJoin("Hilo3",7);
    h1.start();
    h2.start();
    h3.start();
    try {
        h1.join(); h2.join(); h3.join();
    } catch (InterruptedException e) { }
    System.out.println("FINAL DE PROGRAMA");
  }
}//
```

En el método *main()* se crean 3 hilos, cada uno da un valor diferente a la *n*, el primero el valor más pequeño y el tercero el valor más grande, parece lógico que por los valores del contador el primer hilo debe terminar el primero y el tercer hilo el último. Llamando a **join()** podemos hacer que *main()* espere a la finalización de los hilos y cada hilo finalice en el orden marcado según la llamada a **join()**, cuando salgan del bloque **try-catch** los tres hilos habrán finalizado y el texto FINAL DE PROGRAMA se visualizará al final.

La ejecución muestra la siguiente salida:

```
Hilo1: 1
Hilo3: 1
Hilo2: 1
Hilo2: 2
Hilo3: 2
Hilo1: 2
Hilo2: 3
Hilo3: 3
Fin Bucle Hilo1
Hilo2: 4
Hilo3: 4
Hilo2: 5
Hilo3: 5
Fin Bucle Hilo2
Hilo3: 6
Hilo3: 7
Fin Bucle Hilo3
FINAL DE PROGRAMA
```

Si en el ejemplo anterior quitamos los **join()** veremos que el texto *FINAL DE PROGRAMA* no se mostrará al final. El método **join()** puede lanzar la excepción *InterruptedException*, porque el hilo en espera puede ser interrumpido por otro hilo mientras está bloqueado esperando que el hilo objetivo termine. Por ello se encierra en un bloque **try-catch**.

También se puede usar **join(timeout)** con un tiempo de espera opcional, por ejemplo: *h1.join(1000);* espera un máximo de 1 segundo antes de continuar. Si el hilo aún no ha terminado después de ese tiempo, el programa principal continúa su ejecución.

2.6. GESTIÓN DE PRIORIDADES

En el lenguaje de programación Java, cada hilo tiene una prioridad. Por defecto, un hilo hereda la prioridad del hilo padre que le crea, esta se puede aumentar o disminuir mediante el método **setPriority()**. El método **getPriority()** devuelve la prioridad del hilo.

La prioridad no es más que un valor entero entre 1 y 10, siendo el valor 1 la mínima prioridad, **MIN_PRIORITY**; y el valor 10 la máxima, **MAX_PRIORITY**. **NORM_PRIORITY** se define como 5. El planificador elige el hilo que debe ejecutarse en función de la prioridad asignada; se ejecutará primero el hilo de mayor prioridad. Si dos o más hilos están listos para ejecutarse y tienen la misma prioridad, la máquina virtual va cediendo control de forma cíclica (*round-robin*).

El planificador es la parte de la máquina virtual de Java que decide qué hilo ejecutar en cada momento. Da más ventaja a hilos con mayor prioridad; hilos de igual prioridad en algún momento se ejecutarán. Los hilos con mayor prioridad tienen más probabilidades de ejecutarse antes, pero no se garantiza el orden exacto porque depende del sistema operativo y del planificador de hilos de la máquina virtual. La prioridad solo sugiere al planificador qué hilos deben ejecutarse más frecuentemente, no garantiza que un hilo con **MAX_PRIORITY** termine primero.

En el siguiente ejemplo se crea una clase que extiende **Thread,** en el método **run()** se pone a dormir unos milisegundos, se muestra el nombre del hilo y se muestra el mensaje de finalización del hilo. En el método *main()* se definen 3 hilos cada uno con una prioridad y se lanza su ejecución:

```java
class HiloPrioridad extends Thread {
    public HiloPrioridad(String nombre) {
        super(nombre);
    }

    public void run() {
        try {
            Thread.sleep(20);
            System.out.println(getName() + " ejecutando...");
        } catch (Exception e) {
        }
        System.out.println("Fin hilo  " + getName());
    }
}

public class TestPrioridad {
    public static void main(String[] args) {
        HiloPrioridad hilo1 = new HiloPrioridad("MÍNIMA");
        HiloPrioridad hilo2 = new HiloPrioridad("NORMAL");
        HiloPrioridad hilo3 = new HiloPrioridad("MÁXIMA");
```

```
hilo1.setPriority(Thread.MIN_PRIORITY);  // 1
hilo2.setPriority(Thread.NORM_PRIORITY); // 5
hilo3.setPriority(Thread.MAX_PRIORITY);  // 10

hilo1.start();
hilo2.start();
hilo3.start();
    }
}
```

Al ejecutar se muestra la siguiente salida, que puede variar de una ejecución a otra, donde el hilo con prioridad máxima no es el primero que finaliza:

```
NORMAL ejecutando...
MÍNIMA ejecutando...
MÁXIMA ejecutando...
Fin hilo  NORMAL
Fin hilo  MÁXIMA
Fin hilo  MÍNIMA
```

En algunos casos, se puede observar que el hilo con máxima prioridad se ejecuta y finaliza antes que los otros, pero no es garantizado:

```
MÁXIMA ejecutando...
MÍNIMA ejecutando...
NORMAL ejecutando...
Fin hilo  MÁXIMA
Fin hilo  MÍNIMA
Fin hilo  NORMAL
```

A la hora de programar hilos con prioridades hemos de tener en cuenta que el comportamiento no está garantizado y dependerá de la plataforma en la que se ejecuten los programas y de las aplicaciones que se ejecuten al mismo tiempo. En la práctica casi nunca hay que establecer a mano las prioridades.

Cuando un hilo entra en ejecución y no cede voluntariamente el control para que puedan ejecutarse otros hilos, se dice que es un "hilo egoísta". Algunos sistemas operativos, como Windows, combaten estas situaciones con una estrategia de planificación por división de tiempos (*time-slicing* o tiempo compartido), que opera con hilos de igual prioridad que compiten por la CPU. En estas condiciones el sistema operativo divide el tiempo de proceso de la CPU en espacios de tiempo y asigna el tiempo de proceso a los hilos dependiendo de su prioridad. Así se impide que uno de ellos se apropie del sistema durante un intervalo de tiempo prolongado.

Ejemplo de un hilo egoísta:

```
class HiloEgoista extends Thread {
    public HiloEgoista(String nombre) {
        super(nombre);
    }
```

```
public void run() {
    while (true) { // Bucle infinito: nunca cede la CPU
        System.out.println(getName() + " ejecutándose.");
    }
}
}
```

2.7. COMUNICACIÓN Y SINCRONIZACIÓN DE HILOS

A menudo los hilos necesitan comunicarse unos con otros. La forma de comunicarse consiste usualmente en compartir variables y objetos en memoria, ya que todos los hilos pertenecen al mismo proceso y pueden acceder a la memoria asignada al proceso. Sin embargo, esto puede causar errores o bloqueos si varios hilos los manipulan simultáneamente.

Cuando múltiples hilos comparten recursos, pueden surgir problemas de concurrencia como condiciones de carrera (varios hilos acceden a la vez a un mismo recurso), inconsistencias de datos o bloqueos. Para evitar estos problemas, Java proporciona mecanismos de comunicación y sincronización de hilos como son los siguientes:

- Bloques sincronizados, al marcar bloques de código con la palabra **synchronized**.

- Métodos sincronizados, al añadir a su definición la palabra **synchronized**.

- Notificaciones, permiten comunicar hilos mediante los métodos **wait()**, **notify()** y **notifyAll()** de la clase **java.lang.Object**.

Por otra parte, Java proporciona en el paquete **java.util.concurrent** varias clases de sincronización que permiten la sincronización y comunicación entre diferentes hilos de una aplicación multihilo, como son: **Semaphore**, **CountDownLatch**, **CyclicBarrier** y **Exchanger**.

2.7.1. Bloques sincronizados

Java utiliza los bloques **synchronized** para implementar las **regiones críticas**. Para declarar una región de código que deba ser ejecutada con acceso sincronizado utilizamos directamente dentro del cuerpo de la función un bloque que lleva la palabra clave **synchronized**, y dentro del cual introduciremos las líneas de código que queramos que se ejecuten sincronizadamente. Tiene el siguiente aspecto:

```
synchronized (monitor){
    //sentencias críticas
}
```

- Las llaves { } delimitan el comienzo y el final de la sección sincronizada. Cuando un hilo entra en un bloque **synchronized**, intenta obtener el **monitor** y, al conseguirlo, comienza a ejecutar el código dentro del bloque. Al alcanzar la última línea y salir del bloque, el hilo libera el **monitor**, permitiendo que otro hilo lo adquiera.

- El parámetro que aparece entre paréntesis después de la palabra clave **synchronized** actúa como un **monitor**. En bloques sincronizados podemos emplear cualquier objeto como **monitor**. Cada instancia en Java posee su propio **monitor**, y el sistema no verifica qué objeto se está usando, sino simplemente si el **monitor** está ocupado o disponible. Usaremos la clase **Object** para crear el objeto monitor.

Cada vez que un hilo intenta acceder a un bloque sincronizado le pregunta al monitor si no hay algún otro hilo que ya le tenga bloqueado. Si está tomado por otro hilo, entonces el hilo actual se suspende y se pone en espera hasta que se libere el bloqueo. Si está libre, el hilo actual bloquea el objeto y ejecuta el bloque; el siguiente hilo que intente ejecutar un bloque sincronizado con ese objeto, será puesto en espera. El bloqueo del objeto se libera cuando el hilo que lo tiene tomado sale del bloque porque termina la ejecución, ejecuta un *return* o lanza una excepción.

El siguiente ejemplo define la clase *Contador1* con un atributo *contador* al que se le da valor en el constructor, el método *incrementar()* que suma 1 al contador y el método *getContador()* que devuelve el valor del contador. Se define un bloque sincronizado dentro de *incrementar()* para sumar 1 al contador:

```
class Contador1 {
    private int contador = 0;
    private final Object monitor = new Object();

    public Contador1(int contador) { this.contador = contador; }

    public void incrementar() {
        synchronized (monitor) { // Bloque sincronizado
            contador++;
        }
    }
    public int getContador() {
        return contador;
    }
}//
```

Se define la clase *Hilo1* que recibe en el constructor el nombre del hilo y un objeto *Contador1*, en el método **run()** se realiza un bucle que se ejecutará 300 veces y llamará al método *incrementar()* del objeto *Contador1* para sumar 1 al contador, después del bucle se muestra el valor del contador:

```
class Hilo1 extends Thread {
    private Contador1 contador;

    public Hilo1(String n, Contador1 c) {
        setName(n);
        contador = c;
    }
    public void run() {
        for (int j = 0; j < 300; j++) {
            contador.incrementar();
        }
        System.out.println(getName() + " contador: " +
                            contador.getContador());
    }
}// FIN HILO1
```

En el método *main()* se crea un objeto *Contador1* asignándole un valor inicial de 100. Se crean dos hilos de la clase *Hilo1* y se les manda el objeto *Contador1*. Se lanzan los hilos y se muestra el valor final del contador que tiene que ser 700:

```
public class TestSincronizacion1 {
    public static void main(String[] args) throws Exception {
        Contador1 contador = new Contador1(100);
        Hilo1 hilo1 = new Hilo1("HILO1", contador);
        Hilo1 hilo2 = new Hilo1("HILO2", contador);

        hilo1.start();
        hilo2.start();

        hilo1.join();
        hilo2.join();

        System.out.println("Valor final: " + contador.getContador());
    }
}
```

Ejemplos de salida al ejecutar el programa:

```
HILO2 contador: 700    HILO1 contador: 688    HILO1 contador: 700
HILO1 contador: 576    HILO2 contador: 700    HILO2 contador: 700
Valor final: 700       Valor final: 700       Valor final: 700
```

ACTIVIDAD 2.4

Tomando como base el ejemplo anterior añade un método en la clase *Contador1* para que reste 1 al contador. Crea otra clase de nombre *Hilo2* que herede de *Thread*, similar al *Hilo1*, pero en este caso en lugar de llamar al método de incrementar el contador que llame al método para decrementar. Visualiza el valor del contador en los hilos. Crea un método *main()* en el que definas un objeto *Contador1*, un hilo de la clase *Hilo1* y otro de la clase *Hilo2*, que deben compartir el contador. Utiliza un único monitor en la clase *Contador1* para garantizar que solo un hilo a la vez pueda modificar el contador.

2.7.2. Métodos sincronizados

Se debe evitar la sincronización de bloques de código y sustituirlas siempre que sea posible por la sincronización de métodos. Los métodos sincronizados son un mecanismo para construir una sección crítica de forma sencilla. Imaginemos la situación que dos personas comparten una cuenta y pueden sacar dinero de ella en cualquier momento; antes de retirar dinero se comprueba siempre si existe saldo. La cuenta tiene 50€, una de las personas quiere retirar 40 y la otra 30. La primera llega al cajero, revisa el saldo, comprueba que hay dinero y se prepara para retirar el dinero, pero antes de retirarlo llega la otra persona a otro cajero, comprueba el saldo que todavía muestra los 50€ y también se dispone a retirar el dinero. Las dos personas retiran el dinero, pero entonces el saldo actual será ahora de -20.

Para sincronizar un método, simplemente añadimos la palabra clave **synchronized** a su declaración. Por ejemplo, la clase *Contador1* con métodos sincronizados seria así:

```java
public class ContadorSincronizado {
    private int c = 0;

    public synchronized void incrementar() {
        c++;
    }

    public synchronized void decrementar() {
        c--;
    }

    public synchronized int getContador() {
        return c;
    }
}
```

El uso de métodos sincronizados implica que no es posible invocar dos métodos sincronizados del mismo objeto a la vez. Cuando un hilo está ejecutando un método sincronizado de un objeto, los demás hilos que invoquen a métodos sincronizados para el mismo objeto se bloquean hasta que el primer hilo termine con la ejecución del método.

Cuando un hilo invoca un método **synchronized**, trata de tomar el bloqueo del objeto a que pertenezca. Si está libre, lo toma y se ejecuta. Si el bloqueo está tomado por otro hilo se suspende el que invoca hasta que aquel finalice y libere el bloqueo. Sincronizar métodos permite prevenir inconsistencias cuando un objeto es accesible desde distintos hilos: si un objeto es visible para más de un hilo, todas las lecturas o escrituras de las variables de ese objeto se realizan a través de métodos sincronizados. La forma típica de declarar un método sincronizado es la siguiente:

```java
public synchronized void metodo(){

    //instrucciones atómicas...

}
```

Los métodos pueden retornar un valor y también recibir parámetros:

```java
public synchronized tipodato metodo(parámetros){

    //instrucciones atómicas...

    return valor;

}
```

Se debe tener en cuenta que la sincronización disminuye el rendimiento de una aplicación, por tanto, debe emplearse solamente donde sea estrictamente necesario.

En el siguiente ejemplo se define la clase *Cuenta*, define el atributo *saldo* y tres métodos, uno para retirar saldo, otro para depositar saldo, y un tercero para obtener el valor del saldo. Las operaciones de retirar y depositar saldo deben ser atómicas e indivisibles, es decir si una persona está retirando saldo, la otra debería ser incapaz de retirarlo hasta que la primera haya realizado la operación. Para ello declaramos los métodos como **synchronized**. Se podrá retirar saldo siempre y cuando el saldo actual sea >= que la cantidad que se quiere retirar. En el constructor se inicia el saldo actual:

```java
class Cuenta {
    private double saldo;

    public Cuenta(double saldoInicial) {
        this.saldo = saldoInicial;
    }

    // Método sincronizado para depositar saldo
    public synchronized void depositar(double cantidad) {
        saldo += cantidad;
        System.out.println(Thread.currentThread().getName() +
            " depositó: " + cantidad + " (Saldo actual: " + saldo +")");
    }

    // Método sincronizado para retirar saldo
    public synchronized void retirar(double cantidad) {
        if (saldo >= cantidad) {
            saldo -= cantidad;
            System.out.println(Thread.currentThread().getName() +
                " retiró: " + cantidad + " (Saldo actual: " + saldo +")");
        } else {
            System.out.println(Thread.currentThread().getName() +
                " intentó retirar: " + cantidad + " (Saldo insuficiente.)");
        }
    }

    public double getSaldo() {
        return saldo;
    }
}
```

A continuación, se definen dos hilos uno para depositar saldo y el otro para retirarlo. El constructor recibe una cadena, para dar nombre al hilo; y la cuenta que será compartida por varios hilos. En el método **run()** se realiza un bucle donde se invoca al método *depositar()* de la clase *Cuenta* varias veces con la cantidad a depositar, en este caso siempre es 100:

```java
class HiloDeposito extends Thread {
    private Cuenta cuenta;

    public HiloDeposito(String nombre, Cuenta cuenta) {
        this.cuenta = cuenta;
        setName(nombre);
    }

    public void run() {
        for (int i = 0; i < 5; i++) {
            cuenta.depositar(100);
            try {
                Thread.sleep(50); // Simula tiempo de procesamiento
            } catch (InterruptedException e) {
                e.printStackTrace();
            }
        }
    }
}
```

La clase *HiloRetiro* es similar a la anterior, En el método **run()** se realiza un bucle donde se invoca al método *retirar()* de la clase *Cuenta* varias veces con la cantidad a retirar, en este caso siempre es 80:

```java
class HiloRetiro extends Thread {
    private Cuenta cuenta;

    public HiloRetiro(String nombre, Cuenta cuenta) {
        this.cuenta = cuenta;
        setName(nombre);
    }

    public void run() {
        for (int i = 0; i < 5; i++) {
            cuenta.retirar(80);
            try {
                Thread.sleep(50); // Simula tiempo de procesamiento
            } catch (InterruptedException e) {
                e.printStackTrace();
            }
        }
    }
}
```

Por último, se crea la clase con el método *main()*, donde primero se define un objeto de la clase *Cuenta* y se le asigna un saldo inicial de 100. A continuación, se crea un objeto para depositar saldo y dos para retirar saldo, estos compartirán la cuenta. Se muestra el saldo al inicio del proceso y al final, se lanza la ejecución de los hilos y el hilo principal espera a que todos terminen para mostrar el saldo final:

```java
public class CuentaBancariaMain throws InterruptedException {

    public static void main(String[] args) {
        Cuenta cuenta = new Cuenta(100); // Saldo inicial de 100
        System.out.println("SALDO INICIAL: " + cuenta.getSaldo());

        Thread hiloDeposito = new HiloDeposito("Ana", cuenta);
        Thread hiloRetiro1 = new HiloRetiro("Maria", cuenta);
        Thread hiloRetiro2 = new HiloRetiro("Pepe", cuenta);

        hiloRetiro1.start();
        hiloRetiro2.start();
        hiloDeposito.start();

        hiloDeposito.join();
        hiloRetiro1.join();
        hiloRetiro2.join();

        System.out.println("SALDO FINAL: " + cuenta.getSaldo());
    }
}
```

La ejecución muestra la siguiente salida:

```
SALDO INICIAL: 100.0
Maria retiró: 80.0 (Saldo actual: 20.0)
Ana depositó: 100.0 (Saldo actual: 120.0)
Pepe retiró: 80.0 (Saldo actual: 40.0)
Maria intentó retirar: 80.0 (Saldo insuficiente.)
Pepe intentó retirar: 80.0 (Saldo insuficiente.)
Ana depositó: 100.0 (Saldo actual: 140.0)
Maria retiró: 80.0 (Saldo actual: 60.0)
Pepe intentó retirar: 80.0 (Saldo insuficiente.)
Ana depositó: 100.0 (Saldo actual: 160.0)
Maria retiró: 80.0 (Saldo actual: 80.0)
Pepe retiró: 80.0 (Saldo actual: 0.0)
Ana depositó: 100.0 (Saldo actual: 100.0)
Maria retiró: 80.0 (Saldo actual: 20.0)
Pepe intentó retirar: 80.0 (Saldo insuficiente.)
Ana depositó: 100.0 (Saldo actual: 120.0)
SALDO FINAL: 120.0
```

Prueba a ejecutar el ejemplo anterior quitando **synchronized** de los métodos de retirar y depositar dinero.

ACTIVIDAD 2.5

Crea un programa en Java que utilice 3 hilos para contar el número de veces que aparecen diferentes tipos de caracteres en un texto dado. Cada hilo contará un tipo de carácter diferente y actualizará una variable compartida de forma segura mediante sincronización (**synchronized**) donde se llevará la cuenta de los tipos de caracteres. Los hilos contarán los siguientes tipos de caracteres: letras mayúsculas (A-Z), letras minúsculas (a-z) y dígitos numéricos (0-9).

Define una clase *ContadorCaracteres* con los métodos sincronizados para actualizar los contadores.

Define una clase *HiloContador* que reciba en el constructor la variable *ContadorCaracteres*, el texto del cual tienen que contar los caracteres y el tipo de caracteres a contar. Debe recorrer el texto y mostrar los caracteres que ha encontrado de ese tipo.

Crear 3 hilos en el método *main()* y esperar a que terminen antes de mostrar los resultados.

Ejemplo de Ejecución para este texto: "*123 Responda Otra vez*":

```
TEXTO: 123 Responda Otra vez
Hilo de NÚMEROS: 3 caracteres encontrados.
Hilo de MAYÚSCULAS: 2 caracteres encontrados.
Hilo de MINÚSCULAS: 13 caracteres encontrados.
Mayúsculas: 2
Minúsculas: 13
Números: 3
```

2.7.3. El modelo productor-consumidor

Un problema típico de sincronización es el que representa el modelo **Productor-Consumidor**. Se produce cuando uno o más hilos producen datos a procesar y otros hilos los consumen. El problema surge cuando el productor produce datos más rápido que el consumidor los consuma, dando lugar a que el consumidor se salte algún dato. Igualmente, el consumidor puede consumir más rápido que el productor produce, entonces el consumidor puede recoger varias veces el mismo dato o puede no tener datos que recoger o puede detenerse, etc.

Por ejemplo, imaginemos una aplicación donde un hilo (el productor) escribe datos en un fichero mientras que un segundo hilo (el consumidor) lee los datos del mismo fichero; en este caso los hilos comparten un mismo recurso (el fichero) y deben sincronizarse para realizar su tarea correctamente.

EJEMPLO PRODUCTOR-CONSUMIDOR

Se definen 3 clases, la clase *Cola* que será el objeto compartido entre el productor y el consumidor; y las clases *Productor* y *Consumidor*. En el ejemplo el productor produce números y los coloca en una cola, estos serán consumidos por el consumidor. El recurso a compartir es la cola con los números.

El productor genera números de 0 a 5 en un bucle *for*, y los pone en el objeto *Cola* mediante el método *put()*; después se hace una pausa con **sleep()** para simular tiempo de producción:

```
public class Productor extends Thread {
    private Cola cola;

    public Productor(Cola c) {
        cola = c;
    }

    public void run() {
        for (int i = 0; i < 5; i++) {
            cola.put(i); // pone el número en la cola
            try {
                sleep(100);
            } catch (InterruptedException e) {
                e.printStackTrace();
            }
        }
    }
}
```

La clase *Consumidor* es muy similar a la clase *Productor*, solo que en lugar de poner un número en el objeto *Cola* lo recoge llamando al método *get()*. En este caso no se ha puesto pausa, con esto hacemos que el consumidor sea más rápido que el productor, se podría haber incluido también una pausa simulando el tiempo de consumo:

```
public class Consumidor extends Thread {
    private Cola cola;

    public Consumidor(Cola c) {
        cola = c;
    }

    public void run() {
        for (int i = 0; i < 5; i++) {
            cola.get(); // recoge el número
        }
    }
}
```

La clase *Cola* define 2 atributos y dos métodos. En el atributo *numero* se guarda el número entero y el atributo *disponible* se utiliza para indicar si hay disponible o no un número en la cola. El método *put()* guarda un entero en el atributo *numero* y hace que este esté disponible en la cola para que pueda ser consumido poniendo el valor *true* en *disponible* (cola llena). El método *get()* devuelve el entero de la cola si está disponible (*disponible=true*) y antes pone la variable a *false* indicando cola vacía.

Estos dos métodos deben declararse como **synchronized,** de esta manera el productor y consumidor no podrán acceder simultáneamente al objeto *Cola* compartido; es decir el productor no puede cambiar el valor de la cola cuando el consumidor esté recogiendo su valor; y el consumidor no puede recoger el valor cuando el productor lo esté cambiando.

Es necesario mantener una coordinación entre el productor y el consumidor de forma que cuando el productor ponga un número en la cola avise al consumidor de que la cola está disponible para recoger su valor; y al revés, cuando el consumidor recoja el valor de la cola debe avisar al productor de que la cola ha quedado vacía. A su vez, el consumidor deberá esperar hasta que la cola se llene y el productor esperará hasta que la cola esté nuevamente vacía para poner otro número. Para mantener esta coordinación usamos los métodos **wait()**, **notify()** y **notifyAll()**.

El método *get()* tiene que esperar a que la cola se llene (Figura 2.3) , esto se realiza en el bucle while: mientras la cola esté vacía, es decir *disponible* es *false* (*while (!disponible)*), espero (*wait*). Se sale del bucle cuando llega un valor, en este caso se vuelve a poner *disponible* a *false* (porque se va a devolver quedando la cola vacía de nuevo), se notifica a todos los hilos que comparten el objeto este hecho y se devuelve el valor (Figura 2.4).

Figura 2.3. Método get() espera.

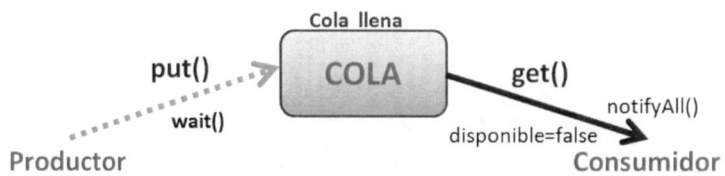

Figura 2.4. Método *get()* devuelve valor, *put()* espera.

El método *put()* tiene que esperar a que la cola se vacíe para poner el valor, entonces espera (*wait*) mientras haya valor en la cola (*while (disponible)*). Cuando la cola se vacía, *disponible* es *false*, entonces se sale del bucle, se asigna el valor a la cola, se vuelve a poner disponible a *true* (porque la cola está llena) y se notifica a todos los hilos que comparten el objeto este hecho.

```java
public class Cola {
    private int numero;
    private boolean disponible = false;// inicialmente cola vacia

    public synchronized void put(int valor) {
        while (disponible) {// Espera si ya hay un n° disponible
            try {
                wait();
            } catch (InterruptedException e) {
            }
        }
        numero = valor;        //guarda valor
        disponible = true;     //elemento disponible
        System.out.println("Se produce: " + numero);
        notify(); // Notifica al consumidor que hay un número
    }

    public synchronized int get() {
        while (!disponible) { // Espera hasta que haya n° disponible
            try {
                wait();
            } catch (InterruptedException e) {
            }
        }
        System.out.println("Se consume: " + numero);
        disponible = false;
        notify();
        return numero;
    }
}
```

Resumiendo:

- El *Productor* genera un número (*put()*) y usa **notify()** para despertar al *Consumidor*.

- El *Consumidor* espera (**wait()**) hasta que haya un número listo (*get()*).

- Cuando el *Consumidor* procesa el número, lo notifica al *Productor* (**notify()**).

- Se repite el proceso hasta que todos los números se hayan producido y consumido.

En el método *main()* que usa las clases anteriores creamos 3 objetos, un objeto de la clase *Cola*, un objeto de la clase *Productor* y otro objeto de la clase *Consumidor*. Al constructor de las clases *Productor* y *Consumidor* le pasamos el objeto compartido de la clase *Cola*:

```java
public class MainProductorConsumidor {

    public static void main(String[] args) {
        Cola cola = new Cola();

        Productor p = new Productor(cola);
        Consumidor c = new Consumidor(cola);

        p.start();
        c.start();
    }
}
```

La ejecución del ejemplo muestra la siguiente salida:

```
Se produce: 0
Se consume: 0
Se produce: 1
Se consume: 1
Se produce: 2
Se consume: 2
Se produce: 3
Se consume: 3
Se produce: 4
Se consume: 4
```

ACTIVIDAD 2.6

Modifica la clase *Productor* para que envíe las cadenas PING y PONG (de forma alternativa, una vez PING y otra vez PONG) a la cola y la clase *Consumidor* tome la cadena de la cola y la visualice. La salida tiene que mostrar lo siguiente: PING PONG PING PONG PING PONG PING PONG PING PONG PING PONG PING PONG PING PONG PING PONG PING PONG PING PONG PING PONG PING PONG PING....

2.8. PROGRAMACIÓN DE APLICACIONES MULTIHILO

El desarrollo de aplicaciones multihilo es mucho más sencillo cuando los hilos no interactúan entre sí, generalmente a través de variables compartidas. Cuando hay interacción, pueden surgir condiciones de carrera, carreras de datos y problemas con variables en caché, lo que puede hacer que una aplicación no sea segura para los hilos.

La **sincronización** se utiliza para resolver estos problemas, asegurando que dos o más hilos concurrentes no ejecuten simultáneamente una sección crítica que debe ser accedida de manera secuencial. La sincronización tiene dos propiedades: exclusión mutua y visibilidad. La palabra clave **synchronized** está asociada con ambas propiedades. Java también ofrece una forma más débil de sincronización basada solo en la visibilidad, representada por la palabra clave **volatile**.

El soporte de hilos de bajo nivel en Java permite crear aplicaciones multihilo que ofrecen mejor rendimiento y capacidad de respuesta en comparación con las aplicaciones de un solo hilo. Sin embargo, presenta algunos problemas:

- Las primitivas de concurrencia de bajo nivel, como **synchronized** y **wait()/notify()**, son difíciles de usar correctamente. Un uso incorrecto puede generar condiciones de carrera, inanición de hilos, bloqueos mutuos (deadlocks) y otros problemas, difíciles de detectar y depurar.

- Un uso excesivo de **synchronized** puede afectar el rendimiento y la escalabilidad de la aplicación, lo que es un problema especialmente grave en aplicaciones con muchos hilos, como los servidores web.

- Los desarrolladores suelen necesitar estructuras de mayor nivel, como pools de hilos y semáforos. Dado que estas estructuras no están incluidas en el soporte de hilos de bajo nivel de Java, los desarrolladores deben crearlas por sí mismos, lo que es tedioso y propenso a errores. Para abordar estos problemas, Java 5 introdujo las utilidades de concurrencia, algunas de las cuales se verán en el siguiente apartado.

2.9. UTILIDADES DEL PAQUETE java.util.concurrent

En apartados anteriores nos hemos centrado en el soporte de bajo nivel para hilos Java. En este apartado veremos varias utilidades del paquete **java.util.concurrent** en el que se cambia el enfoque para dar soporte de alto nivel a los hilos Java.

Las utilidades de concurrencia en Java 5 organizan varios tipos en tres paquetes:

- **java.util.concurrent**: tipos de utilidad que se utilizan a menudo en programación concurrente, por ejemplo, ejecutores (**Executors**).

- **java.util.concurrent.atomic**: clases que soportan programación segura en los hilos sin necesidad de bloquear variables individuales.

- **java.util.concurrent.locks**: tipos de utilidades para condiciones de bloqueo y espera. Estos tipos son más eficaces que el uso de la sincronización basada en monitores de Java y los mecanismos de espera / notificación.

2.9.1. Ejecutores y Pool de hilos

En ejemplos anteriores hemos visto como crear hilos en Java extendiendo la clase **Thread** o implementando la interfaz **Runnable**. Si bien es fácil crear uno o dos hilos y ejecutarlos, se convierte en un problema cuando la aplicación requiere la creación de 20 o 30 hilos para ejecutar tareas de forma concurrente. Las grandes aplicaciones multihilo tendrán cientos, si no miles de hilos ejecutándose simultáneamente; por lo tanto, tiene sentido separar la creación y administración de hilos del resto de la aplicación.

Los **Executors** o **ejecutores** constituyen un marco para crear y administrar hilos que nos ayudarán con las operaciones de:

- **Creación de hilos:** proporciona varios métodos para crear hilos, más específicamente grupo de hilos o **Thread Pools** (pool de hilos), que la aplicación puede utilizar para ejecutar tareas al mismo tiempo.

- **Gestión de hilos**: gestiona el ciclo de vida de los hilos en el grupo de hilos. No necesita preocuparse por si los hilos del grupo están activos, ocupados o muertos antes de enviar una tarea para su ejecución.

- **Envío y ejecución de tarea**s: proporciona métodos para enviar tareas para su ejecución en el grupo de hilos y también para poder decidir cuándo se ejecutarán las tareas. Por ejemplo, puede enviar una tarea para que se ejecute ahora o programarla para que se ejecute más tarde o hacer que se ejecuten periódicamente.

La API **java.util.concurrent** define las siguientes tres interfaces ejecutoras que cubren todo lo que se necesita para crear y administrar hilos:

- **Executor**: se utiliza para lanzar tareas. Es una interfaz de un sólo método: **execute(Runnable).** La idea con este marco es que ahora manejamos tareas (**tasks**) en lugar de hilos, por lo que le estamos pidiendo a la instancia de **Executor** que ejecute la tarea (instancia de **Runnable**) cuando le sea posible.

- **ExecutorService**: una subinterfaz de **Executor** que agrega funcionalidad para administrar el ciclo de vida tanto de las tareas individuales como del propio ejecutor.

- **ScheduledExecutorService**: una subinterfaz de **ExecutorService**. Agrega funcionalidad para programar la ejecución de las tareas.

Además de las interfaces anteriores, la API también proporciona la clase **Executors** que contiene métodos para crear diferentes tipos de servicios ejecutores. Proporciona diferentes tipos de pool de hilos, dependiendo del método que usemos. De esta manera dispondremos de un sólo un hilo o tarea para la ejecución de nuestras tareas, de un número definido de hilos, o de un pool que nos vaya generando nuevos hilos bajo demanda, dependiendo del método que utilicemos.

Executors ofrece métodos estáticos para obtener objetos de tipo **Executor** y **ExecutorService**. En la siguiente tabla se muestran algunos métodos útiles sobre el tipo de pools de hilos a usar:

Métodos para la creación de Pools y Factorias de hilos	Tipos de Pool y Factorias
newFixedThreadPool(númerohilos)	**Pool con número fijo de hilos.** Cuando un hilo o tarea acaba de utilizar ese hilo, el hilo vuelve a estar disponible para ser usado por otro hilo o tarea.
newSingleThreadExecutor()	**Sólo tenemos un hilo o tarea en el Pool.** Sólo podemos ejecutar un hilo o tarea a la vez.
newCachedThreadPool()	**Se crea un pool que va creando hilos a necesidad.** Si un hilo o tarea acaban también se reutilizan.
newSingleThreadScheduledExecutor() **newFixedThreadScheduledPool()** **newScheduledThreadPool()**	Igual que la versión normal, pero **permite ejecutar comandos u otras acciones periódicamente** o dado un espacio de tiempo.
defaultThreadFactory()	Devuelve una factoría para la creación de hilos.
privilegedThreadFactory()	Devuelve una factoría que crea hilos con los mismos permisos y privilegios que el proceso o hilo creador de estos

(https://docs.oracle.com/en/java/javase/24/docs/api/java.base/java/util/concurrent/Executors.html)

Normalmente usamos un **Executor** para crear explícitamente hilos o tareas, usamos el método **execute()** en lugar de invocar *new Thread(new MiHiloRunnable()).start()* para lanzar las tareas. El siguiente ejemplo crea un ejecutor de hilos (**Executor**) con un único hilo de ejecución usando el método **newSingleThreadExecutor()**, esto significa que las tareas se ejecutarán en serie, una tras otra. Se ejecuta primero *Hilo1*, y cuando finalice se ejecuta el segundo, *Hilo2*:

```java
import java.util.concurrent.Executor;
import java.util.concurrent.Executors;

public class Ejemplo1Main {

    public static void main(String[] args) {

        Executor executor = Executors.newSingleThreadExecutor();
        executor.execute(new Hilo1(2));
        executor.execute(new Hilo2(4, "Soy Hilo2"));

        System.out.println("Fin de proceso");
    }
}//


public class Hilo1 extends Thread {
    private int x;

    Hilo1(int x) {
        this.x = x;
    }

    public void run() {
        for (int i = 0; i < x; i++) {
            System.out.printf("Valor en %s = %d %n",
                        Thread.currentThread().getName(), i);
        }
    }
}//


public class Hilo2 extends Thread {
    private int x;
    private String dato;

    Hilo2(int x, String dato) {
        this.x = x;
        this.dato= dato;
    }

    public void run() {
        for (int i - 0; i < x; i++) {
            System.out.printf("Valor en %s = Dato: %s, %d %n",
                        Thread.currentThread().getName(), dato, i);
        }
    }
}//
```

La ejecución muestra la siguiente salida donde se observa que primero se ejecuta el *Hilo1* y luego *Hilo2*, el mensaje *Fin de proceso* puede aparecer en cualquier lugar. Cada hilo muestra su nombre y el valor de alguna variable; se puede ver que el nombre del hilo es el mismo porque solo se ejecuta un hilo a la vez:

```
Valor en pool-1-thread-1 = 0
Valor en pool-1-thread-1 = 1
Fin de proceso
Valor en pool-1-thread-1 = Dato: Soy Hilo2, 0
Valor en pool-1-thread-1 = Dato: Soy Hilo2, 1
Valor en pool-1-thread-1 = Dato: Soy Hilo2, 2
Valor en pool-1-thread-1 = Dato: Soy Hilo2, 3
```

Al ejecutar el programa desde Eclipse se puede observar que el hilo de *main()* nunca finaliza la ejecución. La interfaz **ExecutorService** contiene un gran número de métodos para controlar el progreso de las tareas y administrar la terminación del servicio de hilos. Proporciona dos métodos para apagar un ejecutor:

- **shutdown():** se llama a este método para finalizar hilos y tareas. **ExecutorService** no se cerrará inmediatamente, pero ya no aceptará nuevas tareas y, una vez que todos los hilos hayan completado las tareas actuales, **ExecutorService** se cerrará.

- **shutdownNow():** este método intenta detener todas las tareas o hilos en ejecución, detiene el procesamiento de las tareas en espera y devuelve una lista de las tareas que estaban en espera de ejecución. No se proporcionan garantías sobre las tareas de ejecución. Tal vez se detengan, tal vez realicen la ejecución hasta el final.

- **awaitTermination(long timeout, TimeUnit unit):** bloqueará el hilo de ejecución principal que lo llama hasta que **ExecutorService** se cierre por completo o hasta que se consuma un tiempo de espera determinado. El primer parámetro es un número indicando el tiempo y el segundo la unidad de tiempo (*TimeUnit.SECONDS*, *TimeUnit.MILISECONDS*, *TimeUnit.MINUTES*, etc). A este método se le suele llamar después de llamar a **shutdown()** o **shutdownNow()**. Devuelve *true* si el ejecutor terminó y *false* si el tiempo de espera transcurrió antes de la terminación. Ejemplo:

```
executorService.shutdown();
executorService.awaitTermination(5, TimeUnit.SECONDS);
```

El método *main()* del ejemplo anterior con **ExecutorService** y cerrando el ejecutor quedaría asi:

```
public static void main(String[] args) {
    ExecutorService executor = Executors.newSingleThreadExecutor();
    executor.execute(new Hilo1(2));
    executor.execute(new Hilo2(4, "Soy Hilo2"));

    executor.shutdown();
    System.out.println("Fin de proceso");
}
```

En el ejemplo anterior, creamos un **ExecutorService** que usa un solo hilo de trabajo. Pero el verdadero poder de **ExecutorService** surge cuando creamos un pool de hilos y ejecutamos varias tareas al mismo tiempo en el pool de hilos. A continuación, veremos cómo se puede crear un servicio ejecutor que use un pool de hilos y ejecute múltiples tareas al mismo tiempo usando el método **newFixedThreadPool()**.

En este ejemplo, creamos un servicio ejecutor con un pool de hilos de tamaño fijo de 4. En un pool de hilos fijo, el servicio ejecutor se asegura de que el pool siempre tenga el número especificado de hilos en ejecución. Si algún hilo muere por alguna razón, se reemplaza por un hilo nuevo inmediatamente. Cuando se envía una nueva tarea, el servicio ejecutor elige uno de los hilos disponibles del pool y ejecuta la tarea en ese hilo. Si enviamos más tareas que el número de hilos disponible y todos los hilos están actualmente ocupados ejecutando las tareas existentes, las nuevas tareas esperarán su turno en una cola:

```java
import java.util.concurrent.ExecutorService;
import java.util.concurrent.Executors;

public class Ejemplo2Main {

    public static void main(String[] args) {

        ExecutorService executor = Executors.newFixedThreadPool(4);

        for(int i=1; i<=2; i++) {
            executor.execute(new Hilo1(i*2));
            executor.execute(new Hilo2(i*3, "Soy Hilo2"));
        }

        executor.shutdown();
        System.out.println("Fin de proceso");
    }
}//
```

Una posible salida a la ejecución es la siguiente, se puede ver que el nombre del hilo es diferente ya que en este caso se ejecutan 4 hilos a la vez:

```
Valor en pool-1-thread-1 = 0
Valor en pool-1-thread-1 = 1
Fin de proceso
Valor en pool-1-thread-3 = 0
Valor en pool-1-thread-3 = 1
Valor en pool-1-thread-3 = 2
Valor en pool-1-thread-3 = 3
Valor en pool-1-thread-2 = Dato: Soy Hilo2, 0
Valor en pool-1-thread-2 = Dato: Soy Hilo2, 1
Valor en pool-1-thread-2 = Dato: Soy Hilo2, 2
Valor en pool-1-thread-4 = Dato: Soy Hilo2, 0
Valor en pool-1-thread-4 = Dato: Soy Hilo2, 1
Valor en pool-1-thread-4 = Dato: Soy Hilo2, 2
Valor en pool-1-thread-4 = Dato: Soy Hilo2, 3
Valor en pool-1-thread-4 = Dato: Soy Hilo2, 4
Valor en pool-1-thread-4 = Dato: Soy Hilo2, 5
```

Cambia el tamaño del pool de hilos y el bucle *for* que lanza los hilos y comprueba la salida.

La mayoría de las implementaciones de ejecutores utilizan grupos de hilos para ejecutar tareas. Un pool de hilos es un grupo de subprocesos de trabajo que existen por separado de las tareas **Runnable** o **Callable** y son administrados por el ejecutor.

Crear un hilo es una operación costosa y debe minimizarse. Tener subprocesos de trabajo minimiza la sobrecarga debido a la creación de hilos porque el servicio ejecutor tiene que crear el pool de hilos solo una vez y luego puede reutilizar los hilos para ejecutar cualquier tarea.

Las tareas se envían a un pool de hilos a través de una cola interna denominada *Cola de bloqueo*, véase Figura 2.5. Si hay más tareas que la cantidad de hilos activos, se insertan en la cola de bloqueo para esperar hasta que haya algún hilo disponible. Si la cola de bloqueo está llena, se rechazan las nuevas tareas.

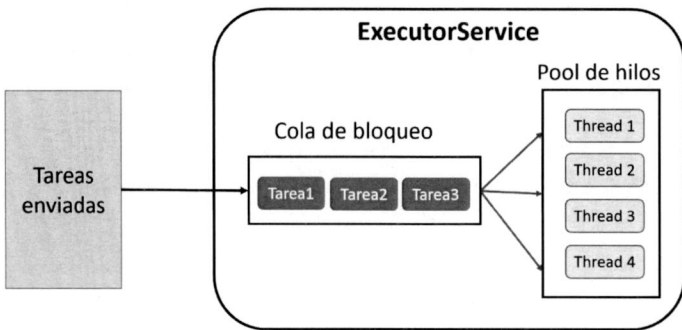

Figura 2.5. Pool de hilos y Cola de bloqueo.

2.9.2 Introducción a tipos atómicos

El paquete **java.util.concurrent.atomic** define clases que admiten operaciones atómicas en variables de "tipos básicos". Las clases atómicas utilizan internamente instrucciones de comparación e intercambio compatibles con las CPU modernas para lograr la sincronización. Estas instrucciones son generalmente mucho más rápidas que los bloqueos.

Todas las clases tienen métodos *get* y *set* que funcionan como lecturas y escrituras en variables volátiles. Las operaciones sobre estas variables son atómicas, sólo un hilo en programación concurrente puede acceder a la vez a ellas. Con este sistema nos evitamos la sincronización que es una tarea que ralentiza los programas Java. Para ver cómo se puede usar este paquete, volvamos a la clase *Contador1* que usamos inicialmente.

Creamos la clase *ContadorAtomico* en la que definimos la variable atómica que va a ser incrementada y decrementada. Usamos para ello la clase **AtomicInteger** que dispone de métodos para acceder a la variable. En el constructor asignamos un valor a la variable atómica usando el método *set()*. El incremento en 1 de la variable se realizará con el método **incrementAndGet()**, el decremento en 1 con el método **decrementAndGet()** y el retorno del valor de la variable atómica se realizará con su método *get()*:

```java
import java.util.concurrent.atomic.AtomicInteger;
public class ContadorAtomico {

    private AtomicInteger c = new AtomicInteger(0);

    public ContadorAtomico(Integer i) { c.set(i); }

    public void incrementar() { c.incrementAndGet(); }
    public void decrementar() { c.decrementAndGet(); }
    public Integer getContador() { return c.get(); }
}
```

Los hilos que incrementan y decrementan a la variable reciben en el constructor el número de veces que se incrementará o decrementará el contador además del nombre del hilo y el contador. *HiloAtomico1* incrementa el contador, *HiloAtomico2* decrementa el contador:

```java
public class HiloAtomico1 extends Thread {
    ContadorAtomico c;
    int n;

    public HiloAtomico1(ContadorAtomico c, String nombre, int n) {
        super(nombre);
        this.c = c;
        this.n = n;
    }

    public void run() {
        for (int i = 0; i < n; i++) { c.incrementar(); }

        System.out.println(this.getName() + ", Incrementa (" + n
                    + ") al contador: " + c.getContador());
    }
}
```

```java
public class HiloAtomico2 extends Thread {
    ContadorAtomico c;
    private int n;

    public HiloAtomico2(ContadorAtomico c, String nombre, int n) {
        super(nombre);
        this.c = c;
        this.n = n;
    }

    public void run() {
        for (int i = 0; i < n; i++) { c.decrementar(); }

        System.out.println(this.getName() + ", Decrementa (" + n +
                    ") al contador: " + c.getContador());
    }
}
```

La clase que crea los hilos y usa el contador es la siguiente, el valor inicial del contador es 100. El *hilo1* incrementará 10 veces el contador, el *hilo2* decrementará 20 veces. Para garantizar que los hilos terminen antes de mostrar el valor final del contador, debemos hacer un **shutdown()** y **awaitTermination()** en el **ExecutorService**:

```java
import java.util.concurrent.ExecutorService;
import java.util.concurrent.Executors;
import java.util.concurrent.TimeUnit;

public class MainContadorAtomico {

    public static void main(String[] args) {

        ContadorAtomico c = new ContadorAtomico(100);
        System.out.println("Valor inicial del contador: " +
                                            c.getContador());

        ExecutorService executor = Executors.newCachedThreadPool();

        executor.execute(new HiloAtomico1(c, "Hilo 1", 10));
        executor.execute(new HiloAtomico2(c, "Hilo 2", 20));

        executor.shutdown();

        try {
            executor.awaitTermination(5, TimeUnit.SECONDS);
        } catch (InterruptedException e) {
            e.printStackTrace();
        }

        System.out.println("Valor final del contador: " +
                                            c.getContador());
    }
}
```

La ejecución muestra la siguiente salida:

```
Valor inicial del contador: 100
Hilo 2, Decrementa (20) al contador: 90
Hilo 1, Incrementa (10) al contador: 110
Valor final del contador: 90
```

Desde la siguiente URL podemos consultar más información sobre los métodos de la clase **AtomicInteger:**
https://docs.oracle.com/en/java/javase/24/docs/api/java.base/java/util/concurrent/atomic/AtomicInteger.html.

Mas tipos atómicos los podemos encontrar en este enlace, incluye entre otros **AtomicBoolean**, **AtomicArrayInteger** que nos permite crear instancias atómicas de los arrays, **AtomicReference** lo mismo, pero con una referencia a un objeto, etc.:
https://docs.oracle.com/en/java/javase/24/docs/api/java.base/java/util/concurrent/atomic/package-summary.html.

TIPOS ATÓMICOS EN EL PROBLEMA DEL PRODUCTOR-CONSUMIDOR

Vamos a cambiar el problema del productor consumidor usando tipos atómicos. La ventaja que nos da el tipo atómico es que ya no necesitamos usar **wait()**, **notify()** y **synchronized()** con los hilos. En su lugar sólo vamos a necesitar que la variable cambie de valor para consumir o producir.

La clase *Cola* queda asi:

```java
import java.util.concurrent.atomic.AtomicBoolean;
public class Cola {
    private int numero;
    private AtomicBoolean disponible = new AtomicBoolean(false);

    public int get() {
        while (!disponible.get()) {
            try {
                Thread.sleep(100);
            } catch (InterruptedException e) {  }
        }
        System.out.println("Se consume: " + numero);
        disponible.getAndSet(false);

        return numero;
    }//

    public void put(int valor) {
        numero = valor;
        disponible.getAndSet(true);
        System.out.println("Se produce: " + numero);

        while (disponible.get()) {
            try {
                Thread.sleep(100);
            } catch (InterruptedException e) {  }
        }
    }//
}
```

El primer cambio consistirá en definir la variable *disponible* como **AtomicBoolean**, inicializándola con valor *false* porque el productor no ha producido nada todavía en la cola.

En el método *put()* se asigna el valor *true* a la variable atómica usando el método **getAndSet()**, ahora cl consumidor la puede consumir. Mientras haya un valor disponible en la cola, el productor se queda esperando a que el consumidor consuma: bucle *while (disponible.get())*.

En el método *get()* inicialmente el consumidor se queda esperando a que el productor produzca, bucle *while (!disponible.get())*, espera a que la variable *disponible* contenga el valor *true*. Cuando el productor ha producido, sale del bucle, consume, y pone la variable disponible a *false* usando el método **getAndSet()**. Le devuelve el valor al productor.

En los métodos *get()* y *put()* hacemos un *Thread.sleep()* durante un segundo para que nos dé tiempo a ver la ejecución.

Esta solución es mucho más eficiente y segura porque no nos hace falta bloquear hilos. Además, nos lo hace más fácil, ya que sabemos que las operaciones son atómicas. Cuando se realicen, se realizarán en orden, y mientras el hilo hace la operación no puede ser bloqueado, hasta que acabe esa operación. Se bloqueará después en el **sleep()**, pero nunca con la operación sobre el tipo atómico. Es imposible bloquear recursos de esta manera. La clase con el método *main()* tendrá el siguiente aspecto:

```java
import java.util.concurrent.ExecutorService;
import java.util.concurrent.Executors;
public class MainProducConsumAtomic {
  public static void main(String[] args) {

    Cola cola = new Cola();
    ExecutorService executor = Executors.newCachedThreadPool();

    executor.execute(new Productor(cola));
    executor.execute(new Consumidor(cola));

    executor.shutdown();
  }
}
```

2.9.3. Callable y Future

Hay dos formas de crear hilos: una extendiendo la clase **Thread** y otra implementando la interfaz **Runnable**. Sin embargo, una característica que les falta a ambas es que no podemos hacer que devuelvan un resultado cuando el método **run()** finaliza. Para ello usaremos la interfaz **Callable**, para definir tareas que devuelven un resultado. Un **Callable** es similar a un **Runnable** excepto que puede devolver un resultado y lanzar una excepción marcada.

Callable tiene un método único llamado **call()** que debe implementarse y devolver un resultado al finalizar: *public T call()*; algo que el método **run()** no puede hacer: *public void run()*. El valor devuelto debe ser un tipo de dato: *Integer*, *Boolean*, *Double*, etc, no un tipo básico como *int*, *boolean*, etc.

El siguiente ejemplo usa **Callable** para comprobar si un número es par o no. El método *call()* devuelve *true* si es par y en caso contrario devuelve *false*. El número se recibe en el constructor:

```java
import java.util.concurrent.Callable;

public class ParCallable implements Callable <Boolean> {
    private int n;

    public ParCallable(int n) {
        this.n = n;
    }

    public Boolean call() throws Exception {
        Boolean valor = false;
        if(n%2 == 0)
            valor = true;
        return valor;
    }
}//
```

Cuando se completa el método **call()**, la respuesta debe almacenarse en un objeto conocido por el hilo principal, para que el hilo o función principal pueda conocer el resultado que el hilo llamado devolvió. ¿Cómo almacenará el programa y obtendrá este resultado más adelante? Utilizando un objeto que implemente la interfaz **Future**. Piensa en una instancia de **Future** como un objeto que contiene el resultado, puede que no lo tenga en este momento, pero lo hará en el futuro (una vez que el objeto **Callable** lo devuelve). El siguiente ejemplo muestra cómo usar **Future**:

```java
import java.util.concurrent.*;
public class MainParCallable {

    public static void main(String[] args) {

        ExecutorService executor = Executors.newSingleThreadExecutor();

        for (int i = 0; i < 100; i++) {
            //ejecutar tarea
            Future<Boolean> resultado =
                        executor.submit(new ParCallable(i));
            try {
                if (resultado.get()) //obtener resultado
                    System.out.println(i + " es par");
                else
                    System.out.println(i + " no es par");
            } catch (InterruptedException | ExecutionException e) {
                e.printStackTrace();
            }
        }
        executor.shutdown(); //cerrar el pool de hilos
    }
}//
```

En este ejemplo se ha usado un **ExecutorService** para crear un pool de hilos con un único hilo y enviar la tarea al pool utilizando el método **submit()**. Cuando invoquemos el servicio recibiremos de forma automática una variable de tipo **Future** (*resultado*) la cual recibirá en un futuro el valor *true* o *false*; por lo que hemos de definir la variable de tipo *Boolean*.

Con el **submit()** dejamos la tarea **Callable** preparada para ejecutarse, pendiente de ejecución. Pasará a lista para ejecutarse cuando llamemos al método **get()** de la variable **Future**: *if (resultado.get())*.

El método **get()** se utiliza para obtener el resultado de la tarea, el tipo de dato es el indicado en el objeto **Future**. Produce las excepciones *InterruptedException* y *ExecutionException* por lo que hay que controlarlas. Si la tarea se ha completado, devuelve el resultado inmediatamente, de lo contrario espera hasta que se complete la tarea y, a continuación, devuelve el resultado. **Future** también proporciona el método **isDone()** para verificar si la tarea se ha completado o no, ejemplo:

```java
import java.util.concurrent.*;

class MyCallable implements Callable<String> {
    public String call() throws Exception {
        Thread.sleep(1000);
        return "Saludos desde MyCallable";
    }
}
```

```
public class EjemploFutureIsDone {

    public static void main(String[] args) throws Exception {

        ExecutorService executor = Executors.newSingleThreadExecutor();

        Future<String> future = executor.submit(new MyCallable());

        // Comprobar si la tarea ha terminado
        while (!future.isDone()) {
            System.out.println("La tarea no ha finalizado...");
            Thread.sleep(100);
        }

        // Obtener el resultado cuando la tarea finaliza
        System.out.println("Tarea finalizada...");
        String result = future.get();
        System.out.println(result);

        executor.shutdown();
    }
}
```

La ejecución muestra la siguiente salida:

```
La tarea no ha finalizado...
La tarea no ha finalizado...
La tarea no ha finalizado...
La tarea no ha finalizado...
La tarea no ha finalizado...
La tarea no ha finalizado...
La tarea no ha finalizado...
La tarea no ha finalizado...
La tarea no ha finalizado...
La tarea no ha finalizado...
Tarea finalizada...
Saludos desde MyCallable
```

2.9.4. Future y FutureTask

En el siguiente ejemplo vamos a usar **Future** para lanzar objetos **Runnable**. El concepto es el mismo que en el caso anterior. Para ello vamos a usar en este caso la clase **FutureTask** que implementa los interfaces **Runnable** y **Future**. El constructor toma dos parámetros: el primero es un **Runnable** y el segundo es el valor de retorno, que en este caso se ha definido un *String* con el texto *Tarea completa*. Creamos la clase **ParRunnable** y su método **run()** que en este caso no devuelve nada y muestra *true* o *false* indicando si el número es par o no:

```
public class ParRunnable implements Runnable {
    private int n;

    public ParRunnable(int n) { this.n = n; }

    public void run() {
        Boolean valor = false;
        if(n%2 == 0) valor = true;
        System.out.println(valor);
    }
}//
```

La clase con el método ***main()*** es la siguiente:

```
import java.util.concurrent.*;
public class MainParParRunnable {

  public static void main(String[] args) {

    ExecutorService executor = Executors.newSingleThreadExecutor();

    for (int i = 0; i < 10; i++) {
        FutureTask <String> ft = new FutureTask<String>
                        (new ParRunnable(i), "Tarea completa");
        executor.submit(ft);

        System.out.println("Resultado: " + ft.get());
    }
    executor.shutdown(); //cerrar el pool de hilos
  }
}//
```

ft.get() Obtiene el valor de retorno definido en el constructor de **FutureTask**, en este caso *Tarea completa*.

2.9.5. Hilos usando expresiones anónimas y expresiones Lambda

En versiones anteriores a la versión 8 de Java, hay interfaces que ya pueden ser considerados como funcionales. Se les conoce con el nombre de **interfaces Legacy**. Por ejemplo, las interfaces **Runnable** y **Callable**. **Runnable** es un interfaz que se usa para la programación de hilos y **Callable** para la programación de tareas. Pueden ser usados como interfaces funcionales porque definen un solo método abstracto. Se ajustan al estándar de interfaces funcionales.

En estos ejemplos se muestra como muchos programadores usan los hilos en la actualidad con funciones anónimas, sobreescribiendo el método **run()** en tiempo de ejecución.

En el primer hilo se usa una expresión lambda para crear un hilo **new Thread(() ->**:

```
executor.execute(new Thread(() ->
  System.out.println(
    "Expresión lambda, interfaces legacy, sobreesribo el método run en
        tiempo de ejecución")
  )
);
```

En el segundo hilo se usa una función anónima para sobreescribir el método **run()** de un hilo:

```
executor.execute(new Thread("MiHilo") {
  public void run() {
    System.out.println("Hilo estandar " + this.getName()
      + " Función anónima en tiempo de ejecución sobreescribiendo el
          método run");
  }
});
```

En el tercero se sobresscribe el método **run()** de un objeto **Runnable**. Los interfaces, interfaces funcionales, y legacy nos permiten crear objetos de ellos directamente con un *new*.

```
executor.execute(new HiloRunnable(){
  public void run() {
    System.out.println(
      "Cambio HiloRunnable en tiempo de ejecución sobreescribiendo
          el método Run");
    }
});
```

El ejemplo completo *HiloExpAnonimasLambda.java* lo puedes descargar de los recursos del capítulo en el paquete *expresiones_anonimas*.

COMPRUEBA TU APRENDIZAJE

1º) Crea una clase que extienda **Thread** cuya única funcionalidad sea visualizar el mensaje "Hola mundo". Crea un programa Java que visualice el mensaje anterior 5 veces creando para ello 5 hilos diferentes usando la clase creada anteriormente. Modifica el mensaje "Hola mundo" en el hilo para incluir el nombre del hilo. Prueba de nuevo el programa Java creado anteriormente.

2º) Crea una clase que implemente la interfaz **Runnable** cuya única funcionalidad sea visualizar el mensaje "Hola mundo" seguido de una cadena que se recibirá en el constructor y seguido del nombre del hilo. Crea un programa Java que visualice el mensaje anterior 5 veces creando para ello 5 hilos diferentes usando la clase creada anteriormente. Luego haz que antes de visualizar el mensaje el hilo espere un tiempo; usa para ello el método **sleep()**.

3º) Implementa un programa que reciba a través de sus argumentos una lista de ficheros de texto y cuente el número de caracteres que hay en cada fichero. Modifica el programa para que se cree un hilo por cada fichero a contar. Muestra lo que se tarda en contar cada fichero en la primera tarea secuencial y usando hilos. Para calcular el tiempo que tarda en ejecutarse un proceso podemos usar el método *System.currentTimeMillis()* de la siguiente manera:

```
long t_comienzo, t_fin;
t_comienzo = System.currentTimeMillis();
Proceso(); // llamamos al proceso
t_fin = System.currentTimeMillis();
long tiempototal = t_fin - t_comienzo;
System.out.println("El proceso ha tardado: "+ tiempototal +" miliseg");
```

4º) Haz un programa Java que reciba a través de sus argumentos una lista de ficheros de texto y cuente el número de palabras que hay en cada fichero. Se debe crear un hilo por cada fichero a contar. Muestra el número de palabras de cada fichero y lo que tarda en contar las palabras.

5º) Usando el modelo productor-consumidor, crea un productor que lea caracteres de un fichero de texto cuyo nombre se pasará en el constructor. Y un consumidor que obtenga los datos que produce el productor y los visualice en pantalla. Muestra al final del proceso del productor y del consumidor un mensaje indicando que el proceso ha finalizado. Prueba el programa con varios consumidores.

6º) Se trata de simular el juego para adivinar un número. Se crearán varios hilos, los hilos son los jugadores que tienen que adivinar el número. Habrá un árbitro que generará el número a adivinar, comprobará la jugada del jugador y averiguará a qué jugador le toca jugar. El número tiene que estar comprendido entre 1 y 10, usa la siguiente fórmula para generar el número: *1 + (int) (10 * Math.random());*

Se definen 3 clases:

- *Árbitro:* Contiene el número a adivinar, el turno y muestra el resultado. Se definen los siguientes atributos: el número total de jugadores, el turno, el número a adivinar y si el juego acabó o no. En el constructor se recibe el número de jugadores que participan y se inicializan el número a adivinar y el turno. Tiene varios métodos: uno que devuelve el turno, otro que indica si el juego se acabó o no y el tercer método que comprueba la jugada del jugador y averigua a quien le toca a continuación, este método recibirá el identificador de jugador y el número que ha jugado; deberá definirse como **synchronized**, así cuando un jugador está haciendo la jugada, ningún otro podrá interferir. En este método se indicará cual es el siguiente turno y si el juego ha finalizado porque algún jugador ha acertado el número.

- *Jugador*: Extiende **Thread**. Su constructor recibe un identificador de jugador y el árbitro, todos los hilos comparten el árbitro. El jugador dentro del método run comprobará si es su turno, en ese caso generará un número aleatorio entre 1 y 10 y creará la jugada usando el método correspondiente del árbitro. Este proceso se repetirá hasta que el juego se acabe.

- *Main*: Esta clase inicializa el árbitro indicándole el número de jugadores y lanza los hilos de los jugadores, asignando un identificador a cada hilo y enviándoles el objeto árbitro que tienen que compartir.

Ejemplo de salida al ejecutar el programa:

```
NÚMERO A ADIVINAR: 3
Jugador1 dice: 9
     Le toca a Jug2
Jugador2 dice: 9
     Le toca a Jug3
Jugador3 dice: 10
     Le toca a Jug1
Jugador1 dice: 4
     Le toca a Jug2
```

```
    Jugador2 dice: 7
        Le toca a Jug3
    Jugador3 dice: 7
        Le toca a Jug1
    Jugador1 dice: 6
        Le toca a Jug2
Jugador2 dice: 3
    Jugador 2 gana, adivinó el número!!!
```

7º) Crea un array para 10.000 números enteros y llénalo con números aleatorios entre 0 y 99. Se trata de realizar la suma de los elementos del array en 4 tareas concurrentes usando la clase **Callable<Integer>**, cada tarea calculará la suma de una parte del array. La clase que implemente **Callable<Integer>**, recibirá en el constructor el array y el inicio y fin de las posiciones del array a sumar. Usamos un **ExecutorService** con 4 hilos (*FixedThreadPool(4)*). Los resultados de la suma se recogen con **Future<Integer>** y sumamos los valores parciales para obtener la suma total.

CAPÍTULO 3

PROGRAMACIÓN DE COMUNICACIONES EN RED

Contenidos

Comunicación entre aplicaciones.

Roles cliente y servidor.

Clases Java para comunicaciones en red.

Sockets. Tipos de Sockets.

Servidores y clientes basados en Sockets.

Gestión de Sockets.

Objetivos

Comunicar en red varias aplicaciones.

Identificar los roles cliente y servidor.

Utilizar y gestionar sockets.

Realizar aplicaciones cliente-servidor con sockets.

RESUMEN DEL CAPÍTULO

En este capítulo estudiaremos los sockets en Java. Aprenderemos a crear y gestionar aplicaciones cliente-servidor comunicándose a través de sockets.

3.1. INTRODUCCIÓN

Antiguamente la programación de aplicaciones que comunican diferentes máquinas era difícil, compleja y fuente de muchos errores; el programador tenía que conocer detalles sobre las capas del protocolo de red incluso sobre el hardware de la máquina. Los diseñadores de las librerías Java han hecho que la programación en red para comunicar distintas máquinas no sea una tarea tan compleja.

Java dispone de clases para establecer conexiones, crear servidores, enviar y recibir datos, y para el resto de las operaciones utilizadas en las comunicaciones a través de redes de ordenadores. Además, el uso de hilos, que se trataron en el capítulo anterior, nos va a permitir la manipulación simultánea de múltiples conexiones.

En este capítulo usaremos Java para programar comunicaciones en red.

3.2. COMUNICACIÓN ENTRE APLICACIONES. MODELOS

La interacción entre aplicaciones es clave para lograr que diferentes sistemas trabajen juntos de manera efectiva. Esta comunicación puede establecerse utilizando distintos modelos. A continuación, se presentan algunos de los más utilizados:

- **Modelo Cliente-Servidor**. Una aplicación actúa como cliente (solicita servicios) y otra aplicación actúa como servidor (procesa solicitudes y responde). Por ejemplo, un navegador web (cliente) que solicita una página a un servidor web.

- **Modelo Peer-to-Peer (P2P)**. Cada aplicación puede actuar como cliente y servidor simultáneamente, no hay una jerarquía estricta. Por ejemplo, las redes de intercambio de ficheros como *BitTorrent*.

- **Modelo basado en Mensajería**. Las aplicaciones se comunican intercambiando mensajes a través de una cola de mensajes o un bus de mensajería. Ejemplo: *RabbitMQ*, *Apache Kafka*, *MQTT*.

- **Modelo basado en APIs y Web Services.** Uso de APIs REST o gRPC (*Google Remote Procedure Call*) para la comunicación entre aplicaciones mediante HTTP o RPC. Por ejemplo, una app móvil que consume datos de una API REST.

- **Modelo basado en Eventos.** Una aplicación emite eventos y otras aplicaciones los consumen. Puede ser síncrono o asíncrono. Por ejemplo, arquitectura basada en eventos con *Kafka* o *AWS EventBridge*.

- **Modelo de comunicación Compartida (Shared Memory).** Múltiples aplicaciones acceden a una memoria compartida para intercambiar información. Se usa en sistemas de alto rendimiento. Por ejemplo, bases de datos en memoria como *Redis*.

- **Modelo de comunicación por ficheros.** Las aplicaciones intercambian información mediante ficheros en un almacenamiento compartido. Por ejemplo, los sistemas que usan ficheros CSV o JSON para el intercambio de datos.

En este capítulo nos centraremos en las aplicaciones cliente-servidor usando Socket en Java. Antes de empezar con los sockets se estudiarán algunas clases necesarias para comunicaciones en red.

3.3. CLASES JAVA PARA COMUNICACIONES EN RED

TCP/IP es una familia de protocolos desarrollados para permitir la comunicación entre cualquier par de ordenadores de cualquier red o fabricante, respetando los protocolos de cada red individual. Tiene 4 capas o niveles de abstracción, Figura 3.1:

- **Capa de aplicación**: en este nivel se encuentran las aplicaciones disponibles para los usuarios. Por ejemplo, FTP, SMTP, Telnet, HTTP, etc.

- **Capa de transporte**: suministra a las aplicaciones servicio de comunicaciones extremo a extremo utilizando dos tipos de protocolos: TCP (*Transmission Control Protocol*) y UDP (*User Datagram Protocol*).

- **Capa de red**: tiene como propósito seleccionar la mejor ruta para enviar paquetes por la red. El protocolo principal que funciona en esta capa es el **Protocolo de Internet (IP)**.

- **Capa de enlace o interfaz de red**: es la interfaz con la red real. Recibe los datagramas de la capa de red y los transmite al hardware de la red.

Figura 3.1. Modelo básico de red.

Los equipos conectados a Internet se comunican entre sí utilizando el protocolo TCP o UDP. Cuando se escriben programas Java que se comunican a través de la red, se está programando en la capa de aplicación. Normalmente, no es necesario preocuparse por las capas TCP y UDP; en su lugar, se pueden utilizar las clases del paquete **java.net**. Sin embargo, existen algunas diferencias entre una y otra que conviene saber para decidir qué clases usar en los programas:

- **TCP**: Protocolo basado en la conexión, garantiza que los datos enviados desde un extremo de la conexión llegan al otro extremo y en el mismo orden en que fueron enviados. De lo contrario, se notifica un error.

- **UDP**: No está basado en la conexión como TCP. Envía paquetes de datos independientes, denominados **datagramas**, de una aplicación a otra; el orden de entrega no es importante y no se garantiza la recepción de los paquetes enviados.

El paquete **java.net** contiene clases e interfaces para la implementación de aplicaciones de red. Se puede dividir en dos secciones:

Una **API de Bajo Nivel**, que maneja las siguientes abstracciones:

- **Direcciones** (*Addresses*), que son identificadores de red, como direcciones IP.

- **Sockets**, que son mecanismos básicos de comunicación de datos bidireccionales.

- **Interfaces**, que describen las interfaces de red.

Una **API de Alto Nivel**, que maneja las siguientes abstracciones:

- **URIs**, que representan *Identificadores de Recursos Universales* (*Universal Resource Identifiers*).

- **URLs**, que representan *Localizadores de Recursos Universales* (*Universal Resource Locators*).

- **Conexiones**, que representan conexiones al recurso apuntado por una URL.

Las siguientes clases forman parte de la **API de Bajo Nivel**:

- Las clases **ServerSocket** y **Socket**, para dar soporte a sockets TCP. **ServerSocket**: utilizada por el programa servidor para crear un socket en el puerto en el que escucha las peticiones de conexión de los clientes. **Socket**: utilizada tanto por el cliente como por el servidor para comunicarse entre sí leyendo y escribiendo datos usando streams.

- Las clases **DatagramSocket**, **MulticastSocket** y **DatagramPacket** para dar soporte a la comunicación vía datagramas UDP.

- La clase **InetAddress**, que representa las direcciones de Internet.

Las siguientes clases forman parte de la **API de Alto Nivel**:

- La clase **URL,** *Uniform Resource Locator* (Localizador Uniforme de Recursos). Representa un puntero a un recurso en la Web.

- La clase **URLConnection**, que admite operaciones más complejas en las URL.

3.3.1. Los puertos

Los protocolos TCP y UDP usan **puertos** para asignar datos entrantes a un proceso en particular que se ejecuta en un ordenador.

En términos generales, un ordenador tiene una única conexión física a la red. Los datos destinados a este ordenador llegan a través de esa conexión. Sin embargo, los datos pueden estar destinados a diferentes aplicaciones que se ejecutan en el ordenador. Entonces, ¿cómo sabe el ordenador a qué aplicación enviar los datos? La respuesta es: mediante el uso de puertos.

Los datos transmitidos a través de Internet van acompañados de información de direccionamiento que identifica la máquina y el puerto para el que está destinada. La máquina se identifica por su dirección IP de 32 bits, para entregar datos a una máquina concreta necesitaremos conocer su IP. Los puertos se identifican mediante un número de 16 bits, que TCP y UDP utilizan para entregar los datos a la aplicación correcta.

En la comunicación basada en TCP, una aplicación de servidor vincula un socket a un número de puerto específico. Esto tiene el efecto de registrar el servidor en el sistema para recibir todos los datos destinados a ese puerto. Una aplicación cliente puede entonces comunicarse con el servidor enviándole peticiones a través de ese puerto.

En la comunicación basada en datagramas, como UDP, el paquete de datagramas contiene el número de puerto de su destino y UDP enruta el paquete a la aplicación adecuada.

3.3.2. La clase InetAddress

La clase **InetAddress** es la abstracción que representa una dirección IP (*Internet Protocol*). Tiene dos subclases: *Inet4Address* para direcciones IPv4 e *Inet6Address* para direcciones IPv6; pero en la mayoría de los casos **InetAddress** aporta la funcionalidad necesaria y no es necesario recurrir a ellas.

En la siguiente tabla se muestran algunos de los métodos más importantes de esta clase:

Métodos	Misión
InetAddress getLocalHost()	Devuelve un objeto *InetAddress* que representa la dirección IP de la máquina donde se está ejecutando el programa.
InetAddress getByName(String host)	Devuelve un objeto *InetAddress* que representa la dirección IP de la máquina que se especifica como parámetro (*host*). Este parámetro puede ser el nombre de la máquina, un nombre de dominio o una dirección IP.
InetAddress[] getAllByName(String host)	Devuelve un array de objetos de tipo *InetAddress*. Este método es útil para averiguar todas las direcciones IP que tenga asignada una máquina en particular.
String getHostAddress()	Devuelve la dirección IP de un objeto *InetAddress* en forma de cadena.
String getHostName()	Devuelve el nombre del host de un objeto *InetAddress*.
String getCanonicalHostName()	Obtiene el nombre canónico completo (suele ser la dirección real del host) de un objeto *InetAddress* (se puede ver en el fichero C:\Windows\System32\drivers\etc\hosts de Windows).

Los 3 primeros métodos pueden lanzar la excepción ***UnknownHostException***. La forma más típica de crear instancias de **InetAddress**, es invocando al método estático ***getByName(String)*** pasándole el nombre DNS del host como parámetro. Este objeto representará la dirección IP de ese host, y se podrá utilizar para construir sockets

En el siguiente ejemplo se define un objeto **InetAddress** de nombre *dir*. En primer lugar, lo utilizamos para obtener la dirección IP de la máquina local en la que se ejecuta el programa, en el ejemplo su nombre es *localhost*. A continuación, llamamos al método *pruebaMetodos()* llevando el objeto creado. En dicho método se prueban los métodos de la clase **InetAddress**. Después utilizamos el objeto para obtener la dirección IP de la URL *www.google.es* y volvemos a invocar a *pruebaMetodos()* (para que funcione en este segundo caso necesitamos estar conectados a Internet). Por último, utilizamos el método ***getAllByName()*** para ver todas las direcciones IP asignadas a la máquina representada por *www.google.es*. Se encierra todo en un bloque **try-catch**:

```
import java.net.*;
public class TestInetAddress {
  public static void main(String[] args) {
    InetAddress dir = null;
    System.out.println("=========================================");
    System.out.println("SALIDA PARA LOCALHOST: ");
    try {
      //LOCALHOST
      dir = InetAddress.getByName("localhost");
      pruebaMetodos(dir);//
```

```
        //URL www.google.es
        System.out.println("=========================================");
        System.out.println("SALIDA PARA UNA URL:");
        dir = InetAddress.getByName("www.google.es");
        pruebaMetodos(dir);

        //Array de tipo InetAddress con todas las direcciones IP
        //asignadas a google.es
        System.out.println("\tDIRECCIONES IP PARA: " + dir.getHostName());
        InetAddress[] direcciones =
                        InetAddress.getAllByName(dir.getHostName());
        for (int i = 0; i < direcciones.length; i++)
            System.out.println("\t\t"+direcciones[i].toString());

        System.out.println("=========================================");

    } catch (UnknownHostException e1) {e1.printStackTrace();}

}// main

private static void pruebaMetodos(InetAddress dir) {
        System.out.println("\tMétodo getByName():  " + dir);
        InetAddress dir2;
        try {
            dir2 = InetAddress.getLocalHost();
            System.out.println("\tMétodo getLocalHost(): " + dir2);
        } catch (UnknownHostException e) {e.printStackTrace();}

        //USAMOS MÉTODOS DE LA CLASE
        System.out.println("\tMétodo getHostName(): "+dir.getHostName());
        System.out.println("\tMétodo getHostAddress(): "+
                                            dir.getHostAddress());
        System.out.println("\tMétodo toString(): " + dir.toString());
        System.out.println("\tMétodo getCanonicalHostName(): " +
                                            dir.getCanonicalHostName());

    }//pruebaMetodos

}//Fin
```

La salida generada es la siguiente:

```
=========================================
SALIDA PARA LOCALHOST:
    Método getByName():  localhost/127.0.0.1
    Método getLocalHost(): PCMSI-MJESUS/192.168.0.17
    Método getHostName(): localhost
    Método getHostAddress(): 127.0.0.1
    Método toString(): localhost/127.0.0.1
    Método getCanonicalHostName(): 127.0.0.1
=========================================
```

```
SALIDA PARA UNA URL:
    Método getByName():  www.google.es/142.250.200.99
    Método getLocalHost(): PCMSI-MJESUS/192.168.0.17
    Método getHostName(): www.google.es
    Método getHostAddress(): 142.250.200.99
    Método toString(): www.google.es/142.250.200.99
    Método getCanonicalHostName(): mad41s13-in-f3.1e100.net
    DIRECCIONES IP PARA: www.google.es
        www.google.es/142.250.200.99
============================================================
```

ACTIVIDAD 3.1

Realiza un programa Java que admita desde la línea de comandos un nombre de máquina o una dirección IP y visualice información sobre ella.

3.3.3. La clase URL

La clase **URL** (*Uniform Resource Locator*) representa un puntero a un recurso en la Web. Un recurso puede ser algo tan simple como un fichero o un directorio, o puede ser una referencia a un objeto más complicado, como una consulta a una base de datos o a un motor de búsqueda.

En general una URL que localiza recursos empleando el protocolo HTTP se divide en varias partes: *http://host[:puerto][/nombredelpathdelservidor][?argumentos]*, las partes encerradas entre corchetes son opcionales:

- **host**: Es el nombre de la máquina en la que reside el recurso.
- **[:puerto]:** Número de puerto en el que el servidor escucha las peticiones. Este parámetro es opcional y si no se indica se considera el puerto defecto. Para el protocolo HTTP es el 80.
- **[/nombredelpathdelservidor]:** Es el path o directorio donde se encuentra el recurso en el sistema de ficheros del servidor. Sino se indica se proporciona la página por defecto del servidor web.
- **[?argumentos]:** Parámetros que se envían al servidor. Por ejemplo, cuando realizamos una consulta se pueden enviar parámetros a un fichero PHP para procesarla.

Por ejemplo, en la siguiente URL:

http://localhost:80/moodle/course/search.php?search=TCP

Encontramos el protocolo (*http*), el puerto (*80*), el nombre de máquina (*localhost*), el fichero (*search.php*) que está en un directorio dentro del servidor (*/moodle/course*) y los argumentos (*search=TCP*) que se envían al fichero *search.php* para realizar una búsqueda:

La clase URL contiene varios constructores que están obsoletos. Se recomienda ***usar java.net.URI*** para analizar o construir una URL. Para crear una instancia de URL necesitamos llamar al método **toURL()** de la clase **URI**.

CONSTRUCTORES DE LA CLASE URI

Algunos constructores de la clase **URI** son los siguientes:

- **public URI(String str):** crea un objeto **URI** a partir del *String* indicado en *str*. El siguiente ejemplo:

```
URI uri1 = new URI("https://ejemplo.com/capitulo3/to/actividad?=1");
System.out.println("URI: " + uri1);
```

muestra la URL: *https://ejemplo.com/capitulo3/to/actividad?=1*

- **public URI(String scheme, String ssp, String fragment)**: crea un objeto **URI** a partir de los parámetros *scheme*, *ssp* y *fragment (*esquema, parte específica y fragmento). Como esquema podemos poner "*https*", "*ftp*", "*mailto*", etc. Como parte específica: "*//ejemplo.com/recursos*", y como fragmento "*seccion1*". Al construir el objeto, detrás del esquema se añaden dos puntos y antes del fragmento se añade el carácter almohadilla. Veámoslo en el siguiente ejemplo:

```
URI uri2 = new URI("https", "//ejemplo.com/recursos", "seccion1");
System.out.println(uri2);
```

muestra en pantalla la URL: *https://ejemplo.com/recursos#seccion1*

- **public URI(String scheme, String userInfo, String host, int port, String path, String query, String fragment)**: permite construir una **URI** a partir de estos parámetros:

  — *scheme*: protocolo (ej. "http", "ftp")

  — *userInfo*: usuario y contraseña (usuario:contraseña)

  — *host*: dominio o IP (example.com o 192.168.1.1)

  — *port*: puerto (80, 443, 8080 o -1 si no hay puerto)

  — *path*: ruta del recurso (/path/to/resource)

  — *query*: parámetros de consulta (?param=123)

  — *fragment*: fragmento (#seccion)

El siguiente ejemplo:

```
URI ur3 = new URI("https", "user:pass", "ejemplo.com", 8080,
                  "/path/to/recurso", "query=123", "seccion1");
System.out.println(ur3);
```

muestra en pantalla la URL:

```
https://user:pass@ejemplo.com:8080/path/to/recurso?query=123#seccion1
```

Todos estos constructores pueden lanzar la excepción *URISyntaxException* si la URL está mal construida, no se hace ninguna verificación de que realmente exista la máquina o el recurso en la red. Por ejemplo, esta **URI** está mal construida:

```
URI uri1 = new URI("https://ejemplo.com/capitulo3/to/actividad? =1");
```

MÉTODOS DE LA CLASE URL

Para crear un objeto URL usamos el método **toURL()** de la clase **URI**. Ejemplo:

```
URI uri = new URI("http://www.ejemplo.com/");
URL url = uri.toURL();
```

Puede lanzar la excepción *MalformedURLException*: si no se pudo encontrar un controlador de protocolo para la URL o si se produjo algún otro error durante la construcción de la URL.

Algunos de los métodos de la clase **URL** son los siguientes:

Métodos	Misión
String getAuthority ()	Obtiene la autoridad del objeto URL.
int getDefaultPort()	Devuelve el puerto asociado por defecto al objeto URL.
int getPort()	Devuelve el número de puerto de la URL, -1 si no se indica.
String getHost()	Devuelve el nombre de la máquina.
String getQuery()	Devuelve la cadena que se envía a una página para ser procesada (es lo que sigue al signo? de una URL).
String getPath()	Devuelve una cadena con la ruta hacia el fichero desde el servidor y el nombre completo del fichero.
String getFile()	Devuelve lo mismo que *getPath ()*, además de la concatenación del valor de *getQuery()* si lo hubiese. Si no hay una porción consulta, este método y *getPath()* devolverán los mismos resultados.
String getProtocol()	Devuelve el nombre del protocol asociado al objeto URL.
String getUserInfo()	Devuelve la parte con los datos del usuario o nulo si no existe.
InputStream openStream()	Devuelve un **InputStream** del que podremos leer el contenido del recurso que identifica la URL.
URLConnection openConnectlon()	Devuelve un objeto **URLConnection** que nos permite abrir una conexión con el recurso y realizar operaciones de lectura y escritura sobre él.

El siguiente ejemplo muestra el uso del método **toURL()** para crear objetos URL a partir de una **URI**; el método *Visualizar()* muestra información de la URL usando los métodos de la tabla anterior:

```
import java.net.*;
public class URL_Test1 {
  public static void main(String[] args) throws URISyntaxException {
    URL url;
    try {
      System.out.println("Ejemplo1:");
      URI uri = new
```

```
                        URI("https://ejemplo.com/capitulo3/to/actividad?=1");
            url = uri.toURL();
            Visualizar(url);

            System.out.println("Ejemplo2:");
            uri = new URI("https", "//ejemplo.com/recursos", "seccion1");
            url = uri.toURL();
            Visualizar(url);

            System.out.println("Ejemplo3:");
            uri = new URI("https", "user:pass", "ejemplo.com", 8080,
                         "/path/to/recurso", "query=123", "seccion1");
            url = uri.toURL();
            Visualizar(url);

        } catch (MalformedURLException e) { System.out.println(e);}
    }// main

    private static void Visualizar(URL url) {
        System.out.println("\tURL completa: " + url.toString());
        System.out.println("\tgetProtocol(): " + url.getProtocol());
        System.out.println("\tgetHost(): " + url.getHost());
        System.out.println("\tgetPort(): " + url.getPort());
        System.out.println("\tgetFile(): " + url.getFile());
        System.out.println("\tgetUserInfo(): " + url.getUserInfo());
        System.out.println("\tgetPath(): " + url.getPath());
        System.out.println("\tgetAuthority(): " + url.getAuthority());
        System.out.println("\tgetQuery(): " + url.getQuery());
        System.out.println("\tgetDefaultPort(): "+ url.getDefaultPort());
        System.out.println("=========================================");
    }//
}// URL_Test1
```

La salida generada es la siguiente:

```
Ejemplo1:
    URL completa: https://ejemplo.com/capitulo3/to/actividad?=1
    getProtocol(): https
    getHost(): ejemplo.com
    getPort(): -1
    getFile(): /capitulo3/to/actividad?=1
    getUserInfo(): null
    getPath(): /capitulo3/to/actividad
    getAuthority(): ejemplo.com
    getQuery(): =1
    getDefaultPort(): 443
=====================================================
Ejemplo2:
    URL completa: https://ejemplo.com/recursos#seccion1
    getProtocol(): https
    getHost(): ejemplo.com
    getPort(): -1
    getFile(): /recursos
```

```
        getUserInfo(): null
        getPath(): /recursos
        getAuthority(): ejemplo.com
        getQuery(): null
        getDefaultPort(): 443
=====================================================
Ejemplo3:
        URL completa:
https://user:pass@ejemplo.com:8080/path/to/recurso?query=123#seccion1
        getProtocol(): https
        getHost(): ejemplo.com
        getPort(): 8080
        getFile(): /path/to/recurso?query=123
        getUserInfo(): user:pass
        getPath(): /path/to/recurso
        getAuthority(): user:pass@ejemplo.com:8080
        getQuery(): query=123
        getDefaultPort(): 443
=====================================================
```

El siguiente ejemplo crea un objeto URL a la dirección *https://www.eltiempo.es/,* abre una conexión con él creando un objeto **InputStream** y lo utiliza como flujo de entrada para leer los datos de la página inicial del sitio; al ejecutar el programa se muestra en pantalla el código HTML de la página inicial del sitio:

```java
import java.net.*;
import java.io.*;

public class URL_Test2 {
    public static void main(String[] args) {
        URL url = null;
        try {
            URI uri = new URI("https://www.eltiempo.es/");
            url = uri.toURL();
        } catch (MalformedURLException | URISyntaxException e) {
            e.printStackTrace();
        }

        BufferedReader in;
        try {
            InputStream inputStream = url.openStream();
            in = new BufferedReader(new InputStreamReader(inputStream));
            String inputLine;
            while ((inputLine = in.readLine()) != null)
                System.out.println(inputLine);
            in.close();

        } catch (IOException e) {
            e.printStackTrace();
        }
    }//
}// URL_Test2
```

3.3.4. La clase URLConnection

Una vez que tenemos un objeto de la clase **URL**, si se invoca al método **openConnection()** para realizar la comunicación con el objeto y la conexión se establece satisfactoriamente, entonces tenemos una instancia de un objeto de la clase **URLConnection**:

```
URI uri = new URI("https://www.eltiempo.es/");
URL url = uri.toURL();
URLConnection urlCon = url.openConnection();
```

La clase **URLConnection** es una clase abstracta que contiene métodos que permiten la comunicación entre la aplicación y una URL. Para conseguir un objeto de este tipo se invoca al método **openConnection(),** con ello obtenemos una conexión al objeto URL referenciado. Las instancias de esta clase se pueden utilizar tanto para leer como para escribir al recurso referenciado por la URL. Puede lanzar la excepción *IOException*.

Algunos de los métodos de esta clase son:

Métodos	Misión
InputStream getInputStream()	Devuelve un objeto **InputStream** para leer datos de esta conexión.
OutputStream getOutputStream()	Devuelve un objeto **OutputStream** para escribir datos en esta conexión.
void setDoInput (boolean b)	Permite que el usuario reciba datos desde la URL si el parámetro *b* es *true* (por defecto está establecido a *true*).
void setDoOutput((boolean b)	Permite que el usuario envíe datos si el parámetro *b* es *true* (no está establecido al principio).
void connect()	Abre una conexión al recurso remoto si tal conexión no se ha establecido ya.
int getContentLength()	Devuelve el valor del campo de cabecera *content-lenght* o -1 si no está definido.
String getContentType()	Devuelve el valor del campo de cabecera *content-type* o null si no está definido.
long getDate()	Devuelve el valor del campo de cabecera *date* o 0 si no está definido.
long getLastModified()	Devuelve el valor del campo de cabecera *last-modified.*
String getHeaderField(int n)	Devuelve el valor del enésimo campo de cabecera especificado o null si no está definido.
Map< String, List<String> > getHeaderFields()	Devuelve una estructura *Map* (estructura de Java que nos permite almacenar pares clave/valor.) con los campos de cabecera. Las claves son cadenas que representan los nombres de los campos de cabecera y los valores son cadenas que representan los valores de los campos correspondientes.
URL getURL()	Devuelve la dirección URL.

El siguiente ejemplo crea un objeto URL a la dirección *https://www.eltiempo.es/,* se invoca al método **openConnection()** del objeto para crear una conexión y se obtiene un objeto **URLConnection**. Después se abre un stream de entrada sobre esa conexión mediante el método **getInputStream()**. Al ejecutar el programa se muestra la misma salida que en el ejemplo anterior; sin embargo, este programa crea una conexión con el recurso representado por la URL y el anterior abre directamente un stream desde la URL:

```java
import java.net.*;
import java.io.*;

public class URLConnection_Test1 {
  public static void main(String[] args) {
      URL url = null;
      URLConnection urlCon = null;
      try {
          URI uri = new URI("https://www.eltiempo.es/");
          url = uri.toURL();
          urlCon = url.openConnection();

          BufferedReader in;
          InputStream inputStream = urlCon.getInputStream();
          in = new BufferedReader(new
                          InputStreamReader(inputStream));
          String inputLine;
          while ((inputLine = in.readLine()) != null)
              System.out.println(inputLine);

          in.close();
      }
      catch (MalformedURLException | URISyntaxException e)
                          {e.printStackTrace();}
      catch (IOException e) {e.printStackTrace();}
  }//
}//URLConnection_Test1
```

Gran cantidad de páginas HTML contienen formularios a través de los cuales podemos solicitar información a un servidor rellenando los campos requeridos y pulsando al botón de envío. El servidor recibe la petición, la procesa y envía los datos solicitados al cliente normalmente en formato HTML. Por ejemplo, tenemos una página HTML que contiene un formulario con dos campos de entrada y un botón. En el atributo *"action"* se indica el tipo de acción que va a realizar el formulario, en este caso los datos se envían a un script PHP de nombre *vernombre.php*; con *method="post"* indicamos la forma en que se envía el formulario:

```html
<html>
<body>
  <form action="vernombre.php" method="post" >
    <p>Escribe tu nombre:
      <input name="nombre" type="text" size="15" required></p>
    <p>Escribe tus apellidos:
      <input name="apellidos" type="text" size="15" required></p>
    <input type="submit" name="ver" value="Ver">
  </form>
</body>
</html>
```

El script PHP que recibe los datos del formulario es el siguiente:

```php
<?php
   $nom = $_REQUEST["nombre"];
   $ape = $_REQUEST["apellidos"];
   echo "El nombre recibido es: $nom, y ";
   echo "los apellidos son: $ape ";
?>
```

En él se reciben los valores introducidos en los campos *nombre* y *apellidos* del formulario, mediante la instrucción *$_REQUEST["nombrecampo"]*, y se visualizan en la pantalla del navegador mediante la orden *echo*. La URL para enviar datos al formulario, suponiendo que los ficheros *.html* y *.php* residen en la carpeta *2025* del servidor web local sería similar a la siguiente:

http://localhost/2025/vernombre.php?nombre=Maria+Jesús&apellidos=Ramos+Martín

Desde Java usando la clase **URLConnection** podemos interactuar con scripts del lado del servidor y podemos enviar valores a los campos del script sin necesidad de abrir un formulario HTML, será necesario escribir en la URL para dar los datos al script. Nuestro programa tendrá que hacer lo siguiente:

- Crear el objeto **URL** al script con el que va a interactuar. Por ejemplo, en nuestra máquina local tenemos instalado un servidor web Apache y dentro de *htdocs* tenemos la carpeta *2025* con el script PHP *vernombre.php*, se crea el objeto **URI** y después el objeto **URL**:

    ```java
    URI uri = new URI("http://localhost/2025/vernombre.php");
    URL url = uri.toURL();
    ```

- Abrir una conexión con la URL usando el método *openConnection()*, así obtenemos el objeto **URLConnection**: *URLConnection conexion = url.openConnection()*.

- Configurar la conexión para que se puedan enviar datos usando el método **setDoOutput()**: *conexion.setDoOutput(true)*.

- Obtener un stream de salida sobre la conexión usando el método *getOutputStream()*: *PrintWriter output = new PrintWriter(conexion.getOutputStream())*.

- Escribir en el stream de salida, en este caso mandamos una cadena con los datos que necesita el script: *output.write(cadena)*. La cadena tiene el siguiente formato: *parámetro=valor*, si el script recibe varios parámetros se deben separar por el carácter &: *parámetro1=valor1&parámetro2=valor2&parámetro3=valor3*, y así sucesivamente.

- Cerrar el stream de salida: *output.close()*.

Normalmente cuando se pasa información a algún script PHP, éste realiza alguna acción y después envía la información de vuelta por la misma URL. Por tanto, si queremos ver lo que devuelve será necesario leer desde la URL. Para ello se abre un stream de entrada sobre esa conexión mediante el método **getInputStream()**: *BufferedReader reader = new BufferedReader (new InputStreamReader(conexion.getInputStream()))*; y después se realiza la lectura para obtener los resultados devueltos por el script. El código completo es el siguiente:

```java
import java.io.*;
import java.net.*;
```

```java
public class URLConnection_Test2 {
    public static void main(String[] args) {
        try {
            URI uri = new URI("http://localhost/2025/vernombre.php");
            URL url = uri.toURL();

            URLConnection conexion = url.openConnection();
            conexion.setDoOutput(true);

            String cadena = "nombre=María Jesús&apellidos=Ramos Martín";

            // ESCRIBIR EN LA URL
            PrintWriter output = new
                                PrintWriter(conexion.getOutputStream());
            output.write(cadena);
            output.close(); // cerrar flujo

            // LEER DE LA URL
            BufferedReader reader = new BufferedReader(new
                        InputStreamReader(conexion.getInputStream()));
            String linea;
            while ((linea = reader.readLine()) != null) {
                    System.out.println(linea);
            }
            reader.close();// cerrar flujo

        } catch (MalformedURLException | URISyntaxException e) {
                System.err.println("MalformedURLException: " + e);
        } catch (IOException ioe) {
                System.err.println("IOException: " + ioe);
        }
    }//
}// URLConnection_Test2
```

La ejecución muestra la siguiente salida:

El nombre recibido es: María Jesús, y los apellidos son: Ramos Martín

En el siguiente ejemplo se prueban algunos de los métodos de la clase **URLConnection**:

```java
import java.net.*;
import java.io.*;
import java.util.*;

public class URLConnection_Test3 {
  public static void main(String[] args) throws Exception {
    String cadena;
    URI uri = new URI("http://localhost/2025/index.html");
    URL url = uri.toURL();
    URLConnection conexion = url.openConnection();

    System.out.println("Direccion [getURL()]:" + conexion.getURL());
```

```java
Date fecha = new Date(conexion.getLastModified());
System.out.println("Fecha ultima modificacion [getLastModified()]: "
                    + fecha);
System.out.println("Tipo de Contenido [getContentType()]: "
                        + conexion.getContentType());

System.out.println("========================================= ");
System.out.println("TODOS LOS CAMPOS DE CABECERA CON
                                        getHeaderFields(): ");

//USAMOS UNA ESTRUCTURA Map PARA RECUPERAR CABECERAS
Map<String, List<String>> camposcabecera =
                                conexion.getHeaderFields();
for (Map.Entry<String, List<String>> entry :
                        camposcabecera.entrySet()) {
    String clave = entry.getKey();
    List<String> valores = entry.getValue();
    System.out.println(clave + " : " + valores);
}

System.out.println("========================================= ");
System.out.println("CAMPOS 1 Y 4 DE CABECERA:");
System.out.println("getHeaderField(1)=> "+
                                conexion.getHeaderField(1));
System.out.println("getHeaderField(4)=> " +
                                conexion.getHeaderField(4));
System.out.println("=========================================");

System.out.println("CONTENIDO DE [url.getFile()]:"+ url.getFile());
BufferedReader pagina = new BufferedReader
        (new InputStreamReader(url.openStream()));

while ((cadena = pagina.readLine()) != null) {
        System.out.println(cadena);
    }
  }
}// URLConnection_Test3
```

La ejecución muestra la siguiente salida:

```
Direccion [getURL()]:http://localhost/2025/index.html
Fecha ultima modificacion [getLastModified()]: Tue Apr 01 10:26:51 CEST
2025
Tipo de Contenido [getContentType()]: text/html
=============================================
TODOS LOS CAMPOS DE CABECERA CON getHeaderFields():

null : [HTTP/1.1 200 OK]
Accept-Ranges : [bytes]
Keep-Alive : [timeout=5, max=100]
Server : [Apache/2.4.54 (Win64) OpenSSL/1.1.1q PHP/8.1.10]
ETag : ["153-631b34c67dbae"]
Connection : [Keep-Alive]
Last-Modified : [Tue, 01 Apr 2025 08:26:51 GMT]
```

```
Content-Length : [339]
Date : [Tue, 01 Apr 2025 09:00:13 GMT]
Content-Type : [text/html]
=========================================
  CAMPOS 1 Y 4 DE CABECERA:

getHeaderField(1)=> Tue, 01 Apr 2025 09:00:13 GMT
getHeaderField(4)=> "153-631b34c67dbae"
=========================================
  CONTENIDO DE [url.getFile()]:/2025/index.html

<html>
<body>
  <form action="vernombre.php" method="post" >
    <p>Escribe tu nombre:
       <input name="nombre" type="text" size="15" required></p>
    <p>Escribe tus apellidos:
       <input name="apellidos" type="text" size="15" required></p>
    <input type="submit" name="ver" value="Ver">
  </form>
</body>
</html>
```

3.4. QUÉ SON LOS SOCKETS

Los protocolos TCP y UDP utilizan el concepto de **sockets** para proporcionar los puntos extremos de la comunicación entre aplicaciones o procesos. La comunicación entre procesos consiste en la transmisión de un mensaje entre un conector de un proceso y un conector de otro proceso, a este conector es a lo que llamamos **socket**.

Para los procesos receptores de mensajes, su conector debe tener asociado dos campos:

- La **dirección IP del host** en el que la aplicación está corriendo.

- El **puerto local** a través del cual la aplicación se comunica y que identifica el proceso.

Así, todos los mensajes enviados a esa dirección IP y a ese puerto concreto llegarán al proceso receptor. La Figura 3.2 muestra un proceso cliente (envía un mensaje) y un proceso servidor (recibe un mensaje) comunicándose mediante sockets. Cada socket tiene un puerto asociado, el proceso cliente debe conocer el puerto y la IP del proceso servidor. Los mensajes al servidor le deben llegar al puerto acordado. El proceso cliente podrá enviar el mensaje por el puerto que quiera.

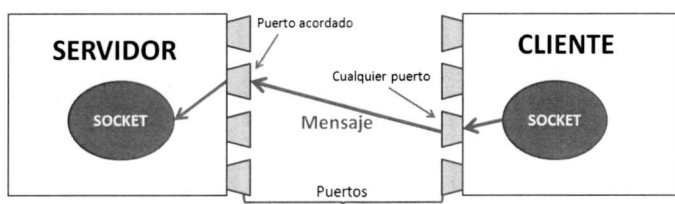

Figura 3.2. Socket y puertos.

Los procesos pueden utilizar un mismo conector tanto para enviar como para recibir mensajes. Cada conector se asocia con un protocolo concreto que puede ser UDP o TCP.

3.4.1. Funcionamiento en general de un socket

Un **puerto** es un punto de destino que identifica hacia qué aplicación o proceso deben dirigirse los datos. Normalmente en una aplicación cliente-servidor, el programa servidor se ejecuta en una máquina específica y tiene un socket que está unido a un número de puerto específico. El servidor queda a la espera "escuchando" las solicitudes de conexión de los clientes sobre ese puerto.

El programa cliente conoce el nombre de la máquina en la que se ejecuta el servidor y el número de puerto por el que escucha las peticiones. Para realizar una solicitud de conexión, el cliente realiza la petición a la máquina a través del puerto, Figura 3.3; el cliente también debe identificarse ante el servidor por lo que durante la conexión se utilizará un puerto local asignado por el sistema.

Figura 3.3. Petición de conexión del cliente.

Si todo va bien, el servidor acepta la conexión. Una vez aceptada, el servidor obtiene un nuevo socket sobre un puerto diferente. Esto se debe a que por un lado debe seguir atendiendo las peticiones de conexión mediante el socket original y por otro debe atender las necesidades del cliente que se conectó, Figura 3.4.

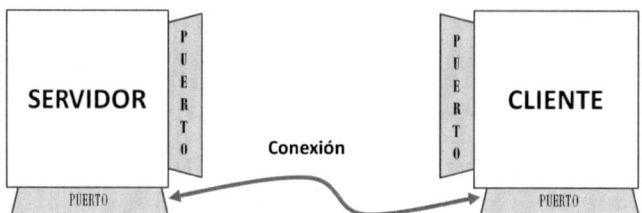

Figura 3.4. Conexión cliente-servidor.

En el lado del cliente, si se acepta la conexión, se crea un socket y el cliente puede utilizarlo para comunicarse con el servidor. Este socket utiliza un número de puerto diferente al usado para conectarse al servidor. El cliente y el servidor pueden ahora comunicarse escribiendo y leyendo por sus respectivos sockets.

3.5. TIPOS DE SOCKETS

Hay dos tipos básicos de sockets en redes IP: los que utilizan el protocolo **TCP**, orientados a conexión; y los que utilizan el protocolo **UDP**, no orientados a conexión.

3.5.1. Sockets orientados a conexión

La comunicación entre las aplicaciones se realiza por medio del **protocolo TCP**. Por tanto, es una conexión fiable en la que se garantiza la entrega de los paquetes de datos y el orden en que fueron enviados. TCP utiliza un esquema de acuse de recibo de los mensajes de tal forma que si el emisor no recibe dicho acuse dentro de un tiempo determinado, vuelve a transmitir el mensaje.

Los procesos que se van a comunicar deben establecer antes una conexión mediante un **stream.** Un **stream** es una secuencia ordenada de unidades de información (bytes, caracteres, etc.) que puede fluir en dos direcciones: hacia fuera de un proceso (de salida) o hacia dentro de un proceso (de entrada). Están diseñados para acceder a los datos de manera secuencial.

Una vez establecida la conexión, los procesos leen y escriben en el **stream** sin tener que preocuparse de las direcciones de Internet ni de los números de puerto. El establecimiento de la conexión implica:

- Una petición de conexión desde el proceso cliente al servidor.
- Una aceptación de la conexión del proceso servidor al cliente.

Los sockets TCP se utilizan en la gran mayoría de las aplicaciones IP. Algunos servicios con sus números de puerto reservados son: FTP (20 y 21), Telnet (23), HTTP (80), SMTP (25).

En Java hay dos tipos de **stream sockets** que tienen asociadas las clases **Socket** para implementar el cliente y **ServerSocket** para el servidor.

3.5.2. Sockets no orientados a conexión

En este tipo de sockets la comunicación entre las aplicaciones se realiza por medio del **protocolo UDP**. Esta conexión no es fiable y no se garantiza que la información enviada llegue a su destino, tampoco se garantiza el orden de llegada de los paquetes que puede llegar en distinto orden al que se envía. Los datagramas se transmiten desde un proceso emisor a otro receptor sin que se haya establecido previamente una conexión, sin acuse de recibo ni reintentos.

Cualquier proceso que necesite enviar o recibir mensajes debe crear primero un conector asociado a una dirección IP y a un puerto local. El servidor enlazará su conector a un puerto de servidor conocido por los clientes. El cliente enlazará su conector a cualquier puerto local libre. Cuando un receptor recibe un mensaje, se obtiene además del mensaje, la dirección IP y el puerto del emisor, permitiendo al receptor enviar la respuesta correspondiente al emisor.

Los sockets UDP se usan cuando una entrega rápida es más importante que una entrega garantizada, o en los casos en que se desea enviar tan poca información que cabe en un único datagrama. Se usan en aplicaciones para la transmisión de audio y vídeo en tiempo real donde no es posible el reenvío de paquetes retrasados; algunas aplicaciones como NFS (*Network File System*), DNS (*Domain Name Server*) o SNMP (*Simple Network Management Protocol*) usan este protocolo.

Para implementar en Java este tipo de sockets se utilizan las clases **DatagramSocket** y **DatagramPacket**.

3.6. CLASES PARA SOCKETS TCP

El paquete **java.net** proporciona las clases **ServerSocket** y **Socket** para trabajar con sockets TCP. TCP es un protocolo orientado a conexión por lo que para establecer una comunicación es necesario especificar una conexión entre un par de sockets. Uno de los sockets, **el cliente**, solicita una conexión, y el otro socket, **el servidor**, atiende las peticiones de los clientes. Una vez que los dos sockets estén conectados, se pueden utilizar para transmitir datos en ambas direcciones.

CLASE ServerSocket.

La clase **ServerSocket** se utiliza para implementar el extremo de la conexión que corresponde al servidor, donde se crea un conector en el puerto de servidor que escucha las peticiones de conexión de los clientes.

Algunos de los constructores de esta clase son (pueden lanzar la excepción *IOException*):

Constructor	Misión
ServerSocket()	Crea un socket de servidor sin ningún puerto asociado.
ServerSocket(int port)	Crea un socket de servidor, que se enlaza al puerto especificado.
ServerSocket(int port, int máximo)	Crea un socket de servidor y lo enlaza con el número de puerto local especificado. El parámetro *máximo* especifica, el número máximo de peticiones de conexión que se pueden mantener en cola.
ServerSocket(int port, int máximo, InetAddress direc)	Crea un socket de servidor en el puerto indicado, especificando un máximo de peticiones y conexiones entrantes y la dirección IP local.

Algunos métodos importantes son:

Métodos	Misión
Socket accept()	El método **accept()** escucha una solicitud de conexión de un cliente y la acepta cuando se recibe. Una vez que se ha establecido la conexión con el cliente, devuelve un objeto de tipo **Socket**, a través del cual se establecerá la comunicación con el cliente. Tras esto, el **ServerSocket** sigue disponible para realizar nuevos **accept()**. Puede lanzar *IOException*.
void close()	Se encarga de cerrar el **ServerSocket**.
int getLocalPort()	Devuelve el puerto local al que está enlazado el **ServerSocket**.

El siguiente ejemplo crea un socket de servidor y lo enlaza al puerto 6000, visualiza el puerto por el que se esperan las conexiones y espera que se conecten 2 clientes:

```
int Puerto = 6000;// Puerto
ServerSocket Servidor = new ServerSocket(Puerto);
System.out.println("Escuchando en " + Servidor.getLocalPort());

Socket cliente1= Servidor.accept();//esperando a un cliente
//realizar acciones con cliente1

Socket cliente2 = Servidor.accept();//esperando a otro cliente
//realizar acciones con cliente2
Servidor.close(); //cierro socket servidor
```

CLASE Socket

La clase **Socket** implementa un extremo de la conexión TCP. Algunos de sus constructores son (pueden lanzar la excepción *IOException*):

Constructor	Misión
Socket()	Crea un socket sin ningún puerto asociado.
Socket (InetAddress address, int port)	Crea un socket y lo conecta al puerto y dirección IP especificados.
Socket(InetAddress address, int port, InetAddress localAddr, int localPort)	Permite además especificar la dirección IP local y el puerto local a los que se asociará el socket.
Socket (String host, int port)	Crea un socket y lo conecta al número de puerto y al nombre de host especificados. Puede lanzar *UnKnownHostException*, *IOException*

Algunos métodos importantes son:

Métodos	Misión
InputStream getInputStream()	Devuelve un **InputStream** que permite leer bytes desde el socket utilizando los mecanismos de streams, el socket debe estar conectado. Puede lanzar *IOException*.
OutputStream getOutputStream()	Devuelve un **OutputStream** que permite escribir bytes sobre el socket utilizando los mecanismos de streams, el socket debe estar conectado. Puede lanzar *IOException*.
void close()	Se encarga de cerrar el Socket.
InetAddress getInetAddress ()	Devuelve la dirección IP a la que el socket está conectado. Si no lo está devuelve null.
int getLocalPort ()	Devuelve el puerto local al que está enlazado el socket, -1 si no está enlazado a ningún puerto.
int getPort ()	Devuelve el puerto remoto al que está conectado el socket, 0 si no está conectado a ningún puerto.

El siguiente ejemplo crea un socket cliente y lo conecta al host local al puerto 6000 (tiene que haber un **ServerSocket** escuchando en ese puerto). Después visualiza el puerto local al que está conectado el socket, y el puerto, host y dirección IP de la máquina remota a la que se conecta (en este caso es el host local):

```
String Host = "localhost";
int Puerto = 6000;//puerto remoto

// ABRIR SOCKET
Socket Cliente = new Socket(Host, Puerto);//conecta

InetAddress i = Cliente.getInetAddress();
System.out.println ("Puerto local: "+ Cliente.getLocalPort());
System.out.println ("Puerto Remoto: "+ Cliente.getPort());
System.out.println ("Nombre Host/IP: "+ Cliente.getInetAddress());
System.out.println ("Host Remoto: "+ i.getHostName().toString());
System.out.println ("IP Host Remoto: "+ i.getHostAddress().toString());

Cliente.close();// Cierra el socket
```

La salida que se genera es la siguiente:

```
Puerto local: 55817
Puerto Remoto: 6000
Nombre Host/IP: localhost/127.0.0.1
Host Remoto: localhost
IP Host Remoto: 127.0.0.1
```

ACTIVIDAD 3.2

Realiza un programa servidor TCP que acepte dos clientes. Muestra por cada cliente conectado sus puertos local y remoto.

Crea también el programa cliente que se conecte a ese servidor. Muestra los puertos locales y remotos a los que está conectado su socket, y la dirección IP de la máquina remota a la que se conecta.

3.6.1. Gestión de sockets TCP

El modelo de sockets más simple se muestra en la Figura 3.5:

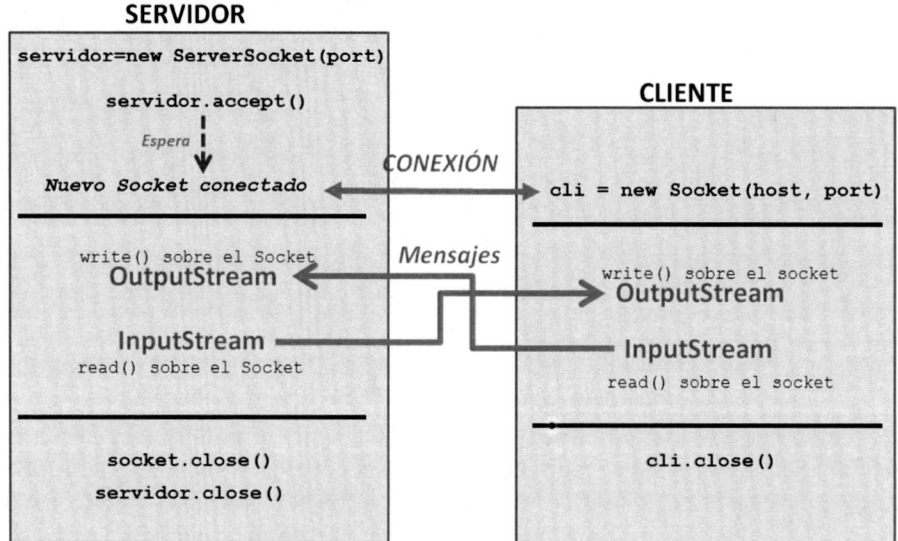

Figura 3.5. Modelo de Socket TCP.

- El programa servidor crea un socket de servidor definiendo un puerto, mediante el método **ServerSocket(port)**, y espera mediante el método **accept()** a que el cliente solicite la conexión

- Cuando el cliente solicita una conexión, el servidor abrirá la conexión al socket con el método **accept()**.

- El cliente establece una conexión con la máquina host a través del puerto especificado mediante el método **Socket(host, port)**.

- El cliente y el servidor se comunican con manejadores **InputStream** y **OutputStream**. El cliente escribe los mensajes en el **OutputStream** asociado al socket y el servidor leerá los mensajes del cliente del **InputStream.** Igualmente, el servidor escribirá los mensajes al **OutputStream** y el cliente los leerá **del InputStream**.

APERTURA DE SOCKETS

En el **programa servidor** se crea un objeto **ServerSocket** invocando al método **ServerSocket()** en el que indicamos el número de puerto por el que el servidor escucha las peticiones de conexión de los clientes (se considera el tratamiento de excepciones):

```
ServerSocket servidor = null;
try {
    servidor = new ServerSocket(numeroPuerto);
} catch (IOException io) {
    io.printStackTrace();
}
```

Necesitamos también crear un objeto **Socket** desde el **ServerSocket** para aceptar las conexiones, se usa el método **accept()**:

```
Socket clienteConectado = null;
try {
    clienteConectado = servidor.accept();
} catch (IOException io) {
    io.printStackTrace();
}
```

En el **programa cliente** es necesario crear un objeto **Socket**; el socket se abre de la siguiente manera:

```
Socket cliente;
try {
    cliente = new Socket("máquina", numeroPuerto);
} catch (IOException io) {
    io.printStackTrace();
}
```

Donde *máquina* es el nombre de la máquina a la que nos queremos conectar y *numeroPuerto* es el puerto por el que el programa servidor está escuchando las peticiones de los clientes.

Hay puertos TCP de 0 a 65535. Los puertos en el rango de 0 a 1023 están reservados para servicios privilegiados; otros puertos de 1024 a 49151 están reservados para aplicaciones concretas (por ejemplo, el 3306 lo usa MySQL, el 1521 Oracle); por último, de 49152 a 65535 no están reservados para ninguna aplicación concreta.

CREACIÓN DE STREAMS DE ENTRADA

En el **programa servidor** podemos usar **DataInputStream** para recuperar los mensajes que el cliente escriba en el socket, previamente hay que usar el método **getInputStream()** para obtener el flujo de entrada del socket del cliente:

```
InputStream entrada=null;
try {
    entrada = clienteConectado.getInputStream();
} catch (IOException e) {
    e.printStackTrace();
}
DataInputStream flujoEntrada = new DataInputStream(entrada);
```

En el **programa cliente** podemos realizar la misma operación para recibir los mensajes procedentes del programa servidor.

La clase **DataInputStream** permite la lectura de líneas de texto y tipos primitivos Java. Algunos de sus métodos son: *readInt(), readDouble(), readLine(), readUTF()*, etc.

CREACIÓN DE STREAMS DE SALIDA

En el **programa servidor** podemos usar **DataOutputStream** para escribir los mensajes que queramos que el cliente reciba, previamente hay que usar el método **getOutputStream()** para obtener el flujo de salida del socket del cliente:

```
OutputStream salida=null;
try {
    salida = clienteConectado.getOutputStream();
} catch (IOException e1) {
    e1.printStackTrace();
}
DataOutputStream flujoSalida = new DataOutputStream(salida);
```

En el **programa cliente** podemos realizar la misma operación para enviar mensajes al programa servidor.

La clase **DataOutputStream** dispone de métodos para escribir tipos primitivos Java: *writeInt(), writeDouble(), writeBytes(), writeUTF()*, etc.

CIERRE DE SOCKETS

El orden de cierre de los sockets es relevante, primero se han de cerrar los streams relacionados con un socket antes que el propio socket:

```
try {
    entrada.close();
    flujoEntrada.close();
    salida.close();
    flujoSalida.close();
    clienteConectado.close();
    servidor.close();
} catch (IOException e) {
    e.printStackTrace();
}
```

A continuación, se muestra un ejemplo de un **programa servidor** que recibe un mensaje de un cliente y lo muestra por pantalla; después envía un mensaje al cliente. Se han eliminado los bloques **try-catch** para que el código resulte más legible:

```
import java.io.*;
import java.net.*;
```

```java
public class TCPejemplo1Servidor {
    public static void main(String[] arg) throws IOException {
        int numeroPuerto = 6000;// Puerto
        ServerSocket servidor = new ServerSocket(numeroPuerto);
        System.out.println("Esperando al cliente.....");
        Socket clienteConectado = servidor.accept();

        // CREO FLUJO DE ENTRADA DEL CLIENTE
        InputStream entrada = null;
        entrada = clienteConectado.getInputStream();
        DataInputStream flujoEntrada = new DataInputStream(entrada);

        // EL CLIENTE ME ENVIA UN MENSAJE
        System.out.println("Recibiendo del CLIENTE: \n\t" +
                    flujoEntrada.readUTF());

        // CREO FLUJO DE SALIDA AL CLIENTE
        OutputStream salida = null;
        salida = clienteConectado.getOutputStream();
        DataOutputStream flujoSalida = new DataOutputStream(salida);

        // ENVIO UN SALUDO AL CLIENTE
        flujoSalida.writeUTF("Saludos al cliente del servidor");

        // CERRAR STREAMS Y SOCKETS
        entrada.close();
        flujoEntrada.close();
        salida.close();
        flujoSalida.close();
        clienteConectado.close();
        servidor.close();
    }//
}// TCPejemplo1Servidor
```

El **programa cliente**, en primer lugar, envía un mensaje al servidor y después recibe un mensaje del servidor visualizándolo en pantalla, se ha simplificado la obtención de los flujos de entrada y salida:

```java
import java.io.*;
import java.net.*;

public class TCPejemplo1Cliente {
    public static void main(String[] args) throws Exception {
        String Host = "localhost";
        int Puerto = 6000;//puerto remoto

        System.out.println("PROGRAMA CLIENTE INICIADO....");
        Socket Cliente = new Socket(Host, Puerto);

        // CREO FLUJO DE SALIDA AL SERVIDOR
        DataOutputStream flujoSalida = new
            DataOutputStream(Cliente.getOutputStream());
```

```
        // ENVIO UN SALUDO AL SERVIDOR
        flujoSalida.writeUTF("Saludos al SERVIDOR DESDE EL CLIENTE");

        // CREO FLUJO DE ENTRADA AL SERVIDOR
        DataInputStream flujoEntrada = new
            DataInputStream(Cliente.getInputStream());

        // EL SERVIDOR ME ENVIA UN MENSAJE
        System.out.println("Recibiendo del SERVIDOR: \n\t" +
            flujoEntrada.readUTF());

        // CERRAR STREAMS Y SOCKETS
        flujoEntrada.close();
        flujoSalida.close();
        Cliente.close();
    }//
}// TCPejemplo1Cliente
```

La compilación y ejecución se muestra en la Figura 3.6. En una ventana se ejecuta el programa servidor y en otra se ejecuta el programa cliente.

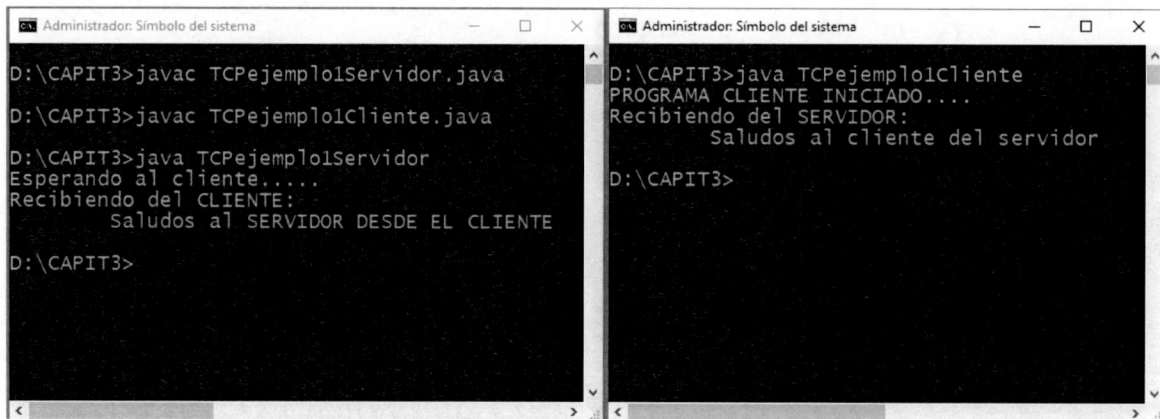

Figura 3.6. Ejecución de un programa cliente y otro servidor con TCP.

ACTIVIDAD 3.3
Crea un programa servidor que envíe un mensaje a otro programa cliente y el programa cliente que le devuelva el mensaje en minúscula.

ACTIVIDAD 3.4
Crea un programa cliente que introduzca por teclado un número entero y se lo envíe al servidor. El servidor le devolverá el cuadrado del número.

ACTIVIDAD 3.5
Crea un programa servidor que pueda atender hasta 3 clientes. Debe enviar a cada cliente un mensaje indicando el número de cliente que es. Este número será 1, 2 o 3. El cliente mostrará el mensaje recibido. Cambia el programa para que lo haga para N clientes, siendo N un parámetro que tendrás que definir en el programa.

3.7. CLASES PARA SOCKETS UDP

Los sockets UDP son más simples y eficientes que los TCP pero no está garantizada la entrega de paquetes. No es necesario establecer una "conexión" entre cliente y servidor, como en el caso de TCP, por ello cada vez que se envíen datagramas el emisor debe indicar explícitamente la dirección IP y el puerto del destino para cada paquete y el receptor debe extraer la dirección IP y el puerto del emisor del paquete.

El paquete del datagrama está formado por los siguientes campos:

CADENA DE BYTES CONTENIENDO EL MENSAJE	LONGITUD DEL MENSAJE	DIRECCIÓN IP DESTINO	Nº DE PUERTO DESTINO

El paquete **java.net** proporciona las clases **DatagramPacket** y **DatagramSocket** para implementar sockets UDP.

CLASE DatagramPacket

Esta clase proporciona constructores para crear instancias de los datagramas que se van a recibir y de los datagramas que van a ser enviados:

Constructor	Misión
DatagramPacket(byte[] buf, int length)	**Constructor para datagramas recibidos.** Se especifica la cadena de bytes en la que alojar el mensaje (*buf*) y la longitud (*length*) de la misma.
DatagramPacket(byte[] buf, int offset, int length)	**Constructor para datagramas recibidos.** Se especifica la cadena de bytes en la que alojar el mensaje, la longitud de la misma y el offset (*offset*) dentro de la cadena.
DatagramPacket(byte[] buf, int length, InetAddress addrss, int port)	**Constructor para el envío de datagramas.** Se especifica la cadena de bytes a enviar (*buf*), la longitud (*length*), el número de puerto de destino (*port*) y el el host especificado en la dirección *addrss*.
DatagramPacket(byte[] buf, int offset, int length, InetAddress address, int port)	**Constructor para el envío de datagramas.** Igual que el anterior, pero se especifica un offset dentro de la cadena de bytes.

El siguiente ejemplo utiliza el tercer constructor para **construir un datagrama de envío**. El datagrama se enviará a la dirección IP de la máquina local, que lo estará esperando por el puerto 12345. El mensaje está formado por la cadena: *Enviando Saludos!!* que es necesario codificar en una secuencia de bytes y almacenar el resultado en una matriz de bytes. Después será necesario calcular la longitud del mensaje a enviar. Con *InetAddress.getLocalHost()* obtengo la dirección IP del host al que enviaré el mensaje, en este caso el host local, también se puede usar *InetAddress.getByName("localhost")*:

mensaje: Enviando Saludos!!,	*Longitud: 18*	*destino: 192.168.0.17 IP del host local*	*port:12345*

```
int port = 12345; //puerto por el que escucha
InetAddress destino = InetAddress.getLocalHost();//IP host local

byte[] mensaje = new byte[1024]; //matriz de bytes
String Saludo = "Enviando Saludos!!";
mensaje = Saludo.getBytes();  //codificarlo a bytes para enviarlo

//construyo el datagrama a enviar
DatagramPacket envio = new DatagramPacket
                        (mensaje, mensaje.length, destino, port);
```

Para definir el destino de un host con una IP concreta, por ejemplo 80.120.54.1, escribo lo siguiente:

```
InetAddress destino = InetAddress.getByName("80.120.54.1");
```

Algunos métodos importantes de la clase **DatagramPacket** son:

Métodos	Misión
InetAddress getAddress ()	Devuelve la dirección IP del host al cual se le envía el datagrama o del que el datagrama se recibió.
byte[] getData()	Devuelve el mensaje contenido en el datagrama tanto recibido como enviado.
int getLength()	Devuelve la longitud de los datos a enviar o a recibir.
int getPort()	Devuelve el número de puerto de la máquina remota a la que se le va a enviar el datagrama o del que se recibió el datagrama.
void setAddress (InetAddress addr)	Establece la dirección IP de la máquina a la que se envía el datagrama.
void setData (byte [buf])	Establece el búfer de datos para este paquete.
void setLength (int length)	Ajusta la longitud de este paquete.
void setPort (int Port)	Establece el número de puerto del host remoto al que este datagrama se envía.

El siguiente ejemplo utiliza el primer constructor de **DatagramPacket** para **construir un datagrama de recepción**. El mensaje se aloja en la variable *bufer*, se obtiene la longitud y el mensaje contenido en el datagrama recibido, el mensaje se convierte a *String*. A continuación, visualiza el número de puerto de la máquina que envía el mensaje y su dirección IP:

```
byte[] bufer = new byte[1024];
DatagramPacket recibo = new DatagramPacket(bufer, bufer.length);
//recibo datagrama con socket.receive(recibo);

int bytesRec = recibo.getLength();//obtengo longitud del mensaje
String paquete = new String(recibo.getData());//obtengo mensaje
System.out.println("Puerto origen del mensaje: " + recibo.getPort());
System.out.println("IP de origen          : " +
                        recibo.getAddress().getHostAddress());
```

CLASE DatagramSocket

Da soporte a sockets para el envío y recepción de datagramas UDP. Algunos de los constructores de esta clase, que pueden lanzar la excepción *SocketException*, son:

Constructor	Misión
DatagramSocket()	Construye un socket para datagramas, el sistema elige un puerto de los que están libres.
DatagramSocket (int port)	Construye un socket para datagramas y lo conecta al puerto local especificado.
DatagramSocket (int port, InetAddress ip)	Permite especificar, además del puerto, la dirección local a la que se va a asociar el socket.

El siguiente ejemplo construye un socket para datagrama y no lo conecta a ningún puerto, el sistema elige el puerto:

```
DatagramSocket socket = new DatagramSocket();
```

Para enlazar el socket a un puerto específico, por ejemplo, al puerto 12345, escribimos:

```
DatagramSocket socket = new DatagramSocket(12345);
```

Algunos métodos importantes son:

Métodos	Misión
void receive (DatagramPacket paquete)	**Recibe un DatagramPacket** del socket, y llena *paquete* con los datos que recibe (mensaje, longitud y origen). Este método **se bloquea hasta que se recibe un datagrama**. Puede lanzar la excepción *IOException*.
void send (DatagramPacket paquete)	**Envía un DatagramPacket** a través del socket. El argumento *paquete* contiene el mensaje y su destino. Puede lanzar la excepción *IOException*.
void close ()	Se encarga de cerrar el socket.
int getLocalPort ()	Devuelve el número de puerto en el host local al que está enlazado el socket, -1 si el socket está cerrado y 0 si no está enlazado a ningún puerto.
int getPort()	Devuelve el número de puerto al que está conectado el socket, -1 si no está conectado.
void connect(InetAddress address, int port)	Conecta el socket a un puerto remoto y una dirección IP concretos, el socket solo podrá enviar y recibir mensajes desde esa dirección.
void setSoTimeout(int timeout)	Permite establecer un tiempo de espera límite. Entonces el método **receive()** se bloquea durante el tiempo fijado. Si no se reciben datos en el tiempo fijado se lanza la excepción *InterruptedIOException*.

Siguiendo con el ejemplo inicial, una vez construido el datagrama lo enviamos usando un **DatagramSocket**, en el ejemplo se enlaza al puerto 34567. Mediante el método **send()** se envía el datagrama:

```
//construyo datagrama a enviar indicando el host destino y puerto
DatagramPacket envio = new DatagramPacket
                        (mensaje, mensaje.length, destino, port);
DatagramSocket socket = new DatagramSocket(34567);
socket.send(envio);//envio datagrama a destino y port
```

En el otro extremo, para recibir el datagrama usamos también un **DatagramSocket**. En primer lugar, habrá que enlazar el socket al puerto por el que se va a recibir el mensaje, en este caso el 12345. Después se construye el datagrama para recepción y mediante el método **receive()** obtenemos los datos. Luego obtenemos la longitud, la cadena y visualizamos los puertos origen y destino del mensaje:

```
DatagramSocket socket = new DatagramSocket(12345);
//construyo datagrama a recibir
DatagramPacket recibo = new DatagramPacket(bufer, bufer.length);
socket.receive(recibo);//recibo datagrama

int bytesRec = recibo.getLength();//obtengo numero de bytes
String paquete= new String(recibo.getData());//obtengo String
System.out.println("Número de Bytes recibidos: "+ bytesRec);
System.out.println("Contenido del Paquete: " + paquete.trim());

System.out.println("Puerto origen del mensaje: " + recibo.getPort());
System.out.println("IP de origen:" +
                        recibo.getAddress().getHostAddress());
System.out.println("Puerto destino del mensaje:" +
                                socket.getLocalPort());
socket.close(); //cierro el socket
```

La salida muestra la siguiente información, primero ejecutamos el programa que está esperando recibir el datagrama (*ejemplobasicoUDPrecibir.java*) y después ejecutamos el que envía el datagrama (*ejemplobasicoUDPenviar.java*). La salida del programa que envía el datagrama:

```
Enviando Datagrama de longitud: 18
Host destino : PCMSI-MJESUS
IP Destino   : 192.168.0.17
Puerto local del socket: 34567
Puerto al que envio: 12345
```

La salida del programa que espera y recibe el datagrama:

```
Esperando Datagrama ..........
Número de Bytes recibidos: 18
Contenido del Paquete    : Enviando Saludos!!
Puerto origen del mensaje: 34567
IP de origen             : 192.168.0.17
Puerto destino del mensaje:12345
```

3.7.1. Gestión de sockets UDP

En los sockets UDP no se establece conexión. Los roles cliente-servidor están un poco más difusos que en el caso de TCP. Podemos considerar al servidor como el que espera un mensaje y responde; y al cliente como el que inicia la comunicación. Tanto uno como otro si desean ponerse en contacto necesitan saber en qué ordenador y en qué puerto está escuchando el otro.

La figura 3.7 muestra el flujo de la comunicación entre cliente y servidor usando UDP, ambos necesitan crear un socket **DatagramSocket**:

- El **servidor** crea un socket asociado a un puerto local para escuchar peticiones de clientes. Permanece a la espera de recibir peticiones.

  El **cliente** creará un socket para comunicarse con el servidor. Para enviar datagramas necesita conocer su IP y el puerto por el que escucha. Utilizará el método **send()** del socket para enviar la petición en forma de datagrama.

- El **servidor** recibe las peticiones mediante el método **receive()** del socket. En el datagrama va incluido además del mensaje, el puerto y la IP del cliente emisor de la petición; lo que le permite al servidor conocer la dirección del emisor del datagrama. Utilizando el método **send()** del socket puede enviar la respuesta al cliente emisor.

- El **cliente** recibe la respuesta del servidor mediante el método **receive()** del socket.

- El **servidor** permanece a la espera de recibir más peticiones.

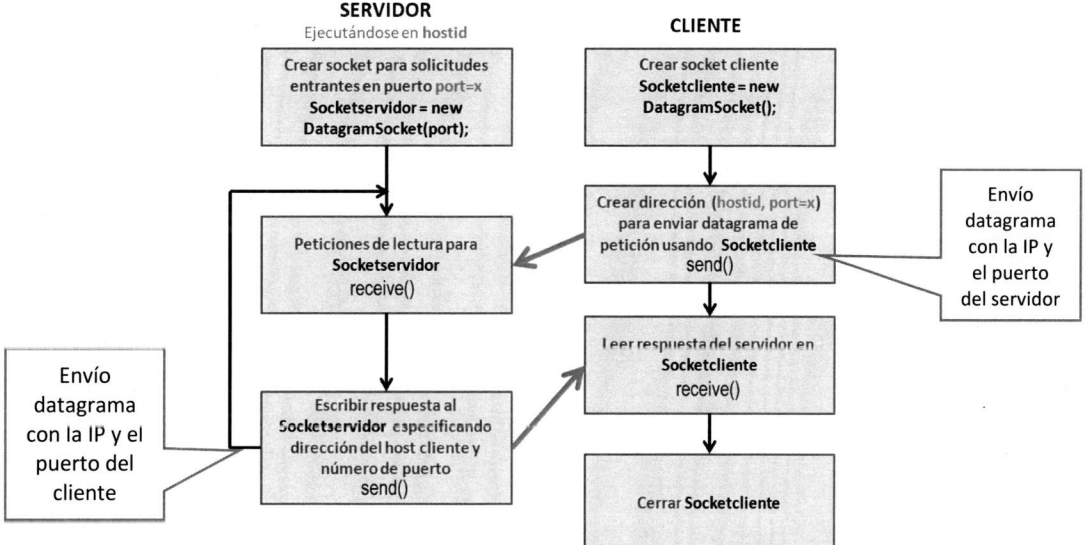

Figura 3.7. Envío y recepción de un datagrama.

APERTURA Y CIERRE DE SOCKETS

Para construir un socket datagrama es necesario instanciar la clase **DatagramSocket** tanto en el programa cliente como en el servidor, vimos anteriormente algunos ejemplos de cómo se usa. Para escuchar peticiones en un puerto UDP concreto pasamos al constructor el número de puerto. El siguiente ejemplo crea un socket datagrama, le pasamos al constructor el número de puerto 12345 por el que escucha las peticiones y la dirección **InetAddress** en la que se está ejecutando el programa, que normalmente es ***InetAddress.getLocalHost()*** o bien ***InetAddress.getByName("localhost")***:

```
DatagramSocket socket = new DatagramSocket
                (12345, InetAddress.getByName("localhost"));
```

Para cerrar el socket usamos el método **close()**: *socket.close()*.

Usamos ***InetAddress.getByName("localhost")*** si solo necesitamos la IP local 127.0.0.1. Usamos ***InetAddress.getLocalHost()*** si necesitamos la IP real del equipo en la red. La siguiente tabla muestra cuándo usar cada uno:

Caso de Uso	Método Recomendado
Conectar a un servidor en la misma máquina	***InetAddress.getByName("localhost")***
Obtener la IP real de la máquina en la red	***InetAddress.getLocalHost()***
Garantizar que se use 127.0.0.1 sin importar la red	***InetAddress.getByName("localhost")***
Identificar el hostname y la IP del equipo en la red	***InetAddress.getLocalHost()***

ENVIO Y RECEPCIÓN DE DATAGRAMAS

Para crear los datagramas de envío y de recepción usamos la clase **DatagramPacket**.

Para enviar usamos el método **send()** de **DatagramSocket** pasando como parámetro el **DatagramPacket** que acabamos de crear:

```
DatagramPacket datagrama = new DatagramPacket(
    mensajeEnBytes,         // el array de bytes
    mensajeEnBytes.length,  // su longitud
    InetAddress.getByName("localhost"),  // máquina destino
    PuertoDelServidor);     // puerto del destinatario
socket.send(datagrama);
```

Para recibir usamos el método **receive()** de **DatagramSocket** pasando como parámetro el **DatagramPacket** que acabamos de crear. Este método se bloquea hasta que se recibe un datagrama, a menos que se establezca un tiempo límite (timeout) sobre el socket.

```
DatagramPacket datagrama = new DatagramPacket(new byte[1024], 1024);
socket.receive(datagrama);
```

El siguiente ejemplo crea un **programa servidor** que recibe un datagrama enviado por un programa cliente. El programa servidor permanece a la espera hasta que le llega un paquete del cliente; en este momento visualiza: el número de bytes recibidos, el contenido del paquete, el puerto y la IP del programa cliente y el puerto local por el que recibe las peticiones:

```
import java.net.DatagramPacket;
import java.net.DatagramSocket;
import java.net.InetAddress;
```

```java
public class UDPEjemplo1Servidor {
  public static void main(String[] argv) throws Exception {

    byte[] bufer = new byte[1024];//bufer para recibir el datagrama
    //ASOCIO EL SOCKET AL PUERTO 12345
    DatagramSocket socket = new DatagramSocket(12345);

    //ESPERANDO DATAGRAMA
    System.out.println("Esperando Datagrama ......... ");
    DatagramPacket recibo = new DatagramPacket(bufer, bufer.length);
    socket.receive(recibo);//recibo datagrama
    int bytesRec = recibo.getLength();//obtengo número de bytes
    String paquete= new String(recibo.getData());//obtengo String

    //VISUALIZO INFORMACIÓN
    System.out.println("Número de Bytes recibidos: "+ bytesRec);
    System.out.println("Contenido del Paquete    : "+ paquete.trim());
    System.out.println("Puerto origen del mensaje: "+recibo.getPort());
    System.out.println("IP de origen             : "+
                             recibo.getAddress().getHostAddress());
    System.out.println("Puerto destino del mensaje:" +
                             socket.getLocalPort());
    socket.close(); //cierro el socket
  }
}
```

El **programa cliente** envía un mensaje al servidor (máquina *destino*, en este caso es la máquina local, *localhost*) al puerto 12345 por el que espera peticiones. Visualiza el nombre del host de destino y la dirección IP. También visualiza el puerto local del socket y el puerto al que envía el mensaje:

```java
import java.net.DatagramPacket;
import java.net.DatagramSocket;
import java.net.InetAddress;

public class UDPEjemplo1Cliente {
  public static void main(String[] argv) throws Exception {

    InetAddress destino = InetAddress.getLocalHost();
    int port = 12345; //puerto al que envio el datagrama
    byte[] mensaje = new byte[1024];
    String Saludo = "Enviando Saludos!!";
    mensaje = Saludo.getBytes();  //codifico String a bytes

    //CONSTRUYO EL DATAGRAMA A ENVIAR
    DatagramPacket envio = new DatagramPacket
                  (mensaje, mensaje.length, destino, port);

    DatagramSocket socket = new DatagramSocket(34567);//Puerto local

    System.out.println("Enviando Datagrama de longitud: "+
                                        mensaje.length);
    System.out.println("Host destino : "+ destino.getHostName());
    System.out.println("IP Destino   : " + destino.getHostAddress());
    System.out.println("Puerto local del socket: " +
```

```
                                        socket.getLocalPort());
    System.out.println("Puerto al que envio: " + envio.getPort());

    //ENVIO DATAGRAMA
    socket.send(envio);
    socket.close(); //cierro el socket
  }
}
```

La ejecución de los programas cliente y servidor se muestra en la Figura 3.8. En primer lugar, desde una consola ejecutamos el programa servidor, y una vez iniciado abrimos otra consola y ejecutamos el programa cliente.

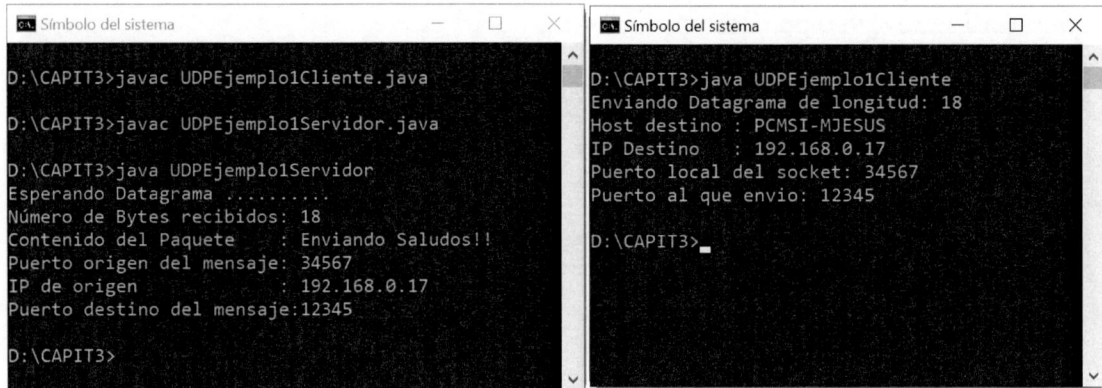

Figura 3.8. El servidor recibe un datagrama del cliente.

En el siguiente ejemplo el programa cliente envía un texto tecleado en su entrada estándar al servidor (en un puerto pactado), el servidor lee el datagrama y devuelve al cliente el número de apariciones de la letra 'a' en el texto. El programa cliente recibe el datagrama del servidor y muestra el número de repeticiones de la letra 'a'. Para comenzar la ejecución primero ejecutamos el programa servidor que permanecerá a la espera, y después (desde otra consola) ejecutamos el programa cliente. La Figura 3.9 muestra la ejecución.

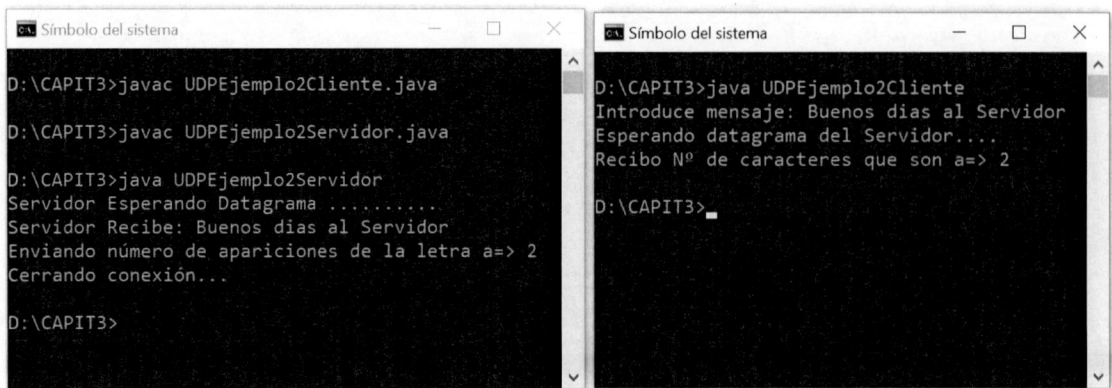

Figura 3.9. Intercambio de datagramas entre cliente y servidor.

El **programa cliente** es el siguiente:

```java
import java.io.*;
import java.net.*;
import java.util.Scanner;
import java.nio.ByteBuffer;

public class UDPEjemplo2Cliente{
    private static Scanner sc = new Scanner(System.in);
    public static void main(String[] args) throws IOException {
        DatagramSocket clientSocket = new DatagramSocket();

        //DATOS DEL SERVIDOR AL QUE ENVIAR MENSAJE
        InetAddress IPServidor = InetAddress.getLocalHost();
        int puerto = 12345; // puerto por el que escucha

        //INTRODUCIR DATOS POR TECLADO
        System.out.print("Introduce mensaje: ");
        String cadena = sc.nextLine();

        byte[] enviados = new byte[1024];
        enviados = cadena.getBytes(); //convertir cadena a bytes

        //ENVIANDO DATAGRAMA AL SERVIDOR
        DatagramPacket envio = new DatagramPacket(enviados,
                                    enviados.length, IPServidor, puerto);
        clientSocket.send(envio);

        // RECIBIENDO DATAGRAMA DEL SERVIDOR
        byte[] recibidos = new byte[4]; // 4 bytes para un int
        DatagramPacket recibo = new DatagramPacket(recibidos,
                                    recibidos.length);
        System.out.println("Esperando datagrama del Servidor....");
        clientSocket.receive(recibo);

        // Obtener el número de caracteres. Convertir bytes a int
        int num = ByteBuffer.wrap(recibo.getData()).getInt();
        System.out.println("Recibo N° de caracteres que son a=> " + num);

        clientSocket.close(); // cerrar socket
    }
}
```

El **programa servidor** es el siguiente:

```java
import java.io.IOException;
import java.net.*;
import java.nio.ByteBuffer;

public class UDPEjemplo2Servidor {

    public static void main(String[] args) throws IOException {
        //ASOCIO EL SOCKET AL PUERTO 12345
        DatagramSocket socket = new DatagramSocket(12345);
```

```
//ESPERANDO DATAGRAMA
System.out.println("Servidor Esperando Datagrama ...... ");
DatagramPacket recibo;

byte[] bufer = new byte[1024];
recibo = new DatagramPacket(bufer, bufer.length);
socket.receive(recibo); // RECIBO DATAGRAMA

String mensaje = new String(recibo.getData()).trim();
System.out.println("Servidor Recibe: " + mensaje);

//CONTAR EL NÚMERO DE LETRAS a
int contador = 0;
for (int i = 0; i < mensaje.length(); i++)
    if (mensaje.charAt(i) == 'a') contador++;

//DIRECCIÓN ORIGEN DEL MENSAJE
InetAddress IPOrigen = recibo.getAddress();
int puerto = recibo.getPort();

//ENVIANDO DATAGRAMA AL CLIENTE
System.out.println("Enviando número de apariciones
                        de la letra a=> " + contador);

// Convertir int a byte[]
byte[] buffer = ByteBuffer.allocate(4).putInt(contador).array();
DatagramPacket paquete = new DatagramPacket(buffer,
                        buffer.length, IPOrigen, puerto);
socket.send(paquete);

// CERRAR SOCKET
System.out.println("Cerrando conexión...");
socket.close();
    }
}
```

ACTIVIDAD 3.6

Crea un programa cliente usando sockets UDP que envíe el texto escrito desde la entrada estándar al servidor. El servidor le devolverá la cadena en mayúsculas. El proceso de entrada de datos finalizará cuando el cliente introduzca un asterisco. Crea un programa servidor que reciba cadenas de caracteres, las muestre en pantalla y se las envíe al emisor en mayúscula. El proceso servidor finalizará cuando reciba un asterisco.

En el programa cliente después de definir el **DatagramSocket**, establece un tiempo de espera de 5000 milisegundos con el método *setSoTimeout()* para hacer que el método *receive()* del programa cliente se bloquee (*socket.setSoTimeout(5000);*). Solo se establece una vez ese valor. Encerrar en un bloque **try-catch** la recepción del datagrama del servidor (*socket.receive(recibo);*) para controlar la excepción *InterruptedIOException* que se lanza si pasado ese tiempo no se reciben datos, en ese caso visualiza un mensaje indicando que el paquete se ha perdido. Para probarlo ejecuta el programa cliente sin ejecutar el servidor. Puedes ejecutar varios programas cliente a la vez.

3.7.2. MulticastSocket

La clase **MulticastSocket** es útil para enviar paquetes a múltiples destinos simultáneamente. Para poder recibir estos paquetes es necesario establecer un **grupo multicast,** que es un grupo de direcciones IP que comparten el mismo número de puerto. Cuando se envía un mensaje a un grupo de multicast, todos los que pertenezcan a ese grupo recibirán el mensaje; la pertenencia al grupo es transparente al emisor, es decir, el emisor no conoce el número de miembros del grupo ni sus direcciones IP.

Un grupo multicast se especifica mediante una dirección IP de clase D y un número de puerto UDP estándar. Las direcciones desde la 224.0.0.0 a la 239.255.255.255 están destinadas para ser direcciones de multicast. El rango de direcciones de 224.0.0.0 hasta 224.0.0.255 está reservado para asignaciones permanentes de diferentes aplicaciones, en las que se incluyen los protocolos de ruteo.

La clase **MulticastSocket** tiene varios constructores (pueden lanzar la excepción *IOException*):

Constructor	Misión
MulticastSocket ()	Construye un socket multicast dejando al sistema que elija un puerto de los que están libres.
MulticastSocket (int port)	Construye un socket multicast y lo conecta al puerto local especificado.
MulticastSocket(SocketAddress bindAddr)	Crea un socket multicast y lo enlaza a una dirección y puerto específicos.

Algunos métodos importantes son (pueden lanzar la excepción *IOException*):

Método	Misión
void joinGroup(SocketAddress mcastaddr, NetworkInterface netIf)	Permite al socket multicast unirse al grupo de multicast. Se debe definir la dirección IP del grupo de multidifusión al que se unirá (*mcastaddr*) y la interfaz de red local desde la que recibirá los paquetes de multidifusión (*netIf*).
void leaveGroup(SocketAddress mcastaddr, NetworkInterface netIf)	El socket multicast abandona el grupo de multicast.
void send(DatagramPacket p)	Envía el datagrama a todos los miembros del grupo multicast.
void receive(DatagramPacket p)	Recibe el datagrama de un grupo multicast

El esquema general para un **servidor multicast** que envía paquetes a todos los miembros del grupo es el siguiente:

```
//Se crea el socket multicast. No hace falta especificar puerto:
MulticastSocket ms = new MulticastSocket ();

//Se define el Puerto multicast:
int puerto = 12345;

//Se crea el grupo multicast:
InetAddress grupo = InetAddress.getByName("225.0.0.1");

String msg = "Bienvenidos a grupo!!";
```

```
//Se crea el datagrama:
byte[] buffer = msg.getBytes();
DatagramPacket paquete = new DatagramPacket
                          (buffer, buffer.length, grupo, puerto);

//Se envía el paquete al grupo
ms.send (paquete);

//Se cierra el socket
ms.close ();
```

Para que un cliente se una al grupo multicast primero crea un **MulticastSocket** asociado al mismo puerto que el servidor y luego invoca al método **joinGroup()** para unirse al grupo multicast en una interfaz de red específica, en Linux suele ser "*eth0*", en Windows "*eth1*". Se crea un objeto **SocketAddress** que representa la dirección IP de grupo multicast y el puerto donde se recibirán los paquetes. El **cliente multicast** que recibe los paquetes que le envía el servidor tiene la siguiente estructura:

```
//Se define el puerto
int puerto = 12345;

//IP del grupo al que nos conectaremos:
InetAddress grupo = InetAddress.getByName("225.0.0.1");

//Se crea EL MulticastSocket
MulticastSocket ms = new MulticastSocket(puerto);

//Se une al grupo en una interfaz de red
NetworkInterface netIf = NetworkInterface.getByName("eth1");
SocketAddress mcastaddr = new InetSocketAddress(grupo, puerto);
ms.joinGroup(mcastaddr, netIf);

//Recibe el paquete del servidor multicast:
byte[] buf = new byte[1024];
DatagramPacket recibido = new DatagramPacket(buf, buf.length);
ms.receive(recibido);

//Abandona el grupo multicast
ms.leaveGroup(mcastaddr, netIf);

//Se cierra el socket
ms.close ();
```

En el siguiente ejemplo tenemos un **servidor multicast** que lee datos por teclado y los envía a todos los clientes que pertenezcan al grupo multicast, el proceso terminará cuando se introduzca un asterisco:

```
import java.io.*;
import java.net.*;

public class MCservidor {
   public static void main(String args[]) throws Exception {
      // FLUJO PARA ENTRADA ESTANDAR
      BufferedReader in = new
               BufferedReader(new InputStreamReader(System.in));
```

```java
    //Se crea el socket multicast.
    MulticastSocket ms = new MulticastSocket();

    int puerto = 12345;//Puerto multicast
    InetAddress grupo = InetAddress.getByName("225.0.0.1");//Grupo

    String cadena="";

    while(!cadena.trim().equals("*")) {
      System.out.print("Datos a enviar al grupo: ");
      cadena = in.readLine();

      // ENVIANDO AL GRUPO
      byte[] buffer = cadena.getBytes();
      DatagramPacket paquete = new DatagramPacket(buffer,
                              buffer.length, grupo, puerto);
      ms.send (paquete);
    }
    ms.close ();//cierro socket
    System.out.println ("Socket cerrado...");
    }
}
```

El **programa cliente** visualiza el paquete que recibe del servidor, su proceso finaliza cuando recibe un asterisco:

```java
import java.io.*;
import java.net.*;

public class MCcliente {
    public static void main(String args[]) throws Exception {

        int puerto = 12345;// Puerto multicast
        InetAddress grupo = InetAddress.getByName("225.0.0.1"); // Grupo

        MulticastSocket ms = new MulticastSocket(puerto);


        // Nos unimos al grupo
        NetworkInterface netIf = NetworkInterface.getByName("eth1");
        SocketAddress mcastaddr = new InetSocketAddress(grupo, puerto);
        ms.joinGroup(mcastaddr, netIf);

        String msg = "";

        while (!msg.trim().equals("*")) {
            byte[] buf = new byte[1024];

            // Recibe el paquete del servidor multicast
            DatagramPacket paquete = new DatagramPacket(buf, buf.length);
            ms.receive(paquete);

            msg = new String(paquete.getData());
            System.out.println("Recibo: " + msg.trim());
        }
```

```
        ms.leaveGroup(mcastaddr, netIf); // abandonamos grupo
        ms.close(); // cierra socket
        System.out.println("Socket cerrado...");
    }
}//
```

Para probarlo ejecutamos el programa servidor en una consola y a continuación ejecutamos diferentes instancias del programa cliente en distintas consolas, vamos introduciendo los datos por teclado en la consola del servidor y podemos observar cómo se van mostrando en la consola del cliente, véase Figura 3.10.

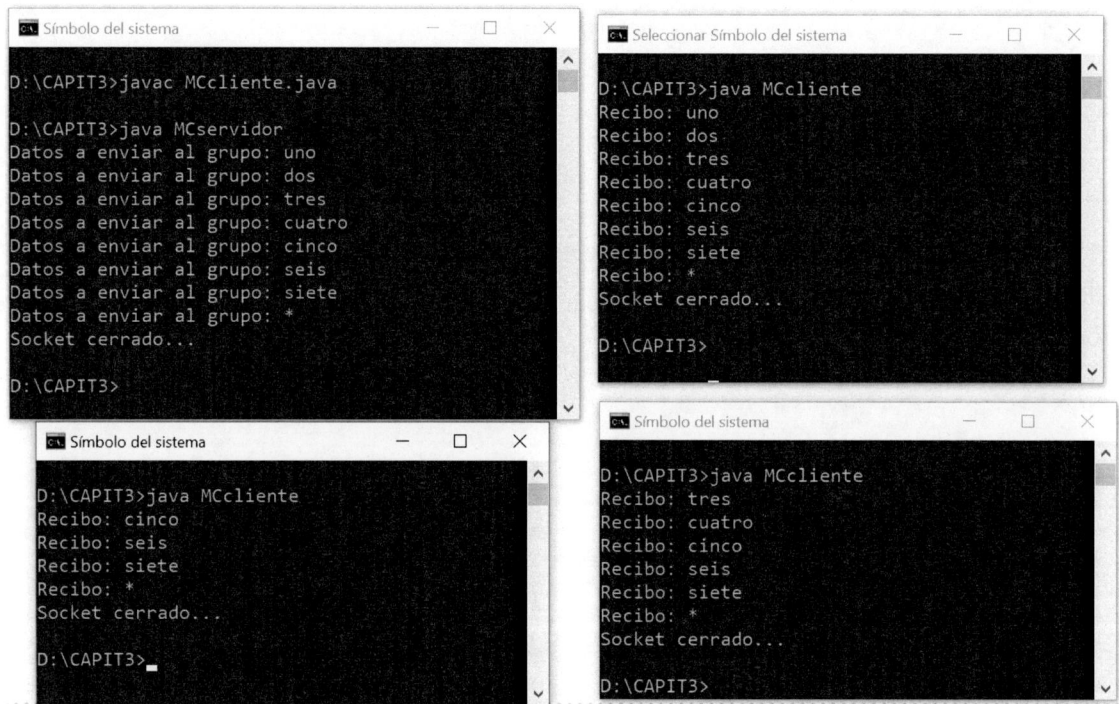

Figura 3.10. Servidor multicast en Linux enviando mensajes a clientes.

ACTIVIDAD 3.7

Partiendo de las clases anteriores, cambia el programa servidor multicast para que en un bucle infinito envíe a los clientes un mensaje con el valor de un contador que empezará en 1, después de enviar el mensaje añade un *Thread.sleep(2000);* para esperar 2 segundos antes de enviar el siguiente mensaje. El programa cliente también recibirá los mensajes en un bucle infinito.

3.8. ENVÍO DE OBJETOS A TRAVÉS DE SOCKETS

Hasta ahora hemos estado intercambiando cadenas de caracteres entre programas cliente y servidor. Pero los **stream** soportan diversos tipos de datos como son los bytes, los tipos de datos primitivos, caracteres localizados y objetos.

En este apartado veremos cómo se pueden intercambiar objetos entre programas emisor y receptor o entre programas cliente y servidor usando sockets.

3.8.1. Objetos en sockets TCP

Las clases **ObjectInputStream** y **ObjectOutputStream** nos permiten enviar objetos a través de sockets TCP. Utilizaremos los métodos **readObject()** para leer el objeto del stream y **writeObject()** para escribir el objeto al stream. Usaremos el constructor que admite un **InputStream** y un **OutputStream**. Para preparar el flujo de salida para escribir objetos escribimos:

```
ObjectOutputStream outObjeto =
            new ObjectOutputStream(socket.getOutputStream());
```

Para preparar el flujo de entrada para leer objetos escribimos:

```
ObjectInputStream inObjeto = new
            ObjectInputStream(socket.getInputStream());
```

Las clases a la que pertenecen estos objetos deben implementar la interfaz **Serializable**. Por ejemplo, sea la clase *Persona* con 2 atributos privados, nombre y edad, 2 constructores, los métodos *get* y *set* correspondientes y el método *toString():*

```java
import java.io.Serializable;
public class Persona implements Serializable {
    private static final long serialVersionUID = 1L;
    private String nombre;
    private int edad;

    public Persona(String nombre, int edad) {
        this.nombre = nombre;
        this.edad = edad;
    }
    public Persona() { }

    public String getNombre() {return nombre;}
    public void setNombre(String nombre) {this.nombre = nombre;}
    public int getEdad() {return edad;}
    public void setEdad(int edad) {this.edad = edad;}

    @Override
    public String toString() {
        return "[Persona: " + nombre + ", " + edad +"]";
    }
}//
```

Podemos intercambiar objetos *Persona* entre un cliente y un servidor usando sockets TCP. Por ejemplo, el programa servidor crea un objeto *Persona*, dándole valores y se lo envía al programa cliente, el programa cliente realiza los cambios oportunos en el objeto y se lo devuelve modificado al servidor. El **programa servidor** es el siguiente:

```java
import java.io.*;
import java.net.*;
```

```java
public class TCPObjetoServidor {
    public static void main(String[] arg) throws IOException,
                                     ClassNotFoundException {
        int numeroPuerto = 6000;// Puerto
        ServerSocket servidor =  new ServerSocket(numeroPuerto);

        System.out.println("Esperando al cliente.....");
        Socket cliente = servidor.accept();

        // Se prepara un flujo de salida para objetos
        ObjectOutputStream outObjeto = new ObjectOutputStream(
                                        cliente.getOutputStream());

        // Se prepara un objeto y se envía
        Persona per = new Persona("Juan", 20);
        outObjeto.writeObject(per); //enviando objeto
        System.out.println("Envio al cliente: " + per);

        // Se obtiene un stream para leer objetos
        ObjectInputStream inObjeto = new ObjectInputStream(
                                        cliente.getInputStream());
        Persona dato = (Persona) inObjeto.readObject();

        System.out.println("Recibo: "+ dato);

        //CERRAR STREAMS Y SOCKETS
        outObjeto.close();
        inObjeto.close();
        cliente.close();
        servidor.close();
    }
}//
```

El **programa cliente** es el siguiente:

```java
import java.io.*;
import java.net.*;

public class TCPObjetoCliente {
    public static void main(String[] arg) throws IOException,
                                     ClassNotFoundException {
        String Host = "localhost";
        int Puerto = 6000;//puerto remoto

        System.out.println("PROGRAMA CLIENTE INICIADO....");
        Socket cliente = new Socket(Host, Puerto);

        //Flujo de entrada para objetos
        ObjectInputStream perEnt = new ObjectInputStream(
                                        cliente.getInputStream());

        //Se recibe un objeto
        Persona dato = (Persona) perEnt.readObject();
        System.out.println("Recibo del servidor: "+ dato);
```

```
        //Modifico el objeto
        dato.setNombre("Jose Luis");
        dato.setEdad(22);

        //FLUJO DE salida para objetos
        ObjectOutputStream perSal = new ObjectOutputStream(
                                    cliente.getOutputStream());

        // Se envía el objeto
        perSal.writeObject(dato);
        System.out.println("Envio: "+ dato);

        //CERRAR STREAMS Y SOCKETS
        perEnt.close();
        perSal.close();
        cliente.close();
    }
}//
```

La compilación y ejecución se muestra en la Figura 3.11.

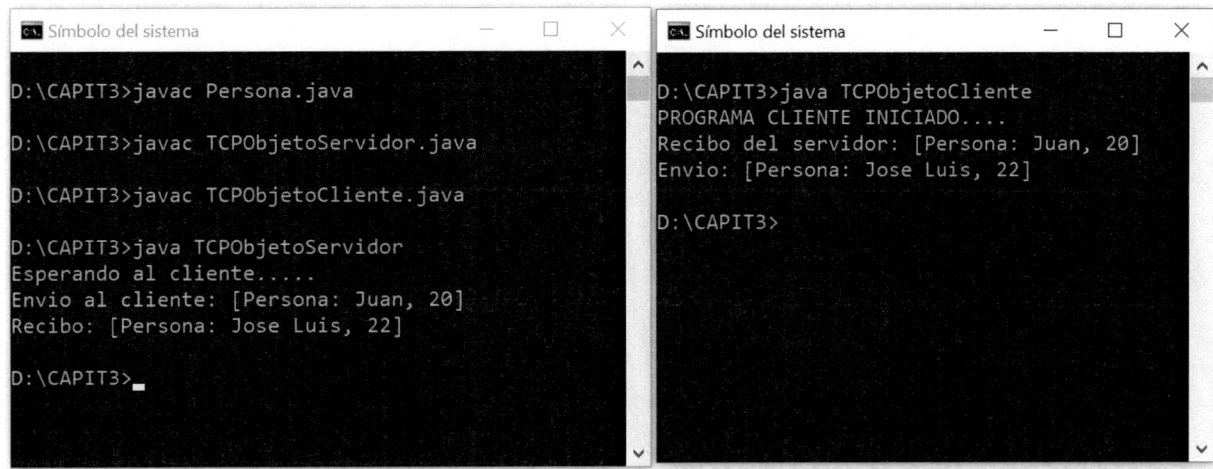

Figura 3.11. Servidor y cliente TCP intercambiando objetos.

MÉTODO reset()

Este método pertenece a **ObjectOutputStream**, y se usa para borrar la caché interna del **ObjectOutputStream**, permitiendo volver a enviar objetos ya enviados. Normalmente se usa cuando necesitamos reenviar un objeto modificado. En el ejemplo anterior solo se realizaba un envio del objeto *Persona* modificado al servidor, si intentamos hacer un segundo envío con otra modificación, sin **reset()** el segundo cambio no se enviará:

```
dato.setNombre("Jose Luis");
dato.setEdad(22);
perSal.writeObject(dato)
```

```
//segundo envio, cambio los datos
dato.setNombre("Maria José");
dato.setEdad(20);
perSal.writeObject(dato);  // No se enviará porque Java
                           // cree que es el mismo objeto
```

Con **reset()** sí se enviará el objeto modificado:

```
. . . .
perSal.writeObject(dato);

//segundo envio, cambio los datos
dato.setNombre("Maria José");
dato.setEdad(20);

perSal.reset(); // Borra la caché para que Java
                // trate el objeto como nuevo
perSal.writeObject(dato); // Ahora sí se envía con los cambios
```

Cuando usamos un bucle para enviar objetos se recomienda utilizar el método **reset()** antes de enviar el objeto por el stream, de esta manera se ignorará el estado de cualquier objeto ya escrito en el stream. Ejemplo:

```
outObjeto.reset();
outObjeto.writeObject(per);
```

ACTIVIDAD 3.8

Crea una clase Java llamada *Numeros* que defina 3 atributos, uno de ellos entero, y los otros dos de tipo *long*:

```
private int numero;
private long cuadrado;
private long cubo;
```

Define un constructor con parámetros y otro sin parámetros. Define los métodos *get - set* de los atributos y el método *toString()*. Crea un programa cliente que introduzca por teclado un número e inicialice un objeto *Numeros*, el atributo *numero* debe contener el número introducido por teclado. Debe enviar ese objeto al programa servidor. El proceso se repetirá mientras el número introducido por teclado sea mayor que 0.

Crea un programa servidor que reciba un objeto *Numeros*. Debe calcular el cuadrado y el cubo del atributo *numero* y debe enviar el objeto al cliente con los cálculos realizados, el cuadrado y el cubo en sus atributos respectivos. El cliente recibirá el objeto y visualizará el cuadrado y el cubo del número introducido por teclado. El programa servidor finalizará cuando el número recibido en el objeto *Numeros* sea menor o igual que 0.

Controlar posibles errores, por ejemplo, si ejecutamos el cliente y el servidor no está iniciado, o si estando el servidor ejecutándose ocurre algún error en el cliente, o este finaliza inesperadamente, etc.

3.8.2. Objetos en sockets UDP

Para intercambiar objetos en sockets UDP utilizaremos las clases **ByteArrayOutputStream** y **ByteArrayInputStream.** Se necesita convertir el objeto a un array de bytes. Por ejemplo, para convertir un objeto *Persona* a un array de bytes escribimos las siguientes líneas:

```
Persona persona = new Persona("Maria", 22);

//CONVERTIMOS OBJETO A BYTES
ByteArrayOutputStream bs= new ByteArrayOutputStream();
ObjectOutputStream out = new ObjectOutputStream (bs);
out.writeObject(persona); //escribir objeto Persona en el stream      .
out.close();  //cerrar stream
byte[] bytes =  bs.toByteArray(); // objeto en bytes
```

Para convertir los bytes recibidos por el datagrama en un objeto *Persona* escribimos:

```
// RECIBO DATAGRAMA
byte[] recibidos = new byte[1024];
DatagramPacket paqRecibido = new
            DatagramPacket(recibidos, recibidos.length);
socket.receive(paqRecibido); //recibo el datagrama

// CONVERTIMOS BYTES A OBJETO
ByteArrayInputStream bais = new ByteArrayInputStream(recibidos);
ObjectInputStream in = new ObjectInputStream(bais);
Persona persona = (Persona) in.readObject();//obtengo objeto
in.close();
```

ACTIVIDAD 3.9

Usando sockets UDP. Realiza un programa servidor que espere un datagrama de un cliente. El cliente le envía un objeto *Persona* que previamente había inicializado. El servidor modifica los datos del objeto *Persona* y se lo envía de vuelta al cliente. Visualiza los datos del objeto *Persona* tanto en el programa cliente cuando los envía y los recibe como en el programa servidor cuando los recibe y los envía modificados.

Realiza la Actividad 3.8 con sockets UDP.

3.9. CONEXIÓN DE MÚLTIPLES CLIENTES. HILOS

Hasta ahora los programas servidores que hemos creado solo son capaces de atender a un cliente en cada momento, pero lo más típico es que un programa servidor pueda atender a muchos clientes simultáneamente. La solución para poder atender a múltiples clientes está en el **multihilo**, cada cliente será atendido en un hilo.

El esquema básico en sockets TCP sería construir un único servidor con la clase **ServerSocket** e invocar al método **accept()** para esperar las peticiones de conexión de los clientes. Cuando un cliente se conecta, el método **accept()** devuelve un objeto **Socket**, éste se usará para crear un hilo cuya misión es atender a este cliente. Después se vuelve a invocar a **accept()** para esperar a un nuevo cliente; habitualmente la espera de conexiones se hace dentro de un bucle infinito:

```java
import java.io.*;
import java.net.*;

public class Servidor {
    public static void main(String args[]) throws IOException {

        int puerto = 6000;

        try (ServerSocket servidor = new ServerSocket(puerto)) {
            System.out.println("Servidor iniciado en puerto "+ puerto);
            while (true) {
                Socket cliente = servidor.accept();
                HiloServidor hilo = new HiloServidor(cliente);
                hilo.start();
            }
        } catch (IOException e) {
                e.printStackTrace();
        }
    }
}// ..
```

Todas las operaciones que sirven a un cliente en particular quedan dentro de la clase hilo. El hilo permite que el servidor se mantenga a la escucha de peticiones y no interrumpa su proceso mientras los clientes son atendidos.

Por ejemplo, supongamos que el cliente envía una cadena de caracteres al servidor y el servidor se la devuelve en mayúsculas, hasta que recibe un asterisco que finalizará la comunicación con el cliente. El proceso de tratamiento de la cadena se realiza en un hilo, en este caso se llama *HiloServidor*:

```java
import java.io.*;
import java.net.*;

public class HiloServidor extends Thread {
    private Socket cliente;
    public HiloServidor(Socket socket) {
        this.cliente = socket;
    }

    public void run() { // tarea a realizar con el cliente
        try (
                // se crean flujos de entrada y salida
                ObjectOutputStream fsalida = new
                        ObjectOutputStream(cliente.getOutputStream());
                ObjectInputStream fentrada = new
                        ObjectInputStream (cliente.getInputStream());
        ) {
                String cadena = "";
                System.out.println("COMUNICO CON: " + cliente.toString());

                while (!cadena.trim().equals("*")) {
                        // Leer cadena enviada por el cliente
                        cadena = (String) fentrada.readObject();
```

```
                System.out.println("Cadena recibida: " + cadena);

                // Enviar respuesta al cliente
                fsalida.writeObject(cadena.trim().toUpperCase());
                fsalida.flush();
            }

            System.out.println("FIN CON: " + cliente.toString());

        } catch (IOException | ClassNotFoundException e) {
            System.out.println("Cliente desconectado.");
        } finally {
            try {
                cliente.close();
            } catch (IOException e) {
                e.printStackTrace();
            }
        }

    }
}// ..
```

Como programa cliente podemos ejecutar el programa *Cliente.java* que se conectará con el servidor en el puerto 6000 y le enviará cadenas introducidas por teclado; cuando le envíe un asterisco el servidor finalizará la comunicación con el cliente y el cliente también finalizará:

```
import java.io.*;
import java.net.*;

public class Cliente {
    public static void main(String[] args) throws IOException {
        String host = "localhost";
        int puerto = 6000;// puerto remoto

        try (
            Socket cliente = new Socket(host, puerto);
            // CREO FLUJO DE SALIDA AL SERVIDOR
            ObjectOutputStream fsalida = new
                    ObjectOutputStream(cliente.getOutputStream());
            // CREO FLUJO DE ENTRADA AL SERVIDOR
            ObjectInputStream fentrada = new ObjectInputStream
                                    (cliente.getInputStream());
            // FLUJO PARA ENTRADA ESTÁNDAR
            BufferedReader in = new BufferedReader(new
                            InputStreamReader(System.in));
        ) {
            System.out.println("Conectado al servidor.");
            String cadena, eco = "";
            do {
                System.out.print("Introduce cadena: ");
                cadena = in.readLine();
                fsalida.writeObject(cadena);
                fsalida.flush();
```

```
                        // Recibir respuesta del servidor
                        eco = (String) fentrada.readObject();
                        System.out.println("  =>ECO: " + eco);
                } while (!cadena.trim().equals("*"));

                fsalida.close();
                fentrada.close();
                System.out.println("Fin del envío... ");
                in.close();
                cliente.close();

        } catch (IOException | ClassNotFoundException e) {
                e.printStackTrace();
        }
    }
}//
```

El método **flush()** se usa para forzar el envío de los datos almacenados en el buffer del **ObjectOutputStream** hacia su destino (socket, fichero, etc.) inmediatamente.

La Figura 3.12 muestra un momento de la ejecución, primero se ejecuta el programa servidor y a continuación el programa cliente; se puede observar como los 3 clientes conectados están siendo atendidos por el servidor de forma simultánea.

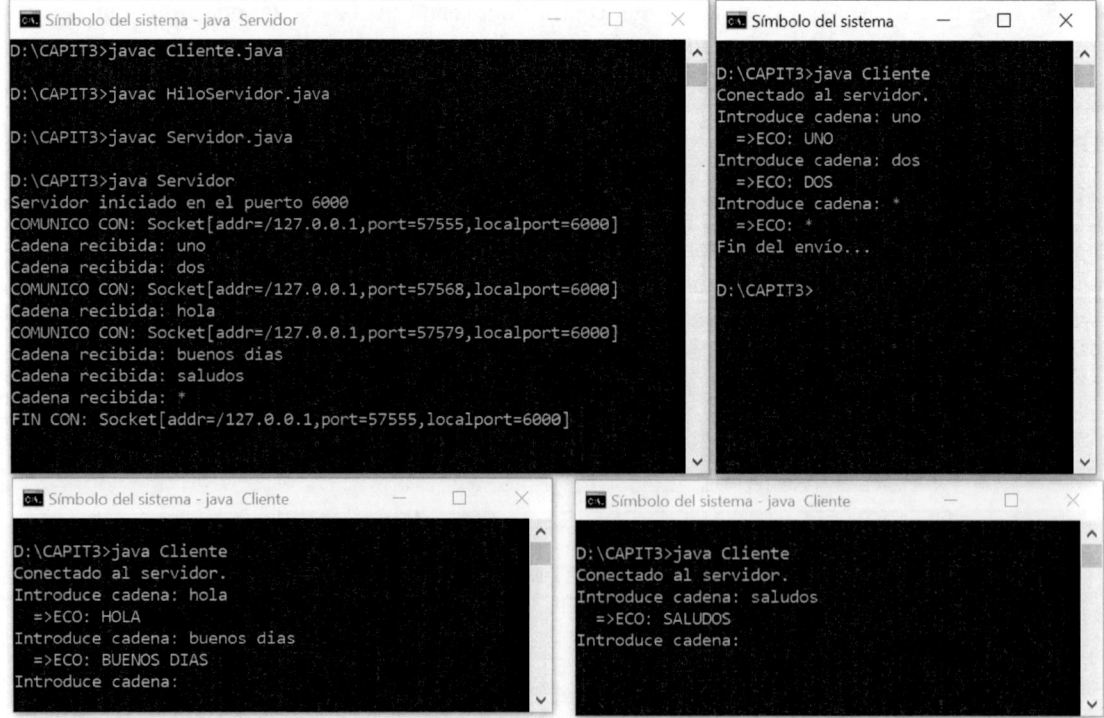

Figura 3.12. Servidor atendiendo a múltiples clientes.

3.9.1. Hilos compartiendo objetos

En el siguiente ejemplo se desarrolla un servidor que define un número que los clientes que se conecten tendrán que adivinar. Los clientes tendrán hasta 5 intentos para adivinar el número. Cada cliente se tratará en un hilo y todos compartirán un objeto que contendrá información sobre el estado del juego: el número a adivinar, si el juego ha terminado o no, quien es el jugador ganador o el método que comprueba la jugada, éste deberá definirse como **synchronized**, para que la comprobación de la jugada no interfiera entre los jugadores y se haga de forma unívoca.

El servidor enviará a cada cliente que se conecte un identificador y el objeto compartido. El cliente enviará al servidor números leídos por teclado, el servidor le devolverá información sobre si ha acertado el número o no, si el número es mayor o menor que el que hay que adivinar, si el juego ha finalizado, los intentos que lleva, etc. Todo el control de juego del jugador se hará en el hilo. El código del **programa servidor** es el siguiente:

```java
import java.io.IOException;
import java.net.ServerSocket;
import java.net.Socket;
import java.util.concurrent.atomic.AtomicInteger;

public class ServidorAdivina {
    public static void main(String args[]) throws IOException {

        // Numero a adivinar entre 1 y 25
        int numero = (int) (1 + 25 * Math.random());
        System.out.println("NÚMERO A ADIVINAR => " + numero);

        //Todos los hilos comparten el objeto
        ObjetoCompartido objeto = new ObjetoCompartido(numero);

        AtomicInteger idCliente = new AtomicInteger(1);
        int puerto = 6000;

        try (ServerSocket servidor = new ServerSocket(puerto)) {
            System.out.println("Servidor iniciado...");

            while (!objeto.haTerminado()) {
                Socket cliente = servidor.accept();
                int id = idCliente.getAndIncrement();
                HiloServidorAdivina hilo = new
                    HiloServidorAdivina(cliente, objeto, id);
                hilo.start();
            }
            servidor.close();
        } catch (IOException e) {
            e.printStackTrace();
        }
    }
}//ServidorAdivina
```

Este servidor finalizará cuando algún jugador adivine el número. El código del objeto compartido por todos los clientes se muestra a continuación, a destacar el método *nuevaJugada()* que recibe el número del jugador, el identificador y los intentos que lleva. En el método se compara el número del jugador con el número a adivinar y se devuelve una cadena indicando lo que ha pasado en la comparación. Cuando un jugador adivina el número se cambia el valor de la variable *terminado* a *true* y se asigna valor a la variable *ganador*, de esta manera sabremos cuando el juego ha finalizado:

```java
import java.io.Serializable;
public class ObjetoCompartido implements Serializable {
    private static final long serialVersionUID = 1L;
    private final int secreto; // número a adivinar
    private boolean terminado = false; // true cuando finaliza juego
    private int ganador;   // jugador ganador

    public ObjetoCompartido(int numeroSecreto) {
        this.secreto = numeroSecreto;
    }

    public synchronized boolean haTerminado() {return terminado; }

    public synchronized String nuevaJugada (int numero, int jugador,
                                            int intentos) {
        if (terminado) {
            return "<Ya ha ganado el Jug#: " + ganador+ ">";
        }

        String cad = "";

        if (numero == secreto) { //jugador adivina el número
            terminado = true;
            ganador = jugador;
            cad = "<Enhorabuena, Jug#" +jugador + ", ha ganado el juego.>";
        } else if (intentos == 5) {
            cad = "<Se han agotado los intentos. N° secreto:"+ secreto+">";
        } else if (numero < secreto) {
            cad = "<Demasiado bajo. N° de intentos: " + intentos+">";
        } else {
            cad = "<Demasiado alto. N° de intentos: " + intentos+">";
        }
        return cad;
    }
}// ObjetoCompartido
```

En el hilo, cuando el jugador (o cliente) se conecta, se le envía el identificador del jugador, un mensaje inicial (*"Adivina un NÚMERO ENTRE 1 Y 25"*) y el objeto compartido. Habrá un proceso repetitivo en el que se recibe el número del jugador, se suma 1 a los intentos del jugador y se realizan las comprobaciones en el método ***nuevaJugada()*** del objeto compartido. Después de la comprobación se enviará de nuevo al cliente un *String* con la información de lo que ha ocurrido en la jugada. El proceso repetitivo del cliente finaliza cuando se acaba el juego o cuando se llega al máximo de intentos, entonces el servidor cerrará la conexión con el cliente. El código del hilo es el siguiente:

```java
import java.io.*;
import java.net.*;

public class HiloServidorAdivina extends Thread {
    private Socket socket;
    private ObjetoCompartido objeto;
    private int id;
    private int intentos = 0;
    final int MAX_INTENTOS = 5;
```

```java
    public HiloServidorAdivina(Socket s, ObjetoCompartido objeto,
                            int id) {
        this.socket = s;
        this.objeto = objeto;
        this.id = id;
    }

    public void run() {
        try (
            ObjectOutputStream fsalida = new
                    ObjectOutputStream(socket.getOutputStream());
            ObjectInputStream fentrada = new
                    ObjectInputStream(socket.getInputStream());
        )
        {
            System.out.println("=>Jug#" + id + " conectado.");

            // PREPARAR PRIMER ENVIO AL jugador
            fsalida.writeInt(id);
            fsalida.writeUTF("Adivina un NÚMERO ENTRE 1 Y 25");
            fsalida.writeObject(objeto);
            fsalida.flush();

            while (!objeto.haTerminado() && intentos != MAX_INTENTOS) {
                // recibo el número del jugador
                int numero = fentrada.readInt();
                intentos++;

                // jugar el número y responder al jugador
                String resultado= objeto.nuevaJugada(numero, id, intentos);
                fsalida.writeUTF(resultado);
                fsalida.flush();

                if (objeto.haTerminado()) {
                        System.out.println("JUEGO FINALIZADO. " + resultado);
                        break;
                }
            } // fin while

            if (intentos == MAX_INTENTOS && !objeto.haTerminado()) {
                System.out.println("EL Jug#" + id +
                                " HA AGOTADO LOS INTENTOS.....");
            }

            System.out.println("\t==>Desconectando Jug#" + id);

            fsalida.close();
            fentrada.close();
            socket.close(); //cerrar conexión

        } catch (IOException e) {
                System.out.println("ERROR DE E/S en HiloServidor");
                e.printStackTrace();
        }
    }// run
}//HiloServidorAdivina
```

En el ejemplo se cierra la conexión con el cliente cuando el juego termina o cuando se llega al máximo de intentos. En el **programa cliente** se introducen números por teclado y se envían al servidor. Se recibe del servidor un *String* que indica si el número se ha adivinado o es mayor o menor que el que hay que adivinar. El proceso de entrada finalizará cuando termine el juego que puede ser cuando se adivine el número o cuando se hayan realizado todos los intentos:

```java
import java.io.*;
import java.net.*;
import java.util.Scanner;

public class JugadorAdivina {
    public static void main(String[] args) throws IOException,
                                            ClassNotFoundException {

        String host = "localhost";
        int puerto = 6000;// puerto remoto

        try (
            Socket Cliente = new Socket(host, puerto);
            ObjectOutputStream fsalida = new
                        ObjectOutputStream(Cliente.getOutputStream());
            ObjectInputStream fentrada = new
                        ObjectInputStream(Cliente.getInputStream());

            // FLUJO PARA ENTRADA ESTANDAR
            Scanner sc = new Scanner(System.in);
        )
        {

            // OBTENER PRIMEROS DATOS ENVIADOS POR EL SERVIDOR
            int identificador = fentrada.readInt();
            String cadena = fentrada.readUTF();
            ObjetoCompartido objeto = (ObjetoCompartido)
                                    fentrada.readObject();
            System.out.println("Id jugador: " + identificador);
            System.out.println(cadena);

            if (objeto.haTerminado()) {
                System.out.println("Lo siento, el juego ha terminado.");
            }
            else {
                while (!objeto.haTerminado()) {
                        System.out.print("Introduce un número: ");
                        int numero = sc.nextInt();

                        // mandar datos al servidor
                        fsalida.writeInt(numero);
                        fsalida.flush();

                        //respuesta del servidor
                        String respuesta = fentrada.readUTF();
                        System.out.println("\t"+respuesta);

                        if (respuesta.contains("ha ganado") ||
                            respuesta.contains("juego ha terminado")) {
                                break;
                        }
```

```
                    if (respuesta.contains("Se han agotado los
                                           intentos")) {
                        System.out.println("\t<<JUEGO FINALIZADO, NO
                                             HAY MÁS INTENTOS>>");
                        break;
                    }
                } // fin while

                fsalida.close();
                fentrada.close();
                System.out.println("Fin de proceso... ");
                sc.close();
                Cliente.close();

            }//else

        } catch (IOException | ClassNotFoundException e) {
            e.printStackTrace();
        }
    }// main
}// JugadorAdivina
```

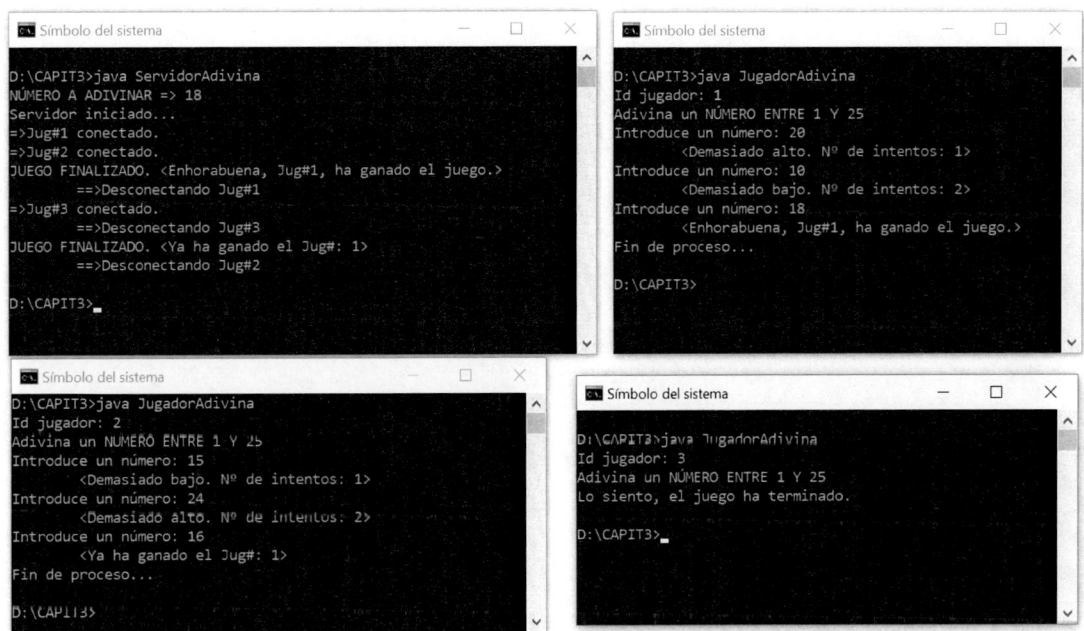

Figura 3.13. Servidor y clientes adivinando un número.

ACTIVIDAD 3.10

Adapta el ejemplo anterior para que la entrada de datos del cliente se realice usando una pantalla gráfica. El aspecto de la pantalla se muestra en la Figura 3.14. Se debe mostrar el identificador del jugador. El botón *Enviar* realiza el envío del número introducido al servidor y el servidor le devolverá el mensaje que se deberá mostrar en pantalla. Muestra también en un *TextArea* los números introducidos con el mensaje que envía el servidor. Cuando un jugador gane o supere los intentos el botón *Enviar* se desactivará.

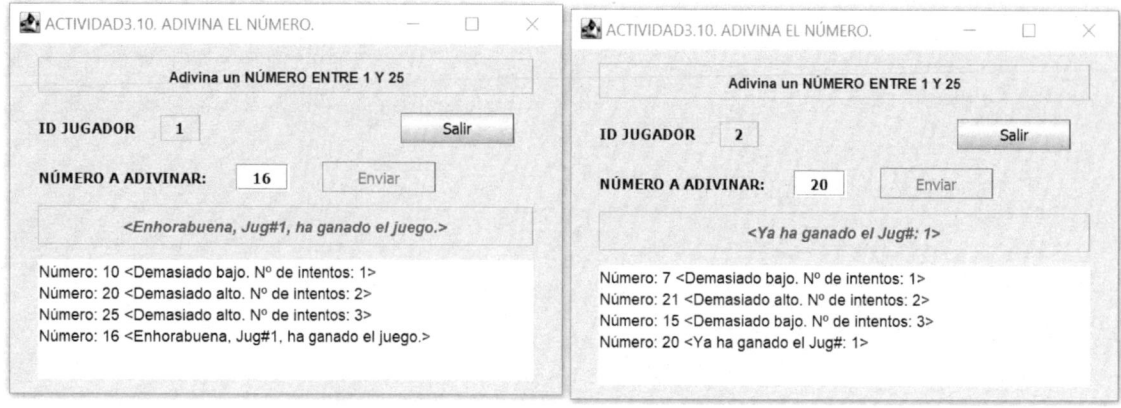

Figura 3.14. Pantalla del cliente Actividad 3.10

3.9.2. Creación de un chat

A continuación, vamos a crear un chat sencillo utilizando **MulticastSocket**. Crearemos una única clase, *MultiChatVentana.java* que extiende **Runnable**, en la que se define una pantalla similar a la mostrada en la Figura 3.15. Tenemos 2 botones, uno para enviar el mensaje tecleado, otro para finalizar y un textArea donde se muestran los mensajes.

En el método **main()** se pide un nombre al usuario (nick), se crea un socket multicast en un puerto determinado, se configura la IP del grupo al que nos conectaremos, nos unimos al grupo para enviar y recibir mensajes, se comprueba si se ha escrito algo en el nombre, se muestra la pantalla y por último se lanza el hilo multichat:

```java
public static void main(String args[]) throws IOException {
    String nombre = JOptionPane.showInputDialog
            ("Introduce tu nombre o nick:");

    // Se crea el socket multicast
    grupo = InetAddress.getByName("225.0.0.1");
    ms = new MulticastSocket(Puerto);

    // Nos unimos al grupo
    NetworkInterface netIf = NetworkInterface.getByName("eth1");
    SocketAddress mcastaddr = new InetSocketAddress(grupo, Puerto);
    ms.joinGroup(mcastaddr, netIf);

    if (!nombre.trim().equals("")) {
        MultiChatVentana server = new MultiChatVentana(nombre);
        server.setBounds(0, 0, 540, 400);
        server.setVisible(true);
        new Thread(server).start();

    } else {
        System.out.println("El nombre está vacío....");
    }
}// main
```

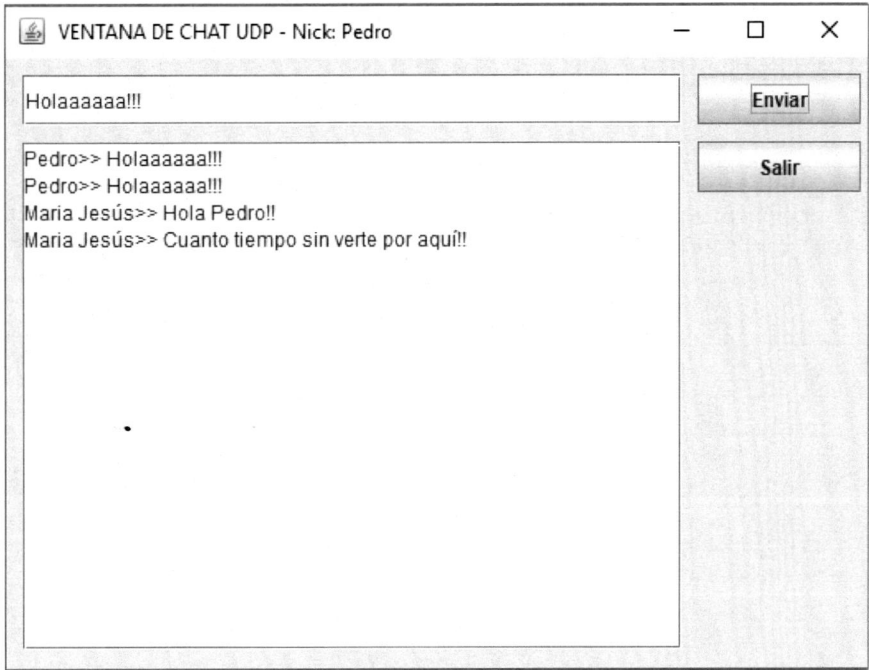

Figura 3.15. Multichat.

Cada vez que se pulse el botón *Enviar* se envían los mensajes al grupo de multicast:

```
// acción cuando pulsamos botones
public void actionPerformed(ActionEvent e) {
    if (e.getSource() == botonenviar) { // SE PULSA EL BOTÓN ENVIAR
        String texto = nombre + ">> " + mensaje.getText();
        try {
            // ENVIANDO mensaje al grupo
            byte[] buffer = texto.getBytes();
            DatagramPacket paquete = new DatagramPacket(buffer,
                                    buffer.length, grupo, Puerto);
            ms.send(paquete);
        } catch (IOException e1) {
            e1.printStackTrace();
        }
    }//fin botón Enviar
```

El botón *Salir* envía el mensaje de despedida al grupo y cierra el socket:

```
if (e.getSource() == salir) { // SE PULSA Salir
    String texto = "*** Abandona el chat: " + nombre + " ***";

    try {
        // ENVIANDO DESPEDIDA AL GRUPO
        byte[] buffer = texto.getBytes();
        DatagramPacket paquete = new DatagramPacket(buffer,
                                      buffer.length, grupo, Puerto);
        ms.send(paquete);
        ms.close();
        repetir = false;
        System.out.println("Abandona el chat: "+ nombre);
        System.exit(0);
    } catch (IOException e1) {
        e1.printStackTrace();
    }
}
}// actionPerformed acción de los botones
```

En el método *run()* del hilo se realiza un proceso repetitivo donde se muestran los mensajes que se reciben del grupo multicast en el textarea:

```
public void run() {
 while (repetir) {
    try {
        DatagramPacket p = new DatagramPacket(buf, buf.length);
        ms.receive(p); //recibo mensajes
        String texto = new String(p.getData(), 0, p.getLength());
        textarea1.append(texto + "\n");
    }catch (SocketException s) {
        System.out.println(s.getMessage());
    } catch (IOException e) {
        e.printStackTrace();
    }
 }
}// run
```

Por último, se muestra la definición de las variables puerto, multicast y grupo y la cabecera de la clase:

```
public class UDPMultiChat extends JFrame implements ActionListener,
                               Runnable {
    static MulticastSocket ms = null;
    static byte[] buf = new byte[1000];
    static InetAddress grupo = null;
    static int Puerto = 12345;// Puerto multicast
    //resto de variables y constructor
```

Para probarlo se ejecuta el programa *MultiChatVentana* en las máquinas que quieran participar en el chat. Puedes descargar el ejemplo desde los recursos del capítulo del paquete *ejemploChat*.

COMPRUEBA TU APRENDIZAJE

1º) Realiza un programa servidor que escuche en el puerto 44444. Cada vez que se conecte un cliente se creará un nuevo hilo para atenderlo. Se mostrará en la consola del servidor la dirección IP y el puerto remoto del cliente que se conecta y cuando el cliente se desconecte se debe mostrar un mensaje indicando que se ha desconectado. Ejemplo de salida en el servidor:

```
Servidor iniciado...
=>Conecta IP /127.0.0.1, Puerto remoto: 54624
=>Conecta IP /127.0.0.1, Puerto remoto: 54633
        =>Desconecta IP /127.0.0.1, Puerto remoto: 54624
=>Conecta IP /127.0.0.1, Puerto remoto: 54652
        =>Desconecta IP /127.0.0.1, Puerto remoto: 54633
=>Conecta IP /127.0.0.1, Puerto remoto: 54673
```

En el hilo que atiende al cliente se recibe una cadena de caracteres, si es distinta de "*" se enviará de nuevo al cliente convertida a mayúsculas. En el programa cliente se muestra una pantalla donde el cliente escribe una cadena y al pulsar en el botón *Enviar* se muestra debajo la cadena en mayúsculas, Figura 3.16. El botón *Limpiar* limpia los dos campos y el botón *Salir* envía un * al servidor y finaliza la ejecución del cliente. Si la cadena que envía el cliente es un * también finaliza la ejecución. Puedes hacerlo por consola, se introduce una cadena por teclado hasta introducir el *.

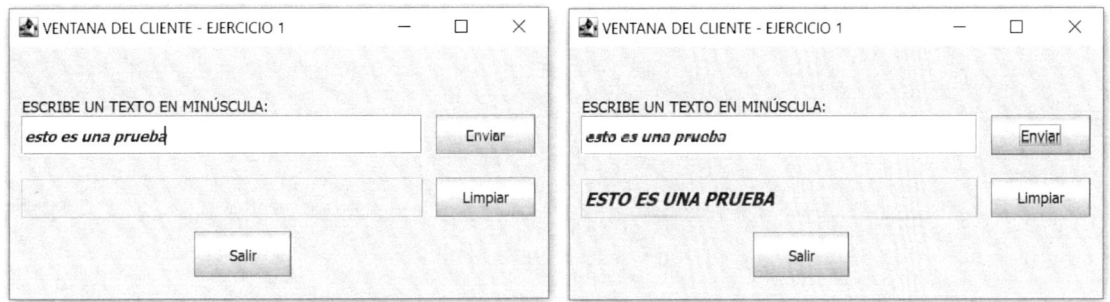

Figura 3.16. Pantalla del cliente Ejercicio 1.

2º) Realiza un servidor multicast usando sockets UDP. El servidor debe mostrar una pantalla inicial como la mostrada en la Figura 3.17. Donde tenemos un campo de texto para escribir el mensaje que se enviará a todos los clientes y un textarea donde se van mostrando los mensajes que se van enviando. El botón *Enviar* envía el mensaje escrito a todos los clientes que forman parte del grupo multicast y el botón *Salir* finaliza la ejecución del servidor.

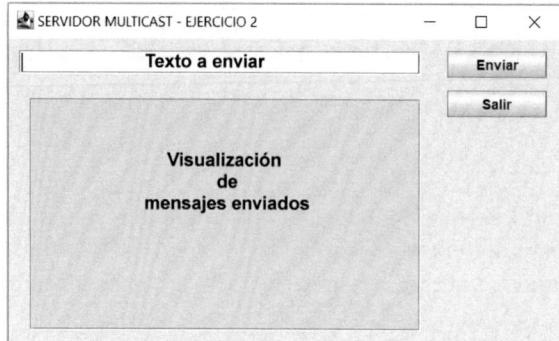

Figura 3.17. Pantalla inicial del servidor multicast.

El programa cliente pide el nombre al usuario y a continuación muestra un textarea donde se irán visualizando los mensajes que envía el servidor. El botón *Salir* finaliza la ejecución.

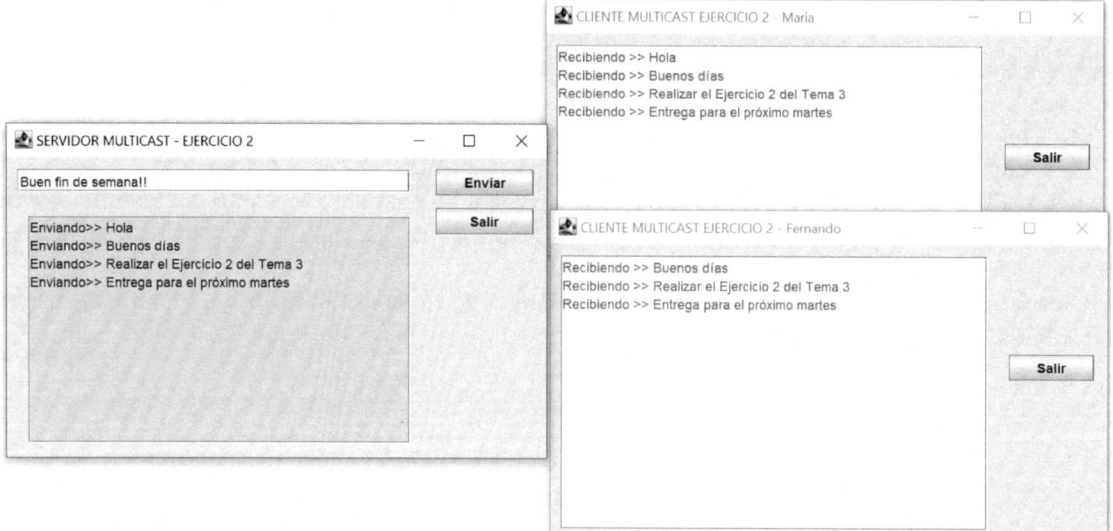

Figura 3.18. Ejecución del Ejercicio 2.

3º) Crea una clase de nombre *Curso*, con los siguientes atributos:

```
String id;
String descripcion;
```

Crea otra clase de nombre *Alumno*, con los siguientes atributos:

```
String idalumno;
String nombre;
Curso curso;
int    nota;
```

Crea en las clases anteriores los constructores y métodos get y set necesarios.

Utilizando sockets UDP crea un programa servidor que inicialice un array de 5 objetos de tipo *Alumno*. Invéntate los datos, cada objeto *Alumno* deberá tener un *idalumno* distinto, igualmente cada curso tiene su id. El servidor se ejecutará en un bucle infinito, recibirá del cliente un *idalumno* y le devolverá el objeto *Alumno* que corresponda con ese identificador. El servidor debe visualizar el identificador solicitado por el cliente.

Crea un programa cliente en el que se introduzca por teclado el *idalumno* que se desea consultar (el programa realizará la lectura en un proceso repetitivo hasta que el *idalumno* leído por teclado sea *). Se enviará al servidor el *idalumno* a consultar. El servidor le devolverá un objeto *Alumno* con los datos solicitados. Si el alumno no existe, también le devolverá un objeto *Alumno* con datos que indiquen que el alumno no existe. El cliente debe visualizar todos los datos recibidos incluidos el curso del alumno.

4º) Crea las siguientes clases con los siguientes atributos, los constructores y los métodos get y set necesarios:

Clase *Asignatura*:
 `int id;`
 `String nombreasig;`
	Clase *Especialidad*:
	 `int id;`
	 `String nombreespe;`
		Clase *Profesor*:
		 `int idprofesor;`
		 `String nombre;`
		 `Asignatura [] asignaturas;`
		 `Especialidad espe;`

Supongamos que un profesor puede impartir hasta 3 asignaturas.

Utilizando Sockets TCP crea un programa servidor que inicialice un array de 5 objetos de tipo *Profesor* (no repetir el identificador en ningún objeto). El servidor se ejecutará en un bucle infinito. Cada vez que se conecte un cliente, el servidor le asignará un identificador, este empezará en 1 y se incrementará en 1 según se van aceptando conexiones de clientes. Nada más conectarse el cliente, el servidor le enviará el identificador que le ha correspondido. El servidor recibirá del cliente un *idprofesor* y le devolverá el objeto *Profesor* que corresponda con ese identificador. El servidor debe visualizar el identificador solicitado por el cliente. Este servidor puede atender a múltiples clientes.

Crea un programa cliente que una vez conectado al servidor muestre el identificador que le ha correspondido. El cliente introducirá por teclado el *idprofesor* que desea consultar, se realizará la lectura en un proceso repetitivo hasta que el *idprofesor* leído por teclado sea *. Se enviará al servidor el *idprofesor* a consultar. El servidor le devolverá un objeto *Profesor* con los datos solicitados. Si el profesor no existe, también le devolverá un objeto *Profesor* con datos que indiquen que el profesor no existe. El cliente debe visualizar todos los datos recibidos incluidos la especialidad y las asignaturas del profesor con sus identificadores.

Controlar todos los posibles errores y cuando un cliente se desconecte mostrar también un mensaje indicándolo. Ejemplo de salida al ejecutar el programa servidor:

```
Servidor iniciado...
Cliente 1 conectado
    Consultando id: 1, solicitado por cliente: 1
Cliente 2 conectado
    Consultando id: 2, solicitado por cliente: 2
Cliente 3 conectado
    Consultando id: 1, solicitado por cliente: 3
EL CLIENTE 2 HA FINALIZADO
FIN CON: Socket[addr=/127.0.0.1,port=50785,localport=6000] DEL CLIENTE: 2
```

Ejemplo de salida al ejecutar el programa cliente:

```
PROGRAMA CLIENTE INICIADO....
SOY EL CLIENTE: 3
========================================================
Introduce identificador a consultar: 1
     Nombre: María Jesús, Especialidad: 1 - INFORMÁTICA
          Asignatura: 2 - ADAT
          Asignatura: 3 - PSP
          Asignatura: 4 - PMD
========================================================
Introduce identificador a consultar:_
```

5º) Usando sockets TCP. Se trata de simular en un entorno cliente-servidor el juego del Mastermind. El Mastermind es un juego que consiste en averiguar una combinación numérica de cuatro cifras. El servidor elige la combinación numérica de cuatro cifras, sin repetir ninguna, y estas cifras serán las que tienen que adivinar los clientes en la menor cantidad de intentos posibles. El proceso terminará cuando un cliente adivine dicha combinación.

El cliente (o jugador) tiene 10 intentos para adivinar la combinación, cada intento consiste en enviar al servidor una combinación de 4 números, sin repetir ninguno. El servidor le devolverá pistas acerca de lo cerca que estuvo el cliente de adivinar la combinación: los aciertos, o muertos, es la cantidad de dígitos que propuso el jugador que coinciden en la combinación y están en la misma posición; y las coincidencias, o heridos, es la cantidad de dígitos que propuso el jugador que también están en la combinación, pero en una posición distinta.

Por ejemplo, esta es la combinación de números que hay que adivinar [0, 9, 3, 6]:

- El jugador envía: [1, 2, 3, 4], el servidor le debe responder: Un acierto ya que el 3 está en la misma posición que en la combinación original y cero coincidencias, ya que el 1, 2 y 4 no coinciden con ningún número de la combinación original.

- El jugador envía: [5, 6, 3, 0], el servidor le debe responder: Un acierto ya que el 3 está en la misma posición que en la combinación original y dos coincidencias, ya que el 6 y el 0 coinciden con el 0 y el 6 de la combinación original pero no están en la misma posición.

- El jugador envía: [0, 6, 3, 9], el servidor le debe responder: Dos aciertos ya que el 0 y el 3 están en la misma posición que en la combinación original y dos coincidencias, ya que el 6 y el 9 coinciden con el 6 y el 9 de la combinación original pero no están en la misma posición.

- El jugador envía: [0, 9, 3, 7], el servidor le debe responder: Tres aciertos ya que el 0, el 9 y el 3 están en la misma posición que en la combinación original y cero coincidencias, ya que el 7 no está en la combinación original.

- El jugador envía: [0, 9, 3, 6], el servidor le debe responder: Cuatro aciertos ya que el 0, el 9, el 3 y el 6 están en la misma posición que en la combinación original.

La Figura 3.19 muestra la pantalla del programa cliente con el progreso de aciertos y coincidencias al enviar las distintas combinaciones al servidor. Se muestra el progreso de dos jugadores conectados al juego, en el que el jugador 1 adivina la combinación. Cuando el jugador 2 intente enviar una combinación al servidor, éste le comunicará que el juego ha finalizado y le desconectará. Si no deseas realizar una pantalla gráfica, puedes realizar el cliente que pida los datos desde teclado y se los envíe al servidor. Por ejemplo:

```
ID JUGADOR: 1
===============================================
Intento : 10
        Introduce número 1: 1
        Introduce número 2: 2
        Introduce número 3: 3
        Introduce número 4: 4
Números: [1, 2, 3, 4]
 => Aciertos: 0
 => Coincidencias: 1
===============================================
Intento : 9
        Introduce número 1: 5
        Introduce número 2: 6
        Introduce número 3: 7
        Introduce número 4: 8
Números: [5, 6, 7, 8]
 => Aciertos: 1
 => Coincidencias: 1
===============================================
Intento : 8
        Introduce número 1: _
```

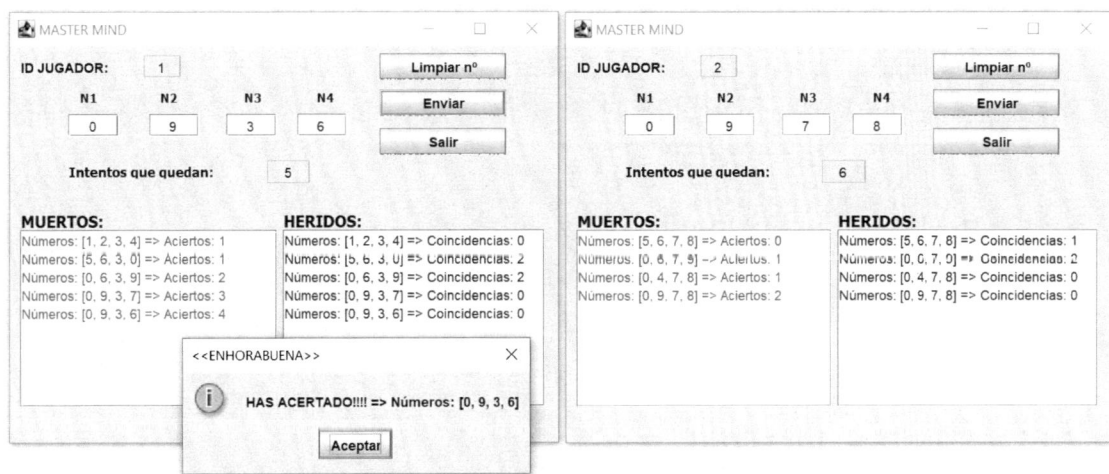

Figura 3.19. Pantalla del cliente Ejercicio 5.

FUNCIONALIDAD DEL PROGRAMA SERVIDOR:

El servidor debe inicializar la combinación de los 4 dígitos. Esta combinación se comparte por todos los clientes, si un cliente acierta la combinación, el juego termina. Al iniciarse el servidor se debe mostrar un mensaje con dicha combinación.

Consideraciones:

✓ Cada vez que se conecte un cliente se debe mostrar mensaje en la consola del servidor donde aparezca el ID del cliente. Cuando finalice la conexión con el cliente también se mostrará mensaje. Ejemplo:

```
Servidor iniciado...
Combinación de Números: [0, 9, 3, 6]
Jugador 1 conectado
Jugador 2 conectado
Jugador 3 conectado
    ==>Desconectando a ID Jugador: 1
===========================
 ** Jugador ganador: 1 **
===========================
    ==>Desconectando a ID Jugador: 2
    ==>Desconectando a ID Jugador: 3
```

✓ Nada más conectarse el cliente, el servidor le debe enviar su ID. Este Identificador empieza en 1 y según se conectan clientes se va incrementando en 1.

✓ En ese primer envío el cliente necesita saber el estado del juego, es decir si el juego continúa o no porque han averiguado o no la combinación de números. Si algún jugador acierta la combinación el juego finalizará y el cliente que se conecta no podrá jugar y se cerrará.

✓ Para cada cliente se creará un **Hilo**. En el hilo se controlará el número de jugadas o intentos que lleva el cliente y se comprobará la combinación de números con la que hay que adivinar. Después de las comprobaciones se enviará al cliente la información necesaria de cómo va su juego.

✓ Cada envío del cliente al servidor es un intento o jugada. El cliente tiene **10 intentos** para conseguir averiguar la combinación. El cliente será desconectado si los intentos han llegado a 10 o si alguien ha acertado la combinación.

✓ El servidor finalizará cuando algún cliente adivine la combinación, además deberá mostrar el identificador del jugador ganador.

FUNCIONALIDAD DEL PROGRAMA CLIENTE:

La pantalla del cliente se muestra en la Figura 3.24. Contiene los siguientes campos:

✓ El ID del cliente. Este ID se lo manda el servidor nada más conectarse.

✓ 4 campos de entrada que son los números que se envían al servidor, los valores que pueden tomar son de 0 a 9. En cada envío al servidor se envían los 4 números y no pueden estar repetidos.

✓ Dos textareas no editables. Se muestran los mensajes de aciertos y coincidencias.

✓ El botón **Enviar** para enviar los números al servidor. Antes de enviarlos se debe comprobar si son válidos y no están repetidos. Después de enviar la combinación al servidor, recibiremos la información de cómo ha ido la jugada y el estado del juego.

✓ El botón **Salir** para finalizar la ejecución. El botón **Limpiar nº** limpia los 4 campos de entrada.

✓ Un campo contador no editable que muestra el número de intentos que le quedan al jugador para adivinar la combinación. Este contador se controla en el Hilo del servidor.

Controlar en el cliente:

✓ Cuando un cliente se conecta, si ya hay algún otro cliente que ha adivinado la combinación se debe mostrar mensaje indicándolo y finalizar la ejecución.

✓ Cuando el servidor nos responda que hemos acertado la combinación se mostrará mensaje y se desactivará el botón *Enviar*. Igualmente, cuando nos responda que el juego ha finalizado porque algún jugador acertó la combinación.

CAPÍTULO 4

GENERACIÓN DE SERVICIOS EN RED

Contenidos

Protocolos estándar de comunicaciones en red.

Librerías para comunicar con los protocolos estándar.

Crear clientes de protocolos estándar de comunicaciones en red.

Programar servicios web.

Objetivos

Acceder a un servidor FTP.

Subir y descargar ficheros del servidor FTP.

Acceder a un servidor SMTP.

Acceder a un servidor POP.

Enviar y recibir correos electrónicos

Crear servicios web.

Consumir servicios web

RESUMEN DEL CAPÍTULO

En este capítulo trabajaremos con la librería **Apache Commons Net™** para implementar protocolos de comunicación estándar, y desarrollaremos clientes que se conecten a servidores FTP, SMTP y POP3. Además, utilizaremos **Jakarta Mail** para el envío y la recepción de correos electrónicos. También aprenderemos a crear servicios web y a desarrollar clientes que los consuman.

4.1. INTRODUCCIÓN

Los **servicios** son programas auxiliares utilizados en un sistema de computadoras para gestionar una colección de recursos y prestar su funcionalidad a los usuarios y aplicaciones. Por ejemplo, cuando enviamos un documento a una impresora que está formando parte de una red estamos usando un servicio de impresión, este servicio permite gestionar y compartir la impresora en la red. El único acceso que tenemos al servicio está formado por el conjunto de operaciones que ofrece, por ejemplo, un servicio de ficheros ofrece operaciones de lectura, escritura o borrado de ficheros.

Todos los servicios de Internet implementan una relación cliente-servidor, en este capítulo estudiaremos estos servicios y usaremos Java para programar clientes de los servicios de Internet que se usan más frecuentemente.

4.2. PROTOCOLOS ESTÁNDAR DE COMUNICACIÓN EN RED

El modelo TCP/IP está compuesto por cuatro capas o niveles (véase Figura 4.1). La capa de aplicación define las aplicaciones de red y los servicios de Internet estándar que puede utilizar un usuario. Estos servicios utilizan la capa de transporte para enviar y recibir datos. Existen varios protocolos de capa de aplicación.

En la lista siguiente se incluyen ejemplos de protocolos de capa de aplicación:

- Conexión remota: Telnet.
- Correo electrónico: SMTP.
- Acceso a ficheros remotos: FTP, NFS, TFTP
- Resolución de nombres de ordenadores: DNS, WINS.
- World Wide Web: HTTP.

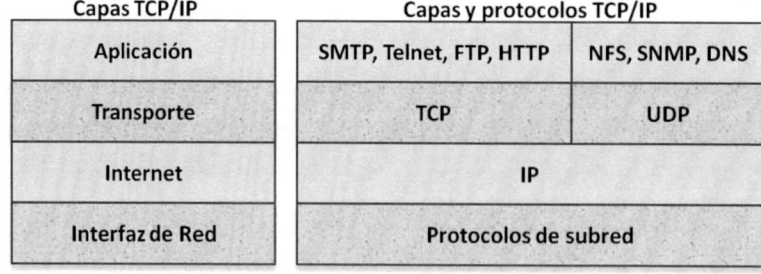

Figura 4.1. Protocolos y aplicaciones TCP/IP.

Todas las aplicaciones que implementan TCP/IP se basan en el modelo cliente-servidor:

TELNET (*Telecommunication Network*): Emulación de terminal; permite a un usuario acceder a una máquina remota y manejarla como si estuviese sentado delante de ella. Es el sistema empleado para arreglar fallos de máquinas remotas o para realizar consultas a distancia como por ejemplo para consultar los fondos de una biblioteca. Su principal problema es la seguridad ya que los nombres de usuario y contraseñas viajan por la red como texto plano.

SMTP (*Simple Mail Transfer Protocol*): Protocolo simple de transferencia de correo electrónico; es probablemente el servicio más popular entre los usuarios de la red. Este estándar especifica el formato exacto de los mensajes que un cliente en una máquina debe enviar al servidor en otra. Administra la transmisión de correo electrónico a través de las redes informáticas.

FTP (*File Transfer Protocol*): Protocolo de transferencia de ficheros; es un servicio confiable orientado a conexión que se utiliza para transferir ficheros de una máquina a otra a través de Internet. Los sitios FTP son lugares desde los que podemos descargar o enviar ficheros.

TFTP (*Trivial File Transfer Protocol*): Protocolo trivial de transferencia de ficheros; es un protocolo de transferencia muy simple semejante a una versión básica de FTP. Fue definido para aplicaciones que no necesitan tanta interacción entre cliente y servidor. A menudo se utiliza para transferir ficheros entre ordenadores en una red en los que no es necesaria una autenticación. Es un servicio no orientado a conexión que utiliza el protocolo UDP.

HTTP (*HyperText Transference Protocol*): Protocolo de Transferencia de Hipertexto; utilizado por los navegadores web para realizar peticiones a los servidores web y para recibir las respuestas de ellos. Es un protocolo que especifica los mensajes involucrados en un intercambio petición-respuesta, los métodos, argumentos y resultados y las reglas para representar todo ello en los mensajes.

NFS (*Network File System*): Sistema de ficheros de red, ha sido desarrollado por *Sun Microsystems* y permite a los usuarios el acceso en línea a ficheros que se encuentran en sistemas remotos, de esta forma el usuario accede a un fichero como si este fuera un fichero local.

SNMP (*Simple Network Management Protocol*): Protocolo simple de administración de red, es un protocolo utilizado para intercambiar información de gestión entre los dispositivos de una red. Permite a los administradores monitorear, controlar y supervisar el funcionamiento de la red.

DNS (*Domain Name System*): Sistema de nombres de dominio, es un sistema que usa servidores distribuidos a lo largo de la red para resolver el nombre de un host IP (nombre de ordenador + nombre de subdominio + nombre de dominio) en una dirección IP, de esta manera no hay que recordar y usar su dirección IP.

En este capítulo aprenderemos a crear clientes para acceder a diferentes servicios TCP/IP.

4.3. COMUNICACIÓN CON UN SERVIDOR FTP

FTP es una de las herramientas más útiles para el intercambio de ficheros entre diferentes ordenadores y es la forma habitual de publicación en Internet.

Para usar FTP para transferir ficheros entre dos ordenadores, cada uno debe tener un papel, es decir, uno debe ser el cliente FTP y el otro el servidor FTP. El cliente envía comandos al servidor (subir, bajar o borrar ficheros, crear un directorio) y el servidor los lleva a cabo. Podemos imaginarnos al servidor como un gran contenedor en el que podemos encontrar gran cantidad de ficheros y directorios.

Hay dos tipos fundamentales de acceso a través de FTP:

- **Acceso anónimo**: cuando la conexión con la máquina servidora la realiza un usuario sin autentificar y sin ningún tipo de privilegio en el servidor. En este caso al usuario es recluido a un directorio público donde sólo se le permite descargar ficheros.

- **Acceso autorizado**: el usuario que realiza la conexión con la máquina servidora está registrado y tiene ciertos privilegios en el servidor. En este caso, y una vez autenticado, el usuario es recluido a su directorio personal donde puede subir y bajar ficheros; normalmente se le asigna una cuota de espacio.

FTP utiliza dos conexiones TCP distintas, una conexión de control y otra de transferencia de datos. La primera se encarga de iniciar y mantener la comunicación entre el cliente y el servidor, la segunda se encarga de enviar datos entre cliente y servidor, esta existe únicamente cuando hay datos a transmitir.

Normalmente, cuando un cliente se conecta a un servidor FTP, el cliente emplea un puerto aleatorio pero el servidor se conecta en el **puerto 21**. Este puerto, **command port** o **control port**, es el puerto de comandos o canal de control por el que se transfieren las órdenes. Para la transferencia de datos no se utilizan los mismos puertos, el cliente obtiene un nuevo puerto y el servidor en **el proceso de transferencia de datos** usa normalmente el **puerto 20**.

En este proceso de comunicación entre cliente y servidor, el cliente puede actuar en modo activo o en modo pasivo:

- **Modo activo**: también llamado estándar o PORT. En modo activo, el servidor siempre crea el canal de datos en su puerto 20, mientras que en el lado del cliente el canal de datos se asocia a un puerto aleatorio mayor que el 1024, por ejemplo, el 1027. Véase Figura 4.2:

    1. En el paso 1, el cliente manda un comando PORT al puerto de comandos del servidor (el 21) y le indica el número de puerto para el canal de datos (el 1027).

    2. En el paso 2, el servidor envía un ACK (acuse de recibo) de vuelta al puerto de comandos del cliente (el 1026).

    3. En el paso 3, el servidor inicia la conexión del puerto local de datos (el 20) con el puerto de datos especificado anteriormente, el 1027.

    4. Por último, el cliente envía un ACK de vuelta al servidor.

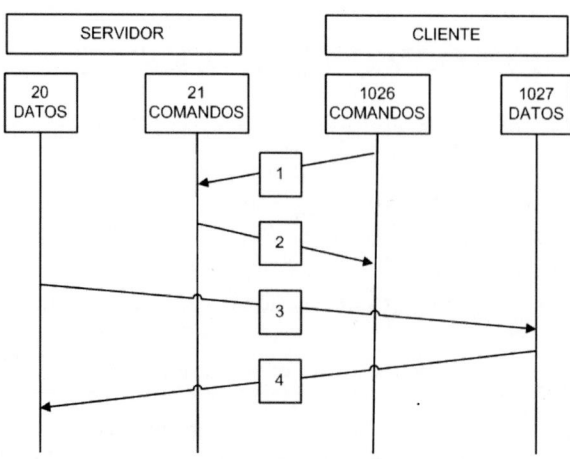

Figura 4.2. Modo activo

- **Modo pasivo:** o PASV, en este caso el cliente envía comandos tipo PASV, entonces el servidor FTP le indicará por el canal de control el puerto al que debe conectarse el cliente, debe ser mayor que 1024. Véase Figura 4.3:

    1. En el paso 1, el cliente manda un comando PASV al puerto de comandos del servidor (el 21).

    2. En el paso 2, el servidor responde indicando al cliente el puerto por el que escuchará la conexión de datos, en este caso el puerto 2024.

    3. En el paso 3, el cliente inicia la conexión de datos desde el puerto de datos del cliente, al puerto de datos del servidor especificado anteriormente (el 2024).

    4. Por último, el servidor envía un ACK al puerto de datos del cliente.

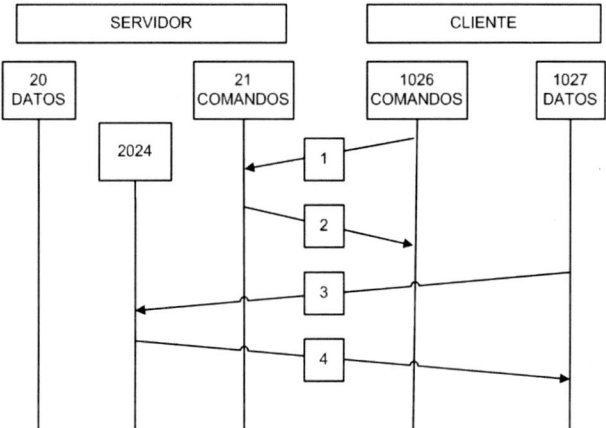

Figura 4.3. Modo pasivo

Tanto en el modo activo como en el modo pasivo el servidor utiliza el puerto 21 como puerto de comandos o canal de control. El modo activo tiene un problema de seguridad y es que se abre una conexión para datos a la máquina cliente desde fuera para adentro, y si el cliente está conectado a una red insegura como Internet puede ser atacado fácilmente. Normalmente, el uso de cortafuegos instalados en el equipo rechazará dichas conexiones. Para evitar estos problemas se desarrolló el modo pasivo.

4.3.1. Java para comunicar con un servidor FTP

Existen librerías Java que nos permiten crear programas cliente para comunicar con un servidor FTP. **Apache Commons Net™** proporciona una librería de componentes que nos permite implementar el lado cliente de muchos protocolos básicos de Internet. La librería incluye soporte para protocolos como FTP, SMTP, Telnet, TFTP, etc.

A continuación, vamos a ver como acceder desde un programa cliente Java, a un servidor FTP, podremos conectarnos, listar los ficheros y directorios, subir ficheros, eliminarlos, etc. Usaremos la clase **FTPClient**. Necesitaremos acceder a los repositorios de *Maven* para agregar la dependencia de **Apache Commons Net**: *https://mvnrepository.com/artifact/commons-net/commons-net*. Usaremos la última versión que en este caso es la 3.11.1:

```
<!-- https://mvnrepository.com/artifact/commons-net/commons-net -->
<dependency>
    <groupId>commons-net</groupId>
    <artifactId>commons-net</artifactId>
    <version>3.11.1</version>
</dependency>
```

La clase **FTPClient** encapsula toda la funcionalidad necesaria para almacenar y recuperar ficheros de un servidor FTP. Esta clase se encarga de todos los detalles de bajo nivel de la interacción con un servidor FTP. Necesitaremos importar en nuestras clases Java el paquete: **org.apache.commons.net.ftp.***.

Crearemos un objeto **FTPClient** y lo primero que hay que realizar es la conexión al servidor usando el método **connect()**, a continuación, comprobamos el código de respuesta para ver si ha ocurrido algún error, si no hay errores realizamos las operaciones de transferencia y cuando finalice el proceso, cerramos la conexión usando el método **disconnect()**. En el siguiente ejemplo realizamos una conexión a un servidor FTP (*ftp.rediris.es*), comprobamos si se ha realizado correctamente o no y cerramos la conexión:

```java
import java.io.IOException;
import java.net.SocketException;
import org.apache.commons.net.ftp.*;

public class ClienteFTP1 {
    public static void main(String[] args) throws SocketException,
                                                  IOException {
        FTPClient cliente = new FTPClient();
        String servFTP = "ftp.rediris.es"; // servidor FTP
        System.out.println("Nos conectamos a: " + servFTP);
        cliente.connect(servFTP);

        // respuesta del servidor FTP
        System.out.print(cliente.getReplyString());

        // código de respuesta
        int respuesta = cliente.getReplyCode();
        System.out.println("Respuesta: "+respuesta);

        // comprobación del código de respuesta
        if (!FTPReply.isPositiveCompletion(respuesta)) {
            cliente.disconnect();
            System.out.println("Conexión rechazada: " + respuesta);
            System.exit(0);
        }

        // desconexión del servidor FTP
        cliente.disconnect();
        System.out.println("Conexión finalizada.");
    }
}// ..
```

La ejecución visualiza la siguiente información:

```
Nos conectamos a: ftp.rediris.es
220-  Bienvenido al servicio de replicas de RedIRIS.
220-    Welcome to the RedIRIS mirror service.
220 Only anonymous FTP is allowed here
Respuesta: 220
Conexión finalizada.
```

La clase **FTPReply** almacena un conjunto de constantes para códigos de respuesta FTP. Para interpretar el significado de los códigos se puede consultar la RFC 959 (http://www.ietf.org/rfc/rfc959.txt). Los nombres nemónicos usados para las constantes son transcripciones de las descripciones de los códigos de la RFC 959. El método **isPositiveCompletion(int respuesta)** devuelve *true* si un código de respuesta ha terminado positivamente. El código 220 significa que el servicio está preparado.

El protocolo FTP usa un esquema de códigos de respuesta donde cada uno de sus dígitos tiene un significado especial. Son números de tres dígitos en ASCII, el primer dígito indica si la respuesta es buena, mala o incompleta:

- **1yz**: Respuesta preliminar positiva, el servidor inició la acción solicitada.

- **2yz**: Respuesta de terminación positiva, el servidor terminó con éxito la acción solicitada.

- **3yz**: Respuesta intermedia positiva, el servidor aceptó el comando, pero la acción solicitada necesita más información.

- **4yz**: Respuesta de terminación negativa transitoria, el servidor no aceptó el comando, y la acción solicitada no ocurrió.

- **5yz**: Respuesta de terminación negativa permanente, el servidor no aceptó el comando y la acción solicitada no ocurrió.

En la siguiente tabla se muestran algunos de los métodos de la clase **FTP** usados anteriormente:

Métodos	Misión
void connect(String host)	Abre la conexión con el servidor FTP indicado en *host*.
int getReplyCode()	Devuelve el valor entero del código de respuesta de la última respuesta FTP.
String getReplyString()	Devuelve el texto completo de la respuesta del servidor FTP.

En la siguiente tabla se muestran algunos métodos de la clase **FTPClient** (derivada de **FTP**) que utilizaremos para *logearnos* al servidor FTP, subir, bajar y eliminar ficheros, movernos de un directorio a otro, etc. Muchos de estos métodos devuelven un valor booleano, *true* si el método tuvo éxito y *false* en caso contrario:

Métodos	Misión
void disconnect()	Cierra la conexión con el servidor FTP y restaura los parámetros de conexión a los valores predeterminados.
boolean login (String user, String passwd)	Inicia sesión en el servidor FTP usando el nombre de usuario y la contraseña proporcionados. Devuelve *true* si se inicia la sesión con éxito, si no devuelve *false*
boolean logout ()	Sale del servidor FTP.
void enterLocalActiveMode()	Se establece el modo de conexión de datos actual en modo activo.
void enterLocalPassiveMode()	Se establece el modo de conexión de datos actual en modo pasivo.
String printWorkingDirectory ()	Devuelve el nombre de ruta del directorio de trabajo actual.
FTPFile [] listFiles()	Obtiene una lista de ficheros del directorio actual como un array de objetos **FTPFile**.
FTPFile [] listFiles(String path)	Obtiene una lista de ficheros del directorio indicado en *path*.
String[] listNames()	Obtiene una lista de ficheros del directorio actual como un array de cadenas.
FTPFile[] listDirectories ()	Obtiene la lista de los directorios que se encuentran en el directorio de trabajo actual.
FTPFile[] listDirectories(String parent)	Obtiene la lista de los directorios que se encuentran en el directorio especificado en *parent*.
boolean changeWorkingDirectory (String pathname)	Cambia el directorio de trabajo actual de la sesión FTP al indicado en *pathname*.
boolean changeToParentDirectory ()	Cambia al directorio padre del directorio de trabajo actual.
boolean setFileType (int fileType)	Establece el tipo de fichero a transferir: ASCII_FILE_TYPE (fichero ASCII), BINARY_FILE_TYPE (imagen binaria), etc.
boolean storeFile (String nombre, InputStream local)	Almacena un fichero en el servidor con el nombre indicado tomando como entrada el **InputStream,** si el fichero existe lo sobreescribe.
boolean retrieveFile (String nombre, OutputStream local)	Recupera un fichero del servidor y lo escribe en el **OutputStream** dado.
boolean deleteFile (String pathname)	Elimina un fichero en el servidor FTP.
boolean rename (String antiguo, String nuevo)	Cambia el nombre de un fichero del servidor FTP.
boolean removeDirectory (String pathname)	Elimina un directorio en el servidor FTP (si está vacío).
boolean makeDirectory (String pathname)	Crea un nuevo subdirectorio en el servidor FTP en el directorio actual.

(https://commons.apache.org/proper/commons-net/apidocs/org/apache/commons/net/ftp/FTPClient.html)

Todos los métodos de comunicación con el servidor pueden lanzar *IOException*. El servidor FTP puede optar por cerrar antes de tiempo una conexión si el cliente ha estado inactivo durante más de un período de tiempo determinado (generalmente 900 segundos). La clase **FTPClient** detectará un cierre prematuro de la conexión con el servidor FTP y se puede producir la excepción *FTPConnectionClosedException*.

Lo más normal es conectar a un servidor FTP con un nombre de usuario y su clave. Para identificarnos usaremos el método **login()** que devuelve *true* si la conexión se realiza correctamente. Nos conectamos al servidor en modo pasivo usando el método **enterLocalPassiveMode()**. Para desconectarnos usamos el método **logout().**

En el siguiente ejemplo nos conectamos al servidor FTP *ftp.gnu.org* utilizando un acceso anónimo. Nos conectamos como usuario *anonymous* y clave igual para mostrar la lista de ficheros del directorio actual. Usamos el método **listFiles()** que devuelve un array de la clase **FTPFile** con información de los ficheros y directorios encontrados; recorremos el array visualizando el nombre del fichero o directorio y el tipo que puede ser fichero, directorio o enlace simbólico:

```java
import java.io.*;
import org.apache.commons.net.ftp.*;

public class ClienteFTP2 {
    public static void main(String[] args) {
        FTPClient cliente = new FTPClient();
        String servFTP = "ftp.gnu.org";
        System.out.println("Nos conectamos a: " + servFTP);
        String usuario = "anonymous";
        String clave = "anonymous";
        try {
            cliente.connect(servFTP);
            cliente.enterLocalPassiveMode(); //modo pasivo

            boolean login = cliente.login(usuario, clave);
            if (login)
                System.out.println("Login correcto...");
            else {
                System.out.println("Login Incorrecto...");
                cliente.disconnect();
                System.exit(1);
            }
            System.out.println("Directorio actual: "
                            + cliente.printWorkingDirectory());

            FTPFile[] files = cliente.listFiles();
            System.out.println("Ficheros en el directorio actual:"
                            + files.length);
            //array para visualizar el tipo de fichero
            String tipos[] = {"Fichero", "Directorio","Enlace simb."};

            for (int i = 0; i < files.length; i++) {
                System.out.println("\t" + files[i].getName() + " => "
                            + tipos[files[i].getType()]);
            }
            boolean logout = cliente.logout();
            if (logout)
                System.out.println("Logout del servidor FTP...");
                else
                    System.out.println("Error al hacer Logout...");
            //
            cliente.disconnect();
            System.out.println("Desconectado...");
        } catch (IOException ioe) {
            ioe.printStackTrace();
        }
    }
}// ..
```

La ejecución muestra la siguiente salida (un punto designa el directorio actual, dos puntos seguidos designan el directorio de nivel superior al actual):

```
Nos conectamos a: ftp.gnu.org
Login correcto...
Directorio actual: /
Ficheros en el directorio actual:19
     CRYPTO.README => Enlace simb.
     MISSING-FILES => Fichero
     MISSING-FILES.README => Fichero
     README => Fichero
     before-2003-08-01.md5sums.asc => Fichero
     find.txt.gz => Fichero
     gnu => Directorio
     gnu+linux-distros => Directorio
     ls-lrRt.txt.gz => Fichero
     mirrors => Directorio
     non-gnu => Enlace simb.
     old-gnu => Directorio
     pub => Enlace simb.
     savannah => Directorio
     third-party => Directorio
     tmp => Directorio
     tree.json.gz => Fichero
     video => Directorio
     welcome.msg => Fichero
Logout del servidor FTP...
Desconectado...
```

Si desde el navegador web escribimos *ftp.gnu.org* obtendremos también la lista de ficheros y directorios, nos desplazamos por la página y al final veremos la lista, véase Figura 4.4.

Figura 4.4. Directorio principal del sitio *ftp.gnu.org*.

Para movernos de un directorio a otro usamos el método **changeWorkingDirectory()**. Devuelve *true* si el directorio existe y *false* si no existe. En el ejemplo anterior si quiero mostrar el contenido de un directorio, primero he de situarme en él usando este método. Por ejemplo, si quiero ir al directorio */pub/video/* para obtener la lista de ficheros que hay escribo las siguientes órdenes:

```
String directorio = "/pub/video/";
if(cliente.changeWorkingDirectory (directorio))
   System.out.println("Dir Actual:"+ cliente.printWorkingDirectory());
else
   System.out.println("NO EXISTE EL DIRECTORIO: " + directorio);

FTPFile[] files = cliente.listFiles();
```

El siguiente ejemplo crea un directorio en el directorio actual (tenemos que tener permiso para poder hacerlo) y hacemos que sea el directorio de trabajo actual usando el método **changeWorkingDirectory()**:

```
String direc="NUEVODIREC";
if(cliente.makeDirectory (direc)){
    System.out.println("Directorio creado ....");
    cliente.changeWorkingDirectory (direc);
}
else
    System.out.println("NO SE HA PODIDO CREAR DIRECTORIO");
```

La clase **FTPFile** se utiliza para representar información acerca de los ficheros almacenados en un servidor FTP. Algunos métodos importantes son:

Métodos	Misión
String getName()	Devuelve el nombre del fichero.
long getSize()	Devuelve el tamaño del fichero en bytes.
int getType()	Devuelve el tipo del fichero, 0 si es un fichero (FILE_TYPE), 1 un directorio (DIRECTORY_TYPE) y 2 un enlace simbólico (SYMBOLIC_LINK_TYPE)
String getUser()	Devuelve el nombre del usuario propietario del fichero.
boolean isDirectory()	Devuelve *true* si el fichero es un directorio.
boolean isFile()	Devuelve *true* si es un fichero.
boolean isSymbolicLink()	Devuelve *true* si es un enlace simbólico.

(https://commons.apache.org/proper/commons-net/apidocs/org/apache/commons/net/ftp/FTPFile.html)

ACTIVIDAD 4.1

Conéctate a *ftp.gnu.org* y visualiza los directorios del directorio raíz, entra después en cada directorio del directorio raíz mostrando la lista de ficheros y directorios que hay. Prueba en otros servidores FTP que admiten usuarios anónimos como *ftp.rediris.es*, *ftp.freebsd.org*, etc.

Instala el servidor FTP **Filezilla Server** en tu máquina local. Crea un directorio en el disco duro que sirva como servidor FTP. Crea un subdirectorio para cada usuario que crees y copia ficheros en ellos. Crea varios usuarios y asigna los permisos al directorio al que pueden acceder. Consulta el documento

INSTALACION_FilezillaServer.pdf (que se encuentra en los recursos del capítulo) para instalar y configurar el servidor FTP. Puedes descargar **Filezilla Server** desde la URL: https://filezilla-project.org/.

Realiza la actividad anterior conectándote al servidor FTP local. El nombre del servidor es *localhost* y el nombre de usuario y clave alguno de los que hayas creado.

4.3.2. Subir ficheros al servidor

Para los siguientes ejemplos necesitamos tener acceso a un servidor FTP. Podemos usar **Filezilla Server** o crearnos un hosting web gratuito que ofrezca servicio de FTP (*https://byet.host/, https://www.hostinger.com/es,* etc).

Para subir ficheros al servidor necesitamos un nombre de usuario, su clave, un espacio en el servidor y tener privilegios para ello. Primero nos conectamos al servidor y a continuación nos identificamos. Si todo va bien nos situamos en el directorio donde vamos a subir los ficheros; por ejemplo, supongamos que es un subdirectorio que cuelga del directorio raíz (/) y se llama NUEVODIREC:

```
String direc = "/NUEVODIREC";

cliente.changeWorkingDirectory(direc);
```

A continuación, con el método **setFileType()** se indica el tipo de fichero a subir. Este tipo es una constante entera definida en la clase **FTP**. Se suele poner **BINARY_FILE_TYPE** que permite enviar ficheros de cualquier tipo:

```
cliente.setFileType(FTP.BINARY_FILE_TYPE);
```

Creamos un stream de entrada con los datos del fichero que vamos a subir (en el ejemplo el fichero se llama *EJEMPLO.pdf* y se ubica en la carpeta *D:\CAPIT4*) y se lo pasamos al método **storeFile()**, en el primer parámetro indicaremos el nombre que tendrá el fichero en el directorio FTP y en el segundo el **InputStream**, el método devuelve *true* si el proceso se ha realizado correctamente:

```
String archivo ="D:\\CAPIT4\\EJEMPLO.pdf";
BufferedInputStream in = new BufferedInputStream
                         (new FileInputStream(archivo));
if (cliente.storeFile("EJEMPLO.pdf", in))
   System.out.println("Subido correctamente... ");
else
   System.out.println("No se ha podido subir el fichero... ");
```

Por último, será necesario cerrar el flujo de entrada. El ejemplo completo se muestra a continuación, se sube un fichero al directorio NUEVODIREC, si el directorio no existe se crea. Al fichero se le da el mismo nombre en el servidor que el que tiene actualmente. El servidor FTP es *localhost* y el usuario y clave es *usuario1*:

```
import java.io.*;
import org.apache.commons.net.ftp.*;

public class SubirFichero {
  public static void main(String[] args) {

      FTPClient cliente = new FTPClient();
      String servidor = "localhost";
      String user = "usuario1";
      String pasw = "usuario1";
```

```java
        try {
            System.out.println("Conectándose a " + servidor);
            cliente.connect(servidor);
            cliente.enterLocalPassiveMode();
            boolean login = cliente.login(user, pasw);

            cliente.setFileType(FTP.BINARY_FILE_TYPE);
            String direc = "/NUEVODIREC";

            if (login) {
                System.out.println("Login correcto");

                //SI EL DIRECTORIO NO EXISTE SE CREA
                if (!cliente.changeWorkingDirectory(direc)) {
                    String directorio = "NUEVODIREC";

                    if (cliente.makeDirectory(directorio)) {
                        System.out.println("Directorio : " + directorio +
                                            " creado ...");
                        cliente.changeWorkingDirectory(directorio);
                    } else {
                        System.out.println("No se ha podido crear el
                                            Directorio");
                        System.exit(0);
                    }

                }

                System.out.println("Directorio actual: " +
                        cliente.printWorkingDirectory());

                //STREAM DE ENTRADA CON EL FICHERO A SUBIR
                String archivo ="D:\\CAPIT4\\EJEMPLO.pdf";
                BufferedInputStream in = new BufferedInputStream
                            (new FileInputStream(archivo));

                if (cliente.storeFile("EJEMPLO.pdf", in))
                    System.out.println("Subido correctamente... ");
                else
                    System.out.println("No se ha podido subir... ");

                in.close();            //cerrar flujo
                cliente.logout();      //logout del usuario
                cliente.disconnect(); //desconexión del servidor
            }

        } catch (IOException ioe) {
            ioe.printStackTrace();
        }
    }// main
}// ..
```

Para **renombrar** un fichero se usa el método **rename(nombreantiguo, nombrenuevo)**. Devuelve *true* si renombra el fichero con éxito, en caso contrario devuelve *false*. Por ejemplo, renombro el fichero de nombre *EJEMPLO.pdf* que se encuentra en la carpeta */NUEVODIREC* a *EJEMPLOnuevo.pdf*:

```
//Renombrar fichero
String direc = "/NUEVODIREC";
cliente.changeWorkingDirectory(direc);
if(cliente.rename("EJEMPLO.pdf", "EJEMPLOnuevo.pdf"))
    System.out.println("Fichero renombrado... ");
else
    System.out.println("No se ha podido renombar el Fichero... ");
```

Para **eliminar** un fichero usamos el método **deleteFile()**. Devuelve *true* si elimina el fichero y *false* si no lo elimina. Por ejemplo, para eliminar el fichero de nombre *EJEMPLOnuevo.pdf*, ubicado en la carpeta */NUEVODIREC* escribo lo siguiente:

```
//Eliminar fichero
String fichero = "/NUEVODIREC/EJEMPLOnuevo.pdf";
if(cliente.deleteFile(fichero))
    System.out.println("Fichero eliminado... ");
else
    System.out.println("No se ha podido eliminar el Fichero... ");
```

ACTIVIDAD 4.2

Crea un programa Java que te permita subir ficheros al servidor FTP local, al directorio raíz del usuario que se conecte. Utiliza la clase **JFileChooser** para seleccionar el fichero a subir de tu disco duro. Después de realizada la subida se debe mostrar un mensaje indicándolo. A continuación, muestra en consola el contenido del directorio raíz para ver si aparece el fichero recientemente subido. La Figura 4.5 muestra un momento de la ejecución del programa.

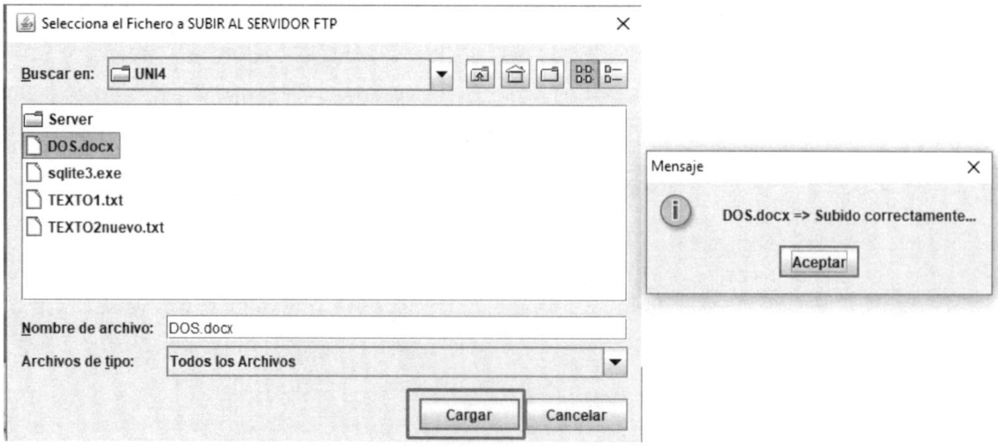

Figura 4.5. Ejecución Actividad 4.2

4.3.3. Descargar ficheros del servidor

Para descargar un fichero del servidor en nuestro disco duro usamos el método **retrieveFile(String remote, OutputStream local)**. Necesitamos saber el directorio desde el que descargaremos el fichero. El método devuelve *true* si el proceso se realiza satisfactoriamente, en caso contrario devuelve *false*. Necesitaremos crear un stream de salida para escribir el fichero en nuestro disco duro.

Por ejemplo, para descargar el fichero de nombre TEXTO2.TXT, que se ubica en la carpeta del servidor FTP */NUEVODIREC/,* en nuestro disco duro en la carpeta *D\CAPIT4* y con nombre *TEXTO2nuevo.txt*, escribimos lo siguiente:

```
//descargar fichero
String direc = "/NUEVODIREC";
cliente.changeWorkingDirectory(direc);
//stream de salida para recibir el fichero descargado
BufferedOutputStream out = new BufferedOutputStream(
    new FileOutputStream("D:\\CAPIT4\\TEXTO2nuevo.txt"));
if(cliente.retrieveFile("TEXTO2.txt", out))
    System.out.println("Recuperado correctamente... ");
else
    System.out.println("No se ha podido descargar... ");
out.close()
```

ACTIVIDAD 4.3

Realiza un programa Java que se conecte al servidor FTP local (localhost) con un nombre de usuario y su clave. Se debe pedir por teclado el nombre de usuario y la clave.

Una vez conectado se mostrará en pantalla la lista de ficheros (solo los ficheros, los directorios no se mostrarán) del servidor FTP que podemos descargar. Al hacer clic en el fichero se debe mostrar su nombre y si pulsamos el botón *Descargar*, nos debe permitir descargar el fichero en nuestro disco duro. Después de la descarga se mostrará un mensaje indicando si se ha realizado correctamente o no. El botón *Salir* Finaliza la aplicación. La Figura 4.6 muestra un momento de la ejecución del programa:

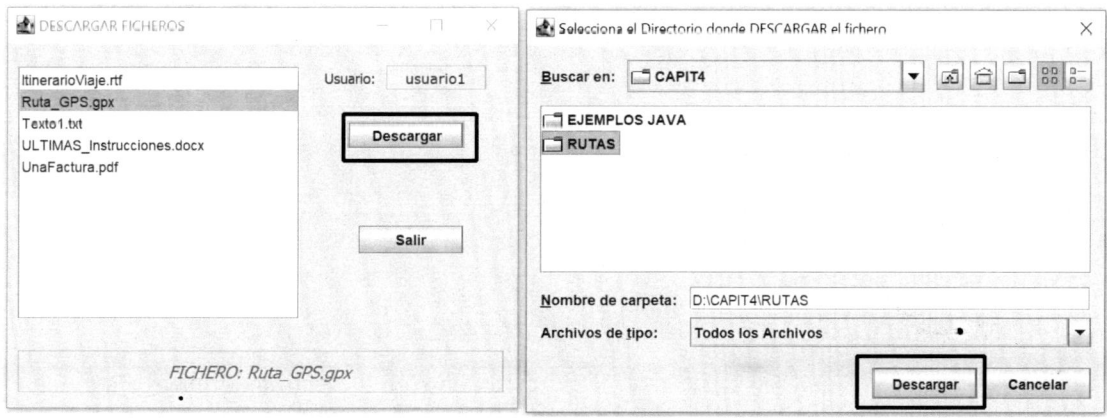

Figura 4.6. Ejecución Actividad 4.3

4.4. COMUNICACIÓN CON UN SERVIDOR SMTP

SMTP (*Simple Mail Transfer Protocol*) es el protocolo estándar de Internet para el intercambio de correo electrónico. Funciona con comandos de texto que se envían al servidor SMTP (por defecto, al puerto 25). A cada comando que envía el cliente le sigue una respuesta del servidor compuesta por un número y un mensaje descriptivo. Las especificaciones de este protocolo se definen en la RFC 2821. Los puertos usados para SMTP son:

- **Puerto 25**: es el puerto estándar sin cifrado (a veces bloqueado por ISPs).

- **Puerto 587**: para envío autenticado con STARTTLS, recomendado.

- **Puerto 465**: SMTP con SSL/TLS, es una alternativa a STARTTLS.

Como vamos a usar la cuenta de Gmail para configurar el servidor SMTP local que instalaremos a continuación y para enviar correos, hemos de acceder a la configuración de seguridad de nuestra cuenta y buscar la sección de cómo iniciar sesión en Google, buscaremos la opción de **Verificación en dos pasos** para activarla. Una vez activada debería aparecer una nueva opción llamada *Contraseñas de aplicaciones*, si no aparece buscamos dentro de la propia cuenta de Google *contraseñas de aplicación,* para que aparezca la opción y así entrar en ella, véase Figura 4.7.

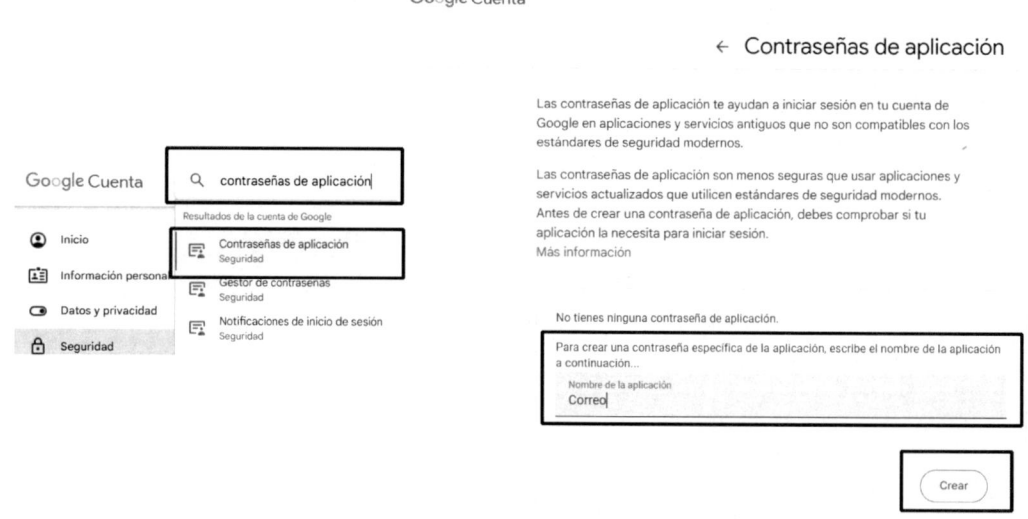

Figura 4.7. Google, Contraseñas de aplicación

Al entrar en la opción pedirá de nuevo identificarnos. Desde la nueva página que aparece escribimos el nombre de la aplicación, en este caso es *Correo* y pulsamos en el botón *Crear*. Se mostrará en pantalla una contraseña de 16 dígitos, la apuntamos en algún sitio seguro. Esta es la contraseña que usaremos para configurar el servidor SMTP y enviar los correos.

4.4.1. Instalación de un servidor de correo electrónico

Un servidor SMTP es un programa que permite enviar correo electrónico a otros servidores SMTP. Vamos a utilizar el servidor SMTP **Mercury Mail** que proporciona el paquete XAMPP. Abrimos el panel de control de XAMPP y pulsamos en el botón *Start* que aparece al lado de **Mercury** para iniciar los servicios. Se debe marcar en verde y al lado debe aparecer el PID y los puertos usados por **Mercury Mail** (véase Figura 4.8).

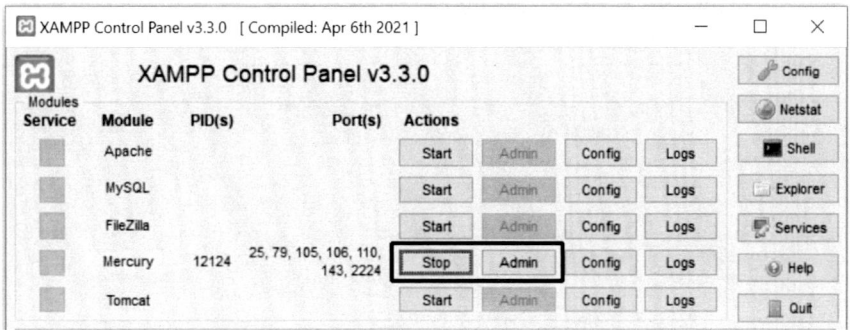

Figura 4.8. Inicio de los servicios de Mercury Mail.

Pulsamos en el botón ***Admin*** para configurar el servidor. Se pulsa en la opción de menú ***Configuration/Protocol Modules***, se configuran los parámetros como se muestra en la Figura 4.9 y se pulsa el botón *OK*.

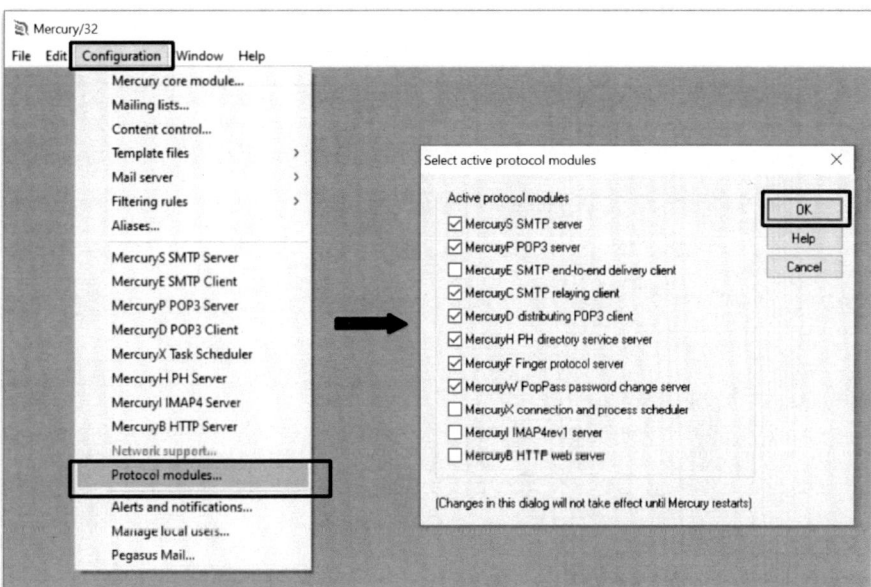

Figura 4.9. Mercury Mail Protocolo modules.

Una vez configurados estos parámetros se cierra **Mercury** y se vuelve a abrir. A continuación, se configura el cliente SMTP. Se pulsa en la opción ***Configuration/MercuryC SMTP Client***. Para mandar emails al exterior necesitamos los datos de un correo exterior, en la aplicación se ha usado el correo de Gmail: *usuario@gmail.com*, por tanto, en el campo *Smart host name* se escriben los datos de SMTP de Gmail para correos salientes: **smtp.gmail.com**; en puerto escribimos 587, luego se elige *SSL encryption via STARTTLS command*. En *Login username* se pone la cuenta de correo de Gmail y en *Password* la contraseña de 16 dígitos generada anteriormente. Se pulsa el botón *OK*, véase Figura 4.10.

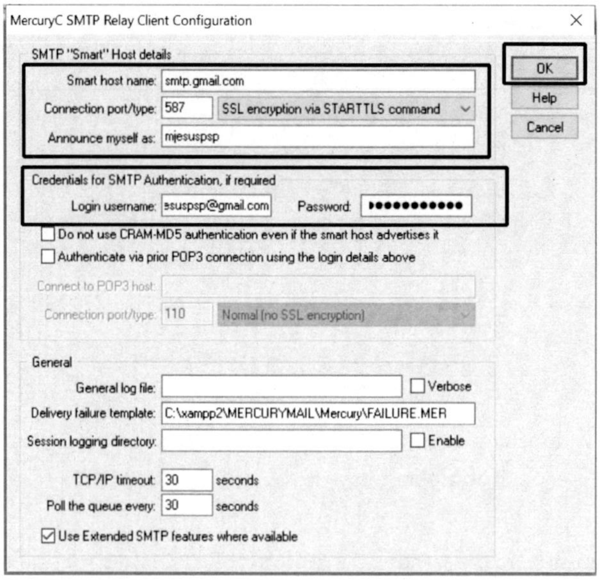

Figura 4.10. MercuryC SMTP Client.

Desde la opción de menú **Configuration/Manage local users** comprobamos que tenemos los usuarios *Admin* y *postmaster* con permisos de administrador, véase Figura 4.11. Desde la opción de menú **Configuration/MercuryS SMTP Server** y desde la pestaña *Connection Control* desmarcamos la casilla *Do not permit SMTP relaying of non-local mail*, y pulsamos el botón *Aceptar*, véase Figura 4.12.

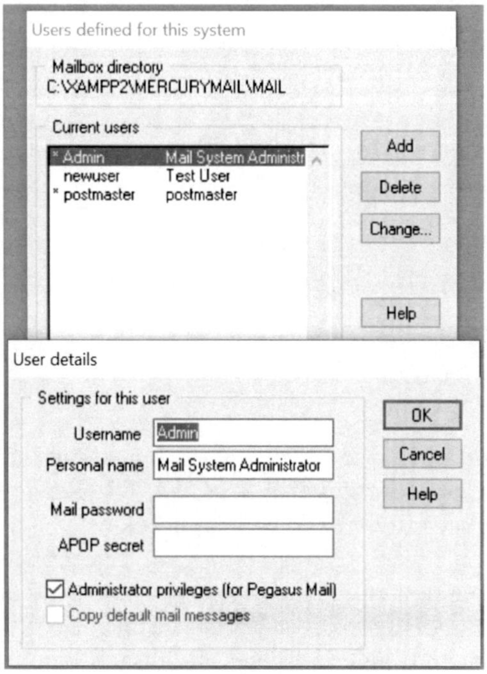

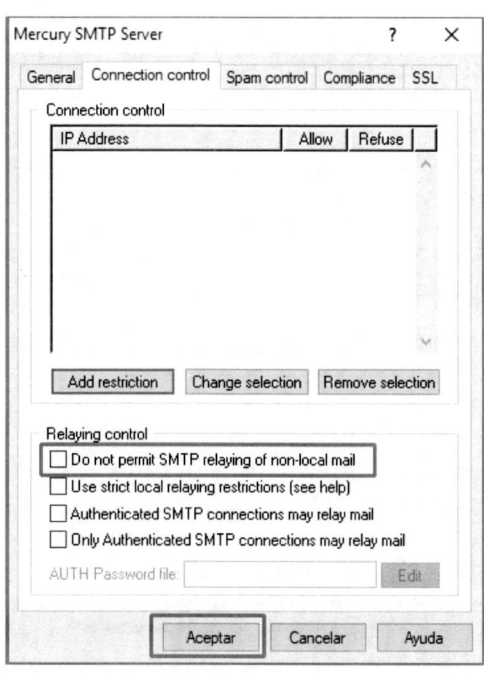

Figura 4.11. Manage local users.   **Figura 4.12.** MercuryS SMTP Server.

Seguidamente se modifica el fichero **php.ini** que se localiza en la carpeta C:\xampp\php. Dentro de la sección **[mail function]** comprobamos que las líneas siguientes están así:

```
SMTP = localhost
smtp_port = 25
```

Y añadimos la siguiente línea:

```
sendmail_from = postmaster@localhost
```

Una vez hecho esto reiniciamos **Mercury**. Para probarlo, desde la opción de menú **File/Send mail message** enviamos un email a un correo externo. Desde la ventana **Mercury Core Process** (*Window/ Mercury Core Process*) podemos ver el estado de los mensajes enviados, Figura 4.13

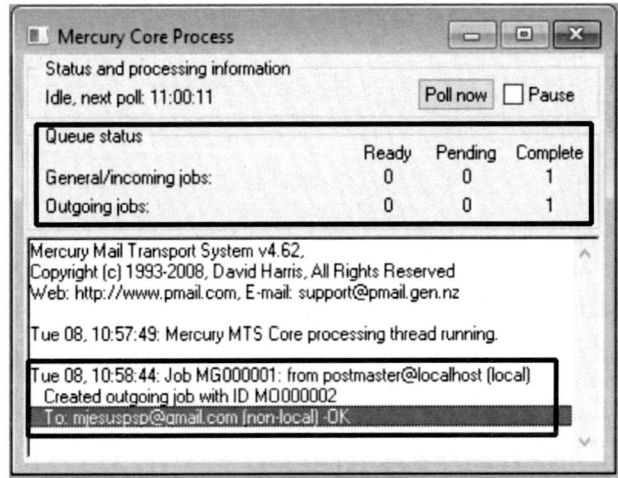

Figura 4.13. Progreso de los mensajes enviados.

Normalmente cuando creamos una cuenta de correo en un proveedor de servicios de internet, el proveedor nos proporciona los datos del servidor POP3 (o IMAP) y del servidor SMTP. Estos son necesarios para configurar clientes de correo como *Microsoft Outlook, Mozilla Thunderbird, PostBox*, etc. El primero se utiliza para recibir los mensajes (es decir, para configurar el correo entrante) y el segundo para enviar nuestros mensajes (configurar el correo saliente). Podemos usar el servidor SMTP que hemos instalado para enviar correos externos.

4.4.2. Uso de TELNET para comunicar con el servidor SMTP

Vamos a ver a continuación como enviar un correo electrónico de forma manual usando el cliente Telnet al puerto 25 del servidor SMTP. Hemos de tener instalado en nuestra máquina el cliente Telnet. Para comprobar si lo tenemos activado nos vamos a la línea de comandos del DOS (en sistemas Windows) y ejecutamos el comando **telnet**. Si no está activado, en Windows nos vamos al *Panel de control / Aplicaciones/ Programas y características/ Activar y desactivar las características de Windows*, marcamos la casilla **Cliente Telnet** y pulsamos *Aceptar*, véase Figura 4.14.

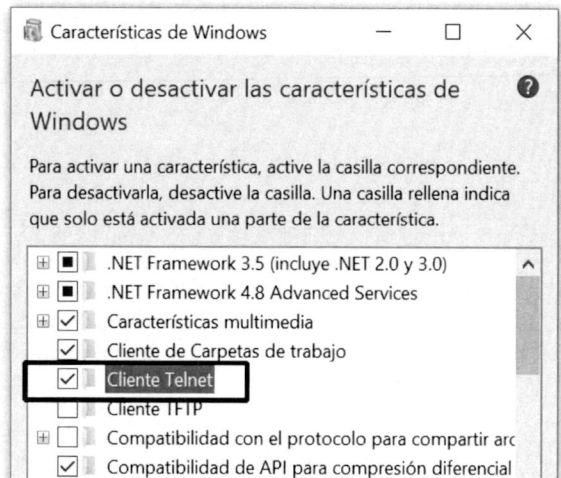

Figura 4.14. Activar el Cliente Telnet en Windows

Algunos de los comandos que usaremos se muestran en la siguiente tabla:

Comandos	Misión
HELO o EHLO	Se utiliza para abrir una sesión con el servidor.
MAIL FROM: *origen*	A la derecha se indica quien envía el mensaje, por ejemplo: remitente@servidor.com
RCPT TO: *destino*	A la derecha se indica el destinatario del mensaje, por ejemplo: destinatario@servidor.com
DATA *mensaje*	Se utiliza para indicar el comienzo del mensaje, éste finalizará cuando haya una línea únicamente con un punto.
QUIT	Cierra la sesión.
HELP	Muestra la lista de comandos SMTP que el servidor admite.

Nos vamos a la línea de comandos del DOS y escribimos **telnet**. Se muestra una pantalla con el prompt *Microsoft Telnet>*, a continuación, escribimos: **open localhost 25**, véase Figura 4.15. El servidor nos responde con la siguiente línea:

```
220 localhost ESMTP server ready.
```

Normalmente responde con un número de 3 dígitos donde cada uno tiene un significado especial (como en FTP). Por ejemplo, los números que empiezan en 2 (220, 250, ...) indican que la acción se ha completado con éxito; los que empiezan por 3 (354) indican que el comando ha sido aceptado, pero la acción solicitada está suspendida a la espera de recibir más información, se usa en grupo de secuencias de comandos (**DATA**). Los que empiezan por 4 indican que el comando no fue aceptado, pero se puede volver a escribir de nuevo. Los que empiezan por 5 indican que el comando no ha sido aceptado y la acción no se ha realizado, por ejemplo, *502 Unknown command*.

Empezamos a escribir los comandos, primero se abre la sesión con **HELO**, a continuación, escribimos el origen (**MAIL FROM:**) y el destino del mensaje (**RCPT TO:**), por cada línea que vamos escribiendo el servidor nos responde. Por último, mediante el comando **DATA** enviamos el mensaje, para finalizar el mensaje escribimos una línea únicamente con un punto. Para finalizar escribimos **QUIT**. En el siguiente ejemplo se escribe un correo a la dirección destino *mjesuspsp@elaltozano.es*, la dirección de origen será la configurada anteriormente. La Figura 4.15 muestra la secuencia completa:

```
HELO ↵
250 localhost Hello, .
MAIL FROM: mjesuspsp@gmail.com ↵
250 Sender OK - send RCPTs.
RCPT TO: <mjesuspsp@elaltozano.es> ↵
250 Recipient OK - send RCPT or DATA.
DATA ↵
354 OK, send data, end with CRLF.CRLF
Subject: Prueba de correo ↵
Hola ↵
Este es un mensaje de correo ↵
usando um cliente Telnet. ↵

Adios. ↵
. ↵
250 Data received OK.
QUIT ↵
```

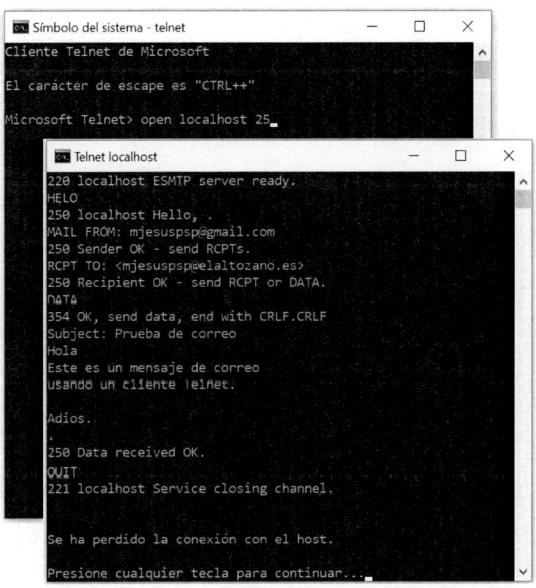

Figura 4.15. Envío de correo mediante Telnet.

Con el comando **DATA** empieza el cuerpo del mensaje. Si el servidor responde con el mensaje *354 OK, send data, end with CRLF.CRLF*, se puede empezar a escribir el cuerpo que puede contener las siguientes cabeceras: *Date, Subject, To, Cc* y *From* (se pueden escribir en mayúsculas o minúsculas). Una vez realizados los pasos anteriores comprobamos si se ha recibido el correo, véase la Figura 4.16.

Figura 4.16. Recepción y visualización del correo enviado.

4.4.3. Cliente SMTP usando la librería Apache Commons

La librería **Apache Commons Net™** proporciona la clase **SMTPClient** (extiende **SMTP**) que encapsula toda la funcionalidad necesaria para enviar ficheros a través de un servidor SMTP. Esta clase se encarga de todos los detalles de bajo nivel de interacción con un servidor SMTP. Al igual que con todas las clases derivadas de **SocketClient**, antes de hacer cualquier operación es necesario conectarse al servidor y una vez finalizada la interacción con el servidor es necesario desconectarse. Una vez conectados es necesario comprobar el código de respuesta SMTP para ver si la conexión se ha realizado correctamente.

El siguiente ejemplo realiza una conexión al servidor SMTP local (por defecto se conecta al puerto 25, en el método **connect()** no es necesario indicarlo) y después se desconecta:

```java
import java.io.IOException;
import org.apache.commons.net.smtp.*;

public class ClienteSMTP1 {
  public static void main(String[] args) {
      SMTPClient client = new SMTPClient();
      try {
          //NOS CONECTAMOS AL PUERTO 25
          client.connect("localhost");

          System.out.print(client.getReplyString());
          int respuesta = client.getReplyCode();

          if (!SMTPReply.isPositiveCompletion(respuesta)) {
            client.disconnect();
            System.err.println("CONEXIÓN RECHAZADA.");
            System.exit(1);
          }

          // REALIZAR ACCIONES, por ejemplo enviar un correo

          // NOS DESCONECTAMOS
          client.disconnect();
```

```
        } catch (IOException e) {
            System.err.println("NO SE PUEDE CONECTAR AL SERVIDOR.");
e.printStackTrace();
            System.exit(2);
        }

    }//main
}// ..
```

La salida que se muestra al ejecutar el programa es:

```
220 localhost ESMTP server ready.
```

La clase **SMTPReply** (similar a **FTPReply**) almacena un conjunto de constantes para códigos de respuesta SMTP. Para interpretar el significado de los códigos se puede consultar la RFC 2821 (http://tools.ietf.org/html/rfc2821). El método **isPositiveCompletion(int respuesta)** devuelve *true* si un código de respuesta ha terminado positivamente. Los métodos **getReplyString()** y **getReplyCode()** son métodos de la clase **SMTP** y son similares a los vistos en la clase **FTP**.

SMTPClient presenta dos tipos de constructores:

Constructor	Misión
SMTPClient()	Constructor por defecto.
SMTPClient(String codificación)	Se establece una codificación en el constructor (*BASE64, BINARY, 8BIT*, etc.)

La clase utiliza el método **connect()** de la clase **SocketClient** para conectarse al servidor; y el método **disconnect()** de la clase **SMTP** para desconectarse del servidor SMTP. Para conectarnos a un servidor SMTP cuyo puerto de escucha sea distinto al 25, tendríamos que indicar en la conexión el número de puerto: **connect(host, puerto)**. Por ejemplo, para conectar con el servidor SMTP de Gmail:

```
client.connect("smtp.gmail.com", 587);
```

Algunos métodos de esta clase son:

Métodos	Misión
boolean addRecipient(String address)	Añade la dirección de correo de un destinatario usando el comando **RCPT**.
boolean completePendingCommand()	Este método se utiliza para finalizar la transacción y verificar el éxito o el fracaso de la respuesta del servidor.
boolean login()	Inicia sesión en el servidor SMTP enviando el comando **HELO**.
boolean login(String hostname)	Igual que la anterior, pero envía el nombre del host como argumento.

Métodos	Misión
boolean logout()	Finaliza la sesión con el servidor enviando el comando **QUIT**.
Writer sendMessageData()	Envía el comando **DATA** para después enviar el mensaje de correo. La clase **Writer** se usará para escribir secuencias de caracteres, como la cabecera y el cuerpo del mensaje.
boolean sendShortMessageData(String message)	Método útil para envío de mensajes cortos.
boolean sendSimpleMessage(String remitente, String[] destinatarios, String message)	Un método útil para el envío de un correo electrónico corto. Se especifica el remitente, los destinatarios y el mensaje.
boolean sendSimpleMessage(String remitente, String destinatario, String message)	Igual que el anterior pero el mensaje sólo va dirigido a un destinatario.
boolean setSender(String address)	Se especifica la dirección del remitente usando el comando **MAIL**.
boolean verify(String username)	Compruebe que un nombre de usuario o dirección de correo electrónico es válido (envía el comando **VRFY** para comprobarlo, tiene que estar soportado por el servidor).

(https://commons.apache.org/proper/commons-net/apidocs/org/apache/commons/net/smtp/SMTPClient.html)

Para enviar un simple mensaje a un destinatario podemos escribir las siguientes líneas:

```
// REALIZAR ACCIONES
client.login(); // inicio de sesión HELO
String destinatario = "mjesuspsp@elaltozano.es";
String mensaje = "Hola. \nEnviando saludos.\nChao.";
String remitente = "yo@localhost.es";

if (client.sendSimpleMessage(remitente, destinatario, mensaje))
    System.out.println("Mensaje enviado a " + destinatario);
else
    System.out.println("No se ha podido enviar");

client.logout();// final de sesión QUIT
```

Si todo va bien, se muestra un mensaje en consola:

```
220 localhost ESMTP server ready.
Mensaje enviado a mjesuspsp@elaltozano.es
```

Si consultamos el correo recibido vemos que aparece sin asunto, véase Figura 4.17.

(sin asunto) 🖉

De mjesuspsp@gmail.com el 2025-04-08 15:36

✉ Detalles   ❶ Cabeceras

```
Hola.
Enviando saludos.
Chao.
X-UC-Weight: [#   ] 51
X-CC-Diagnostic: Not Header "Date" Exists (51)
Message-ID: <23032F324CE0@localhost>
```

Figura 4.17. Recepción de correo sin asunto.

Cuando usamos **Mercury** es importante consultar los mensajes que devuelve el servidor SMTP. Desde la ventana **Mercury SMTP Server** los podemos ver, y si se produce algún error aquí se mostrará. En la Figura 4.18 se muestran los mensajes del envío correcto del mensaje anterior.

Figura 4.18. Estado de Mercury SMTP Server.

La clase **SimpleSMTPHeader** se utiliza para la construcción de una cabecera mínima aceptable para el envío de un mensaje de correo electrónico. El constructor es el siguiente:

```
SimpleSMTPHeader(String from, String to, String subject)
```

Crea una nueva instancia de **SimpleSMTPHeade**r inicializándola con los valores dados en los siguientes campos de cabecera:

- *from*: valor del campo de cabecera *from*, dirección de correo origen.

- *to*: valor del campo de cabecera *to*, dirección de correo destino.

- *subject*: valor del campo de cabecera *subject*, asunto del mensaje.

Proporciona los siguientes métodos:

Métodos	Misión
void addCC(String address)	Agrega una dirección de correo electrónico a la lista CC.
void addHeaderField(String headerField, String value)	Agrega un campo de encabezado arbitrario indicado en *headerField*, con el valor dado en *value*.
String toString()	Convierte el **SimpleSMTPHeader** a una cadena que contiene el encabezado con el formato correcto, incluyendo la línea en blanco para separar la cabecera del cuerpo del correo.

Desde el siguiente código se envía un correo a dos destinatarios (almacenados en las variables *destino1* y *destino2*), el texto se encuentra en la variable *mensaje*. Mediante la clase **SimpleSMTPHeader** se construye la cabecera y se agrega al campo CC mediante el método **addCC()** el segundo destinatario. Mediante el método **setSender()** establecemos el remitente y mediante el método **addRecipient()** añadimos los destinatarios del mensaje, en este caso son dos (ejemplo en la clase *ClienteSMTP2.java*):

```
client.login();//inicia sesión
String remitente = "yo@localhost.es";
String destino1 = "alumnouni5@gmail.com";
String destino2 = "mjesuspsp@elaltozano.es";
String asunto = "Prueba de SMTPClient";
String mensaje = "Hola. \nEnviando saludos.\nChao.";

//se crea la cabecera
SimpleSMTPHeader cabecera =
               new SimpleSMTPHeader(remitente, destino1, asunto);
cabecera.addCC(destino2);

//establecer el correo de origen
client.setSender(remitente);

//añadir correos de destino
client.addRecipient(destino1);
client.addRecipient(destino2);
```

Después se crea un objeto **Writer** para escribir el mensaje. Con el método **sendMessageData()** se envía el comando **DATA**, después se escribe la cabecera del correo y a continuación el cuerpo. Luego se cierra el stream. Por último, se comprueba si el correo se ha enviado correctamente mediante el método **completePendingCommand()** y se cierra la sesión:

```
//se envia DATA
Writer writer = client.sendMessageData();
if(writer == null) { //fallo
     System.out.println("FALLO AL ENVIAR DATA.");
     System.exit(1);
}

//pintamos cabecera
System.out.println(cabecera.toString());

writer.write(cabecera.toString()); //primero escribo cabecera
writer.write(mensaje);//luego mensaje
writer.close(); //se cierra stream
```

```
if(!client.completePendingCommand())  { //fallo
     System.out.println("FALLO AL FINALIZAR LA TRANSACCIÓN.");
     System.exit(1);
}
client.logout();//Finaliza sesión
```

El programa muestra la siguiente salida en pantalla con la cabecera construida:

```
220 localhost ESMTP server ready.
Date: Tue, 08 Apr 2025 15:51:54 +0200
From: yo@localhost.es
To: alumnouni5@gmail.com
Cc: mjesuspsp@elaltozano.es
Subject: Prueba de SMTPClient
```

En la Figura 4.19 se muestran los correos recibidos por los dos destinos, se puede ver el aspecto de la cabecera del mensaje (si no se ven los correos pueden estar en la carpeta de correo spam):

Figura 4.19. Recepción de correo en los dos destinos.

Desde **Mercury Mail** vamos a crear un usuario de correo para enviarle un mensaje y después consultar los mensajes enviados a dicho usuario. Desde la opción de menú **Configuration/ Manage local users** pulsamos el botón *Add* y a continuación rellenamos los datos del usuario, véase Figura 4.20. En el ejemplo se crea el usuario de nombre *usu1* y clave igual.

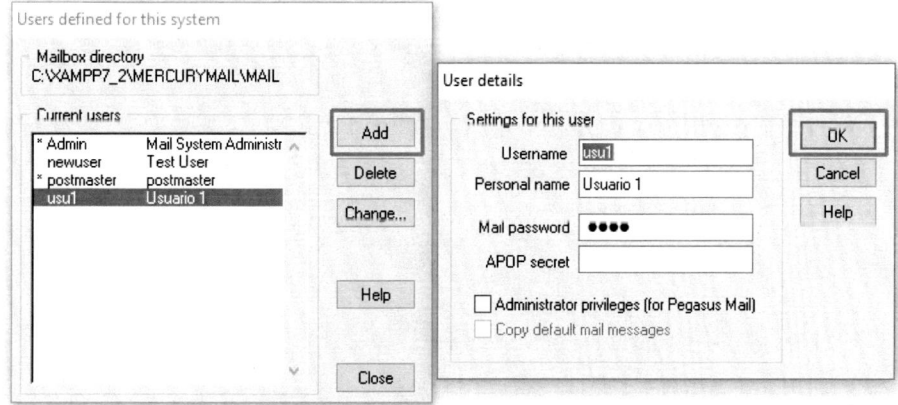

Figura 4.20. Creación de un usuario de correo.

En nuestro programa Java para enviar un correo al usuario creado, simplemente indicamos que el destinatario del mensaje es *usu1*. El resto de pasos es similar a los vistos anteriormente.

4.4.4. Acceso a los mensajes del servidor SMTP

En el correo electrónico se utilizan otros protocolos, además del SMTP, para funciones adicionales. Entre los más utilizados están:

- **MIME** (*Multipurpose Internet Mail Extensions* - extensiones multipropósito de correo de internet): define una serie de especificaciones para expandir las capacidades limitadas del correo electrónico y en particular para permitir la inserción de documentos (como imágenes, sonido y texto) en un mensaje. Su versión segura se denomina **S/MIME**.

- **POP** (*Post Office Protocol* - protocolo de oficina de correo): proporciona acceso a los mensajes de los servidores SMTP. En general, cuando hacemos referencia al término **POP**, nos estamos refiriendo a **POP3** que es la última versión. Este es el que usaremos en este apartado.

- **IMAP** (*Internet Message Access Protocol* - protocolo de acceso a mensajes de Internet): permite acceder a los mensajes de correo electrónico almacenados en los servidores SMTP. Permite que los usuarios accedan a su correo desde cualquier equipo que tenga una conexión a Internet. Tiene alguna ventaja sobre POP, por ejemplo, los mensajes continúan siempre almacenados en el servidor, cosa que no ocurre con POP o los usuarios pueden organizar los mensajes en carpetas. La versión actual es la 4, **IMAP4**. Usa los puertos 143 sin cifrado y 993 con cifrado SSL/TLS (IMAPS)

Los puertos usados para **POP3** son:

- **Puerto 110**: sin cifrado, es el puerto por defecto.

- **Puerto 995**: con cifrado, que funciona a través de TLS/SSL (**POP3S**).

Al igual que SMTP, funciona con comandos de texto: USER, PASS, STAT, LIST, etc. Podemos hacer Telnet al puerto 110 para interactuar con el servidor POP.

Para poder acceder a los mensajes recibidos en el servidor local accedemos a **Mercury Mail**, desde la opción de menú **Configuration/ MercuryP POP3 Server** desmarcamos las casillas *Mark successfully-retrieved mail as Read* y *Ofter only unread mail to connected clients*, véase Figura 4.21, y pulsamos el botón *Aceptar*. Esto hará que los mensajes no desaparezcan del buzón una vez recuperados, así podremos recuperarlos siempre que queramos.

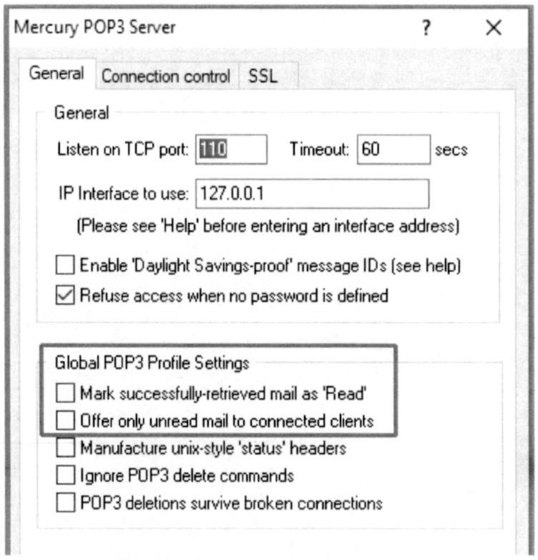

Figura 4.21. Mercury POP3 Server.

Apache Commons Net™ proporciona varias clases para acceder a servidores POP3:

- La clase **POP3Client:** implementa el lado cliente del protocolo POP3 de Internet definido en la RFC 1939.

- **POP3SClient**: POP3 con soporte SSL, extiende **POP3Client.**

- **POP3MessageInfo:** se utiliza para devolver información acerca de los mensajes almacenados en el servidor POP3.

La clase **POP3Client** presenta un único constructor. Algunos de los métodos que usaremos en los ejemplos son:

Métodos	Misión
boolean deleteMessage(int messageId)	Elimina el mensaje con número *messageId* del servidor POP3. Devuelve *true* si la operación se realizó correctamente.
POP3MessageInfo listMessage(int messageId)	Lista el mensaje indicado en el parámetro *messageId*.
POP3MessageInfo[] listMessages()	Obtiene un array con información de todos los mensajes.
POP3MessageInfo listUniqueIdentifier(int messageId)	Obtiene la lista de un único mensaje.
boolean login(String usname, String password)	Inicia sesión en el servidor POP3 enviando el nombre de usuario y la clave. Devuelve *true* si la operación se realizó correctamente.
boolean logout()	Finaliza la sesión con el servidor POP3. Devuelve *true* si la operación se realizó correctamente.
Reader retrieveMessage(int messageId)	Recupera el mensaje con número *messageId* del servidor POP3.
Reader retrieveMessageTop(int messageId, int numLines)	Igual que el anterior pero sólo el número de líneas especificadas en el parámetro *numLines*. Para recuperar la cabecera del mensaje *numLines* debe ser 0.

(https://commons.apache.org/proper/commons-net/apidocs/org/apache/commons/net/pop3/POP3Client.html)

En el siguiente ejemplo nos conectamos al servidor POP3 local, iniciamos la sesión con el usuario *usu1* y visualizamos el número de mensajes que tiene, el servidor es *localhost* y el puerto 110

```java
import java.io.IOException;
import org.apache.commons.net.pop3.POP3MessageInfo;
import org.apache.commons.net.pop3.POPSClient;

public class Ejemplo1POP3 {
  public static void main(String[] args) {
    String server = "localhost", username = "usu1",
          password = "usu1";
    int puerto = 110;

    POP3Client pop3 = new POP3Client();
    try {
```

```
        //nos conectamos al servidor
        pop3.connect(server, puerto);
        System.out.println("Conexión realizada al servidor
                                        POP3 " + server);

        //iniciamos sesión
        if (!pop3.login(username, password))
            System.err.println("Error al hacer login");
        else{
          //obtenemos todos los mensajes en un array
          POP3MessageInfo[] men = pop3.listMessages();

          if (men == null)
            System.out.println("Imposible recuperar mensajes.");
          else
            System.out.println("N°de mensajes: " + men.length);

          //finalizar sesión
          pop3.logout();
        }

        //nos desconectamos
        pop3.disconnect();

    } catch (IOException e) {
        System.err.println(e.getMessage());
        e.printStackTrace();
        System.exit(1);
    }
    System.exit(0);
  }// main

}// ..Ejemplo1POP3
```

La ejecución muestra la siguiente información:

```
Conexión realizada al servidor POP3 localhost
N° de mensajes: 2
```

POP3MessageInfo se utiliza para devolver información acerca de los mensajes almacenados en el servidor POP3. Sus campos (*identifier*, *number* y *size*) se utilizan para referirse a cosas ligeramente diferentes dependiendo de la información que se devuelve:

- En respuesta a un comando de estado, *number* contiene el número de mensajes en el buzón de correo, *size* contiene el tamaño del buzón de correo en bytes, y el campo *identifier* es nulo.

- En respuesta a una lista de mensajes, *number* contiene el número de mensaje, *size* contiene el tamaño del mensaje en bytes, e *identifier* es nulo.

- En respuesta a una lista de un único mensaje, *number* contiene el número de mensaje, *size* no está definido, e *identifier* contiene el identificador único del mensaje.

En el siguiente método se recorre el array de mensajes y se visualiza información de los campos anteriores (*identifier*, *number* y *size*), al ejecutarlo se puede ver como varían sus valores al usar el array con la lista de mensajes y al usar el método **listUniqueIdentifier()** (*Ejemplo2POP3.java*):

```
private static void Recuperarmesajes
      (POP3MessageInfo[] men, POP3SClient pop3) throws IOException {

   for (int i=0; i< men.length; i++) {
      System.out.println("Mensaje: " + (i+1));
      POP3MessageInfo msginfo = men[i]; //lista de mensajes
      System.out.println("IDentificador: " + msginfo.identifier +
        ", Number: " + msginfo.number + ", Tamaño: " + msginfo.size);

      System.out.println("Prueba de listUniqueIdentifier: ");
      POP3MessageInfo pmi = pop3.listUniqueIdentifier(i+1);//un mensaje
      System.out.println("\tIDentificador: " + pmi.identifier +
          ", Number: " + pmi.number + ", Tamaño: " + pmi.size);
   }//for

}//Recuperarmesajes
```

En el siguiente método se muestran las cabeceras de los mensajes recogidos del servidor POP local, se realiza mediante el método **retrieveMessageTop(msginfo.number, 0),** pasándole como primer parámetro el número de mensaje y como segundo el valor 0 (*Ejemplo3POP3.java*):

```
private static void Recuperarcabeceras
   (POP3MessageInfo[] men, POP3Client pop3) throws IOException {

  for (int i=0; i< men.length; i++) {
     System.out.println("Mensaje: " + (i+1));
     POP3MessageInfo msginfo = men[i]; //lista de mensajes

     //solo recupera cabecera
     System.out.println("Cabecera del mensaje:");
     BufferedReader reader = (BufferedReader)
             pop3.retrieveMessageTop(msginfo.number, 0);
     String linea;
     while ((linea = reader.readLine()) != null)
          System.out.println(linea.toString());
     reader.close();

  }//for

}//Recuperarcabeceras
```

Para recuperar todo el mensaje usamos el método **retrieveMessage(int messageId)** pasando el número de mensaje. En el ejemplo anterior cambiaríamos la definición del **reader**:

```
BufferedReader reader =
     (BufferedReader) pop3.retrieveMessage(msginfo.number);
```

Para probarlo con una cuenta de Gmail necesitamos la clase **POP3SClient,** que tiene soporte SSL. Los datos que nos proporciona Gmail son los siguientes:

- Servidor de correo entrante (POP3): **pop.gmail.com,**
- utilizar SSL: Sí,
- puerto: 995.

El usuario y la clave será el mismo que el usado para SMTP. Será necesario entrar en los ajustes de Gmail, opción *Ver todos los ajustes / Reenvío y correo POP/IMAP* y en el apartado *Descarga de correo POP* habilitamos POP según la opción que nos interese, véase Figura 4.22.

Para probarlo es necesario asegurarnos que nuestra red no esté bloqueando los puertos POP3 (995) y SSL. Si se produce algún error como por ejemplo este mensaje de error: *javax.net.ssl.SSLHandshakeException: PKIX path building failed: sun.security.provider. certpath.SunCertPathBuilderException: unable to find valid certification path to requested* puede que tengamos que deshabilitar temporalmente cualquier firewall o software antivirus que esté bloqueando la conexión. Para usar el servidor POP de Gmail escribo lo siguiente:

```
String server = "pop.gmail.com";
String username = "correo@gmail.com";
String password = "contraseña_o_contraseña_de_aplicación";
int puerto = 995;

POP3SClient pop3 = new POP3SClient(true);
pop3.connect(server, puerto);
pop3.login(username, password))
```

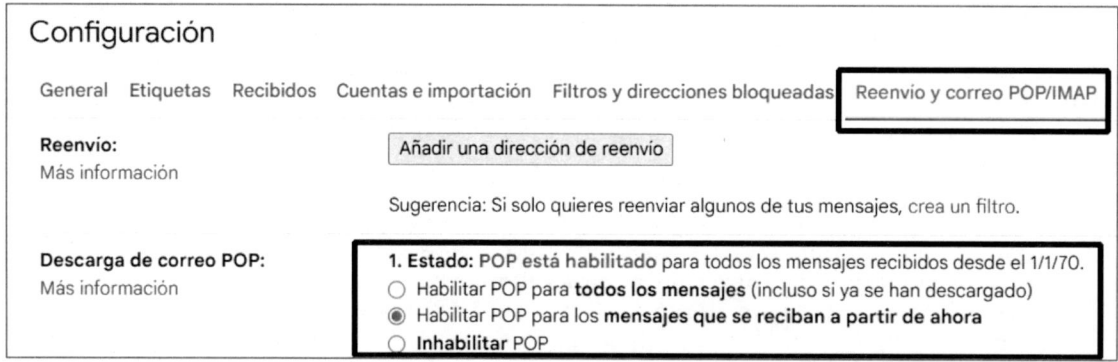

Figura 4.22. Habilitar POP en Gmail.

Hasta ahora hemos utilizado las clases del paquete **Apache Commons Net** para enviar y recibir mensajes de correo usando un servidor de correo local en el que hemos configurado los datos de la cuenta de Gmail. En los correos enviados no ha sido necesaria la autenticación. La **autenticación SMTP** se configura con el fin de elevar los niveles de seguridad y eficacia del servicio de correo electrónico y con el objetivo de prevenir que nuestra dirección de correo sea utilizada sin autorización, evitando el posible envío de correos no deseados a otras personas con fines perjudiciales. La autenticación se realiza a través de la verificación de su nombre de usuario y su contraseña.

Apache Commons Net es una librería de bajo nivel para protocolos de red que da acceso directo al protocolo SMTP, POP3, NNTP, etc; pero no abstrae la lógica compleja como lo hace Jakarta Mail. En el siguiente apartado veremos las clases del paquete **jakarta.mail** que ofrecen soporte completo para SMTP, POP3, autenticación, cifrado (STARTTLS, SSL), adjuntos, HTML, multipartes, etc.

4.5. CLIENTE SMTP USANDO EL PAQUETE jakarta.mail

El paquete **Jakarta Mail** (anteriormente conocido como **javax.mail**) es una API estándar de Java usada para enviar y recibir correos electrónicos a través de SMTP, POP3, así como IMAP. Y también admite la autenticación TLS y SSL. Para poder trabajar en nuestros programas Java necesitamos añadir la dependencia a nuestro fichero **pom.xml**, desde los repositorios de *Maven https://mvnrepository.com/artifact/com.sun.mail/jakarta.mail/2.0.1* podemos descargarla:

```
<dependency>
    <groupId>com.sun.mail</groupId>
    <artifactId>jakarta.mail</artifactId>
    <version>2.0.1</version>
</dependency>
```

Las principales clases son las siguientes:

Clase	Descripción
Session	Representa una sesión de correo, con propiedades de configuración como el servidor SMTP, autenticación, etc. Es el punto de entrada para la mayoría de las operaciones de correo.
Message / MimeMessage	**Message** representa un mensaje de correo electrónico. La subclase más común es **MimeMessage**.
Transport	Se usa para enviar el mensaje.
Address / InternetAddress	**Address** representa una dirección de correo electrónico, la subclase típica es **InternetAddress**.
Store	Representa un repositorio de mensajes (como un buzón en IMAP o POP3). Se usa para recibir/manejar correos almacenados en el servidor.
Folder	Representa una carpeta del buzón (como "Inbox", "Sent", etc.). Se usa para acceder, buscar y organizar mensajes.
Authenticator / PasswordAuthentication	Se utiliza para autenticar sesiones (usuario y contraseña) en servidores de correo. Devuelve una instancia de **PasswordAuthentication**
Multipart y BodyPart	Permiten crear mensajes con múltiples partes (texto ⊢ ficheros adjuntos). **MimeMultipart** y **MimeBodyPart** son las implementaciones comunes.

(https://javadoc.io/doc/jakarta.mail/jakarta.mail-api/latest/jakarta.mail/jakarta/mail/package-summary.html)

La clase **Session** representa una sesión de correo: contiene propiedades, autenticación y permite crear objetos de correo como **MimeMessage**. Los métodos más importantes son:

Método	Misión
getInstance(Properties props)	Crea una instancia de *Session* con las propiedades proporcionadas. Sin autenticación.
getInstance(Properties props, Authenticator auth)	Crea una instancia de *Session* con autenticación. Es la forma más usada para enviar correos con usuario/contraseña.

Método	Misión
getDefaultInstance(Properties props)	Obtiene la sesión por defecto. Si no ha sido configurada, se creará una nueva de manera predeterminada. El parámetro que se le pasa debe recoger al menos las siguientes propiedades: protocolo y servidor SMTP, puerto para el socket de sesión y tipo, usuario y puerto SMTP.
getProperties()	Devuelve las propiedades asociadas a la sesión.
getTransport()	Obtiene un objeto *Transport* para enviar mensajes (usualmente no se usa directamente).
getStore()	Obtiene un *Store* para recibir correos (IMAP/POP3). Útil cuando se reciben emails.
setDebug(boolean debug)	Permite ver en la consola cada paso de la conexión SMTP si se asigna el valor *true*: *setDebug(true)*.

La clase **Message** es una clase abstracta que define la estructura de un mensaje de correo. **MimeMessage** del paquete **jakarta.mail.internet** es su implementación más usada, que permite crear correos con texto, HTML, adjuntos, etc. Algunos métodos son los siguientes:

Método	Misión
setFrom(Address from)	Establece el remitente del correo, la dirección del emisor.
setRecipients(Message.RecipientType. type, Address[] addresses)	Se utiliza para establecer el tipo de destinatario indicado en las direcciones proporcionadas. Los tipos pueden ser: **Message.RecipientType.TO**: Para **Message.RecipientType.CC**: Con copia **Message.RecipientType.BCC**: Copia oculta
setRecipient(Message.RecipientType. type, Address address)	Igual que el anterior, pero para un solo destinatario.
setSubject(String subject)	Establece el asunto del correo.
setContent(Object content, String type)	Define el contenido del mensaje de correo electrónico, especificando tanto el cuerpo del mensaje como su tipo MIME (por ejemplo, texto plano "text/plain", HTML "text/html")
setText(String text)	Establece el contenido del mensaje de correo electrónico.

Ejemplo de uso:

```
MimeMessage mensaje = new MimeMessage(session);

// Remitente
mensaje.setFrom(new InternetAddress("origen@dominio.com"));

// Destinatario
mensaje.setRecipient(Message.RecipientType.TO, new
                InternetAddress("destino@dominio.com"));
```

```
// Asunto
mensaje.setSubject("Mensaje de prueba");

// Contenido en texto plano
mensaje.setText("Este es el cuerpo del correo.");

// Enviar el mensaje
Transport.send(mensaje);
```

La clase **Transport** es una clase abstracta encargada de enviar los correos usando el protocolo SMTP. Se utiliza junto con **Session** y **MimeMessage**. El método más utilizado es **send(Message message)**: es un método estático que envía el mensaje usando la **Session** asociada al mensaje. Si alguna dirección de destino no es válida, se lanza una excepción ***SendFailedException***.

La clase **Authenticator** se usa para proporcionar credenciales (usuario y contraseña) cuando una sesión de correo requiere autenticación (por ejemplo, SMTP con Gmail). El método principal es **PasswordAuthentication getPasswordAuthentication()**: se llama cuando se requiere autenticación de contraseña, devuelve la **PasswordAuthentication** obtenida del usuario o *null* si no se proporciona ninguna. Ejemplo de uso:

```
Authenticator auth = new Authenticator() {
    protected PasswordAuthentication getPasswordAuthentication() {
        return new PasswordAuthentication("usuario@dominio.com",
                                          "contraseña");
    }
};
Session session = Session.getInstance(props, auth);
```

La clase **Address** es una clase abstracta, representa una dirección de correo electrónico genérica. Su implementación más común es **InternetAddress**, que representa una dirección como *usuario@dominio.com*. Ejemplo:

```
Address from = new InternetAddress("remitente@dominio.com");
Address to = new InternetAddress("destino@dominio.com");
mensaje.setFrom(from);
mensaje.setRecipient(Message.RecipientType.TO, to);
```

Para poder enviar un mensaje de correo necesitamos configurar los detalles del servidor SMTP utilizando un objeto Java **Properties**. Los detalles se pueden obtener del servidor SMTP del proveedor de servicios de correo electrónico. Las propiedades a configurar son las siguientes.

- **mail.smtp.host**: host del servidor SMTP.

- **mail.smtp.port**: puerto del servidor.

- **mail.smtp.auth**: se requiere autenticación, por ejemplo, *true*.

- **mail.smtp.starttls.enable:** TLS habilitado o no, *true* o *false*.

Por ejemplo, para enviar un correo como usuario Gmail, se definen las siguientes propiedades:

```
Properties props = new Properties();
props.put("mail.smtp.host", "smtp.gmail.com");
props.put("mail.smtp.port", "587");
props.put("mail.smtp.auth", "true");
props.put("mail.smtp.starttls.enable", "true");
```

El siguiente paso será preparar la sesión usando el método **getInstance()**, se necesitará el nombre del usuario que accede al servidor SMTP y la contraseña, para Gmail es la contraseña de los 16 dígitos:

```
String usuario = "mi_correo@gmail.com";
String password = "la_contraseña_o_contraseña_de_aplicación";
Session session = Session.getInstance(props, new Authenticator() {
        protected PasswordAuthentication getPasswordAuthentication() {
                return new PasswordAuthentication(usuario, password);
        }
});
```

Se compone el mensaje usando la clase **MimeMessage** del paquete **jakarta.mail.internet**. En el ejemplo se envia un texto plano, pero también se puede enviar en HTML, se usarán los métodos **setFrom()** para indicar el remitente del mensaje, el método **setRecipients()** para indicar el destinatario, **setSubject()** para el asunto y **setText()** para el cuerpo del mensaje. Con *InternetAddress.parse()* se crea un objeto que representa la dirección de correo electrónico a partir del *String* que se le pasa (*EnviarCorreoSencillo.java*):

```
try {
    // componer el mensaje
    String destinatario = "destinatario@dominio.com";
    Message mensaje = new MimeMessage(session);
    mensaje.setFrom(new InternetAddress(usuario));
    mensaje.setRecipients(Message.RecipientType.TO,
                    InternetAddress.parse(destinatario));
    mensaje.setSubject("Correo de prueba desde Java");
    mensaje.setText("¡Hola! \nEste es un correo enviado desde
                        Java usando JavaMail.\nSaludos!");

    // enviar el mensaje
    Transport.send(mensaje);
    System.out.println("Correo enviado con éxito.");

} catch (MessagingException e) {e.printStackTrace();}
```

Por último, se envia usando el método **send()** de la clase **Transport**. Si tenemos varios destinatarios podemos definir un *String* con los correos separados por comas y después parsearlo con *InternetAddress.parse()* para convertirlos en direcciones de correo (*EnviarCorreoVariosDestinatarios.java*):

```
String destinatarios = "dest1@dominio.com, dest2@dominio.com";
mensaje.setRecipients(Message.RecipientType.TO,
                    InternetAddress.parse(destinatarios));
```

En el siguiente ejemplo se envia un correo con copia y copia oculta a distintos destinatarios (*EnviarCorreoCC_CCO.java*):

```
Address from = new InternetAddress(usuario);
Address to = new InternetAddress("usu1@dominio.com");
Address cc = new InternetAddress("usu2@dominio.com");
Address bcc = new InternetAddress("usu3@dominio.com");
```

```
mensaje.setFrom(from);
mensaje.setRecipient(Message.RecipientType.TO, to);
mensaje.setRecipient(Message.RecipientType.BCC, bcc);
mensaje.setRecipient(Message.RecipientType.CC, cc);
```

Para enviar un correo electrónico con contenido HTML, usamos el método *setContent()* ya que es necesario especificar el tipo MIME. Ejemplo (*EnviarCorreoHTML.html*):

```
String html = """
    <html>
        <body>
            <h2 style='color: red;'>¡Hola!</h2>
            <p>Este es un <b>correo con formato HTML</b>.</p>
            <hr>
            <p>Adiós,<br><i>Hasta pronto</i></p>
        </body>
    </html>
    """;

// Usamos setContent con MIME type "text/html"
mensaje.setContent(html, "text/html; charset=utf-8");
```

ENVIAR CORREO AL USUARIO DEL SERVIDOR LOCAL

Para enviar un correo al usuario *usu1* creado en el servidor local de correo **Mercury Mail** bastaría indicar solo en el *destinatario* el nombre de usuario, como no se necesita autenticación el *usuario* y *password* estarían vacios y las propiedades necesarias para conectar al servidor serían el host: *localhost* y el puerto *25* (*EnviarCorreoServerLocal.java*):

```
String destinatario = "usu1", usuario = "", password = "";
Properties props = new Properties();
props.put("mail.smtp.host", "localhost");
props.put("mail.smtp.port", "25");
```

4.5.1. Enviar correos con ficheros adjuntos

Para enviar ficheros adjuntos necesitamos usar un objeto **Multipart**, que nos permite agregar varias partes al mensaje:

- Una parte para el texto del mensaje.

- Una o más partes para los ficheros adjuntos.

Estas partes se crearán con la clase **MimeBodyPart**. Se puede adjuntar cualquier fichero: PDF, imágenes, Word, Excel, ZIP, etc. También podemos añadir más de un adjunto agregando más **MimeBodyPart** al **Multipart**. El siguiente ejemplo muestra como se adjunta un fichero almacenado en el disco para enviarlo por correo (*EnviarCorreoConAdjunto.java*):

```
// Ruta al fichero a enviar
String rutaFichero = "D:\\CAPIT4\\EJEMPLO.PDF";
```

```java
Message mensaje = new MimeMessage(session);
mensaje.setFrom(new InternetAddress(usuario));
mensaje.setRecipients(Message.RecipientType.TO,
                        InternetAddress.parse(destinatario));
mensaje.setSubject("Correo con fichero adjunto");

// Cuerpo del mensaje (parte 1)
MimeBodyPart cuerpomensaje = new MimeBodyPart();
cuerpo.setText("Hola. \nTe envio el documento solicitado.\nUn
                saludo.");

// Parte del fichero adjunto (parte 2)
MimeBodyPart adjunto = new MimeBodyPart();
adjunto.attachFile(new File(rutaFichero));

// Combinar todo en un Multipart
Multipart multipart = new MimeMultipart();
multipart.addBodyPart(cuerpomensaje);
multipart.addBodyPart(adjunto);

// Establecer el contenido del mensaje
mensaje.setContent(multipart);

// Enviar
Transport.send(mensaje);
System.out.println("Correo con archivo adjunto enviado con éxito.");
```

4.5.2. Acceso a los mensajes de correo

Los pasos para acceder a correos usando POP3 o IMAP con **Jakarta Mail** son los siguientes:

1. Configurar las propiedades del servidor POP3 o IMAP (puerto, host, seguridad). Por ejemplo, para acceder al correo de Gmail podemos usar POP3 o IMAP. Las propiedades para usar POP3 son las siguientes:

```java
Properties prop = new Properties();
prop.put("mail.pop3.host", "pop.gmail.com");
prop.put("mail.pop3s.ssl.enable", "true");
prop.setProperty("mail.pop3.port","995");
```

Para IMAP, las siguientes:

```java
prop.put("mail.imap.host", "imap.gmail.com");
prop.put("mail.imap.port", "993");
prop.put("mail.imap.ssl.enable", "true");
prop.put("mail.store.protocol", "imap");
```

2. Crear una sesión con autenticación, aunque si solo vamos a leer los correos no es necesario definir la sesión con autenticación. Por ejemplo, podemos crear la sesión de la siguiente manera:

```java
Session session = Session.getInstance(prop);
```

3. Obtener el **Store** para POP3 o IMAP. Usamos el objeto **Session** para obtenerlo y a continuación se establece mediante el método **connect()** una conexión autenticada con el servidor de correo, a través del protocolo especificado (*imap* o *pop3s*), usando el nombre de usuario y contraseña proporcionados. No se necesita un **Authenticator** si usamos *store.connect(...)* con las credenciales. Para POP sería asi:

```
Store store = session.getStore("pop3s");
store.connect(host, usuario, password);
```

Para IMAP:

```
Store store = session.getStore("imap");
store.connect(host, usuario, password);
```

4. Acceder a la carpeta **INBOX**, que es la carpeta estándar donde llegan los correos entrantes. Mediante el método **getFolder()** del objeto **Store** se obtiene una referencia a esta carpeta, un objeto de la clase **Folder**. Para abrir la carpeta y acceder a los mensajes usamos el método **open()**. La opción **Folder.READ_ONLY** significa que solo vamos a leer los mensajes, sin modificarlos. No se pueden marcar como leídos/no leídos, ni mover/eliminar mensajes.

```
Folder inbox = store.getFolder("INBOX");
inbox.open(Folder.READ_ONLY);
```

5. Leer y procesar los mensajes. Para leer los mensajes usamos el método **getMessages()** del objeto **Folder**, obtiene todos los mensajes en un array de objetos **Message**:

```
Message[] mensajes = inbox.getMessages();
```

El siguiente método recibe el array de objetos **Message** y muestra el número de mensajes del buzón, y por cada mensaje el asunto, el origen, la fecha de envío y el contenido:

```
private static void ProcesarMensajes(Message[] mensajes) throws
                MessagingException, IOException {

    System.out.println("Mensajes: "+ mensajes.length);
    int i = 0;
    for (Message mensaje : mensajes) {
System.out.println("-------------------------------------");
System.out.println("Mensaje " + (++i));
System.out.println("Asunto: " + mensaje.getSubject());
System.out.println("De: " + mensaje.getFrom()[0]);
System.out.println("Fecha: " + mensaje.getSentDate());
System.out.println("Contenido:\n" +
                            mensaje.getContent().toString());
    }
}//ProcesarMensajes
```

6. El último paso será cerrar la carpeta **INBOX** y el objeto **Store**:

```
folder.close(false);
store.close();
```

Para leer correos del servidor local necesitamos las credenciales del usuario local y la configuración del host y el puerto local:

```
prop.setProperty("mail.pop3.port","110");
prop.put("mail.pop3.host", "localhost");
```

El almacen se definiría asi:

```
Store store = session.getStore("pop3");
```

4.6. SERVICIOS WEB

Un servicio web (o *web service* en inglés) es una aplicación o componente que permite la comunicación y el intercambio de datos entre diferentes sistemas o aplicaciones a través de Internet o de una red interna, utilizando estándares y protocolos abiertos como HTTP, XML, JSON, SOAP o REST. Un servicio web permite que dos sistemas diferentes se hablen entre sí aunque estén programados en diferentes lenguajes o estén en distintas plataformas.

Normalmente la comunicación y el intercambio de datos se basa en el envío de solicitudes y respuestas entre un cliente y un servidor. ¿Cómo funciona un servicio web? en el funcionamiento de un servicio web intervienen 3 elementos:

- **El cliente**: envía una solicitud al servicio web, pidiendo cierta información o que realice una acción. Por ejemplo, una app de clima que quiere saber la temperatura actual de una ciudad.

- **El servicio web**: recibe la solicitud, la procesa y devuelve una respuesta con los datos solicitados. Por ejemplo, el servicio recibe la ciudad pedida por el cliente, consulta la temperatura actual y la devuelve.

- **La respuesta**: es el mensaje que devuelve el servicio web al cliente, contiene la información solicitada o el resultado de una acción (por ejemplo, datos, confirmación de éxito o error). El cliente recibe la respuesta y la usa en su app.

Todo esto se hace usando protocolos de red (como HTTP) y formatos de datos estructurados (como XML o JSON).

4.6.1. Tipos de Servicios Web

Los principales tipos de servicios web son **SOAP** (*Simple Object Access Protocol*) y **REST** (*Representational State Transfer*), En los últimos años, se ha introducido una alternativa muy popular a **REST**, los servicios web con **GraphQL**:

- **SOAP** (*Simple Object Access Protocol*): es un protocolo estándar que permite que las aplicaciones intercambien información a través de una red (como Internet) usando XML como formato de datos. Es más estructurado y formal que otros servicios web como **REST**. Se usa principalmente para servicios web empresariales que necesitan seguridad avanzada, control de transacciones, validación de mensajes y para integración entre sistemas grandes y complejos, por ejemplo, en bancos, aseguradoras, gobiernos, etc.

- **REST** (*Representational State Transfer*): es un estilo de arquitectura para diseñar servicios web que funcionan sobre HTTP, el mismo protocolo que usa la web. Es la forma más común hoy en día para crear APIs ligeras, rápidas y fáciles de usar, especialmente en apps web y móviles. Usa normalmente JSON para intercambio de datos aunque a veces usa XML.

- **GraphQL**: es un lenguaje de consulta para APIs desarrollado por Facebook en 2012 y liberado como código abierto en 2015. Combina un lenguaje de consulta que permite a los clientes pedir solo los datos que necesitan, y un entorno de ejecución que responde a esas consultas usando un esquema tipado que define los datos y operaciones disponibles. Muy eficiente en ciertas aplicaciones como redes sociales.

En este capítulo aprenderemos a crear servicios web **API REST JSON**:

- Usa el estilo **REST** para organizar cómo se hacen las peticiones.
- Usa **JSON** como formato para enviar y recibir datos.
- Se expone como una **API** accesible a través de Internet o una red.

4.6.2. Qué es una API REST

Una **API REST** (*Application Programming Interface* basada en **REST**) es una interfaz que permite la comunicación entre diferentes sistemas a través de peticiones HTTP, utilizando un conjunto de reglas definidas por el estilo **REST**. Permite a aplicaciones crear, leer, actualizar o eliminar datos (operaciones CRUD) usando recursos representados por URLs y respuestas en formato JSON o XML, siendo ligera, rápida y fácil de integrar. La Figura 4.23 muestra el funcionamiento de una **API REST**. El cliente realiza las peticiones a través de HTTP y recibe las respuestas en formato JSON.

Los elementos en una **API REST** son los siguientes:

- **Recursos** (*Resources*): son las entidades a las que se accede desde la API. Se representan con URLs únicas, por ejemplo: */departamentos* o */departamento/10*

- **Métodos HTTP**: se usan para realizar acciones sobre los recursos. Los principales son:

  GET: para obtener información, *GET /departamentos*.

  POST: para crear un nuevo recurso, *POST /departamento*.

  PUT: para actualizar un recurso, *PUT /departamento/20*.

  DELETE: eliminar un recurso, *DEL /departamento/10*.

- **URL** o **Endpoint**: es la dirección del recurso que queremos usar, debe ser clara y representativa. Por ejemplo *https://api.mioficina.com/departamento/20*

- **Formato de datos** (usualmente JSON): es cómo se envían y reciben los datos. **REST** usa normalmente JSON por su simplicidad y compatibilidad, ejemplo:

```
{
    "id": 10,
    "dnombre": "INVESTIGACIÓN",
    "loc": "MADRID"
}
```

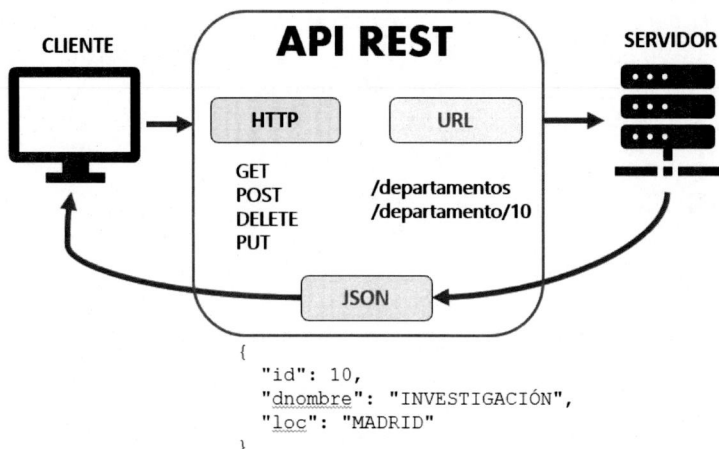

Figura 4.23. Funcionamiento de una API REST.

Como resultado de las solicitudes se reciben códigos de estado HTTP (*HTTP Status Codes*), los más comunes son:

- 200: OK (todo correcto).
- 201: recurso creado.
- 400: error en la solicitud.
- 401: no autorizado.
- 404: no encontrado.
- 500: error del servidor.

4.6.3. Spring Boot para crear APIs REST

Spring Boot es un framework de desarrollo basado en Java que facilita la creación de aplicaciones web y servicios backend, especialmente **APIs REST**. Fue creado por el equipo de **Spring Framework**, con el objetivo de simplificar la configuración y el desarrollo de aplicaciones Java. ¿Qué hace exactamente **Spring Boot**?:

1. **Reduce la configuración manual**. Tradicionalmente, crear una aplicación con **Spring** requería configurar muchos ficheros XML. **Spring Boot** elimina esa complejidad usando convención sobre configuración.

2. **Incluye servidor web embebido**. Podemos ejecutar la aplicación tan solo ejecutando la clase con el método *main()* porque incluye servidores como *Tomcat*, *Jetty* o *Undertow* integrados.

3. **Crea APIs REST fácilmente**. Junto con **@RestController**, **@GetMapping**, **@PostMapping**, etc., permite crear servicios web **RESTful** en pocas líneas.

4. **Gestión automática de dependencias**. Usando **Spring Initializr** y el fichero **pom.xml** (*Maven*) o *build.gradle* (*Gradle*) para manejar las librerías necesarias automáticamente.

5. **Se integra con muchas tecnologías**. Soporta integración con bases de datos (*MySQL, PostgreSQL, H2, MongoDB…*), seguridad (*Spring Security*), testing, Cloud, Docker, etc.

Para crear nuestra **API REST** usaremos **Spring Initializr**. Es una herramienta web (y también integrada en muchos IDEs) que permite crear rápidamente la estructura básica de un proyecto **Spring Boot,** sin tener que escribir toda la configuración inicial tú mismo. Al crear el proyecto elegimos: el lenguaje (*Java, Kotlin, Groovy*), el sistema de construcción (*Maven* o *Gradle*), las dependencias que necesitamos (Web, JPA, Seguridad, etc.), el nombre del proyecto, grupo, artefacto, etc. Se crea el proyecto en un fichero *.zip* listo para descargarlo y empezar a programar.

Desde la URL ***https://start.spring.io*** empezamos a crear nuestro proyecto. Véase figura 4.24.

Figura 4.24. Spring Initializr para crear nuestra API REST.

Para el primer ejemplo se crea un proyecto sencillo, se rellenan los datos como: el tipo de proyecto, en este caso *Maven*, el lenguaje usado, en este caso el lenguaje Java, las versiones de **Spring Boot** y del JDK, el empaquetado, etc. El JDK debe coincidir con el que tenemos instalado en la máquina y en el entorno Eclipse.Desde el panel de la derecha se eligen las dependencias, en este caso solo se selecciona **Spring Web.** Si conectamos con base de datos se debe elegir desde aquí también la dependencia. Pulsamos el botón ***GENERATE*** para crear el proyecto. Se crea un fichero con el nombre que escribimos en el apartado *Artifact*, en este caso *departamentos.zip*.

Este fichero se puede abrir desde cualquier entorno. Descargamos el fichero *.zip*, lo descomprimimos y desde el entorno Eclipse lo abrimos usando la opción: *File >> Open Projects from File System* Pulsamos sobre *Directory* para localizar la carpeta descomprimida, la seleccionamos y pulsamos el botón *Finish*. La estructura del proyecto se puede ver en la Figura 4.25. La clase que arranca la aplicación es *ApiRestDepartamentosApplication.java*, si la ejecutamos (***Run As >> Java Application***) veremos en la consola el arranque del Tomcat que es el servidor por defecto, mostrará que la aplicación está corriendo en el puerto 8080 con el path /: *Tomcat started on port 8080 (http) with context path '/'*

Figura 4.25. Estructura del proyecto generado con **Spring Initializr**.

Si nos vamos al navegador web y escribimos *http://localhost:8080/*, vemos que el servidor responde con un mensaje de error porque no tenemos nada creado en el proyecto, véase Figura 4.26.

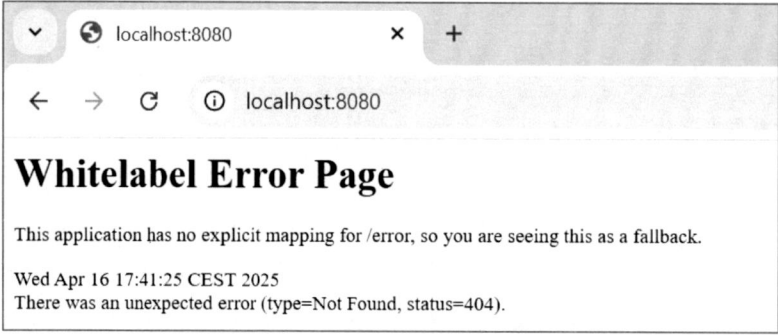

Figura 4.26. Ejecución inicial del proyecto generado.

4.6.4. Creación de una API REST

Una vez que tenemos el proyecto vamos a crear nuestra **API REST** para gestionar departamentos. En primer lugar, es necesario identificar los recursos que el cliente consumirá, es decir las entidades de la aplicación, para el ejemplo crearemos la entidad *Departamento* en el paquete **com.example.psp.departamentos.model**, con los atributos, métodos *get-set* y constructores:

```java
package com.example.psp.departamentos.model;

public class Departamento {
    private int id;
    private String dnombre;
    private String loc;

    //constructores
    //métodos gettter y setter
}
```

Lo siguiente es identificar los **endpoints**, es decir las URI que usará el cliente para realizar las peticiones. Un **endpoint** es simplemente una URL a la que podemos hacer una petición HTTP para obtener, crear, modificar o eliminar datos. Necesitaremos crear un controlador, una clase anotada con **@RestController** donde definiremos la lógica que responde a las peticiones HTTP. Dentro del controlador podemos usar las siguientes anotaciones para vincular las peticiones **HTTP** a un método específico del controlador:

- **@GetMapping**: maneja el método **HTTP GET** para leer datos. Se usa para definir **endpoints** que obtienen datos, como consultar bases de datos o generar respuestas en formato JSON o XML, la ruta del **endpoint** se especifica dentro del paréntesis, por ejemplo *@GetMapping("/departamentos")*.

- **@PostMapping**: maneja el método **HTTP POST** para crear datos. Se usa para crear nuevos recursos, por ejemplo, un nuevo departamento. Se suele usar con **@RequestBody** para recibir un objeto JSON enviado desde el frontend o desde alguna herramienta como **curl** o **Postman**. Ejemplo: *@PostMapping("/departamento")*. Puede devolver un mensaje, un objeto, un código de estado, etc.

- **@PutMapping**: maneja el método **HTTP PUT** para actualizar un recurso existente como por ejemplo un departamento. Recibe datos con **@RequestBody**, normalmente recibe un JSON con los datos actualizados. Se combina con **@PathVariable** para identificar qué recurso se está actualizando. Devuelve un mensaje, un objeto actualizado, un código de estado, etc. Ejemplo: *@PutMapping("/departamento/{id}")*.

- **@DeleteMapping**: maneja el método **HTTP DELETE** para eliminar un recurso existente, por ejemplo, un departamento. Normalmente se pasa un identificador (*id*) en la URL con **@PathVariable**. Ejemplo: *@DeleteMapping("/departamento/{id}")*. Puede devolver un mensaje, un código HTTP (*204 No Content, 200 OK,* etc.), o nada

- **@RequestMapping**: se puede usar para todos los métodos.

Crearemos una clase controlador en el paquete **com.example.psp.departamentos.controllers** de nombre *RestDepartamentosController*, esta clase debe llevar la anotación **@RestController** para que Spring lo reconozca como controlador, punto de entrada de los **endpoints**. Esta clase maneja peticiones web y devuelve datos o respuestas tipo JSON, no devuelve páginas web.

Para hacer un **endpoint** de prueba creamos la función *home()* que retorne un mensaje, y para que funcione como punto de entrada añadimos **@GetMapping("/")** al principio de la misma:

```
package com.example.psp.departamentos.controllers;

import org.springframework.web.bind.annotation.GetMapping;
import org.springframework.web.bind.annotation.RestController;

@RestController
public class RestDepartamentosController {

    @GetMapping("/")
    public String home() {
        return "Página de inicio de la API Departamentos";
    }
}
```

Con **@GetMapping("/")** indicamos que el método *home()* debe ejecutarse cuando alguien hace una solicitud GET a la ruta raíz, por ejemplo: *http://localhost:8080/*. Guardamos el controlador y volvemos a ejecutar la aplicación que tiene el método *main()* (*Run as/Java Application*), si la aplicación se estaba ejecutando detenemos la ejecución y la ejecutamos de nuevo. Desde el navegador web escribimos la URL y ahora veremos que aparece el mensaje definido en la función *home()*:

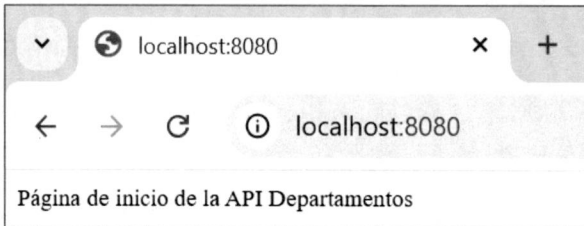

Figura 4.27. Página de inicio de la API de departamentos.

Para realizar operaciones con datos como no tenemos una base de datos configurada usaremos una lista de departamentos que definimos en la clase *RestDepartamentosController* y agregamos datos de prueba:

```
private static final List<Departamento> departamentos = new
                    ArrayList<Departamento>();

static {
    departamentos.add(new Departamento(10, "CONTABILIDAD", "SEVILLA"));
    departamentos.add(new Departamento(20, "INVESTIGACIÓN", "MADRID"));
    departamentos.add(new Departamento(30, "VENTAS", "BARCELONA"));
    departamentos.add(new Departamento(40, "PRODUCCIÓN", "BILBAO"));
}
```

Las acciones a realizar con la lista de departamentos se muestran a continuación.

Consulta de todos los departamentos. Definimos el método *departamentos()* que devuelve la lista de todos los departamentos. En su cabecera definimos el **endpoint** *"/departamentos"* con el método **@GetMapping** que ejecuta el método **HTTP GET**. El código es el siguiente:

```
@GetMapping("/departamentos")
public List<Departamento> departamentos() {
    return departamentos;
}
```

Al ejecutar y escribir desde el navegador web la URL *http://localhost:8080/departamentos* se mostrarán en formato JSON la lista de todos los departamentos:

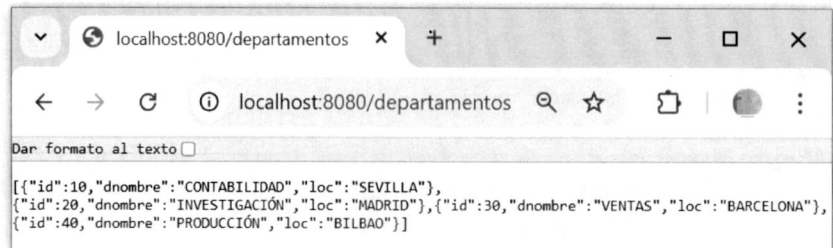

Figura 4.28. Consulta de todos los departamentos.

Consulta de un departamento, se necesita el *id* del departamento a consultar. Se define el método *getDepartamento()* que recibe el *id* del departamento y devuelve el objeto departamento con ese *id* o nulo si no existe. Se define el **endpoint** *"/departamento/{id}"* con el método **@GetMapping**, donde **{id}** es una variable dinámica en la URL y representa el identificador del departamento que el usuario puede pasar (por ejemplo: */departamento/10*). **@PathVariable** le dice a Spring que debe extraer ese valor de la URL y pasarlo como parámetro al método. El código es el siguiente:

```
@GetMapping("/departamento/{id}")
public Departamento getDepartamento(@PathVariable int id) {
     for (Departamento dep : departamentos) {
          if (dep.getId() == id) return dep;
     }
     return null;
}
```

Podemos probar la consulta *http://localhost:8080/departamento/10* desde el navegador web, el resultado será un JSON con el departamento solicitado:

```
{"id":10,"dnombre":"CONTABILIDAD","loc":"SEVILLA"}
```

Borrado de un departamento, igual que antes se necesita el *id* del departamento a eliminar. Se define el método *deleteDepartamento()* que recibe el *id* del departamento a eliminar, el método devuelve un *String* indicando si se ha eliminado o no el departamento. Se define el **endpoint** *"/departamento/{id}"* con el método **@DeleteMapping** donde **{id}** es el identificador del departamento a eliminar. El código es el siguiente:

```
@DeleteMapping("/departamento/{id}")
public String deleteDepartamento(@PathVariable int id) {
     for (Departamento dep : departamentos) {
         if (dep.getId() == id) {
              departamentos.remove(dep);
              return "Departamento: " + id + ", eliminado";
         }
        }
     return "Departamento: " + id + ", No existe.";
}
```

En este caso estamos usando el método **HTTP DELETE** con el mismo **endpoint** que para la consulta de un departamento, se podría haber definido uno diferente, pero no es necesario porque es un método distinto. Desde la barra del navegador web no se pueden hacer peticiones **DELETE**, **POST** o **PUT**, ya que solo hace peticiones **GET** por defecto. Para probarlo podemos ejecutar el comando **curl** desde la consola de Windows. Con **-X** indicamos el tipo de petición: **GET**, **POST**, **PUT**, **DELETE**, etc.

Por ejemplo, ejecutamos un **GET** para consultar todos los departamentos, luego otro **GET** para el departamento 30 y después hacemos **DELETE** del departamento 30, para consultar de nuevo todos los departamentos y ver que el 30 ya no está:

```
C:\Users\mjrm2>curl -X GET http://localhost:8080/departamentos
[{"id":10,"dnombre":"CONTABILIDAD","loc":"SEVILLA"},{"id":20,"dnombre":"I
NVESTIGACIÓN","loc":"MADRID"},{"id":30,"dnombre":"VENTAS","loc":"BARCELON
A"},{"id":40,"dnombre":"PRODUCCIÓN","loc":"BILBAO"}]

C:\Users\mjrm2>curl -X GET http://localhost:8080/departamento/30
{"id":30,"dnombre":"VENTAS","loc":"BARCELONA"}

C:\Users\mjrm2>curl -X DELETE http://localhost:8080/departamento/30
Departamento: 30, eliminado

C:\Users\mjrm2>curl -X DELETE http://localhost:8080/departamento/30
Departamento: 30, No existe.

C:\Users\mjrm2>curl -X GET http://localhost:8080/departamentos
[{"id":10,"dnombre":"CONTABILIDAD","loc":"SEVILLA"},{"id":20,"dnombre":"I
NVESTIGACIÓN","loc":"MADRID"},{"id":40,"dnombre":"PRODUCCIÓN","loc":"BILB
AO"}]
```

Modificación de un departamento, se necesita el *id* y los nuevos datos del departamento en un objeto de *Departamento*. Se define el método *updateDepartamento()* que devuelve un *String* indicando si se ha modificado o no el departamento. Se define el **endpoint** *"/departamento/{id}"* con el método **@PutMapping** donde **{id}** el identificador del departamento a modificar. El parámetro **@RequestBody** se utiliza para recibir los datos que queremos actualizar, es decir, toma el cuerpo de la solicitud, generalmente en formato JSON y lo convierte en un objeto Java *Departamento*. El código es el siguiente:

```
@PutMapping("/departamento/{id}")
public String updateDepartamento(@PathVariable int id,
                                 @RequestBody Departamento dep) {
    for (Departamento d : departamentos) {
        if (d.getId() == id) {
            d.setDnombre(dep.getDnombre());
            d.setLoc(dep.getLoc());
            return "Departamento:" + id + ",modificado";
        }
    }
            return "Departamento: " + id + ", No existe.";
}
```

Por ejemplo, usamos el comando **curl** de nuevo con el parámetro **-H** que se utiliza para definir la cabecera y **-d** para definir los datos enviados en el cuerpo en formato JSON, texto, etc. Ejecutamos un **GET** para consultar el departamento 10 y después hacemos **PUT** del departamento 10 asignando un nuevo valor a los campos *dnombre* y *loc*, al ejecutar el comando **PUT** es necesario indicar los parámetros **-H** para el encabezado indicando que se envia un JSON y **-d** para el cuerpo con los datos a enviar en formato JSON para el departamento 10:

```
C:\Users\mjrm2>curl -X GET http://localhost:8080/departamento/10
{"id":10,"dnombre":"CONTABILIDAD","loc":"SEVILLA"}
```

```
C:\Users\mjrm2>curl -X PUT http://localhost:8080/departamento/10
-H "Content-Type: application/json"
-d "{\"id\":10,\"dnombre\":\"MARKETING\",\"loc\":\"BADAJOZ\"}"
Departamento:10,modificado

C:\Users\mjrm2>curl -X GET http://localhost:8080/departamento/10
{"id":10,"dnombre":"MARKETING","loc":"BADAJOZ"}
```

Se puede omitir en el cuerpo de los datos a enviar el *id* ya que se pasa en la URL y se usa con **@PathVariable**:

```
C:\Users\mjrm2>curl -X PUT http://localhost:8080/departamento/10
-H "Content-Type: application/json"
-d "{\"dnombre\":\"MARKETING\",\"loc\":\"BADAJOZ\"}"
```

Inserción de un departamento, se necesita el objeto *Departamento* a insertar. Se define el método *addDepartamento()* que devuelve un *String* indicando que se ha insertado el departamento. Se define el **endpoint** *"/departamento"* con el método **@PostMapping**. El parámetro **@RequestBody** dentro de la definición del método se utiliza para recibir los datos que queremos insertar en este caso un objeto *Departamento*. Como en el ejemplo anterior, se envia una cadena en formato JSON y lo convierte en un objeto Java *Departamento*. El código es el siguiente:

```
@PostMapping("/departamento")
public String addDepartamento(@RequestBody Departamento dep) {
        departamentos.add(dep);
        return "Departamento añadido correctamente.";
}
```

En el siguiente ejemplo usamos **curl** para insertar un departamento, ejecutamos un **POST** para insertar el departamento *50, "RECICLAJE", "TOLEDO"* y después con **GET** consultamos dicho departamento:

```
C:\Users\mjrm2>curl -X POST http://localhost:8080/departamento
-H "Content-Type: application/json"
-d "{\"id\":50, \"dnombre\":\"RECICLAJE\",\"loc\":\"TOLEDO\"}"
Departamento añadido correctamente.

C:\Users\mjrm2>curl -X GET http://localhost:8080/departamento/50
{"id":50,"dnombre":"RECICLAJE","loc":"TOLEDO"}
```

Resumen de los métodos de la clase *RestDepartamentosController*:

Función en el controlador	Anotación en el controlador	Método
home() Página inicial del sitio	@GetMapping("/")	**HTTP GET**
departamentos() Devuelve todos los departamentos	@GetMapping("/departamentos")	**HTTP GET**
getDepartamento(id) Devuelve el departamento por *id*	@GetMapping("/departamento/{id}")	**HTTP GET**

Función en el controlador	Anotación en el controlador	Método
deleteDepartamento(id) Elimina el departamento con *id*	@DeleteMapping("/departamento/{id}")	**HTTP DELETE**
updateDepartamento(id, departamento) Modifica el departamento con *id*, los datos a modificar en parámetro *departamento*	@PutMapping("/departamento/{id}")	**HTTP PUT**
addDepartamento(departamento) Añade el *departamento* a la lista	@PostMapping("/departamento")	**HTTP POST**

Las funciones de borrado, modificación e inserción de un departamento devuelven un mensaje indicando lo que ha ocurrido en la operación. Hemos visto como probar la **API Rest** con el comando **curl**, vamos a ver en el siguiente apartado otras herramientas visuales fáciles de usar.

4.6.5. Herramientas para probar y monitorear la API REST

Vamos a usar la herramienta **Postman** para probar y monitorear el servicio web creado. Desde la URL *https://www.postman.com/downloads/* podemos descargarla e instalarla en nuestra máquina. **Postman** es una plataforma de colaboración para el desarrollo de APIs, nos permite:

- Realizar de forma rápida y sencilla solicitudes REST, SOAP y GraphQL.

- Automatizar pruebas incluyéndolas en canales de integración y distribución continuas (CI/CD) para distribuir la versión nueva del sistema de software.

- Monitorizar el estado de la API comprobando el rendimiento y los tiempos de respuesta a intervalos programados.

Primero crearemos una colección con las peticiones a monitorear. Para crear la colección pulsamos en *Collections* a continuación en el símbolo + y después seleccionamos *REST API basics*, Figura 4.29. Se crearán por defecto los métodos básicos **GET**, **POST**, **PUT** y **DEL**.

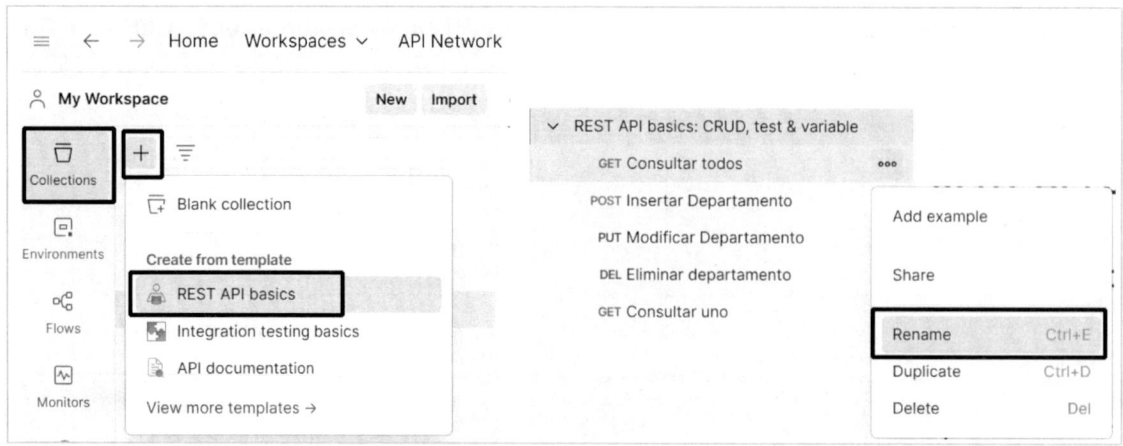

Figura 4.29. Creación de una colección y renombrar métodos.

Renombramos los métodos seleccionando cada uno, pulsando con el botón derecho del ratón sobre el método y seleccionando *Rename*. Para añadir un nuevo método **GET** pulsamos sobre los tres puntitos ⌄ REST API basics: CRUD, test & va... ☆ ∘∘∘ que aparecen en la colección y seleccionamos *Add request*. Las URL de los métodos que forman parte de la colección son:

Método	URL
GET	http://localhost:8080/departamentos
GET	http://localhost:8080/departamento/10
PUT	http://localhost:8080/departamento/10
POST	http://localhost:8080/departamento
DELETE	http://localhost:8080/departamento/30

A continuación, añadimos las URL a cada método. Pulsamos sobre el primer método, veremos que en el panel de la derecha aparece el método **GET** y el espacio para escribir la URL, por ejemplo, en este caso la consulta de todos los departamentos. Pulsamos sobre *Send* para enviar la petición, en el panel inferior, debajo de *Body* se mostrará el resultado de la petición, Figura 4.30.

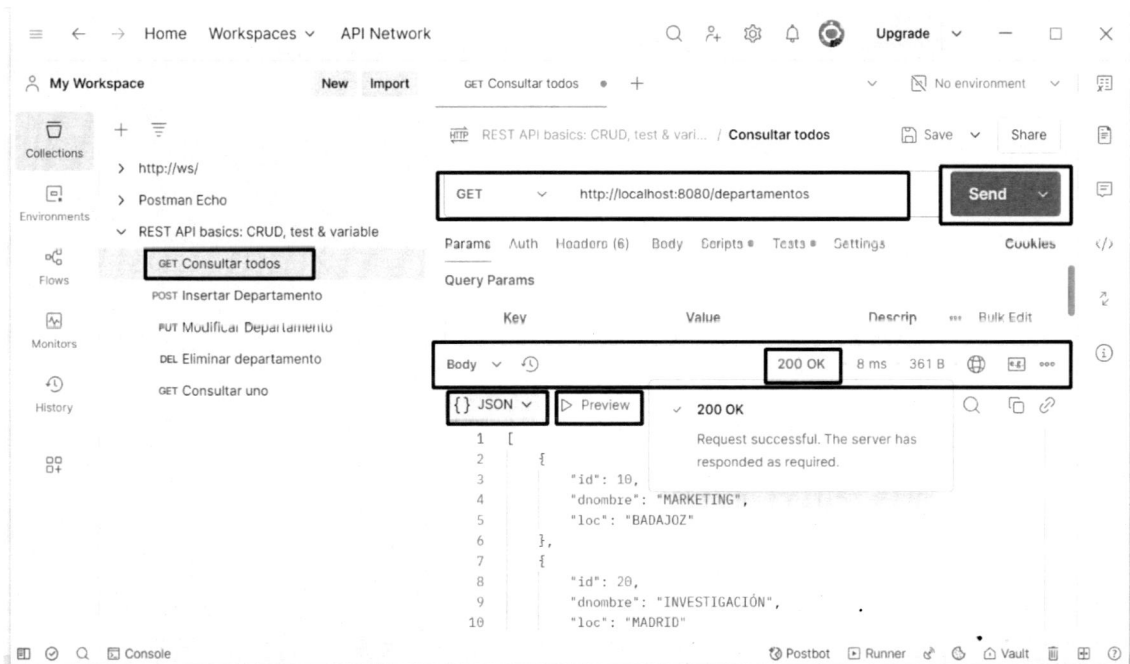

Figura 4.30. Método GET para consultar los departamentos en Postman.

Una vez el servidor responda, se mostrará el código de respuesta del servidor, en el ejemplo la respuesta es *200 OK*. Por defecto el resultado se muestra en JSON, podemos verlo en formato de tabla pulsando sobre **Preview**. A la derecha de **Body** se muestran los códigos de mensaje que devuelve el servidor. Un código de 200 indica que el proceso tuvo éxito. El rango 400, indica errores del cliente y los errores 500 son errores del servidor.

Para probar el método **POST**, una vez introducida la URL, hemos de escribir el JSON del departamento a insertar en **Body**, y pulsar en **Send**. Se puede ver en la parte inferior la respuesta del servidor, Figura 4.31. Hemos de pulsar el botón **Save** para que nos guarde las operaciones.

Figura 4.31. Método POST para insertar departamento en Postman.

Para probar el método **PUT** se procede de forma similar a como se hizo con **POST**; no es necesario que escribanos todo el JSON, con los campos *dnombre* y *loc* bastaría, ya que en la URL se indica el campo *id*, por ejemplo:

```
{
    "dnombre":"MARKETING",
    "loc":"BADAJOZ"
}
```

Postman API Monitoring nos permite revisar las respuestas, la disponibilidad y el rendimiento de nuestro servicio con cada ejecución para que podamos asegurarnos de que el servicio está en buen estado. Podemos crear un monitor desde el panel de la izquierda, seleccionamos **Monitors** y acontinuación **Create a Monitor**. También se puede crear pulsando sobre los tres puntitos de la colección, y seleccionando *More >> Monitor*. En ambos casos nos solicita el nombre, la frecuencia de ejecución del monitor, la región en la que queremos que se ejecute y nos da la posibilidad de recibir notificaciones via e-mail por si hay algún error, Véase Figura 4.32.

Pulsamos en el botón **Create Monitor**, y a continuación **Run** para ejecutar el monitor, hemos de asegurarnos que el servidor esté iniciado.

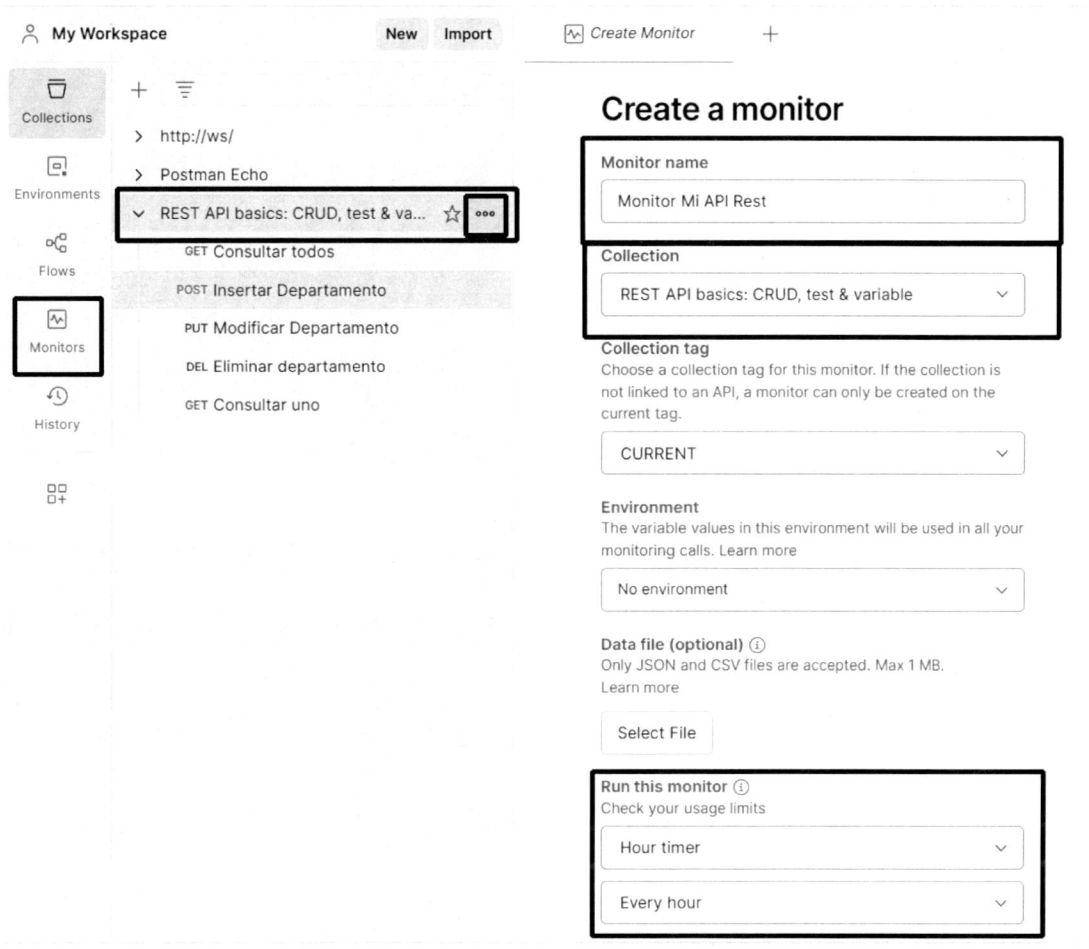

Figura 4.32. Creando un monitor para el servicio Web.

Vemos que se producirán errores, se mostrará el monitor con un aspa rojo a la derecha. **Postman** nos enviará un correo indicando que se ha producido el siguiente error: *Error: NETERR: getaddrinfo ENOTFOUND localhost*, debido a que se no puede encontrar *localhost* ya que los monitores de **Postman** se ejecutan en la nube, no en nuestro ordenador.

Para probar el servicio tenemos que hacer que la URL sea públicamente accesible. Para ello usaremos la herramienta **Ngrok**, que crea un túnel seguro desde Internet hacia nuestro ordenador local. Desde esta URL *https://ngrok.com/downloads* podemos descargarla. Será necesario registrarnos para poder usar la herramienta y seguir las instrucciones de configuración y ejecución. Al descomprimir la herramienta en Windows tenemos el fichero **ngrok.exe**, lo ejecutamos desde la línea de comandos del DOS. Al ejecutarlo nos dará una URL pública que redirige a nuestro servidor local *localhost*, por ejemplo, ejecutamos el comando de la siguiente manera:

```
C:\PSP> ngrok http http://localhost:8080
```

Nos responde en una nueva pantalla mostrando la siguiente información donde vemos la URL que tendremos que usar en nuestra API para monitorearla:

```
ngrok                                              (Ctrl+C to quit)
ngrok? We're hiring https://ngrok.com/careers
Session Status                 online
Account                        mjesuspsp@gmail.com (Plan: Free)
Version
3.22.1
Region                         Europe (eu)
Latency                        39ms
Web Interface
http://127.0.0.1:4040
Forwarding                     https://a6aa-213-37-127-236.ngrok-free.app
->
http://localhost:8080
Connections                    ttl      opn     rt1    rt5     p50
p90
12        0       0.00     0.00    61.24   151.61
```

No cerraremos la ventana. Entonces para monitorear nuestra API hemos de sustituir la referencia al servidor local por la URL proporcionada. Creamos de nuevo la colección o modificamos la que tenemos sustituyendo el servidor local por la URL proporcionada. Después creamos de nuevo el monitor.

Una vez creado el monitor podemos realizar un seguimiento del estado y el rendimiento de nuestro servicio web. Pulsamos en **Monitors** desde la barra lateral y luego seleccionamos el monitor para ver su panel. Desde aquí se pueden realizar las siguientes acciones:

- Ejecutar un monitor: un monitor se ejecuta automáticamente a intervalos establecidos, según la programación de ejecución que se seleccionó al configurarlo. Para ejecutar un monitor manualmente en cualquier momento, seleccionamos el icono *Ejecutar* ▶ Run .

- Actualizar el panel: para asegurarnos de ver los resultados más recientes del monitor, icono *Actualizar* ↻ Refresh .

- Pausar y reanudar un monitor: mientras está en pausa, el monitor ya no realiza llamadas a la URL especificada. Para pausar un monitor, pulsamos sobre los 3 puntitos ∘∘∘ y elegimos *Pause*. Para reanudarlo igualmente, sobre los 3 puntitos y seleccionamos *Resume*.

- Editar un monitor: pulsando sobre los 3 puntitos y a continuación *Edit* podemos actualizar su nombre, colección o cualquier otra opción de configuración.

Los monitores monitorean continuamente el estado y el rendimiento de las API. Desde la opción **Run Summary** se muestra la vista resumen de ejecución del monitor (Figura 4.33). Cada ejecución del monitor se representa mediante una barra en el gráfico. La sección superior muestra el tiempo de respuesta promedio del monitor para cada ejecución, mientras que la sección inferior (Figura 4.34) visualiza el número de pruebas fallidas por cada ejecución en todas las regiones. Para ver los valores exactos del porcentaje de fallos y el tiempo de respuesta, hemos de pasar el cursor sobre cada ejecución individualmente.

Figura 4.33. *Run summary* sección superior, tiempo de respuesta promedio.

Figura 4.34. *Run summary* sección inferior, resultado de las pruebas.

Se puede seleccionar ***Individual requests*** (en lugar de ***Run Summary***) para ver cada solicitud por separado dentro del monitoreo, en lugar de un solo resumen general. También se pueden usar filtros para identificar patrones recurrentes en las ejecuciones de monitoreo, seleccionando solicitudes específicas, tipos de ejecución, resultados y regiones (si aplica).

Desde ***Console Log*** se pueden ver los detalles de la ejecución del monitor, junto con las instrucciones que se ejecutan como parte de los scripts previos a la solicitud y posteriores a la respuesta.

Desde la siguiente URL: *https://www.postman.com/postman/workspace/postman-api-monitoring-examples/overview*, se puede acceder a distintos ejemplos de monitorización de APIs de **Postman**. Para usar los ejemplos es necesario registrarse.

Más información sobre **Postman**: *https://learning.postman.com/docs/introduction/overview/*.

4.6.6. Consumir una API REST en Java

Consumir una **API REST** básicamente significa hacerle solicitudes HTTP para obtener, enviar, actualizar o eliminar datos. Lo primero que necesitamos saber son las URLs de la API y luego realizar las peticiones HTTP. Después de realizar las peticiones, hemos de manejar las respuestas y, si es necesario, convertirlas en un formato utilizable en nuestra aplicación.

Crearemos un proyecto *Maven* y usaremos la libreria Java **HttpClient** definida en el paquete **java.net.http**. No necesitamos añadir ninguna dependencia en el **pom.xml** para usar esta librería. Para poder acceder a la **API REST** necesitamos que se esté ejecutando la aplicación.

Los pasos para realizar una solicitud, en este caso **GET**, son los siguientes:

1. Definimos la URL:

```
String url = "http://localhost:8080/departamentos";
```

2. Creamos el cliente HTTP, objeto **HttpClient**, usando el método estático *newHttpClient()*:

```
HttpClient cliente = HttpClient.newHttpClient();
```

3. Creamos la solicitud **GET**. Crea un objeto **HttpRequest** que representa una solicitud **HTTP GET** a una URL específica usando el método *newBuilder()*. Con *uri(URI.create(url))* estamos indicando a qué dirección se va a enviar la solicitud. *URI.create(url)* convierte un *String* en un objeto URI. *GET()* indica que el método HTTP de esta solicitud será **GET**. Y por último se llama *build()* para crear el objeto final **HttpRequest**:

```
HttpRequest request = HttpRequest.newBuilder().
                uri(URI.create(url)).
                GET().
                build();
```

4. Ejecutamos la solicitud usando el método *send()* del objeto **HttpClient**, es un método sincrónico, es decir, el programa espera a que el servidor responda antes de seguir. Se envia la solicitud y con *HttpResponse.BodyHandlers.ofString()* se indica cómo se va a leer el cuerpo (body) de la respuesta, en este caso, como un *String* (texto). Devuelve un **HttpResponse** de tipo *String* con la respuesta completa del servidor (incluye código de estado, cabeceras, cuerpo, etc.), que va a ser interpretada como texto plano:

```
HttpResponse <String> response = cliente.send
                (request, HttpResponse.BodyHandlers.ofString());
```

5. Visualizamos el código y el cuerpo de la respuesta:

```
System.out.println("Código de respuesta: " + response.statusCode());
System.out.println("Respuesta: " + response.body());
```

El resultado es un JSON, opcionalmente podemos convertir el JSON a objetos Java con librerías como *Gson* o *Jackson*.

Para la solicitud **POST** es necesario añadir en la solicitud el cuerpo del departamento a insertar en formato JSON. Es necesario añadir una cabecera HTTP indicando que el contenido a enviar es de tipo JSON: *header("Content-Type", "application/json")*. *POST()* indica que se trata de una solicitud **HTTP POST**. Con *BodyPublishers.ofString(...)* indicamos que convierta el *String* encerrado entre las comillas, en este caso un bloque JSON, en un cuerpo HTTP:

```
String url = "http://localhost:8080/departamento";
HttpRequest request = HttpRequest.newBuilder()
        .uri(URI.create(url))
        .header("Content-Type", "application/json")
        .POST(HttpRequest.BodyPublishers.ofString(
            """
              {"id": 50, "dnombre": "MARKETING", "loc": "TOLEDO"}
            """
        ))
        .build();
```

La solicitud **PUT** es similar, en este caso *PUT()* indica que se trata de una solicitud **HTTP PUT**:

```
String url = "http://localhost:8080/departamento/20";
HttpRequest request = HttpRequest.newBuilder()
        .uri(URI.create(url))
        .header("Content-Type", "application/json")
        .PUT(HttpRequest.BodyPublishers.ofString(
            """
              {"dnombre": "NuevoNom20", "loc": "NuevaLoc20"}
            """
        ))
        .build();
```

En el proyecto *ConsumirAPI_RestDepartamentos* puedes encontrar los ejemplos de uso de la **API Rest**.

DESPLEGAR LA API REST EN UN SERVIDOR TOMCAT

Si disponemos de un servidor Tomcat podemos subir la API REST de *departamentos* en formato de fichero **.war** para que esté disponible en la web y otras aplicaciones puedan consumirla usando peticiones HTTP, así no será necesario tener iniciada la aplicación cada vez que tengamos que usar el servicio. En este caso el servidor Tomcat tendrá que estar iniciado.

Para crear el fichero war, desde el entorno Eclipse y seleccionando el proyecto **API REST** de *departamentos*, seleccionamos *Run As >> Maven Build*, en **Goals** escribimos las acciones *clean verify* y a continuación pulsamos el botón *Apply* y después *Run*. Se muestra en consola la salida generada por el proceso. Al final de la lista de mensajes aparecerá el mensaje *BUILD SUCCESS* si todo ha ido bien; también veremos que se ha generado el fichero *.war* de nuestro proyecto con el nombre definido en las etiquetas *artifactId* y *version* en la carpeta *target* del proyecto:

```
[INFO] --- war:3.4.0:war (default-war) @ departamentos ---
[INFO] Packaging webapp
[INFO] Assembling webapp [departamentos] in
[C:\PSP\departamentos\target\departamentos-0.0.1-SNAPSHOT]
[INFO] Processing war project
[INFO] Copying webapp resources [C:\PSP\departamentos\src\main\webapp]
[INFO] Building war: C:\PSP\departamentos\target\departamentos-0.0.1-
SNAPSHOT.war
[INFO]
[INFO] --- spring-boot:3.4.4:repackage (repackage) @ departamentos ---
[INFO] Replacing main artifact C:\PSP\departamentos\target\departamentos-
0.0.1-SNAPSHOT.war with repackaged archive, adding nested dependencies in
BOOT-INF/.
[INFO] The original artifact has been renamed to
C:\PSP\departamentos\target\departamentos-0.0.1-SNAPSHOT.war.original
[INFO] ------------------------------------------------------------
[INFO] BUILD SUCCESS
[INFO] ------------------------------------------------------------
[INFO] Total time:  6.044 s
[INFO] Finished at: 2025-04-24T13:33:04+02:00
[INFO] ------------------------------------------------------------
```

Nos vamos a esa carpeta y renombramos el fichero, por ejemplo *ApiRestDepartamentos.war*. El siguiente paso será copiarlo en la carpeta **webapps** del servidor Tomcat, en el ejemplo se ha usado la versión *apache-tomcat-10.0.20*. Iniciamos el servidor Tomcat. Una vez iniciado, desde el navegador web escribimos la URL *http://localhost:8080/* y pulsamos sobre el botón *Manager app* (será necesario tener creado un usuario para acceder a la administración de aplicaciones en el fichero *apache-tomcat-10.0.20\conf\tomcat-users.xml*). En esta pantalla se muestra el gestor de aplicaciones web de Tomcat, localizamos nuestra aplicación */ApiRestDepartamentos* pulsamos sobre ella y veremos que se abre la página de inicio.

Ahora para consultar todos los departamentos, es decir para hacer un **GET** la URL será: *http://localhost:8080/ApiRestDepartamentos/departamentos*.

4.6.7. API REST CRUD con acceso a Base de datos

En este apartado vamos a crear un servicio web que nos permitirá interactuar con una base de datos a través de las cuatro operaciones básicas: crear, leer, actualizar y borrar (*Create, Read, Update, Delete*) más conocidas como operaciones **CRUD**. Las peticiones HTTP para cada operación son las siguientes:

- *Create*: **POST**, crear un nuevo registro.
- *Read*: **GET**, leer uno o varios registros.
- *Update*: **PUT**, actualizar datos.
- *Delete*: **DELETE**, eliminar registros.

Vamos a utilizar **Spring Initializr** para crear el proyecto que acceda a una base de datos MySQL, Figura 4.35.

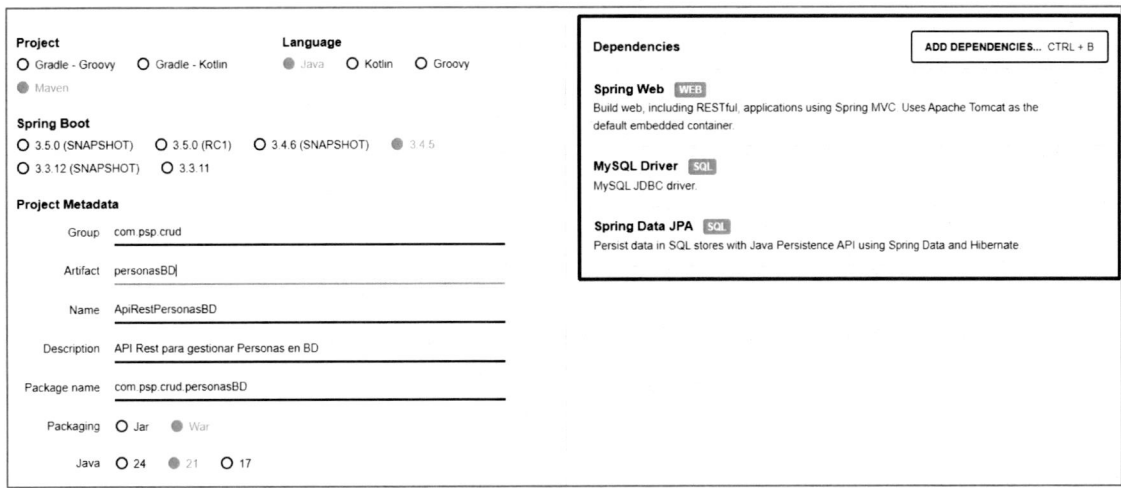

Figura 4.35. Spring Initializr con varias dependencias.

Seleccionamos el tipo de proyecto, añadimos los metadatos, la versión de Java y las dependencias: **Spring Web**, **MySQL Driver** el driver para trabajar con bases de datos MySQL y **Spring Data JPA** que facilita el trabajo con bases de datos relacionales utilizando la API de persistencia de Java. Una vez seleccionado todo generamos el proyecto, descargamos el fichero *.zip* del proyecto generado, lo descomprimimos y lo abrimos en nuestro entorno (en Eclipse *File >> Open Projects from File System*).

Una vez que tenemos el proyecto crearemos una estructura de paquetes utilizando los componentes y estereotipos que propone **Spring** para identificar y gestionar las clases en la aplicación. Los estereotipos son anotaciones que extienden de **@Component**, proporcionando metadatos para que **Spring** los reconozca y maneje correctamente, como en el caso de **@Repository**, **@Service** o **@Controller**:

- **@Repository**: indica que una clase se encarga de interactuar con la base de datos (acceso a datos).

- **@Service**: indica que una clase ofrece servicios de negocio o lógica de aplicación.

- **@Controller**: indica que una clase maneja las peticiones HTTP y las respuestas en una aplicación web.

Los componentes, por otro lado, son las clases que se anotan con estas anotaciones y que se integran en el contexto de **Spring**. Crearemos los siguientes paquetes para cada estereotipo:

- Paquete **controller** para todos los **endpoints** que tenga nuestra aplicación.

- Paquete **service** para agregar las clases que respondan a la funcionalidad y lógica.

- Paquete **model** para las representaciones de nuestro modelo de datos (entidades).

- Paquete **repository** para las clases que establecen la comunicación con la base de datos.

Realizaremos las operaciones básicas sobre la tabla PERSONAS definida en nuestra base de datos MySQL de nombre *ejemplo*, usuario y clave con el mismo nombre. Crearemos la base de datos y la tabla de forma manual desde un entorno MySQL que estemos usando. La estructura del proyecto con las clases y paquetes se muestra en la Figura 4.36.

Figura 4.36. Estructura del proyecto con los paquetes para cada estereotipo.

Para acceder a la base de datos hemos de añadir al fichero **application.properties** (carpeta *src/main/resources*) las propiedades de conexión a la base de datos y las propiedades de *JPA / Hibernate* para el acceso a datos. En las propiedades de conexión hemos de indicar la URL de acceso a la base de datos, el nombre de la base de datos, el usuario y la clave, en el ejemplo la base de datos se llama *ejemplo*, usuario y clave con el mismo nombre, el driver es el de MySQL:

```
spring.application.name=ApiRestPersonasBD
spring.datasource.url=jdbc:mysql://localhost:3306/ejemplo
spring.datasource.username=ejemplo
spring.datasource.password=ejemplo
spring.datasource.driver-class-name=com.mysql.cj.jdbc.Driver

spring.jpa.show-sql=true
spring.jpa.hibernate.ddl-auto=none
spring.jpa.properties.hibernate.dialect=org.hibernate.dialect.MySQLDialect
```

Las propiedades de *JPA / Hibernate* para el acceso a datos se usan para:

- **spring.jpa.show-sql=true**: activar logs de SQL, **Spring Boot** mostrará en la consola las sentencias SQL reales que se están ejecutando contra la base de datos, por ejemplo: *Hibernate: select p1_0.id,p1_0.edad,p1_0.nombre from personas p1_0.*

- **spring.jpa.hibernate.ddl-auto=none**: controlar la creación/modificación de tablas, en este caso se ha definido *none*, indicando que **Spring Boot** no generará ni modificará automáticamente las tablas en la base de datos ya que la base de datos la hemos creado manualmente. Otros valores posibles son:

  update: modifica tablas para coincidir con las entidades

  create: crea las tablas desde cero en cada arranque, es decir borra todo.

  create-drop: igual a *create*, pero elimina al cerrar la aplicación.

  validate: solo valida que la estructura coincida.

- **spring.jpa.properties.hibernate.dialect=org.hibernate.dialect.MySQLDialect**: se usa para indicar a Hibernate qué dialecto SQL se debe usar para generar sentencias compatibles con MySQL.

En el paquete principal **com.psp.crud.personasBD** se encuentran las clases necesarias para lanzar la aplicación. La clase *ApiRestPersonasBdApplication* es la que lanza la ejecución de la aplicación. De este paquete no modificamos ninguna clase.

Creamos las entidades. En el paquete **com.psp.crud.personasBD.model** se encuentran las entidades, en este caso se ha definido la entidad *Persona* que representa la tabla *PERSONAS* de la base de datos, que se ha creado así desde MySQL:

```
create table personas (
     id bigint auto_increment primary key,
     nombre varchar(255) not null,
     edad integer
) engine=InnoDB;
```

Se añaden las anotaciones **@Entity** y **@Table** para indicar la tabla a la que representa en la base de datos, La anotación **@Id** indica el campo que es clave primaria y con **@GeneratedValue** indicamos que la clave se genera automáticamente. Al usar *GenerationType.IDENTITY*, se espera que la columna en la tabla *PERSONAS* tenga esta estructura: *id bigint auto_increment primary key*. La clase *Persona* es la siguiente donde el nombre de los atributos es el mismo que el nombre de las columnas de la tabla:

```
@Entity
@Table(name = "personas")
public class Persona {
     @Id
     @GeneratedValue(strategy = GenerationType.IDENTITY)
     private Long id;

     private String nombre;
     private int edad;

     //constructores
     //métodos get-set
}
```

Creamos el repositorio. En el paquete **com.psp.crud.personasBD.repository** se definen los repositorioas que se comunicarán con la base de datos. Se trata de interfaces que heredan de **JpaRepository**; es necesario añadir la anotación **@Repository** a la interface. En el ejemplo la interface se llama *PersonaRepository* y le indica a **Spring Data JPA** que va a manejar la entidad *Persona* con clave primaria de tipo *Long*, no es necesario escribir nada aquí, aunque podemos añadir métodos personalizados:

```
@Repository
public interface PersonaRepository extends JpaRepository<Persona, Long> {

}
```

Gracias a que hereda de **JpaRepository** disponemos de métodos que simplifican el acceso a la base de datos, por tanto, cuando creamos una variable del tipo **PersonaRepository** podemos usar los métodos:

- **findAll()**: devuelve todas las entidades del tipo *Persona*.

- **save(entidad)**: guarda en la base de datos la entidad dada, que tiene que ser del tipo *Persona*, devuelve dicha entidad.

- **findById(id)**: devuelve la entidad *Persona* que tenga ese *id*, o bien un tipo *Optional* si no existe dicha entidad.

- **deleteById(id)**: elimina la entidad *Persona* con ese *id*, no devuelve nada.

- **existsById(id)**: devuelve *true* o *false* indicando si existe o no la entidad *Persona* con ese *id*.

Creamos los servicios. En el paquete **com.psp.crud.personasBD.service** se definen las clases que realizarán las operaciones con la base de datos. La clase llevará la anotación **@Service** y aquí es donde se definen las operaciones CRUD que se realizarán sobre la tabla *PERSONAS*. Para usar el repositorio creamos una variable de tipo **PersonaRepository** con la anotación **@Autowired** de **Spring**, esta anotación se usa para inyectar automáticamente dependencias en una clase y facilita el uso de objetos sin tener que crearlos manualmente. ¿Qué significa inyectar una dependencia? Supongamos que una clase necesita usar otra clase, por ejemplo, **PersonaService** necesita **PersonaRepository**, en lugar de crearla con *new*, **Spring** ve la anotación **@Autowired** e inyecta una instancia de **PersonaRepository** en tiempo de ejecución.

La clase **PersonaService** se define con los siguientes métodos para consultar, modificar, insertar y eliminar personas, la variable de tipo **PersonaRepository** permite acceder a los métodos que simplifican el acceso a la base de datos:

```
@Service
public class PersonaService {

    @Autowired
    PersonaRepository personaRepository;

    //Devuelve la lista de personas
    public List<Persona> getPersonas() {
        return personaRepository.findAll();
    }

    //Devuelve la persona con el id recibido
    public Optional<Persona> getPersona(Long id) {
        return personaRepository.findById(id);
    }

    //Modifica la persona (si existe, si no existe se añade)
    //y la devuelve
    public Persona updatePersona (Persona persona) {
        return personaRepository.save(persona);
    }
```

```
//Modifica la persona con ese id
public Persona updatePersonaById(Persona persona, Long id) {
      Persona per = personaRepository.findById(id).get();
      per.setNombre(persona.getNombre());
      per.setEdad(persona.getEdad());
      return personaRepository.save(per);
}

//Inserta la persona y la devuelve
public Persona savePersona (Persona persona) {
      return personaRepository.save(persona);
}

//Elimina la persona con ese id
public void deletePersona (Long id) {
      personaRepository.deleteById(id);
}

//Comprueba si existe o no la persona con ese id
public boolean existePersona(Long id) {
      return personaRepository.existsById(id);
}
}
```

El método **save()** de JPA actualiza si el objeto tiene un *id* existente, si no existe el *id* se inserta un nuevo registro. Los métodos *savePersona()* y *updatePersona()* hacen lo mismo, con uno bastaría.

Creamos los controladores. En el paquete **com.psp.crud.personasBD.controller** se definen las clases que usarán los servicios. En el ejemplo se define el controlador **PersonaController** que llevará las anotaciones **@RestController** y **@RequestMapping(path = "api/crud/personas")** indicando el path de la API, la URL para acceder a la API es en este caso: *http://localhost:8080/api/crud/personas*. Se definen las operaciones para los métodos **GET**, **POST**, **PUT** y **DELETE**, el código es el siguiente:

```
@RestController
@RequestMapping(path = "api/crud/personas")
public class PersonaController {

      @Autowired // para enlazar el servicio
      private PersonaService personaservice;

      @GetMapping
      public List<Persona> personas() {
            return personaservice.getPersonas();
      }

      @GetMapping("/{id}")
      public Optional<Persona> persona(@PathVariable Long id) {
            return personaservice.getPersona(id);
      }

      @DeleteMapping("/{id}")
      public String deletePersona(@PathVariable Long id) {
```

```java
        if (personaservice.existePersona(id)) {
            personaservice.deletePersona(id);
            return "Persona: " + id + ",eliminada";
        } else {
            return "Persona: " + id + ", NO existe";
        }
    }


    @PostMapping
    public Persona addPersona(@RequestBody Persona per) {
        return personaservice.savePersona(per);
    }


    @PutMapping
    public Persona updatePersona(@RequestBody Persona per) {
        return personaservice.updatePersona(per);
    }


    @PutMapping("/{id}")
    public String updatePersonaById(@RequestBody Persona per,
                                    @PathVariable Long id) {
        if (personaservice.existePersona(id)) {
            personaservice.updatePersonaById(per, id);
            return "Persona: " + id + ", modificada";
        } else {
            return "Persona: " + id + ", NO existe";
        }
    }
}
```

Para consumir la **API Rest** en Java procedemos como se hizo en el apartado anterior. Algunos ejemplos son:

- **GET**. Obtener todas las personas:

```java
String url = "http://localhost:8080/api/crud/personas";
HttpRequest request = HttpRequest.newBuilder()
                .uri(URI.create(url)).GET().build();
```

- **GET**. Obtener la persona con *id* 1:

```java
String url = "http://localhost:8080/api/crud/personas/1";
HttpRequest request = HttpRequest.newBuilder()
                .uri(URI.create(url)).GET().build();
```

- **DELETE**. Eliminar la persona con *id* 2:

```java
String url = "http://localhost:8080/api/crud/personas/2";
HttpRequest request = HttpRequest.newBuilder()
                .uri(URI.create(url)).DELETE().build();
```

- **POST**. Insertar una persona:

```
String url = "http://localhost:8080/api/crud/personas";
HttpRequest request = HttpRequest.newBuilder()
        .uri(URI.create(url))
        .header("Content-Type", "application/json")
        .POST(HttpRequest.BodyPublishers.ofString(
        """
                {"nombre": "FELIPE", "edad": 40}
        """
)).build();
```

- **PUT**. Modificar una persona:

```
String url = "http://localhost:8080/api/crud/personas";
HttpRequest request = HttpRequest.newBuilder()
        .uri(URI.create(url))
        .header("Content-Type", "application/json")
        .PUT(HttpRequest.BodyPublishers.ofString(
        """
                {"id": 1, "nombre": "NuevoNom1", "edad": 15}
        """
)).build();
```

- **PUT**. Modificar una persona sabiendo su *id*:

```
String url = "http://localhost:8080/api/crud/personas/1";
HttpRequest request = HttpRequest.newBuilder()
        .uri(URI.create(url))
        .header("Content-Type", "application/json")
        .PUT(HttpRequest.BodyPublishers.ofString(
        """
                {"nombre": "NuevoNom1", "edad": 25}
        """
)).build();
```

En los recursos del capítulo te puedes descargar el proyecto Eclipse *personasBD* de la **API REST** y de los programas cliente que la consumen *ConsumirAPI_RestPersonas*.

API REST vs API RESTfull

Los términos **API REST** y **API RESTful** se suelen usar indistintamente, pero existe una sutil diferencia en sus significados. **REST** se refiere al estilo arquitectónico, mientras que **RESTful** describe una API que se adhiere a los principios de REST. En esencia, una **API RESTful** es una API diseñada siguiendo las directrices del estilo arquitectónico **REST,** como son el uso de métodos HTTP estándar (**GET, POST, PUT, DELETE**) para operaciones con recursos.

COMPRUEBA TU APRENDIZAJE

1º) En este ejercicio vamos a usar el servidor FTP *localhost*. Crea 3 usuarios (si ya están creados no hace falta crearlos de nuevo), crea una carpeta para cada usuario, y dentro de esa carpeta de usuario crear una nueva carpeta con nombre LOG, y dentro de esta carpeta crear un fichero de texto llamado **LOG.TXT**. El contenido inicial del fichero es el siguiente, donde se debe mostrar el nombre del usuario propietario de la carpeta:

Figura 4.37. Contenido inicial de los ficheros LOG.TXT.

A continuación, se muestran los nombres de usuarios, contraseñas, carpetas y subcarpetas a crear, Sobre esta carpeta el usuario tendrá control total:

Nombre de usuario	contraseña	Carpetas
usuario1	usu1	usuario1 usuario1/LOG
usuario2	usu2	usuario2 usuario2/LOG
usuario3	usu3	usuario3 usuario3/LOG

La carpeta del servidor debe quedar así con las carpetas de los usuarios (unidad C o D), por ejemplo, suponiendo que se llama *MiServerFTP*:

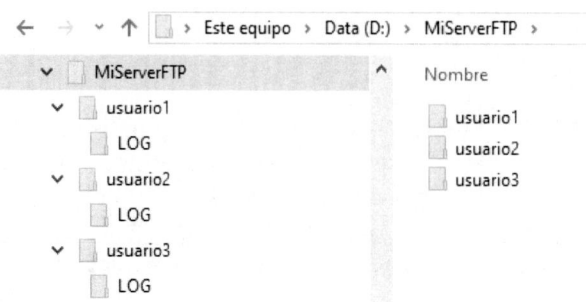

Figura 4.38. Estructura de carpetas en el servidor FTP para los usuarios.

Realiza un programa Java que controle mediante el fichero de **LOG** la conexión del usuario a su sitio FTP. El programa pedirá por teclado un nombre de usuario y su contraseña en un proceso repetitivo que finalizará cuando el nombre de usuario sea *. Una vez introducido el nombre y la contraseña, conectar el usuario al servidor FTP *localhost*. Cada vez que se conecte, hay que acceder a su directorio */LOG*, en este directorio hay un fichero llamado **LOG.TXT** en el que debes registrar la información sobre la fecha y hora de la conexión del usuario. Ejemplo de contenido del fichero para el *usuario1* puede ser lo siguiente:

```
Conexiones realizadas por el Usuario: usuario1.
Hora de conexion: Wed Apr 30 13:31:50 CEST 2025
```

También se debe mostrar la lista de ficheros que hay en el directorio del usuario. Si el usuario vuelve a conectarse hay que acceder de nuevo al directorio y modificar el fichero **LOG.TXT**, hay que añadir una nueva línea. Y así sucesivamente. Ejemplo, el usuario ha realizado 3 conexiones:

```
Conexiones realizadas por el Usuario: usuario1.
Hora de conexión: Wed Apr 30 13:31:50 CEST 2025
Hora de conexión: Wed Apr 30 15:21:10 CEST 2025
Hora de conexión: Thu May 01 11:04:59 CEST 2025
Hora de conexión: Thu May 01 13:46:55 CEST 2025
```

Para comprobar si se van añadiendo correctamente los datos, se consultará el fichero **LOG.TXT** para ver si refleja las conexiones realizadas por el usuario.

Al finalizar el proceso de lectura deberás enviar un mensaje de correo electrónico a alguna de tus cuentas, indicando el número de usuarios correctos que se han conectado al servidor FTP hasta introducir como nombre de usuario el *. Debes añadir un asunto al correo.

2º) Desarrollar una **API RESTful** en Java con **Spring Boot** para gestionar empleados de una empresa. La API debe permitir realizar operaciones CRUD (crear, leer, actualizar, eliminar) sobre una base de datos MySQL.

Define la entidad *Empleado* con los siguientes atributos:

- *id* (*Long*, autogenerado).

- *nombre* (*String*).

- *apellido* (*String*).

- *oficio* (*String*).

- *salario* (*Double*).

Los **endpoints** a definir son los siguientes:

Método	Ruta	Descripción
GET	/api/empleados	Listar todos los empleados.
GET	/api/empleados/{id}	Obtener un empleado por ID.
POST	/api/empleados	Crear un nuevo empleado. El método devolverá un mensaje indicando si el empleado se ha insertado o no, y si no se ha insertado debe indicar el motivo.
PUT	/api/empleados/{id}	Actualizar un empleado existente. El método devolverá un mensaje indicando si el empleado se ha modificado o no, y si no se ha modificado debe indicar el motivo.
DELETE	/api/empleados/{id}	Eliminar un empleado. El método devolverá un mensaje indicando si el empleado se ha eliminado o no, y si no se ha eliminado debe indicar el motivo.

Se debe usar **Spring Boot** con **@RestController, @Service, @Repository** y **@Entity**. Debes crear una base de datos es MySQL y la tabla de EMPLEADOS, se usará **Spring Data JPA**. Definir las propiedades necesarias en el fichero de configuración: **application.properties**.

Realiza después el programa Java cliente que consume los servicios definidos en la API REST. Realiza pruebas para consultar, eliminar, modificar o insertar empleados cuyto *id* exista y no exista.

CAPÍTULO 5

TÉCNICAS DE PROGRAMACIÓN SEGURA

Contenidos

Prácticas de programación segura.

Técnicas de seguridad.

Criptografía con Java.

Encriptación.

Comunicaciones seguras con Java.

Control de acceso.

Roles.

Autenticación.

Autorización.

Objetivos

Identificar principios y prácticas de programación segura.

Analizar técnicas y prácticas criptográficas.

Emplear algoritmos criptográficos.

Utilizar sockets seguros para la transmisión de información.

Definir políticas de seguridad.

Utilizar técnicas de autenticación y autorización.

RESUMEN DEL CAPÍTULO

En este capítulo estudiaremos diferentes técnicas para crear aplicaciones seguras. Aprenderemos a utilizar diferentes mecanismos que aporta la tecnología Java que nos ayudarán a garantizar la seguridad de nuestras aplicaciones. Usaremos **Spring Security** para aplicar mecanismos de autenticación y autorización en nuestras aplicaciones.

5.1. INTRODUCCIÓN

Empezaremos el capítulo dando una lista de buenas prácticas que nos ayuden a escribir código seguro en nuestros programas. A continuación, se presentarán algunas de las técnicas más importantes para asegurar sistemas y aplicaciones: la criptografía, los certificados digitales y el control de acceso.

Usaremos las herramientas que proporciona Java para implementar la criptografía mediante las librerías **JCA** y **JCE**. Estudiaremos como implementar canales de comunicación seguros usando **JSSE** (*Java Secure Socket Extension*). Por último, estudiaremos **Spring Security** para aplicar seguridad a las aplicaciones Java (especialmente web).

5.2. PRÁCTICAS DE PROGRAMACIÓN SEGURA

Es habitual que los consumidores de productos software reciban por parte de los vendedores avisos de parches de seguridad de sus productos para corregir agujeros de seguridad. Estos son especialmente frecuentes en aplicaciones que interactúan con Internet, un ejemplo son los parches de seguridad que publica Microsoft para corregir la grave vulnerabilidad detectada en los navegadores web Internet Explorer.

¿Es tan difícil escribir código seguro? En este apartado se proporciona una lista de buenas prácticas que nos servirán de ayuda a la hora de escribir código para nuestras aplicaciones:

Informarse:

- Una forma de evitar fallos es estudiar y comprender los errores que otros hayan cometido a la hora de desarrollar software.

- Internet es el hogar de una gran variedad de foros públicos donde se debaten con frecuencia problemas de vulnerabilidad de software.

- Leer libros y artículos sobre prácticas de codificación segura, así como análisis de los defectos del software.

- Explorar el software de código abierto, hay cantidad de ejemplos de cómo llevar a cabo diversas acciones, sin embargo, también se pueden encontrar numerosos ejemplos de cómo no se deben hacer las cosas.

Precaución en el manejo de datos: La mayoría de los programas aceptan la entrada de algún tipo. Los datos pueden ser adquiridos desde múltiples fuentes de entrada, el programador debe verificar cada pieza de entrada de datos al programa. Prácticas a seguir:

- Limpiar los datos. Es el proceso de examen de los datos de entrada. Los atacantes a menudo intentan introducir contenido que está más allá de lo que el programador prevé para la entrada de datos del programa, por ejemplo, alteración del juego de caracteres, uso de caracteres no permitidos, desbordamiento de búfer de datos.

- Realizar la comprobación de límites. Un problema muy típico es el desbordamiento de búfer. Hemos de asegurarnos de verificar que los datos proporcionados al programa pueden caber en el espacio que se asigna para ello. En los arrays hemos de revisar los índices para garantizar que permanecen dentro de sus límites.

- Revisar los ficheros de configuración. Es necesario validar los datos, como si se tratase de una entrada de datos por teclado, ya que pueden ser manipulados por un atacante.

- Comprobar los parámetros de línea de comandos.

- No fiarse de las URLs web. Muchos diseñadores de aplicaciones web utilizan URLs para insertar variables y sus valores. El usuario puede alterar la URL directamente dentro de su navegador por variables de ajuste y/o de sus valores a cualquier configuración que elija. Si la aplicación web no realiza una comprobación de los datos puede ser atacada con éxito.

- Cuidado con los contenidos web. Muchas aplicaciones web insertan variables en campos HTML ocultos. Tales campos también pueden ser modificados por el usuario en una sesión de navegador.

- Comprobar las cookies web. Los valores pueden ser modificados por el usuario final y no se debe confiar en ellas.

- Comprobar las variables de entorno. Un uso común de las variables de entorno es pasar configuración de preferencias a los programas. Los atacantes pueden proporcionar variables de entorno no previstas por el programador.

- Establecer valores iniciales válidos para los datos. Es un buen hábito inicializar correctamente las variables.

- Comprender las referencias de nombre de fichero (rutas de acceso de ficheros y directorios) y utilizarlas correctamente dentro de los programas.

- Especial atención al almacenamiento de información sensible. Es de vital importancia proteger la confidencialidad e integridad de información considerada como confidencial, como contraseñas, números de cuenta de tarjetas de crédito, etc.

Reutilización de código bueno siempre que sea posible. Se refiere a la reutilización de software que ha sido completamente revisado y probado, y ha resistido las pruebas del tiempo y de los usuarios.

Insistir en la revisión de los procesos. Siempre es aconsejable seguir una práctica de revisión de los fallos de seguridad en el código fuente. Si un programa es confiado a varias personas, todas deben participar en la revisión. Algunas prácticas comúnmente utilizadas son:

- Realizar una revisión por pares (dos o más revisores). Para entornos de desarrollo relativamente informales, un proceso de revisión de código por pares puede ser suficiente. Es recomendable el desarrollo de una lista de cosas que buscar, esta tiene que ser mantenida y actualizada con los nuevos fallos de programación encontrados.

- Realizar una validación y verificación independiente. Algunos proyectos de programación necesitan una revisión más formal que implica revisar el código fuente de un programa, línea por línea, para garantizar que se ajusta a su diseño, así como a otros criterios (por ejemplo, las condiciones de seguridad).

- Identificar y utilizar las herramientas de seguridad disponibles. Hay herramientas de software disponibles para ayudar en la revisión de fallos en el código fuente. Son útiles para la captura de errores comunes, pero no tan útiles para detectar cualquier otro error.

Utilizar listas de control de seguridad. Estas listas pueden ser muy útiles para asegurarse de que se han cubierto todas las fases durante la ejecución. Esto sería un ejemplo de lista de control:

- Este sistema de aplicación requiere una contraseña para que los usuarios puedan acceder.

- Todos los inicios de sesión de usuario son únicos.

- Esta aplicación utiliza el sistema de control de acceso basado en roles.

- Las contraseñas no se transmiten a través de la red en texto plano.

- El cifrado se utiliza para proteger los datos que se transfieren entre servidores y clientes.

Ser amable con los mantenedores. El mantenimiento del código puede ser de vital importancia para la seguridad del software en el transcurso de su vida útil. Seguiremos estas prácticas de mantenimiento del código:

- Utilizar normas. Se pueden tener normas con respecto a cosas como la documentación en línea del código fuente, la selección de los nombres de las variables, etc.; para que hagan la vida más fácil para aquellos que posteriormente mantendrán el código. El código modular, que está bien documentado y es fácil de seguir es más fácil de mantener.

- Retirar código obsoleto. Si el código no es necesario, se recomienda quitarlo.

- Analizar todos los cambios en el código. Hemos de asegurarnos de probar a fondo los cambios en el código antes de entrar en producción.

Es muy importante hacer una lista de las cosas que se deben hacer a la hora de aplicar código seguro en las aplicaciones que hagamos, igualmente importante es hacer otra lista con las **cosas que NO se deben hacer**:

- Escribir código que utiliza nombres de fichero relativos. La referencia a un nombre de fichero debe ser completa.

- Referirse dos veces en el mismo programa a un fichero por su nombre. Se recomienda abrir el fichero una vez por su nombre y utilizar el identificador a partir de entonces.

- Invocar programas no confiables dentro de los programas.

- Asumir que los usuarios no son maliciosos.

- Dar por sentado el éxito. Cada vez que se realiza una llamada al sistema (por ejemplo, abrir un fichero, leer un fichero, recuperar una variable de entorno), comprobar el valor de retorno por si la llamada falló.

- Invocar un shell o una línea de comandos.

- Autenticarse en criterios que no sean de confianza.

- Utilizar áreas de almacenamiento con permisos de escritura. Si es absolutamente necesario, hay que suponer que la información pueda ser manipulada, alterada o destruida por cualquier persona o proceso que así lo desee.

- Guardar datos confidenciales en una base de datos sin protección de contraseña.

- Hacer eco de las contraseñas o mostrarlas en la pantalla del usuario.

- Emitir contraseñas vía e-mail.

- Distribuir mediante programación información confidencial a través de correo electrónico.

- Guardar las contraseñas sin cifrar (o cualquier otra información confidencial) en disco en un formato fácil de leer (texto sin cifrar). Se debe utilizar en su lugar certificados, encriptación fuerte, o transmisión segura entre hosts de confianza.

- Transmitir entre los sistemas contraseñas sin encriptar (o cualquier otra información confidencial). Se debe utilizar como antes certificados, encriptación fuerte, o transmisión segura entre hosts de confianza.

- Tomar decisiones de acceso basadas en variables de entorno o parámetros de línea de comandos que se pasan en tiempo de ejecución.

- Evitar, en la medida que se pueda, confiar en el software o los servicios de terceros para operaciones críticas.

5.3. TÉCNICAS DE SEGURIDAD. VISIÓN GENERAL

A continuación, se presentan algunas de las técnicas y mecanismos más importantes para asegurar sistemas y aplicaciones: la criptografía, los certificados digitales y el control de acceso.

5.3.1. Criptografía

El término criptografía es un derivado de la palabra griega *kryptos*, que significa «oculto». El objetivo de la criptografía es ocultar el significado de un mensaje mediante el cifrado o codificación del mensaje.

El proceso general de cifrado y descifrado de mensajes se muestra en la Figura 5.1:

- Si a un **texto legible** se le aplica un algoritmo de cifrado, que en general depende de una **clave**, esto arroja como resultado un **texto cifrado** que es el que se envía o guarda. A este proceso se le llama **cifrado** o **encriptación**.

- Si a ese **texto cifrado** se le aplica el mismo algoritmo, dependiente de la misma **clave** o de otra clave (esto depende del algoritmo), se obtiene el **texto legible** original. A este segundo proceso se le llama **descifrado** o **desencriptación**.

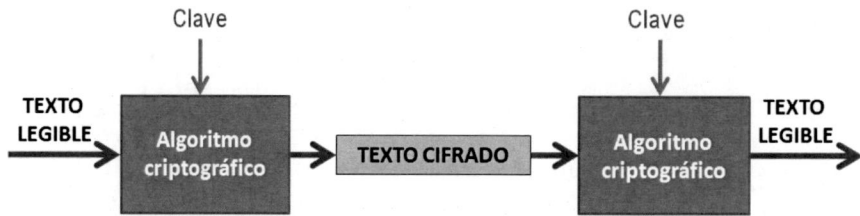

Figura 5.1. Proceso general de cifrado y descifrado de mensajes.

Existen 3 clases de algoritmos criptográficos:

- **Funciones de una sola víA** (o funciones *hash*). Estas funciones permiten mantener la integridad de los datos tanto en almacenamiento como en el tráfico de redes. También se utilizan como parte de los mecanismos de **firma digital**. Reciben su nombre debido a su naturaleza matemática. Dado un mensaje x, es muy fácil calcular el resultado de $f(x)$. A este $f(x)$ se le denomina el **hash** de x (o traducido podría ser «*resumen*» de x) o también **message digest** de x. La clave está en que es prácticamente imposible calcular x a partir del hash $f(x)$, Figura 5.2. Las funciones de una sola vía tienen un amplio abanico de usos en la seguridad informática. Prácticamente cualquier protocolo las usa para procesar claves, encadenar una secuencia de eventos, o incluso autenticar eventos y son esenciales en la **autenticación por firmas digitales**. Los dos algoritmos de una sola vía más utilizados son el **MD5** (Las siglas MD vienen de *Message Digest*) y **SHA-1**.

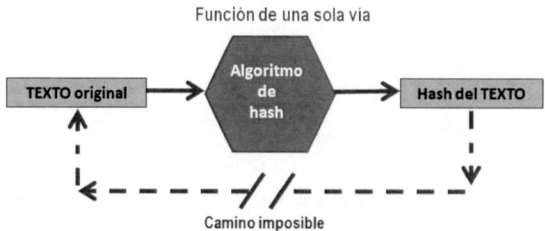

Figura 5.2. Función de una sola vía.

- **Algoritmos de clave secreta o de criptografía simétrica**. El emisor y el receptor comparten el conocimiento de una clave que no debe ser revelada a ningún otro. La clave se utiliza tanto para cifrar como para descifrar el mensaje. En estos algoritmos lo esencial es que la clave K, que sirve tanto para cifrar como para descifrar sea compartida sólo entre los participantes del sistema, véase Figura 5.3. Por eso se dice que la clave es privada o secreta y que los algoritmos son simétricos, pues la misma clave cifra y descifra. El algoritmo de cifrado simétrico más popular es el **DES** (*Data Encryption Standard*), utiliza claves de 56 bits y un cifrado de bloques de 64 bits. Una variante de este es el

Triple DES (o 3DES), la clave es de 128 bits (112 de clave y 16 de paridad). Otro algoritmo muy utilizado es el **AES** (*Advanced Encryption Standard*) que tiene un tamaño de clave variable siendo el estándar 256 bits.

Figura 5.3. Criptografía simétrica o de clave privada.

- **Algoritmos de clave pública o de criptografía asimétrica**. El emisor de un mensaje (Participante B) emplea una clave pública, difundida previamente por el receptor (Participante A), para encriptar el mensaje. El receptor emplea la clave privada correspondiente para desencriptar el mensaje, sólo el receptor puede desencriptar el mensaje gracias a su clave privada. En general, estos algoritmos se basan en que cada participante genera una **pareja de claves** relacionadas entre sí. Una es la **clave pública** y otra la **clave privada**, la clave pública todo el mundo la puede conocer, la clave privada sólo cada participante conoce su propia clave. Cualquiera que conozca la clave pública del Participante A puede cifrar con ella un mensaje, pero sólo el Participante A puede descifrar ese mensaje mediante su clave privada, Figura 5.4. El algoritmo asimétrico más popular es el **RSA** que debe su nombre a sus inventores *Rivest, Shamir* y *Adleman*. Su uso es prácticamente universal como método de autenticación y **firma digital** y es componente de protocolos y sistemas como IPSec (*Internet Protocol Security*), SSL, PGP, etc.

Figura 5.4. Criptografía asimétrica o de clave pública.

FUNCIONAMIENTO DE LA FIRMA DIGITAL

Una **firma digital** está compuesta por una serie de datos asociados a un mensaje, estos datos nos permiten asegurar la identidad del firmante (emisor del mensaje) y la integridad del mensaje. El método de firma digital más extendido es el **RSA**. En este modelo, el procedimiento de firma de un mensaje por parte del emisor se muestra en la Figura 5.5:

- El emisor genera un *hash* (resumen) del mensaje mediante una función acordada, a este *hash* le llamamos H1.

- Este *hash* es cifrado con su clave privada. El resultado es lo que se conoce como **firma digital** (FD) que se envía adjunta al mensaje.

- El emisor envía el mensaje y su FD al receptor, es decir, el mensaje firmado.

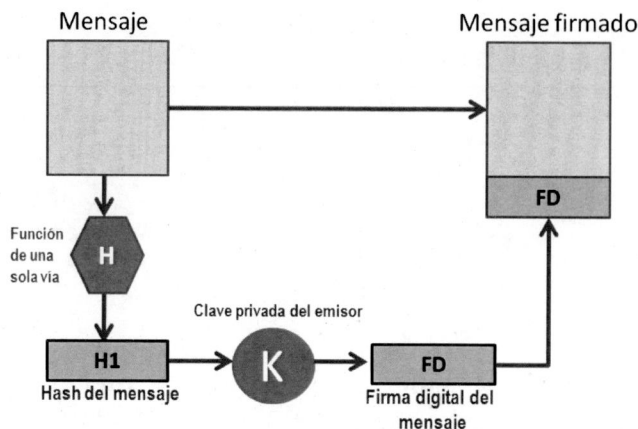

Figura 5.5. Firma digital de un mensaje.

El receptor realiza las siguientes operaciones (Figura 5.6):

- Separa el mensaje de la firma.

- Genera el resumen del mensaje recibido usando la misma función que el emisor, se genera H2.

- Descifra la firma, FD, mediante la clave pública del emisor obteniendo el *hash* original, H1.

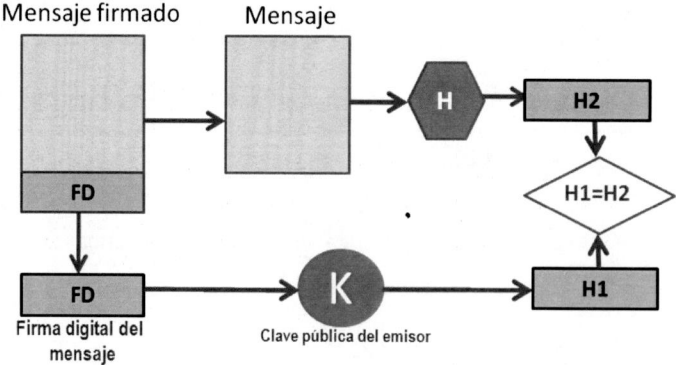

Figura 5.6. Comprobación en el receptor del mensaje firmado.

- Si los dos resúmenes coinciden se puede afirmar que el mensaje ha sido enviado por el propietario de la clave pública utilizada y que no fue modificado en el transcurso de la comunicación.

Todo sistema criptográfico de firma digital descansa sobre un pilar fundamental: la autenticidad de la clave pública de cada participante. Para asegurar la autenticidad de la clave pública de cada participante se recurre a las **Autoridades de Certificación (AC)**, que es la entidad que garantiza que una firma es de quien dice ser (se verán en el siguiente apartado).

PUNTOS FUERTES Y PUNTOS DÉBILES

La siguiente tabla muestra los puntos fuertes y débiles de la criptografía simétrica y asimétrica[1].

CRIPTOGRAFÍA SIMÉTRICA O DE CLAVE SECRETA Una sola clave para cifrar y descifrar. El emisor y receptor deben conocer la clave. Ejemplo de algoritmos: AES, DES	
Puntos fuertes	**Puntos débiles**
Cifran más rápido que los algoritmos de clave pública. Sirven habitualmente como base para los sistemas criptográficos basados en hardware.	Requieren un sistema de distribución de claves muy seguro (si se conoce la clave se pueden conocer todos los mensajes cifrados con ella). En el momento en que la clave cae en manos no autorizadas, todo el sistema deja de funcionar. Esto obliga a llevar una administración compleja. Si se asume que es necesaria una clave por cada pareja de usuarios de una red, el número total de claves crece rápidamente con el número de usuarios.
CRIPTOGRAFÍA ASIMÉTRICA O DE CLAVE PÚBLICA Usa un par de claves: Clave pública que se puede compartir libremente y Clave privada que debe mantenerse secreta. Lo que se cifra con una clave solo se puede descifrar con la otra. Ideal para transmisión segura sin compartir claves y firmas digitales (verificación de identidad). Ejemplo de algoritmos: RSA, DSA, ECC	
Puntos fuertes	**Puntos débiles**
Permiten conseguir autenticación y no repudio para muchos protocolos criptográficos. Suelen emplearse en colaboración con cualquiera de los otros métodos criptográficos. Permiten tener una administración sencilla de claves al no necesitar que haya intercambio de claves seguro.	Son algoritmos más lentos que los de clave secreta, con lo que no suelen utilizarse para cifrar gran cantidad de datos. Sus implementaciones son comúnmente hechas en sistemas software. Para una gran red de usuarios y/o máquinas se requiere un sistema de certificación de la autenticidad de las claves públicas.

En resumen, podemos decir que la criptografía juega 3 papeles principales en la implementación de sistemas seguros:

- se emplea para mantener el secreto y la integridad de la información donde quiera que pueda estar expuesta a ataques,

- como base para los mecanismos para autenticar la comunicación entre pares de principales (un principal puede ser un usuario o un proceso) y para implementar el mecanismo de firma digital.

---

[1] Fuente: Seguridad en las comunicaciones y en la información. ISBN 84-362-4975-5.

5.3.2. Certificados Digitales

Un **certificado digital** es un documento que certifica que una entidad determinada, como puede ser un usuario, una máquina, un dispositivo de red o un proceso, tiene una clave pública determinada. El certificado tiene que ser capaz de enlazar una clave pública junto al nombre del titular ya sea una empresa, una persona u otra entidad.

Para certificar estos documentos se acude a las **Autoridades de Certificación (AC)**, que son entidades que se encargan de emitir y gestionar tales certificados y que tienen una propiedad muy importante: que se puede confiar en ellas. La forma en la que la AC hace válido el certificado es firmándolo digitalmente. Al aplicar el algoritmo de firma digital al documento se obtiene un texto, una secuencia de datos que permiten asegurar que el titular de ese certificado ha "firmado electrónicamente" el texto y que éste no ha sido modificado.

Un certificado digital tiene un formato estándar universalmente aceptado conocido como **X.509,** tiene los siguientes campos, Figura 5.7:

- Versión: indica la versión del formato del certificado, normalmente X.509v3.

- Número de serie: identificador numérico único dentro del dominio de la AC.

- Algoritmo de firma y parámetros, que identifican el algoritmo asimétrico y la función de una sola vía que se usa para firmar el certificado.

- Emisor del certificado: el nombre X.500 de la AC.

- Fechas de inicio y final de validez que determinan el periodo de validez del certificado.

- Nombre del propietario de la clave pública que se está firmando.

- Identificador del algoritmo que se está utilizando, la clave pública del usuario y otros parámetros si son necesarios.

- La firma digital de la AC, es decir, el resultado de cifrar mediante el algoritmo asimétrico y la clave privada de la AC, el *hash* obtenido del documento X.509.

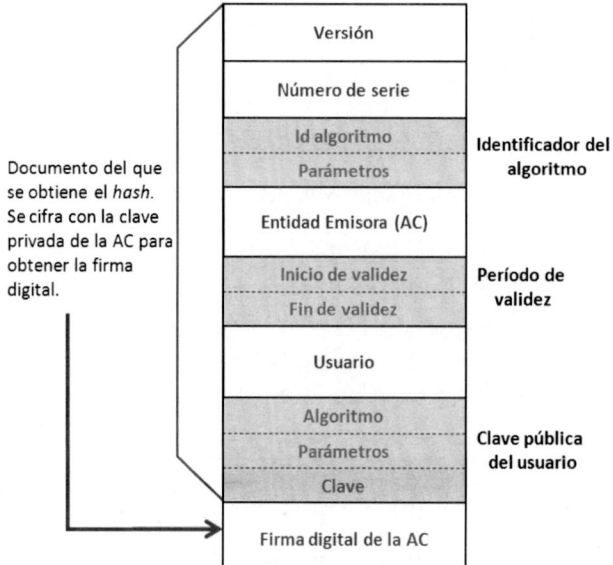

Figura 5.7.
Formato X.509.

La Figura 5.8 muestra un certificado digital que se puede observar desde el navegador web **Mozilla Firefox**. Para verlo se hace clic en el candado de la URL, se pulsa sobre *Conexión segura*, a continuación, se pulsa sobre *Mas información*, y después el botón *Ver certificado*.

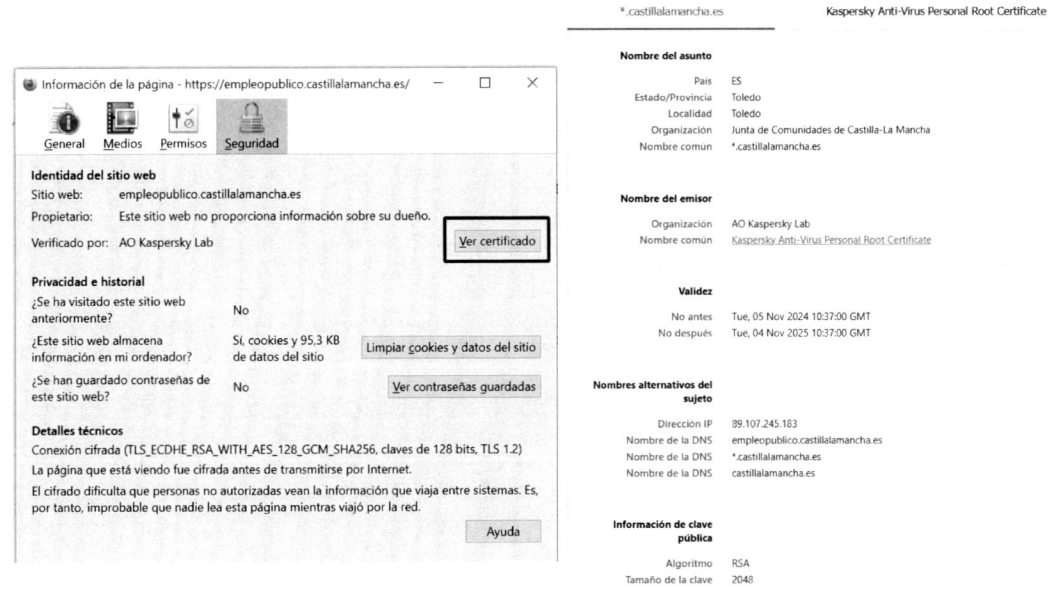

Figura 5.8. Un certificado digital.

Para ver el almacén de certificados del navegador *Mozilla Firefox* pulsamos en la opción de menú *Ajustes >> Privacidad y seguridad >> Ver certificados*. Desde *Chrome* pulsamos en la opción de menú *Configuración >> Privacidad y seguridad >> Seguridad >> Gestionar certificados*.

Para ver los certificados instalados en Windows, podemos abrir el Administrador de certificados utilizando la ventana de búsqueda de Windows y escribiendo **certmgr.msc**. En la carpeta *Personal* podemos encontrar los certificados.

Las principales aplicaciones de los certificados digitales son:

- Autentificar la identidad del usuario, de forma electrónica, ante terceros.

- Trámites electrónicos ante la Agencia Tributaria, la Seguridad Social, las Cámaras y otros organismos públicos.

  Trabajar con facturas electrónicas.

- Firmar digitalmente e-mail y todo tipo de documentos.

- Cifrar datos para que sólo el destinatario del documento pueda acceder a su contenido.

Los certificados digitales se pueden solicitar a través de la aplicación web de la AC. Por ejemplo, una persona física (no persona jurídica) para solicitar un certificado a la Fábrica Nacional de Moneda y Timbre (FNMT), accede a la web: *https://www.cert.fnmt.es/*; y sigue una serie de pasos: solicitud del certificado (a través de la web), acreditación de la identidad mediante personación física en una oficina de registro y descarga del certificado desde Internet. Las claves criptográficas se generan en el momento de la solicitud del certificado y quedan unidas inequívocamente al titular de las mismas.

Algunas AC españolas que emiten certificados electrónicos de empresa son: Fábrica Nacional de Moneda y Timbre (FNMT), Agència Catalana de Certificació (CATCert), Agencia Notarial de Certificación (ANCERT), ANF Autoridad de Certificación (ANF AC), Autoritat de Certificació de la Comunitat Valenciana (ACCV), etc.

5.3.3. Control de acceso

En general cualquier empresa u organización tiene diversos tipos de recursos de carácter privado y secreto que necesitan asegurar, de manera que sólo las personas indicadas puedan acceder a ellos para realizar las tareas requeridas. Estos recursos pueden ser físicos (por ejemplo, un equipo informático muy caro), informativos (datos confidenciales) o de personal (los empleados).

Se hace necesario realizar un control de acceso a los recursos, pero este control de acceso es algo más que simplemente requerir nombres de usuario y contraseñas. Hay tres componentes importantes de control de acceso:

- **Identificación**: proceso mediante el cual el sujeto suministra información diciendo quien es.

- **Autenticación**: es cualquier proceso por el cual se verifica que alguien es quien dice ser. Esto implica generalmente un nombre de usuario y una contraseña, pero puede incluir cualquier otro método para demostrar la identidad, como una tarjeta inteligente, exploración de la retina, reconocimiento de voz o las huellas dactilares.

- **Autorización**: es el proceso de determinar si el sujeto, una vez autenticado, tiene acceso al recurso. La autorización es equivalente a la comprobación de la lista de invitados a una fiesta.

El sistema de control de acceso debe permitir el acceso al usuario correctamente autenticado y debe impedir el acceso a los demás. Debería también guardar un buen registro de auditoría de todas las entradas e intentos fallidos.

Las medidas de identificación y autenticación se centran en una de estas tres formas:

- Algo que se sabe, algo que se conoce, típicamente las **contraseñas**, es la más extendida.

- Algo que se es, medidas que utilizan la **biometría** (identificación por medio de la voz, la retina, la huella dactilar, geometría de la mano, etc.).

- Algo que se tiene, los **access tokens** (sistemas de tarjetas).

5.3.4. Aplicaciones de la criptografía

Hemos visto que la criptografía permite proteger la confidencialidad, integridad y autenticidad de la información. Hoy en día, está presente en casi todas las áreas donde se maneja información digital. Entre sus aplicaciones podemos resumir las siguientes:

- **Confidencialidad de la información**. Permite cifrar datos para que solo puedan ser leídos por quien tenga la clave adecuada. Por ejemplo, correos electrónicos cifrados (PGP), bases de datos cifradas, ficheros protegidos.

- **Autenticación**. Permite verificar la identidad de un usuario, sistema o entidad. Se usan contraseñas cifradas, certificados digitales o tokens. Ejemplo: inicio de sesión en aplicaciones seguras, autenticación en redes corporativas, certificados SSL/TLS.

- **Integridad de los datos**. Los algoritmos hash criptográficos (como SHA-256) permiten asegurar que los datos no han sido modificados. Por ejemplo, la verificación de ficheros descargados, blockchain, firmas digitales.

- **Firmas digitales.** Garantizan que un mensaje o documento ha sido creado por una entidad específica y no ha sido alterado. Por ejemplo, firmar facturas electrónicas, contratos digitales, documentos PDF oficiales.

- **Seguridad en las comunicaciones**. La criptografía protege las comunicaciones contra espionaje o interceptación. Por ejemplo, HTTPS (SSL/TLS) en páginas web, VPNs, aplicaciones de mensajería cifrada como *Signal* o *WhatsApp*.

- **Criptomonedas y Blockchain.** Toda la base del blockchain está construida sobre criptografía: hash, firmas digitales, pruebas criptográficas, etc. Por ejemplo, *Bitcoin*, *Ethereum*, contratos inteligentes.

- **Control de acceso**. Los sistemas usan criptografía para almacenar credenciales seguras y gestionar el acceso a sistemas o recursos. Por ejemplo, autenticación en sistemas operativos, control de acceso biométrico, autenticadores de doble factor (2FA).

5.4. SEGURIDAD EN EL ENTORNO JAVA

La máquina virtual Java (JVM *Java Virtual Machine*) es la encargada de ejecutar un programa Java, esta tarea consiste en interpretar y ejecutar los *bytecodes* (código objeto), es decir, en transformarlos en código de sistema y ejecutar ese código conforme se va interpretando.

Antes de que la JVM comience este proceso de interpretación debe realizar una serie de tareas para preparar el entorno en el que el programa se ejecutará. Este es el punto en el que se implementa la seguridad interna de Java. Hay tres componentes en el proceso:

- **El cargador de clases**. Es el responsable de encontrar y cargar los *bytecodes* que definen las clases. Cada programa Java tiene como mínimo tres cargadores: el cargador de clases *bootstrap* que carga las clases del sistema (normalmente desde el fichero JAR *rt.jar*), el cargador de clases de extensión que carga una extensión estándar desde el directorio *jre/lib/ext* y el cargador de clases de la aplicación que localiza las clases y los ficheros JAR/ZIP de la ruta de acceso a las clases (según está establecido por la variable de entorno CLASSPATH o por la opción *–classpath* de la línea de comandos).

- **El verificador de ficheros de clases**. Se encarga de validar los *bytecodes*. Algunas de las comprobaciones que lleva a cabo son: que las variables estén inicializadas antes de ser utilizadas, que las llamadas a un método coincidan con los tipos de referencias de objeto, que no se han infringido las reglas para el acceso a los métodos y clases privados, etc.

- **El gestor de seguridad** (o administrador de seguridad). Es una clase que controla si está permitida una determinada operación. Alguna de las operaciones que comprueba son las siguientes: si el hilo actual puede cargar un subproceso, puede acceder a un paquete específico, puede acceder o modificar las propiedades del sistema, puede leer desde o escribir en un fichero específico, puede eliminar un fichero específico, puede aceptar una conexión socket desde un host y número de puerto específico, etc. En este apartado nos centraremos en este componente.

Por defecto no se instala de forma automática ningún gestor de seguridad cuando se ejecuta una aplicación Java. En el siguiente ejemplo veremos la salida que produce el programa ejecutándolo sin gestor de seguridad y con gestor de seguridad. El programa muestra los valores de ciertas propiedades de sistema (usamos el método *System.getProperty(propiedad)* para mostrar los valores), la siguiente tabla describe alguna de las más importantes:

Propiedad	Significado
file.separator	Separador de directories ("/" en UNIX y "\" en Windows).
java.class.path	Ruta usada para encontrar los directorios y ficheros JAR que contienen los ficheros de clase.
java.home	Directorio para JRE.
java.vendor	Nombre del proveedor.
java.vendor.url	URL del proveedor
java.version	Número de versión de JRE.
line.separator	Fin de línea.
os.arch	Arquitectura del sistema operativo.
os.name	Nombre del sistema operativo.
os.version	Versión del sistema operativo.
path.separator	Carácter separador usado en *java.class.path* (en Unix es : mientras que en Windows es ;).
user.dir	Directorio en el que se está ejecutando el programa Java.
user.home	Directorio por defecto del usuario.
user.name	Nombre del usuario.

El código es el siguiente:

```
public class Ejemplo1 {
  public static void main(String[] args) {
    //propiedades de sistema en un array
    String t[] = { "java.class.path", "java.home", "java.vendor",
                   "java.version", "os.name", "os.version",
                   "user.dir", "user.home", "user.name"};

    for (int i = 0; i < t.length; i++) {
      System.out.print("Propiedad:" + t[i]);
      try {
        String s = System.getProperty(t[i]);//valor de la propiedad
        System.out.println("\t==> " + s);
      } catch (Exception e) {
        System.err.println("\n\tExcepción " + e.toString());
      }
    }//for

  }//main
}//..Ejemplo1
```

La compilación y ejecución muestra la siguiente salida sin utilizar un gestor de seguridad:

```
D:\CAPIT5>javac Ejemplo1.java

D:\CAPIT5>java Ejemplo1
Propiedad:java.class.path       ==> .
Propiedad:java.home        ==> C:\Program Files\Java\jdk-21
Propiedad:java.vendor      ==> Oracle Corporation
Propiedad:java.version     ==> 21.0.3
Propiedad:os.name          ==> Windows 10
Propiedad:os.version       ==> 10.0
Propiedad:user.dir         ==> D:\CAPIT5
Propiedad:user.home        ==> C:\Users\mjrm2
Propiedad:user.name        ==> mjrm2
```

Para instalar un gestor de seguridad en nuestro programa podemos incluir al iniciar la JVM la opción **-Djava.security.manager** o invocar al método **setSecurityManager()** de la clase **System** añadiendo la siguiente línea (en el método *main()*, por ejemplo antes del bucle *for*) al código anterior: ***System.setSecurityManager(new SecurityManager())***.

La salida que se genera es la siguiente, donde se pueden observar dos mensajes WARNING indicando que **Security Manager** está obsoleto y ciertas propiedades de sistema a las que se ha denegado el acceso:

```
D:\CAPIT5>java -Djava.security.manager Ejemplo1
WARNING: A command line option has enabled the Security Manager
WARNING: The Security Manager is deprecated and will be removed in a
future release
Propiedad:java.class.path
        Excepcion java.security.AccessControlException: access denied
("java.util.PropertyPermission" "java.class.path" "read")
Propiedad:java.home
        Excepcion java.security.AccessControlException: access denied
("java.util.PropertyPermission" "java.home" "read")
Propiedad:java.vendor    ==> Oracle Corporation
Propiedad:java.version   ==> 21.0.3
Propiedad:os.name        ==> Windows 10
Propiedad:os.version     ==> 10.0
Propiedad:user.dir
        Excepcion java.security.AccessControlException: access denied
("java.util.PropertyPermission" "user.dir" "read")
Propiedad:user.home
        Excepcion java.security.AccessControlException: access denied
("java.util.PropertyPermission" "user.home" "read")
Propiedad:user.name
        Excepcion java.security.AccessControlException: access denied
("java.util.PropertyPermission" "user.name" "read")
```

Al ejecutar un programa Java se carga por defecto un **fichero de políticas** predeterminado y otorga todos los permisos al código para acceder a algunas propiedades comunes útiles, tales como **os.name** y **java.version**. Estas propiedades no son sensibles a la seguridad, por lo que la concesión de estos permisos normalmente no representa un riesgo de seguridad. Otras propiedades como **user.home** y **java.home**, no están entre las propiedades por las cuales el sistema de ficheros de políticas otorga permiso de lectura. Por lo tanto, cuando el programa intenta acceder a ellas el gestor de seguridad impide el acceso y lanza la excepción ***AccessControlException***. Esta excepción indica que la política vigente, que consiste en entradas en uno o más ficheros de políticas, no permite el permiso para leer la propiedad **java.home**, **java.class.path, user.home**, etc.

Los **ficheros de políticas** en Java (*.policy*) se usaban tradicionalmente como parte del modelo de seguridad de Java para restringir qué acciones puede hacer un programa (leer ficheros, acceder a la red, ejecutar código, etc.). Este modelo estaba ligado al uso del **Security Manager**. Desde Java 17, el **Security Manager** ha sido marcado como "*deprecated*", Oracle y la comunidad han decidido eliminarlo completamente en futuras versiones. Sin **Security Manager**, los ficheros **.policy** no tienen efecto. Las aplicaciones modernas usan enfoques más granulares y seguros desde el código como **Spring Security**, JWT, etc.

La plataforma Java define un conjunto de APIs que abarca las principales áreas de seguridad, incluyendo la criptografía, infraestructura de clave pública, la autenticación, la comunicación segura, y control de acceso. Estas APIs permiten a los desarrolladores integrar fácilmente la seguridad en sus aplicaciones. Algunas de estas APIs que trataremos en este capítulo son:

- **JCA** (*Java Cryptography Architecture,* Arquitectura Criptográfica de Java). Es un marco de trabajo para acceder y desarrollar funciones criptográficas en la plataforma Java. Proporciona la infraestructura para la ejecución de los principales servicios de cifrado, incluyendo las firmas digitales, resúmenes de mensajes (hashs), certificados y validación de certificados, encriptación (cifrado de bloques, cifrado simétrico y asimétrico), generación y gestión de claves y generación segura de números aleatorios.

- **JSSE** (*Java Secure Socket Extension,* Extensión de Sockets Seguros Java). Es un conjunto de paquetes Java provistos para la comunicación segura en Internet. Implementa una versión Java de los protocolos SSL y TLS, además incluye funcionalidades como cifrado de datos, autenticación del servidor, integridad de mensajes y autenticación del cliente.

- **JAAS** (*Java Authentication and Authorization Service,* Servicio de Autentificación y Autorización de Java). Es una interfaz que permite a las aplicaciones Java acceder a servicios de control de autenticación y acceso. Puede usarse con dos fines: la autenticación de usuarios para conocer quién está ejecutando código Java; y la autorización de usuarios para garantizar que quién lo ejecuta tiene los permisos necesarios para hacerlo. Sin embargo, hoy en día **JAAS** apenas se usa en nuevos proyectos.

5.5. CRIPTOGRAFÍA CON JAVA

JCA, *Java Cryptography Architecture,* es una parte importante de la plataforma Java y contiene una arquitectura de "proveedor" y un conjunto de APIs para firmas digitales, resúmenes de mensajes (hash), validación de certificados, cifrado, generación y administración de claves, y generación segura de números aleatorios, por nombrar algunos. Estas API permiten a los desarrolladores integrar fácilmente la seguridad en el código de su aplicación.

El API **JCA** (incluye la extensión criptográfica de Java **JCE** - *Java Cryptography Extension*) incluida dentro del paquete JDK incluye dos componentes de software:

- El marco que define y soporta los servicios criptográficos para que los proveedores faciliten implementaciones. Este marco incluye paquetes como **java.security**,

java.security.cert, **java.security.spec**, **java.security.interfaces**, **javax.crypto**, **javax.crypto.spec** y **javax.crypto.interfaces**.

■ Los proveedores reales, tales como *Sun*, *SunRsaSign*, *SunJCE*, que contienen las implementaciones criptográficas reales. El proveedor es el encargado de proporcionar la implementación de uno o varios algoritmos al programador. Los proveedores de seguridad se definen en el fichero **java.security** localizado en la carpeta *java.home\conf\security*; forman una lista de entradas con un número que indican el orden de búsqueda cuando en los programas no se especifica un proveedor:

```
security.provider.1=SUN
security.provider.2=SunRsaSign
security.provider.3=SunEC
security.provider.4=SunJSSE
security.provider.5=SunJCE
security.provider.6=SunJGSS
security.provider.7=SunSASL
. . . . .
```

JCA está estructurado en torno a algunas clases e interfaces centrales de propósito general. La funcionalidad real detrás de estas interfaces es proporcionada por los proveedores. Por lo tanto, podemos usar la clase **Cipher** para cifrar y descifrar algunos datos, pero la implementación de cifrado concreto (algoritmo de cifrado) depende del proveedor concreto utilizado.

JCA define el concepto de proveedor mediante la clase **Provider** del paquete **java.security**. Se trata de una clase abstracta que debe ser redefinida por clases proveedor específicas. Tiene métodos para acceder al nombre del proveedor, el número de versión y otras informaciones sobre las implementaciones de los algoritmos, para la generación, conversión y gestión de claves y la generación de firmas y resúmenes.

El siguiente programa Java muestra como usar el método *getProviders()* de la clase **Security** del paquete **java.security**, para saber qué proveedores y algoritmos tenemos instalados en nuestro sistema:

```
import java.security.*;

public class InfoProveedores {
    public static void main(String[] args) {
        System.out.println("-----------------------------------");
        System.out.println("Proveedores instalados en el sistema");
        System.out.println("-----------------------------------");

        Provider[] listaProv = Security.getProviders();

        for (int i = 0; i < listaProv.length; i++) {
          System.out.println("Núm. proveedor : " + (i + 1));
          System.out.println("Nombre  : " + listaProv[i].getName());
          System.out.println("Versión : " + listaProv[i].getVersionStr());
          System.out.println("Información :\n " + listaProv[i].getInfo());
          System.out.println("-----------------------------------");
        }
    }
}//
```

Las clases y las interfaces principales de estos paquetes se muestran en la siguiente tabla:

Clases JCA / JCE	Función
java.security.MessageDigest	Calcular el resumen del mensaje (hash)
java.security.Signature	Firmar datos y verificar firmas digitales
java.security.KeyPairGenerator	Generar pares de claves (pública y privada) para un algoritmo.
java.security.KeyFactory	Convertir claves de formato criptográfico a especificaciones de claves y viceversa
java.security.KeyStore	Crear y gestionar un almacén de claves (keystore)
java.security.cert.CertificateFactory	Crear certificados de clave pública y listas de revocación de certificados (CRLs)
java.security.cert.CertStore	Recuperar Certificados y CRLs de un repositorio
java.security.cert.CertPathBuilder	Se utiliza para crear cadenas de certificados (también conocidas como rutas de certificación)
java.security.cert.CertPathValidator	Validar cadenas de certificados
java.security.AlgorithmParameters	Almacenar los parámetros de un algoritmo, incluyendo codificación y descodificación
java.security.AlgorithmParameterGenerator	Generar un conjunto de AlgorithmParameters para un algoritmo específico
java.security.SecureRandom	Generar números aleatorios o pseudo aleatrorios
javax.crypto.Cipher	Se utiliza para cifrar y descifrar datos
javax.crypto.KeyAgreement	Utilizado por dos o más partes para acordar y establecer una clave específica para usar en una operación criptográfica particular
javax.crypto.KeyGenerator	Generar nuevas claves secretas para usar con un algoritmo específico
javax.crypto.Mac	Proporciona un algoritmo de autentificación de mensajes
javax.crypto.SecretKeyFactory	Se utiliza para convertir claves criptográficas opacas existentes de tipo SecretKey en especificaciones clave, y viceversa. Los SecretKeyFactorys son KeyFactorys especializados que crean claves secretas (simétricas) solamente

(https://docs.oracle.com/en/java/javase/21/docs/api/java.base/java/security/package-summary.html).

(https://docs.oracle.com/en/java/javase/21/docs/api/java.base/javax/crypto/package-summary.html).

5.5.1. Resúmenes de mensajes. Función Hash

Un *message digests* o resumen de mensaje (también se le conoce como función hash) es una marca digital de un bloque de datos. Existe un gran número de algoritmos diseñados para procesar estos *message digests*, los dos más conocidos son SHA-1 y MD5. La clase **MessageDigest** permite a las aplicaciones implementar algoritmos de resumen de mensajes criptográficamente seguros como SHA-256 o SHA-512. Un resumen de mensaje criptográficamente seguro toma una entrada de tamaño arbitrario (una matriz de bytes) y genera un resultado de tamaño fijo, llamado digest o hash. Véase Figura 5.9.

Figura 5.9. Clase MessageDigest.

Un digest o hash tiene dos propiedades:

1. Es computacionalmente inviable encontrar dos mensajes que tengan el mismo valor.

2. El digest no debe revelar nada sobre la entrada que se utilizó para generarlo.

Los resúmenes de mensajes se usan para generar identificadores de datos únicos y confiables. A veces se llaman "checksums" o "huellas dactilares digitales" de los datos. Los cambios en solo un bit del mensaje deberían producir un valor de resumen diferente.

Algunos de los métodos de la clase **MessageDigest** se exponen en la siguiente tabla:

Métodos	Misión
public static MessageDigest getInstance(String algoritmo) **public static MessageDigest getInstance(String algoritmo, String proveedor)**	Devuelve un objeto **MessageDigest** que implementa el algoritmo de resumen especificado. En el primer caso, los proveedores de seguridad se buscan según el orden establecido en el fichero **java.security**. En el segundo caso se busca el proveedor dado. Nombres válidos para el proveedor de seguridad predeterminado de *Sun* son SHA, SHA-1 y MD5. Puede lanzar la excepción *NoSuchAlgorithmException* si no hay proveedor que implemente el algoritmo dado. Si el nombre de proveedor no se encuentra se produce *NoSuchProviderException*.
void update(byte input)	Realiza el resumen del byte especificado.
void update(byte[] input)	Realiza el resumen del array de bytes especificado.
byte[] digest()	Completa el cálculo del valor hash, devuelve el resumen obtenido.
byte [] digest (byte [] entrada)	Realiza una actualización final sobre el resumen utilizando el array de bytes indicado en el argumento, y luego completa el cálculo de resumen.
void reset()	Reinicializa el objeto resumen para un nuevo uso.

Métodos	Misión
int getDigestLength()	Devuelve la longitud del resumen en bytes, o 0 si la operación no está soportada por el proveedor
String getAlgorithm()	Devuelve un String que identifica el algoritmo
Provider getProvider()	Devuelve el proveedor del objeto
static boolean isEqual(byte[] digesta, byte[] digestb)	Comprueba si dos mensajes resumen son iguales. Devuelve *true* si son iguales y *false* en caso contrario

(https://docs.oracle.com/en/java/javase/21/docs/api/java.base/java/security/MessageDigest.html).

Para crear un objeto **MessageDigest** se utiliza el método ***getInstance(String algoritmo)***. El ejemplo que se muestra a continuación genera el resumen de un texto plano. Con el método ***MessageDigest.getInstance("SHA-256")*** se obtiene una instancia del algoritmo SHA-256 con el que se hará el resumen. El texto plano lo pasamos a un array de bytes y el array se pasa como argumento al método ***update()***, finalmente aplicando el método ***digest()*** se obtiene el resumen del mensaje. Después se muestra en pantalla el número de bytes generados en el mensaje, el algoritmo utilizado, el resumen generado y convertido a hexadecimal mediante el método ***Hexadecimal()*** y por último información del proveedor:

```java
import java.security.*;
public class Ejemplo2 {
   public static void main(String[] args) {
      MessageDigest md;
      try {
          md = MessageDigest.getInstance("SHA-256");
          String texto = "Esto es un texto plano.";

          byte dataBytes[] = texto.getBytes();//TEXTO A BYTES
          md.update(dataBytes);//SE INTRODUCE TEXTO EN BYTES A RESUMIR
          byte resumen[] = md.digest();//SE CALCULA EL RESUMEN

          System.out.println("Mensaje original: " + texto);
          System.out.println("Número de bytes: " +
                                     md.getDigestLength());
          System.out.println("Algoritmo: " + md.getAlgorithm());
          System.out.println("Mensaje resumen: " +
                                     new String(resumen));
          System.out.println("Mensaje en Hexadecimal: "
                                     + Hexadecimal(resumen));
          Provider proveedor = md.getProvider();
          System.out.println("Proveedor: " + proveedor.toString());
      } catch (NoSuchAlgorithmException e) {
          e.printStackTrace();
      }
   }// main

   // CONVIERTE UN ARRAY DE BYTES A HEXADECIMAL
   static String Hexadecimal(byte[] resumen) {
      String hex = "";
```

```
    for (int i = 0; i < resumen.length; i++) {
        String h = Integer.toHexString(resumen[i] & 0xFF);
        if (h.length() == 1) hex += "0";
        hex += h;
    }
    return hex.toUpperCase();
}// Hexadecimal

}// ..Ejemplo2
```

La ejecución desde la consola del DOS muestra la siguiente salida:

```
Mensaje original: Esto es un texto plano.
Numero de bytes: 32
Algoritmo: SHA-256
Mensaje resumen: ?Y?◄"?3¶◄_??`b????bs?;►???♥???~E
Mensaje en Hexadecimal:
FB59D31122913314111B92CD60628ED7E7DE62733F3B10DEDAF303AAABE57E45
Proveedor: SUN version 21
```

Se puede crear un resumen cifrado con clave usando el segundo método de *digest(bytes[])*, donde se proporciona la clave en un array de bytes, en este caso el mensaje resumen generado será diferente al generado anteriormente:

```
String clave="clave de cifrado";
byte dataBytes[] = texto.getBytes();
md.update(dataBytes);// SE INTRODUCE TEXTO EN BYTES A RESUMIR
byte resumen[] = md.digest(clave.getBytes()); // SE CALCULA EL RESUMEN
```

ACTIVIDAD 5.1

Prueba el ejercicio anterior con el algoritmo MD5. Comprueba el número de bytes generados.

Leer por teclado tres cadenas, una de ellas actuará como clave. Calcular el mensaje resumen cifrado de dos de las cadenas con la otra que actúa como clave, comprobar si los resúmenes son iguales. Usar el algoritmo SHA-256.

Supongamos ahora que queremos guardar un objeto *String* en un fichero, pero queremos estar seguros de que a la hora de leer el *String* el fichero no esté dañado o no haya sido manipulado y los datos sean los correctos. Por tanto, además de guardar el *String* en el fichero guardaremos el resumen del mismo. Utilizaremos la clase **ObjectOutputStream** para escribir el *String* y su resumen en el fichero. El código es el siguiente:

```
import java.io.*;
import java.security.*;

public class Ejemplo3 {
    public static void main(String args[]) {
        try {
            FileOutputStream fileout = new FileOutputStream("DATOS.DAT");
            ObjectOutputStream dataOS = new ObjectOutputStream(fileout);
```

```
        MessageDigest md = MessageDigest.getInstance("SHA-256");
        String datos = """
            En un lugar de la Mancha,
            de cuyo nombre no quiero acordarme, no ha mucho tiempo
            que vivía un hidalgo de los de lanza en astillero,
            adarga antigua, rocín flaco y galgo corredor.
        """;

        byte dataBytes[] = datos.getBytes();

        md.update(dataBytes);// TEXTO A RESUMIR
        byte resumen[] = md.digest(); // SE CALCULA EL RESUMEN
        dataOS.writeObject(datos); //se escriben los datos
        dataOS.writeObject(resumen);//se escribe el resumen

        dataOS.close();
        fileout.close();
    } catch (IOException e) {
        e.printStackTrace();
    } catch (NoSuchAlgorithmException e) {
        e.printStackTrace();
    }
}
}//..Ejemplo3
```

Al recuperar los datos del fichero primero necesitamos leer el *String* y luego el resumen, a continuación, hemos de calcular de nuevo el resumen con el *String* leído y comparar este resumen con el leído del fichero. Para comparar resúmenes usamos el método *isEqual()*. El código es el siguiente:

```
import java.io.*;
import java.security.MessageDigest;

public class Ejemplo4 {
    public static void main(String args[]) {
        try {
            FileInputStream fileout = new FileInputStream("DATOS.DAT");
            ObjectInputStream dataOS = new ObjectInputStream(fileout);
            Object o = dataOS.readObject();

            // Primera lectura, se obtiene el String
            String datos = (String) o;
            System.out.println("Datos: " + datos);

            // Segunda lectura, se obtiene el resumen
            o = dataOS.readObject();
            byte resumenOriginal[] = (byte[]) o;

            MessageDigest md = MessageDigest.getInstance("SHA-256");

            //Se calcula el resumen del String leído del fichero
            md.update(datos.getBytes());// TEXTO A RESUMIR
            byte resumenActual[] = md.digest(); // SE CALCULA EL RESUMEN
```

```
        //Se comprueban lo dos resúmenes
        if (MessageDigest.isEqual(resumenActual, resumenOriginal))
            System.out.println("DATOS VÁLIDOS");
        else
            System.out.println("DATOS NO VÁLIDOS");
        dataOS.close();
        fileout.close();
    } catch (Exception e) {  e.printStackTrace(); }
  }
}//..Ejemplo4
```

5.5.2. Generando y verificando firmas digitales. Cifrado asimétrico

El resumen de un mensaje no nos da un alto nivel de seguridad. En el ejemplo anterior podemos decir que el fichero no es correcto si el texto que se lee no produce la misma salida que el resumen guardado. Pero alguien puede cambiar el texto y el resumen y no podemos estar seguros de que el texto sea el que debería ser.

En este apartado veremos como las firmas digitales pueden autenticar un mensaje y asegurar que el mensaje no ha sido alterado y procede del emisor correcto. Para crear una firma digital se necesita una clave privada y la clave pública correspondiente con el fin de verificar la autenticidad de la firma.

En algunos casos, el par de claves (clave pública y clave privada correspondiente) están disponibles en ficheros. En ese caso, el programa puede importar y utilizar la clave privada para firmar. En otros casos, el programa necesita generar el par de claves. La clase **KeyPairGenerator** nos permite generar el par de claves, véase Figura 5.10.

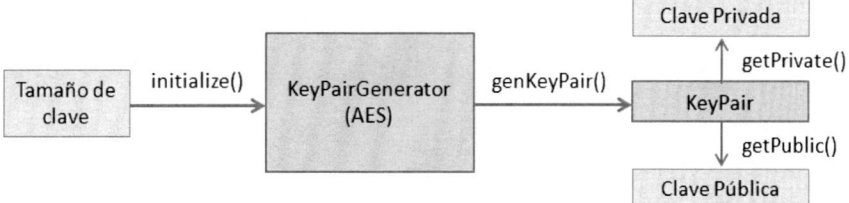

Figura 5.10. Clase KeyPairGenerator.

Dispone de un constructor protegido, por lo que para crear un objeto **KeyPairGenerator** se invoca al método *getInstance(String algoritmo)*. Algunos de sus métodos se exponen en la siguiente tabla:

Métodos	Misión
static KeyPairGenerator getInstance(String algoritmo) **static KeyPairGenerator getInstance(String algoritmo, String provider)**	Devuelve un objeto **KeyPairGenerator** que genera un par de claves púbica/privada para el algoritmo especificado. Puede lanzar la excepción *NoSuchAlgorithmException*. En el segundo método se especifica el proveedor. Si el nombre de proveedor no se encuentra se produce *NoSuchProviderException*.
void initialize(int keysize, SecureRandom random)	Inicializa el generador de par de claves para un determinado tamaño de clave y un generador de números aleatorios.
KeyPair generateKeyPair() **KeyPair genKeyPair()**	Genera el par de claves.

La clase **KeyPair** es una clase soporte para generar las claves pública y privada. Dispone de dos métodos:

Métodos	Misión
PrivateKey getPrivate()	Devuelve una referencia a la clave privada del par de claves.
PublicKey getPublic()	Devuelve una referencia a la clave pública del par de claves.

PrivateKey y **PublicKey** son interfaces que agrupan todas las interfaces de clave privada y pública respectivamente.

El primer paso para generar el par de claves es obtener un objeto generador. Por ejemplo para obtener un generador de claves **DSA** se escribe:

```
KeyPairGenerator keyGen = KeyPairGenerator.getInstance("DSA");
```

El siguiente paso es inicializar el generador de par de claves. Se necesita el método *initialize()* y le pasaremos dos argumentos, el tamaño de clave y un generador de números aleatorios. El tamaño de clave de un generador de claves DSA es la longitud de la clave (en bits) que debe ser un valor múltiplo de 64, que va desde 512 a 1024 (inclusive), 2048 o 3072. Si se pasa un número no válido, se producirá una *InvalidParameterException*.

Como generador de números aleatorios podemos usar una instancia de la clase **SecureRandom**. Este ejemplo pide un ejemplar que usa el algoritmo de generación de números pseudoaleatorios *SHA1PRNG*, luego pasa el ejemplar de **SecureRandom** al método de inicialización del generador de claves:

```
SecureRandom numero = SecureRandom.getInstance("SHA1PRNG");
keyGen.initialize (2048, numero);
```

El último paso es generar el par de claves y almacenarlas en los objetos **PrivateKey** (la clave privada) y **PublicKey** (la clave pública):

```
KeyPair par = keyGen.generateKeyPair();
PrivateKey clavepriv = par.getPrivate();
PublicKey clavepub = par.getPublic();
```

Una vez creadas las claves se pueden firmar los datos. Para firmar los datos se usa la clase **Signature**. Esta clase proporciona la funcionalidad de un algoritmo de firma digital criptográfica como SHA256 con DSA o SHA512 con RSA. Un algoritmo de firma criptográficamente seguro toma una entrada de tamaño arbitrario y una clave privada y genera una *firma*, con las siguientes propiedades:

- Solo el propietario del par de claves pública / privada puede crear una *firma*.

- Dada la clave pública correspondiente a la clave privada utilizada para generar la *firma*, debería ser posible verificar la autenticidad e integridad de la entrada.

Un objeto **Signature** se inicializa para firmar con una clave privada y se le asignan los datos que se deben firmar. Los bytes de firma resultantes generalmente se guardan con los datos firmados. Cuando se necesita verificación, se crea e inicializa otro objeto **Signature** para su verificación y se le da la clave pública correspondiente. Los bytes de datos y de firma se envían al objeto de firma, y si coinciden los datos y la firma, el objeto **Signature** informa de éxito. Véase Figura 5.11.

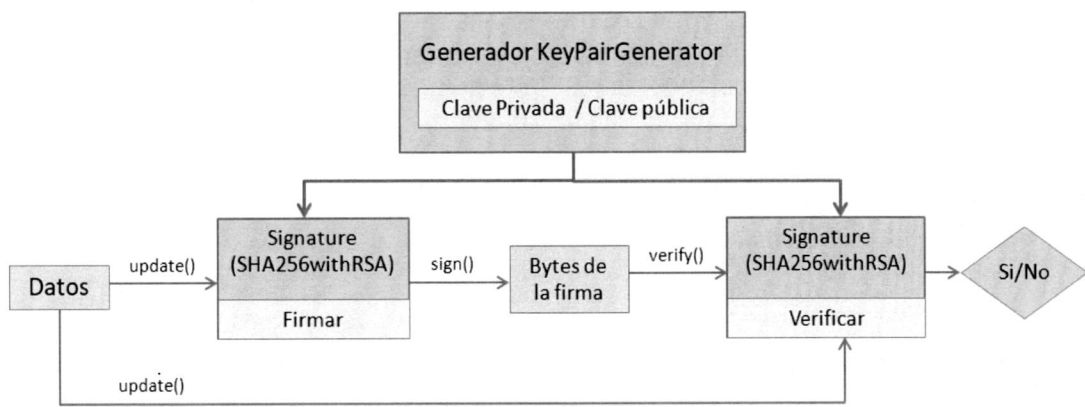

Figura 5.11. Clase Signature.

Existen tres fases en el uso de un objeto **Signature** ya sea para firmar o verificar los datos:

- inicialización (ya sea con clave pública *initVerify()* o clave privada *initSign()*),
- actualización (método *update()*) y
- firma (*sign()*) o verificación (*verify()*).

Signature dispone de un constructor protegido y para crear un objeto se usa el método *getInstance(String algoritmo)*. Algunos de sus métodos se exponen en la siguiente tabla:

Métodos	Misión
static Signature getInstance(String algoritmo) **static Signature getInstance(String algoritmo, String provider)**	Devuelve un objeto **Signature** que implementa el algoritmo especificado. Puede lanzar la excepción *NoSuchAlgorithmException* En el segundo método se especifica el proveedor. Si el nombre de proveedor no se encuentra se produce *NoSuchProviderException*
void initSign(PrivateKey privateKey, SecureRandom random)	Inicializa el objeto para la firma. Se especifica la clave privada de la identidad cuya firma se va a generar y la fuente de aleatoriedad. Si la clave no es válida puede lanzar la excepción *InvalidKeyException*
void update(byte b)	Actualiza los datos a firmar o verificar usando el byte especificado
void update(byte[] data)	Actualiza los datos a firmar o verificar usando el array de bytes especificado
void update(ByteBuffer data)	Actualiza los datos a firmar o verificar usando el *ByteBuffer* especificado
byte[] sign()	Devuelve en un array de bytes la firma de los datos.
void initVerify(PublicKey publicKey)	Inicializa el objeto para la verificación de la firma. Necesita como parámetro la clave pública. Si la clave no es válida puede lanzar la excepción *InvalidKeyException*.
boolean verify(byte[] signature)	Verifica la firma que se pasa como parámetro.

(https://docs.oracle.com/en/java/javase/21/docs/api/java.base/java/security/Signature.html)

Al especificar el nombre del algoritmo de firma, también se debe incluir el nombre del algoritmo de resumen de mensajes utilizado por el algoritmo de firma. *SHA1withDSA* es una forma de especificar el algoritmo de firma DSA, usando el algoritmo de resumen SHA-1. *MD5withRSA* significa algoritmo de resumen MD5 con algoritmo de firma RSA. *SHA256withDSA* especifica el algoritmo DSA que utiliza el algoritmo de resumen de mensaje SHA-256. En el caso de RSA, el algoritmo de firma podría especificarse como *SHA1withRSA* o *SHA256withRSA*.

El siguiente ejemplo obtiene un objeto **Signature** para generar o verificar las firmas que utilizan el algoritmo DSA, el mismo para el que se crearon las claves pública y privada:

```
Signature dsa = Signature.getInstance("SHA256withDSA");
```

A continuación, hay que inicializar el objeto de firma mediante el método *initSign()* que requiere la clave privada que se creó antes con **PrivateKey**:

```
dsa.initSign (clavepriv);
```

El siguiente paso es usar el método *update()* del objeto firma con los datos que deben firmarse y generar la firma digital de los datos con el método *sign()*, la firma es devuelta como un array de bytes (se puede guardar en un fichero). Por ejemplo, para firmar un mensaje escribiríamos lo siguiente:

```
String mensaje = "Este mensaje va a ser firmado";
dsa.update(mensaje.getBytes());
byte [] firma = dsa.sign(); //mensaje firmado
```

El receptor del mensaje debe obtener un objeto de algoritmo de firma DSA y prepararlo para la verificación de la firma utilizando el método *initVerify()* con la clave pública como parámetro, clave creada con **PublicKey**:

```
Signature verificadsa = Signature.getInstance("SHA256withDSA");
verificadsa.initVerify(clavepub);
```

A continuación, usamos de nuevo el método *update()* del objeto firma con los datos del mensaje y por último usamos el método *verify()* para verificar la firma, si devuelve *true* es que la firma es original:

```
verificadsa.update(mensaje.getBytes());
boolean check = verificadsa.verify(firma);
```

El ejemplo completo en el que se firma un mensaje con una clave privada DSA y después se verifica con la clave pública correspondiente quedaría así:

```
import java.security.*;

public class Ejemplo5 {
    public static void main(String[] args) {
        try {
            KeyPairGenerator keyGen =
                    KeyPairGenerator.getInstance("DSA");
            //SE INICIALIZA EL GENERADOR DE CLAVES
            SecureRandom numero = SecureRandom.getInstance("SHA1PRNG");
            keyGen.initialize (2048, numero);
```

```
//SE CREA EL PAR DE CLAVES PRIVADA Y PÚBLICA
KeyPair par = keyGen.generateKeyPair();
PrivateKey clavepriv = par.getPrivate();
PublicKey clavepub = par.getPublic();

//FIRMA CON CLAVE PRIVADA EL MENSAJE
//AL OBJETO Signature SE LE SUMINISTRAN LOS DATOS A FIRMAR
Signature dsa = Signature.getInstance("SHA256withDSA");
dsa.initSign (clavepriv);
String mensaje = "Este mensaje va a ser firmado";
dsa.update(mensaje.getBytes());

byte [] firma= dsa.sign(); //MENSAJE FIRMADO

//EL RECEPTOR DEL MENSAJE
//VERIFICA CON LA CLAVE PÚBLICA EL MENSAJE FIRMADO
//AL OBJETO Signature SE LE SUMINIST. LOS DATOS A VERIFICAR
Signature verificadsa =
            Signature.getInstance("SHA256withDSA");
verificadsa.initVerify(clavepub);
verificadsa.update(mensaje.getBytes());
boolean check = verificadsa.verify(firma);

if(check)
   System.out.println("FIRMA VERIFICADA CON CLAVE PÚBLICA");
else System.out.println("FIRMA NO VERIFICADA");

} catch (NoSuchAlgorithmException | InvalidKeyException |
                                  SignatureException  e) {
    e.printStackTrace();
}
}//main

}//..Ejemplo5
```

El par de claves pública y privada se crearían una sola vez.

ALMACENAR LAS CLAVES PÚBLICA Y PRIVADA EN FICHEROS.

Para **almacenar la clave privada en disco** es necesario codificarla en formato PKCS8 usando la clase **PKCS8EncodedKeySpec**. En la siguiente tabla se muestra el constructor y sus métodos:

Métodos	Misión
PKCS8EncodedKeySpec (byte [] encodedKey)	Crea un nuevo objeto **PKCS8EncodedKeySpec** con la clave codificada
byte [] getEncoded()	Devuelve los bytes codificados de la clave de acuerdo con el estándar PKCS # 8
String getFormat()	Devuelve el nombre del formato de codificación asociado con esta especificación de clave

El siguiente ejemplo guarda la clave privada en un fichero en disco de nombre *Clave.privada*:

```
PKCS8EncodedKeySpec pk8Spec = new
                    PKCS8EncodedKeySpec(clavepriv.getEncoded());

//Escribir a fichero binario la clave privada
FileOutputStream outpriv = new FileOutputStream("Clave.privada");
outpriv.write(pk8Spec.getEncoded());
outpriv.close();
```

Para **almacenar la clave pública en disco** es necesario codificarla en formato X.509 usando la clase **X509EncodedKeySpec**. En la siguiente tabla se muestra el constructor y sus métodos:

Métodos	Misión
X509EncodedKeySpec(byte[] encodedKey)	Crea un nuevo objeto **X509EncodedKeySpec** con la clave codificada
byte [] getEncoded()	Devuelve los bytes codificados de la clave de acuerdo con el estándar X.509
String getFormat()	Devuelve el nombre del formato de codificación asociado con esta especificación de clave

El siguiente ejemplo guarda la clave pública en un fichero en disco de nombre *Clave.publica*:

```
X509EncodedKeySpec pkX509 = new
                    X509EncodedKeySpec(clavepub.getEncoded());

//Escribir a fichero binario la clave pública
FileOutputStream outpub = new FileOutputStream("Clave.publica");
outpub.write(pkX509.getEncoded());
outpub.close();
```

Ambas clases están definidas en el paquete **java.security.spec**.

ACTIVIDAD 5.2

Almacena las claves pública y privada en disco en los ficheros *Clave.publica* y *Clave .privada* respectivamente.

RECUPERAR LAS CLAVES PÚBLICA Y PRIVADA DE FICHEROS

Para recuperar las claves de los ficheros necesitamos la clase **KeyFactory** que proporciona métodos para convertir claves de formato criptográfico (PKCS8, X.509) a especificaciones de claves y viceversa.

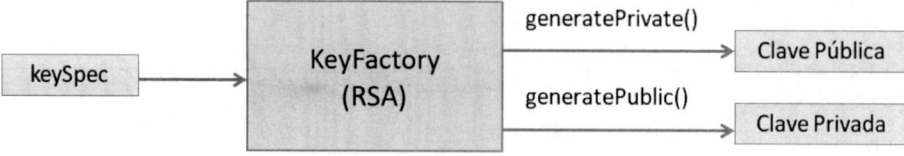

Figura 5.12. Clase KeyFactory.

En la siguiente tabla se muestra el constructor y los métodos para generar la clave pública y la privada:

Métodos	Misión
static KeyFactory getInstance(String algoritmo) **static KeyFactory getInstance(String algoritmo, String provider)**	Devuelve un objeto **KeyFactory** capaz de importar y exportar las claves generadas con el algoritmo dado. Puede lanzar la excepción *NoSuchAlgorithmException* En el segundo método se especifica el proveedor. Si el nombre de proveedor no se encuentra se produce *NoSuchProviderException*
PrivateKey generatePrivate (KeySpec keySpec)	Genera un objeto de clave privada a partir de la especificación de clave suministrada
PublicKey generatePublic (KeySpec keySpec)	Genera un objeto de clave pública a partir de la especificación de clave suministrada

(https://docs.oracle.com/en/java/javase/21/docs/api/java.base/java/security/KeyFactory.html)

El siguiente ejemplo recupera la clave privada almacenada en el fichero *Clave.privada*, es necesario crear con **KeyFactory** una instancia del algoritmo DSA (el mismo que se utilizó para generar el par de claves pública y privada):

```
//Lectura de la clave privada almacenada en el fichero
FileInputStream in = new FileInputStream("Clave.privada");
byte[] bufferPriv = new byte[in.available()];
in.read(bufferPriv);//lectura de bytes
in.close();

KeyFactory keyDSA = KeyFactory.getInstance("DSA");

//Recupera clave privada desde datos codificados en formato PKCS8
PKCS8EncodedKeySpec clavePrivadaSpec =
                new PKCS8EncodedKeySpec(bufferPriv);

PrivateKey clavePrivada = keyDSA.generatePrivate(clavePrivadaSpec);
System.out.println("Clave Privada: " + clavePrivada.toString());
```

El siguiente ejemplo recupera la clave pública almacenada en el fichero *Clave.publica*:

```
//Lectura de la clave pública almacenada en el fichero
FileInputStream inpub = new FileInputStream("Clave.publica");
byte[] bufferPub = new byte[inpub.available()];
inpub.read(bufferPub);//lectura de bytes
inpub.close();

//Recupera clave pública desde datos codificados en formato X509
X509EncodedKeySpec clavePublicaSpec =
                new X509EncodedKeySpec(bufferPub);

PublicKey clavePublica = keyDSA.generatePublic(clavePublicaSpec);
System.out.println("Clave Pública: " + clavePublica.toString());
```

FIRMAR LOS DATOS DE UN FICHERO CON LA CLAVE PRIVADA

El siguiente ejemplo genera la firma del fichero *FICHERO.DAT* a partir de la clave privada almacenada en el fichero *Clave.privada*. La firma se almacenará en el fichero *FICHERO.FIRMA*, véase Figura 5.13.

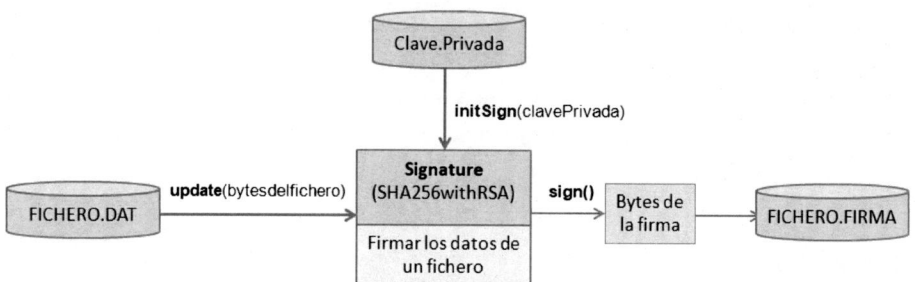

Figura 5.13. Firma de los datos de un fichero.

```java
import java.io.*;
import java.security.*;
import java.security.spec.*;

public class Ejemplo6 {
    public static void main(String[] args) {
        try {
        // LECTURA DEL FICHERO DE CLAVE PRIVADA
        FileInputStream inpriv = new FileInputStream("Clave.privada");
        byte[] bufferPriv = new byte[inpriv.available()];
        inpriv.read(bufferPriv);// lectura de bytes
        inpriv.close();

        //RECUPERA CLAVE PRIVADA DESDE DATOS CODIFICADOS EN FORMATO PKCS8
        PKCS8EncodedKeySpec clavePrivadaSpec =
            new PKCS8EncodedKeySpec(bufferPriv);
        KeyFactory keyDSA = KeyFactory.getInstance("DSA");
        PrivateKey clavePrivada =
            keyDSA.generatePrivate(clavePrivadaSpec);

        //INICIALIZA FIRMA CON CLAVE PRIVADA
        Signature dsa = Signature.getInstance("SHA256withDSA");
        dsa.initSign (clavePrivada);

        //LECTURA DEL FICHERO A FIRMAR
        //Se suministra al objeto Signature los datos a firmar
        FileInputStream fichero = new FileInputStream("FICHERO.DAT");
        BufferedInputStream bis = new BufferedInputStream(fichero);
        byte[] buffer = new byte[bis.available()];
        int len;

        while ((len = bis.read(buffer)) >= 0)
            dsa.update(buffer, 0, len);

        bis.close();
```

```
      //GENERA LA FIRMA DE LOS DATOS DEL FICHERO
      byte[] firma = dsa.sign();

      // GUARDA LA FIRMA EN OTRO FICHERO
      FileOutputStream fos = new FileOutputStream("FICHERO.FIRMA");
      fos.write(firma);
      fos.close();
    } catch (Exception  e1) {
    e1.printStackTrace();
    }
  }// main
}//..Ejemplo6
```

VERIFICAR LA FIRMA DE UN FICHERO CON LA CLAVE PÚBLICA

A continuación, vamos a ver cómo podemos verificar que el fichero de firma de datos es correcto. Necesitaremos la clave pública almacenada el fichero *Clave.publica*, la firma del fichero almacenada en *FICHERO.FIRMA* y el fichero de datos *FICHERO.DAT*. En primer lugar, obtendremos la clave pública del fichero *Clave.publica*, a continuación, obtenemos la firma digital almacenada en el fichero *FICHERO.FIRMA*. Seguidamente, se leen los datos del fichero de datos *FICHERO.DAT* y se suministran al objeto **Signature**. Por último, se verifica la firma con la clave pública, véase Figura 5.14:

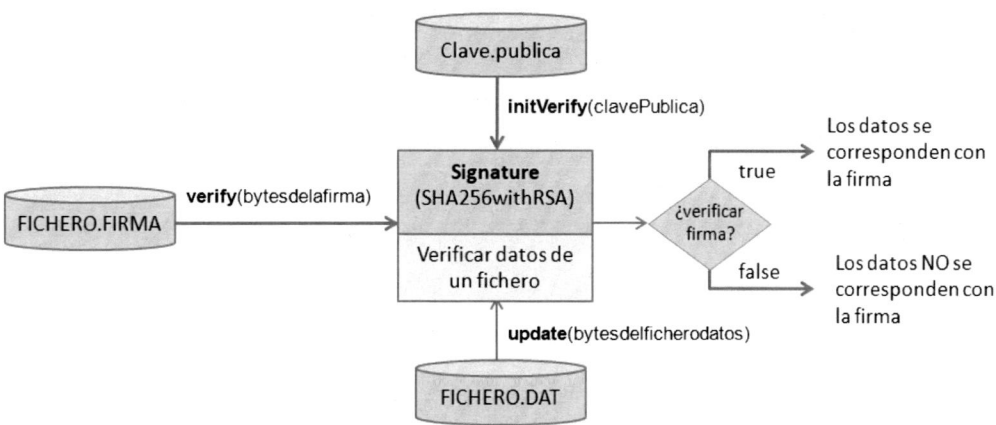

Figura 5.14. Verificación de la firma de un fichero.

```
import java.io.*;
import java.security.*;
import java.security.spec.*;

public class Ejemplo7 {
  public static void main(String[] args) {
    try {
      //LECTURA DE LA CLAVE PÚBLICA DEL FICHERO
      FileInputStream inpub = new FileInputStream("Clave.publica");
      byte[] bufferPub = new byte[inpub.available()];
      inpub.read(bufferPub);// lectura de bytes
      inpub.close();
```

```
        //RECUPERA CLAVE PUBLICA DESDE DATOS CODIFICADOS EN FORMATO X509
        KeyFactory keyDSA = KeyFactory.getInstance("DSA");
        X509EncodedKeySpec clavePublicaSpec =
                        new X509EncodedKeySpec(bufferPub);
        PublicKey clavePublica = keyDSA.generatePublic(clavePublicaSpec);

         //LECTURA DEL FICHERO QUE CONTIENE LA FIRMA
        FileInputStream firmafic = new FileInputStream("FICHERO.FIRMA");
        byte[] firma = new byte[firmafic.available()];
        firmafic.read(firma);
        firmafic.close();

        //INICIALIZA EL OBJETO Signature CON CLAVE PÚBLICA PARA VERIFICAR
        Signature dsa = Signature.getInstance("SHA256withDSA");
        dsa.initVerify (clavePublica);

        //LECTURA DEL FICHERO QUE CONTIENE LOS DATOS A VERIFICAR
        //Se suministra al objeto Signature los datos a verificar
        FileInputStream fichero = new FileInputStream("FICHERO.DAT");
        BufferedInputStream bis = new BufferedInputStream(fichero);
        byte[] buffer = new byte[bis.available()];
        int len;

        while ((len = bis.read(buffer)) >= 0)
                dsa.update(buffer, 0, len);
        bis.close();

        //VERIFICAR LA FIRMA DE LOS DATOS LEIDOS
        boolean verifica = dsa.verify(firma);

        //COMPROBAR LA VERIFICACIÓN
        if (verifica)
         System.out.println("LOS DATOS SE CORRESPONDEN CON SU FIRMA.");
        else
         System.out.println("LOS DATOS NO SE CORRESPONDEN CON SU FIRMA");
        } catch (Exception e1) {
        e1.printStackTrace();
        }
    }// main

}//..Ejemplo7
```

5.5.3. Herramientas para firmar ficheros

A veces se necesita enviar electrónicamente un documento importante a un destinatario (por ejemplo, un contrato de trabajo) y que el destinatario del documento pueda comprobar que el documento proviene de su emisor y no ha sido alterado en el camino. Java dispone de la herramienta de línea de comandos llamada **keytool** para generar y manipular certificados. Esta herramienta manipula almacenes de claves, bases de datos de certificados y claves privadas.

Vamos a mostrar a continuación usando esta herramienta como un emisor puede firmar un documento (un fichero) y enviárselo a un destinatario y como el destinatario puede verificar que ese documento realmente lo ha firmado el emisor y no un impostor. Para firmar un documento seguiremos los siguientes pasos, véase Figura 5.15:

1. Crear un fichero JAR que contiene el documento a firmar utilizando la herramienta **jar**.

2. Generar las claves pública y privada (si no existen), utilizando el comando **keytool -genkeypair**.

3. Firmar el fichero JAR, usando la herramienta **jarsigner** y la clave privada generada en el paso anterior.

4. Exportar el certificado de clave pública para que el receptor del documento autentique la firma del emisor, utilizando el comando **keytool -export**.

5. Por último, suministrar el fichero JAR firmado y el certificado al receptor.

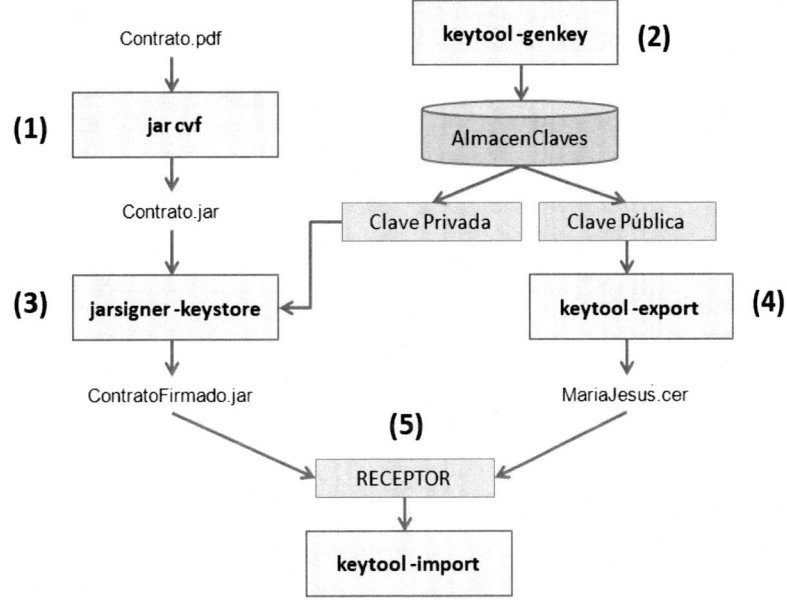

Figura 5.15. Pasos para firmar un documento.

Paso 1. Supongamos que tenemos el fichero *Contrato.pdf,* escribimos lo siguiente desde la línea de comandos para crear el fichero JAR: *jar cvf Contrato.jar Contrato.pdf*:

```
D:\CAPIT5\FirmaFic>jar cvf Contrato.jar Contrato.pdf
added manifest
adding: Contrato.pdf(in = 157082) (out= 110230)(deflated 29%)
```

Paso 2. El siguiente paso es generar el par de claves pública/privada con la herramienta **keytool**. Escribimos lo siguiente desde la línea de comandos: *keytool -genkeypair -alias FirmaContrato -keyalg RSA -keystore AlmacenClaves -storepass clavealma*:

- *-genkeypair*: indicamos a **keytool** que genere el par de claves.

- *-alias FirmaContrato*: nombre con el que haremos referencia al par de claves creado.

- *-keyalg RSA*: indica el algoritmo de generación de la clave, normalmente RSA.

- **-keystore AlmacenClaves**: es el fichero que hará de almacén de claves. Si no existe se crea, si ya existe se añade el par de claves con el alias que se haya indicado.

- **-storepass clavealma**, es la contraseña para acceder al almacén.

```
D:\CAPIT5\FirmaFic>keytool -genkeypair -alias FirmaContrato -keyalg RSA
                         -keystore AlmacenClaves -storepass clavealma
What is your first and last name?
  [Unknown]:  M.Jesus Ramos
What is the name of your organizational unit?
  [Unknown]:  JCCM
What is the name of your organization?
  [Unknown]:  EDUCA
What is the name of your City or Locality?
  [Unknown]:  GUADALAJARA
What is the name of your State or Province?
  [Unknown]:  GUADALAJARA
What is the two-letter country code for this unit?
  [Unknown]:  ES
Is CN=M.Jesus Ramos, OU=JCCM, O=EDUCA, L=GUADALAJARA, ST=GUADALAJARA,
C=ES correct?
  [no]:  Y


Generating 2.048 bit RSA key pair and self-signed certificate
(SHA256withRSA) with a validity of 90 days
        for: CN=M.Jesus Ramos, OU=JCCM, O=EDUCA, L=GUADALAJARA,
ST=GUADALAJARA, C=ES
```

El comando genera un par de claves para la entidad cuyo nombre es *M.Jesus Ramos* y el de la unidad organizativa *JCCM*. Para ver el contenido del almacén de claves escribimos la siguiente orden desde la línea de comandos: ***keytool -list -keystore AlmacenClaves***, nos pedirá la contraseña del almacén de claves que escribimos anteriormente, en este caso *clavealma*:

```
D:\CAPIT5\FirmaFic>keytool -list -keystore AlmacenClaves
Enter keystore password:
Keystore type: PKCS12
Keystore provider: SUN

Your keystore contains 1 entry

firmacontrato, 7 may 2025, PrivateKeyEntry,
Certificate fingerprint (SHA-256):
7F:75:A8:63:EB:68:AE:F1:55:CE:8B:C5:CF:A6:4F:4F:B7:70:76:02:1D:67:48:B8:5
0:E7:18:AC:3C:4B:B3:B1
```

El certificado creado tiene una validez de 90 días, este es el período de validez predeterminado si no se especifica la opción *–validity* en **keytool**. Los certificados autofirmados son útiles para desarrollar y probar una aplicación. Sin embargo, hay que tener en cuenta que la aplicación está firmada con un certificado que no es de confianza, por tanto, al ejecutarla nos preguntará antes si queremos ejecutarla (recordemos que los certificados de confianza son emitidos por **Autoridades de Certificación** o **AC**). Se recomienda no importar en un almacén de claves un certificado en el que no se confíe plenamente.

Paso 3. A continuación hay que firmar el fichero JAR utilizando la clave privada creada anteriormente. Usamos la herramienta **jarsigner**.

Escribimos la siguiente orden desde la línea de comandos para firmar el fichero *Contrato.jar* usando la clave privada del almacén de claves con el alias *FirmaContrato,* nombramos al fichero firmado como *ContratoFirmado.jar*: ***jarsigner -keystore AlmacenClaves -signedjar ContratoFirmado.jar Contrato.jar FirmaContrato -storepass clavealma***:

- ***-keystore AlmacenClaves***: fichero almacén de claves.

- ***-signedjar ContratoFirmado.jar***: nombre del fichero JAR firmado.

- ***Contrato.jar FirmaContrato***: nombre del fichero JAR inicial y el alias del par de claves.

- ***-storepass clavealma***: contraseña para acceder al almacén.

```
D:\CAPIT5\FirmaFic>jarsigner -keystore AlmacenClaves -signedjar
ContratoFirmado.jar Contrato.jar FirmaContrato -storepass clavealma
jar signed.

Warning:
The signer's certificate is self-signed.
```

Muestra un *Warning* indicando que el certificado digital usado para firmar es un certificado autofirmado, es decir un certificado que no ha sido emitido por una **Autoridad de Certificación** reconocida, sino que ha sido firmado por sí mismo. O lo que es lo mismo el emisor del certificado y el firmante son la misma entidad.

Paso 4. En este paso tenemos el documento firmado en el fichero ***ContratoFirmado.jar***. Los que vayan a recibir este fichero necesitarán autenticar la firma del emisor. Para ello se necesita la clave pública correspondiente a la clave privada usada para generar su firma.

Para generar el certificado con clave pública utilizamos la herramienta **keytool**, escribimos lo siguiente desde la línea de comandos: ***keytool -export -keystore AlmacenClaves -alias FirmaContrato -file MariaJesus.cer -storepass clavealma***, esto generará el certificado de nombre *MariaJesus.cer* con la clave pública:

- ***-export***: para exportar el certificado.

- ***-keystore AlmacenClaves***: se indica el almacén donde está el certificado a exportar.

- ***-alias FirmaContrato***: identificador del certificado dentro del almacén.

- ***-file MariaJesus.cer***: nombre del fichero donde se guardará el certificado que vamos a extraer.

- ***-storepass clavealma***: es la contraseña para acceder al almacén de claves.

```
D:\CAPIT5\FirmaFic>keytool -export -keystore AlmacenClaves -alias
FirmaContrato -file MariaJesus.cer -storepass clavealma
Certificate stored in file <MariaJesus.cer>
```

Para proporcionar la clave pública a los receptores le enviamos una copia del fichero *MariaJesus.cer.*

Paso 5. En el último paso el receptor recibe el fichero JAR firmado (*ContratoFirmado.jar*) y el certificado que contiene la clave pública (*MariaJesus.cer*). El receptor necesita: importar el certificado como un certificado de confianza, con el comando **keytool -import** y verificar la firma del fichero JAR, usando la herramienta **jarsigner**.

Para importar el certificado escribimos lo siguiente desde la línea de comandos: *keytool -import -alias MJesus -file MariaJesus.cer -keystore AlmacenReceptor –storepass clavereceptor*:

- *-import*: para introducir un certificado en el almacén.

- *-alias MJesus*: identificador que queremos dar al certificado de clave pública dentro del almacén del receptor.

- *-file MariaJesus.cer*: certificado a introducir en el almacén.

- *-keystore AlmacenReceptor*: almacén de certificados de confianza del receptor, se crea si no existe.

- *-storepass clavereceptor*: es la contraseña para acceder al almacén.

```
D:\CAPIT5\FirmaFic>keytool -import -alias MJesus -file MariaJesus.cer -
keystore AlmacenReceptor -storepass clavereceptor
Owner: CN=M.Jesus Ramos, OU=JCCM, O=EDUCA, L=GUADALAJARA, ST=GUADALAJARA,
C=ES
Issuer: CN=M.Jesus Ramos, OU=JCCM, O=EDUCA, L=GUADALAJARA,
ST=GUADALAJARA, C=ES
Serial number: 4c44809d1b85afbb
Valid from: Wed May 07 17:12:19 CEST 2025 until: Tue Aug 05 17:12:19 CEST
2025
Certificate fingerprints:
        SHA1:
D8:C8:04:2A:21:AC:DF:90:F0:91:7A:3E:9F:38:B7:95:16:6B:49:DB
        SHA256:
7F:75:A8:63:EB:68:AE:F1:55:CE:8B:C5:CF:A6:4F:4F:B7:70:76:02:1D:67:48:B8:5
0:E7:18:AC:3C:4B:B3:B1
Signature algorithm name: SHA256withRSA
Subject Public Key Algorithm: 2048-bit RSA key
Version: 3

Extensions:

#1: ObjectId: 2.5.29.14 Criticality=false
SubjectKeyIdentifier [
KeyIdentifier [
0000: 7F 88 A5 34 08 68 45 99   03 59 A4 19 99 E4 76 DE  ...4.hE..Y....v.
0010: 93 F0 CE CC                                        ....
]
]

Trust this certificate? [no]:  Y
Certificate was added to keystore
```

Para ver las huellas digitales del certificado podemos usar el comando *keytool -printcert -file MariaJesus.cer*; si coinciden con las que muestra **keytool**, podemos asumir que el certificado no ha sido modificado en el camino.

Una vez que hemos importado el certificado de clave pública en el almacén de claves podemos usar la herramienta **jarsigner** para verificar la autenticidad de la firma del fichero JAR, escribimos lo siguiente desde la línea de comandos: *jarsigner -verify -verbose -certs -keystore AlmacenReceptor ContratoFirmado.jar -storepass clavereceptor*:

- *-verify*: para verificar un fichero JAR firmado.

- *-verbose*: salida detallada al firmar / verificar.

- *-certs*: muestra y verifica los certificados detalladamente cuando se especifica *verbose*. El resultado incluye información del certificado para cada firmante del fichero JAR.

```
D:\CAPIT5\FirmaFic>jarsigner -verify -verbose -certs -keystore
AlmacenReceptor ContratoFirmado.jar -storepass clavereceptor

s k       150 Wed May 07 17:24:04 CEST 2025 META-INF/MANIFEST.MF

    .   >>> Signer
        X.509, CN=M.Jesus Ramos, OU=JCCM, O=EDUCA, L=GUADALAJARA,
ST=GUADALAJARA, C=ES (mjesus)
        Signature algorithm: SHA256withRSA, 2048-bit key
        [trusted certificate]

          312 Wed May 07 17:24:04 CEST 2025 META-INF/FIRMACON.SF
         1545 Wed May 07 17:24:04 CEST 2025 META-INF/FIRMACON.RSA
            0 Wed May 07 17:07:50 CEST 2025 META-INF/
smk    157082 Fri May 24 09:59:00 CEST 2013 Contrato.pdf

        >>> Signer
        X.509, CN=M.Jesus Ramos, OU=JCCM, O=EDUCA, L=GUADALAJARA,
ST=GUADALAJARA, C=ES (mjesus)
        Signature algorithm: SHA256withRSA, 2048-bit key
        [trusted certificate]


  s = signature was verified
  m - entry is listed in manifest
  k = at least one certificate was found in keystore

- Signed by "CN=M.Jesus Ramos, OU=JCCM, O=EDUCA, L=GUADALAJARA,
ST=GUADALAJARA, C=ES"
    Digest algorithm: SHA-256
    Signature algorithm: SHA256withRSA, 2048-bit key

jar verified.
```

Debemos asegurarnos de ejecutar el comando con la opción *-verbose* para obtener información suficiente para asegurar que: el fichero del contrato está entre los ficheros del fichero JAR que fue firmado y que su firma fue verificada (es lo que significa la *s* de la primera línea que aparece en negrita), y que la clave pública usada para verificar la firma está en el almacén de claves especificado y que es de confianza (es lo que significa la *k* de la segunda línea en negrita).

Ahora el emisor del documento puede enviar el documento y la firma al destinatario y este puede verificar que el documento proviene de su emisor comprobando la firma con el certificado de clave pública (que previamente su emisor le habría enviado).

Para garantizar a los usuarios que ejecutan aplicaciones Java (plugins, Applets, etc) que el código que se está ejecutando es seguro para descargar y ejecutar se necesita que esas aplicaciones estén firmadas con un **certificado de firma de código** o **CSR** (*Certificate Signing Request*). Este certificado se puede adquirir en alguna **Autoridad de Certificación (AC)**. Una vez que tengamos el fichero de certificado firmado, será necesario instalarlo en el almacén de claves y después firmar el código Java.

5.5.4. Encriptación con clave secreta. Cifrado simétrico

Hasta ahora hemos utilizado la API de seguridad de Java para realizar autenticación de mensajes, documentos y ficheros mediante firmas digitales; la firma digital verifica que la información no ha cambiado. Cuando la información es autenticada su contenido queda visible y puede ser manipulada por algún intruso; interesa, pues que la información no pueda ser visible y que mediante la aplicación de alguna clave quede el contenido visible. Aquí es donde entra en juego la **encriptación**, cuando la información es encriptada su contenido no es visible. Sólo puede desencriptarse con una clave coincidente.

La autenticación es suficiente para firmar la información, no hay necesidad de ocultarla. La encriptación es necesaria cuando las aplicaciones transfieren información confidencial como números de tarjetas de crédito y otros datos personales.

Java proporciona la clase **Cipher** (definida en el paquete **javax.crypto**) para encriptar (o cifrar) y desencriptar (o descifrar) información, esta clase forma el núcleo de la extensión criptográfica de Java (**JCE**). El cifrado de un texto legible consiste en transformarlo con ayuda de una clave en un texto ilegible; el descifrado es el proceso inverso, se toman los datos ilegibles y la clave y se produce texto legible.

Para crear un objeto **Cipher** se llama al método ***getInstance()*** pasando como argumento el algoritmo y opcionalmente, se puede especificar el nombre de un proveedor. Algunos métodos de esta clase son:

Métodos	Misión
static Cipher getInstance(String algoritmo) **static Cipher getInstance(String algoritmo, String proveedor)**	Devuelve un objeto **Cipher** que implementa el algoritmo especificado. En el segundo caso se especifica el proveedor El String *algoritmo* tiene la forma: *algoritmo/modo/relleno* o *algoritmo*. Por ejemplo: *AES/CBC/NoPadding*, *AES/CBC/PKCS5Padding*, etc Puede lanzar la excepción *NoSuchAlgorithmException* y *NoSuchPaddingException*; si el nombre de *proveedor* no se encuentra se produce *NoSuchProviderException*
int getBlockSize()	Devuelve el tamaño del bloque en bytes
void init(int modo, Key clave)	Inicializa el objeto con una *clave*. El parámetro *modo* puede ser ENCRYPT_MODE (encriptar datos), DECRYPT_MODE (desencriptar datos), WRAP_MODE o UNWRAP_MODE. Los modos *wrap* y *unwrap* se utilizan para encriptar una *clave* con otra

Métodos	Misión
byte[] update(byte[] entrada) **byte[] update(byte[] entrada, int desplazamiento, int longitud)**	Cifra o descifra los datos contenidos en el array *entrada*. Se puede llamar a *update* varias veces si los datos son grandes o se reciben por partes. Devuelve un bloque de datos procesado. El segundo método solo procesa una parte del array *entrada*, empezando desde el índice *desplazamiento* y procesando *longitud* bytes
byte[] doFinal() **byte[] doFinal(byte[] entrada)**	Finaliza la operación de cifrado o descifrado. Se llama después de procesar todos los datos con **update()**. Devuelve los últimos bytes procesados. El segundo método es una combinación de **update(entrada)** seguido de **doFinal()**. Se usa para cifrar o descifrar todos los datos de una sola vez, si ya están todos disponibles. Devuelve el resultado completo de cifrado o descifrado
byte[] wrap(Key clave)	Envuelve una *clave*. Este método y el siguiente se utilizan para encriptar y desencriptar una *clave* a partir de otra
Key unwrap (byte[] wrappedKey, String wrappedKeyAlgorithm, int wrappedKeyType)	Desenvuelve (o descifra) una clave previamente envuelta (cifrada). *wrappedKey* es la clave cifrada a descifrar, *wrappedKeyAlgorithm* es el algoritmo asociado con la clave envuelta, *wrappedKeyType* es el tipo de la clave envuelta; debe ser uno de los siguientes: SECRET_KEY, PRIVATE_KEY o PUBLIC_KEY

(https://docs.oracle.com/en/java/javase/21/docs/api/java.base/javax/crypto/Cipher.html)

Como algoritmo en el método ***getInstance()*** se pueden poner los siguientes (*algoritmo/modo/relleno*), entre paréntesis se especifica el tamaño de la clave en bits:

- AES/CBC/NoPadding (128)
- AES/CBC/PKCS5Padding (128)
- AES/ECB/NoPadding (128)
- AES/ECB/PKCS5Padding (128)
- AES/GCM/NoPadding (128)
- DESede/CBC/NoPadding (168)
- DESede/CBC/PKCS5Padding (168)
- DESede/ECB/NoPadding (168)
- DESede/ECB/PKCS5Padding (168)
- RSA/ECB/PKCS1Padding (1024, 2048)
- RSA/ECB/OAEPWithSHA-1AndMGF1Padding (1024, 2048)
- RSA/ECB/OAEPWithSHA-256AndMGF1Padding (1024, 2048)

Los *modos* son la forma de trabajar del algoritmo. El más sencillo es el modo **ECB** (*Electronic Cookbook Mode*), en el cual los mensajes se dividen en bloques y cada uno de ellos es cifrado por separado utilizando la misma clave K. La desventaja de este método es que a bloques de texto plano o claro idénticos les corresponden bloques idénticos de texto cifrado, de manera que se pueden reconocer estos patrones como guía para descubrir el texto en claro a partir del texto cifrado. De ahí que no sea recomendable para protocolos cifrados.

En el *modo* **CBC** (*Cipher Block Chaining*), a cada bloque de texto plano se le aplica la operación XOR con el bloque cifrado anterior antes de ser cifrado. De esta forma, cada bloque de texto cifrado depende de todo el texto en claro procesado hasta este punto. Para hacer cada mensaje único se utiliza asimismo un vector de inicialización.

El *relleno* se utiliza cuando el mensaje a cifrar no es múltiplo de la longitud de cifrado del algoritmo, entonces es necesario indicar la forma de rellenar los últimos bloques.

Si no se especifica *modo* y *relleno*, se usa el valor por defecto del proveedor. Por ejemplo, para AES es "AES/ECB/PKCS5Padding", para DES es "DES/ECB/PKCS5Padding" y para RSA es "RSA/ECB/PKCS1Padding". Para autenticación y cifrado moderno, se recomienda usar "AES/GCM/NoPadding".

El *modo* **ECB** es inseguro para la mayoría de los usos prácticos. Siempre que sea posible, se recomienda usar *modos* como **CBC**, **GCM** o **CTR**, que son mucho más seguros.

Para proporcionar una clave al método *init()* del objeto **Cipher** usamos la clase **KeyGenerator** (definida en el paquete **javax.crypto**) que proporciona funcionalidad para generar **claves secretas para usarse en algoritmos simétricos**, véase Figura 5.16.

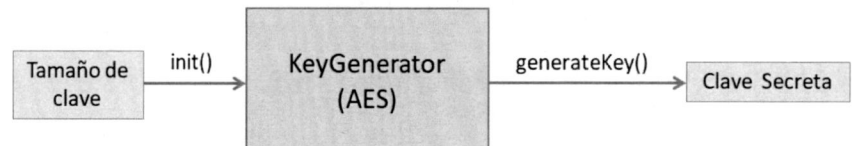

Figura 5.16. Clase KeyGenerator.

Algunos métodos de esta clase son los siguientes:

Métodos	Misión
static KeyGenerator getInstance(String algoritmo)	Devuelve un objeto **KeyGenerator** que genera claves secretas para el algoritmo especificado, por ejemplo "AES". Puede lanzar la excepción *NoSuchAlgorithmException*
void init(int keysize)	Inicializa el generador con un tamaño de clave en bits (por ejemplo, 128, 192 o 256 para "AES"). Usa un generador de números aleatorios por defecto (interno)
void init(int keysize, SecureRandom random)	El segundo método inicializa el generador con un tamaño de clave y una instancia de **SecureRandom** para controlar el origen de aleatoriedad
void init(SecureRandom random)	El tercero inicializa el generador usando solo una fuente de aleatoriedad, y usa un tamaño de clave por defecto (por ejemplo, 128 bits para "AES")
SecretKey generateKey()	Genera y devuelve una clave secreta

PASOS PARA ENCRIPTAR Y DESENCRIPTAR CON CLAVE SECRETA

La Figura 5.17 muestra el esquema básico para encriptar y desencriptar con clave secreta (o privada). La misma clave la usaremos para encriptar y desencriptar la información.

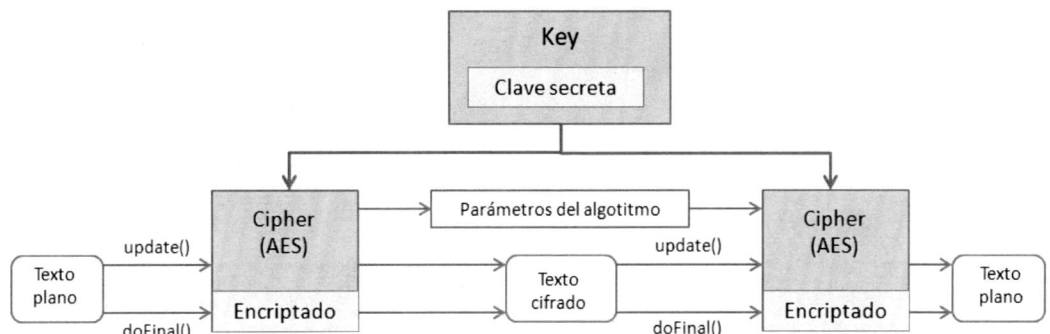

Figura 5.17. Proceso de cifrado y descifrado con clave secreta.

En primer lugar, creamos la clave secreta usando el algoritmo AES (también podríamos haber usado DES) y definimos un tamaño de clave de 128 bits:

```
KeyGenerator kg = KeyGenerator.getInstance("AES");
kg.init (128);
SecretKey claveSecreta = kg.generateKey();
```

A continuación, creamos un objeto **Cipher** con el algoritmo *AES/ECB/PKCS5Padding*, lo inicializamos en modo encriptación con la clave creada anteriormente:

```
Cipher cipher = Cipher.getInstance("AES/ECB/PKCS5Padding");
cipher.init(Cipher.ENCRYPT_MODE, claveSecreta);
```

Realizamos el cifrado de la información con el método *doFinal()*, por ejemplo, ciframos un simple texto:

```
byte textoPlano[] = "Esto es un Texto Plano".getBytes();
byte textoCifrado[] = cipher.doFinal(textoPlano);
System.out.println("Encriptado: "+ new String(textoCifrado));
```

Configuramos el objeto **Cipher** en modo desencriptación con la clave anterior para desencriptar el texto, usamos el método *doFinal()*:

```
cipher.init(Cipher.DECRYPT_MODE, claveSecreta);
byte desencriptado[] = cipher.doFinal(textoCifrado);
System.out.println("Desencriptado: "+ new String(desencriptado));
```

Muchos modos de algoritmo (por ejemplo, **CBC**) requieren un *Vector de Inicialización* que se especifica cuando se inicializa el objeto **Cipher** en modo desencriptación. En estos casos, se debe pasar al método *init()* el *Vector de Inicialización*. La clase **IvParameterSpec** se usa para hacer esto en el cifrado DES. Ejemplo de inicialización de un objeto **Cipher** creado con el algoritmo "DES/CBC/PKCS5Padding":

```
KeyGenerator kg = KeyGenerator.getInstance("DES");
Cipher cipher = Cipher.getInstance("DES/CBC/PKCS5Padding");
Key clave = kg.generateKey();

//Devuelve el vector IV inicializado en un nuevo buffer
byte iv[] = cipher.getIV();
IvParameterSpec ivSpec = new IvParameterSpec(iv);
cipher.init(Cipher.DECRYPT_MODE, clave, ivSpec);
```

ALMACENAR LA CLAVE SECRETA EN UN FICHERO

El siguiente ejemplo genera una clave secreta AES y la almacena en el fichero *Clave.secreta*:

```
import java.io.*;
import java.security.*;
import javax.crypto.*;

public class AlmacenaClaveSecreta {
   public static void main(String[] args) {
      try {
            KeyGenerator kg = KeyGenerator.getInstance("AES");
            kg.init(128);

            //genera clave secreta
            SecretKey clave = kg.generateKey();

            ObjectOutputStream out = new ObjectOutputStream(
                        new FileOutputStream("Clave.secreta"));
            out.writeObject(clave);
            out.close();
      } catch (NoSuchAlgorithmException | IOException e)
            {e.printStackTrace();}
   }//main
}//..AlmacenaClaveSecreta
```

Para recuperar la clave secreta del fichero escribo lo siguiente:

```
ObjectInputStream in = new ObjectInputStream(
                new FileInputStream("Clave.secreta"));
Key secreta = (Key) in.readObject();
in.close();
```

5.5.5. Encriptar y desencriptar con clave pública. Cifrado asimétrico

En el cifrado simétrico se encripta y desencripta la información con la misma clave. El problema está en la distribución de la clave, si un emisor encripta la información con una clave el receptor de la información debe desencriptarla con la misma clave; si el emisor cambia la clave debe proporcionársela de nuevo al receptor con lo que pone en peligro el cifrado ya que alguien puede interceptar la clave.

En el cifrado asimétrico o de clave pública se resuelve el problema ya que la clave para encriptar se puede compartir sin problemas y la clave para desencriptar sólo la tiene que poseer el receptor del mensaje. Imaginemos que dos participantes A y B deben mantener una conversación secreta, harían lo siguiente:

- El participante A crea un par de claves, una privada y una pública de cifrado. Y manda la clave pública al participante B sin tener que tomar precauciones.

- El participante B crea su par de claves clave privada y pública; y manda al participante A la clave pública.

- El participante A crea un mensaje, lo cifra con la clave pública de B y le manda el mensaje. El participante B recibe el mensaje y lo descifra con su clave privada.

- El participante B crea un mensaje, lo cifra con la clave pública de A y le manda el mensaje. El participante A recibe el mensaje y lo descifra con su clave privada. Y así sucesivamente.

El esquema básico de cifrado y descifrado con clave pública es el siguiente. En primer lugar, se crea el par de claves pública y privada (se pueden almacenar en ficheros):

```
KeyPairGenerator keyGen = KeyPairGenerator.getInstance("RSA");
keyGen.initialize (1024);
KeyPair par = keyGen.generateKeyPair();
PrivateKey clavepriv = par.getPrivate();
PublicKey clavepub = par.getPublic();
```

Se crea un objeto **Cipher** con el algoritmo RSA, "RSA/ECB/PKCS1Padding", y se inicializa en modo encriptación con la clave pública:

```
Cipher cipher = Cipher.getInstance("RSA/ECB/PKCS1Padding");

cipher.init(Cipher.ENCRYPT_MODE, clavepub);
```

Realizamos el cifrado de la información con el método *doFinal()*, como antes:

```
byte textoPlano[] = "Esto es un Texto Plano".getBytes();
byte textoCifrado[] = cipher.doFinal(textoPlano);
```

Configuramos el objeto **Cipher** en modo desencriptación con la clave privada para desencriptar el texto, usamos el método *doFinal()*:

```
cipher.init(Cipher.DECRYPT_MODE, clavepriv);
byte desencriptado[] = cipher.doFinal(textoCifrado);
```

El cifrado mediante clave pública (asimétrico) es más lento que el cifrado mediante clave privada (simétrico). No es práctico utilizar este cifrado para encriptar grandes cantidades de información. Este problema se puede solucionar combinando cifrado de clave pública con cifrado simétrico. El esquema es el siguiente:

- El participante A crea una clave de encriptación simétrica. La utiliza para encriptar sus mensajes de texto.

- El participante A encripta la clave simétrica con la clave pública del participante B.

- El participante A envía al participante B tanto la clave simétrica encriptada como el mensaje de texto encriptado.

- El participante B utiliza su clave privada para desencriptar la clave simétrica de A.

- El participante B utiliza la clave simétrica desencriptada para desencriptar el mensaje.

Nadie excepto el participante B puede desencriptar la clave simétrica ya que solo él tiene la clave privada para desencriptarla. La encriptación de clave pública sólo se aplica a una pequeña porción de datos. En el siguiente ejemplo se generan un par de claves pública y privada con el algoritmo RSA. A continuación, se crea una clave secreta con el algoritmo AES, esta clave se usará para encriptar el texto. La clave secreta es encriptada mediante la clave pública utilizando el método *wrap()*:

```java
import java.security.*;
import javax.crypto.*;
public class Ejemplo8 {
   public static void main(String args[]) {
      try {
         //SE CREA EL PAR DE CLAVES PÚBLICA Y PRIVADA
         KeyPairGenerator keyGen =
                     KeyPairGenerator.getInstance("RSA");
         keyGen.initialize (1024);
         KeyPair par = keyGen.generateKeyPair();
         PrivateKey clavepriv = par.getPrivate();
         PublicKey clavepub = par.getPublic();

         //SE CREA LA CLAVE SECRETA AES
         KeyGenerator kg = KeyGenerator.getInstance("AES");
         kg.init (128);
         SecretKey clavesecreta = kg.generateKey();

         //SE ENCRIPTA LA CLAVE SECRETA CON LA CLAVE RSA PÚBLICA
         Cipher c = Cipher.getInstance("RSA/ECB/PKCS1Padding");
         c.init(Cipher.WRAP_MODE, clavepub);
         byte claveenvuelta[] = c.wrap(clavesecreta);

         //CIFRAMOS TEXTO CON LA CLAVE SECRETA
         c = Cipher.getInstance("AES/ECB/PKCS5Padding");
         c.init(Cipher.ENCRYPT_MODE, clavesecreta);
         byte textoPlano[] = "Esto es un Texto Plano".getBytes();
         byte textoCifrado[] = c.doFinal(textoPlano);
         System.out.println("Encriptado: "+ new String(textoCifrado));
```

Para desencriptar el texto primero necesitamos desencriptar la clave secreta con la clave privada y a continuación desencriptar el texto con esa clave; usaremos el método *unwrap()*:

```java
         //SE DESENCRIPTA LA CLAVE SECRETA CON LA CLAVE RSA PRIVADA
         Cipher c2 = Cipher.getInstance("RSA/ECB/PKCS1Padding");
         c2.init(Cipher.UNWRAP_MODE, clavepriv);
         Key clavedesenvuelta= c2.unwrap
                     (claveenvuelta, "AES", Cipher.SECRET_KEY);

         //DESCIFRAMOS EL TEXTO CON LA CLAVE DESENVUELTA
         c2 = Cipher.getInstance("AES/ECB/PKCS5Padding");
         c2.init(Cipher.DECRYPT_MODE, clavedesenvuelta);
```

```
        byte desencriptado[] = c2.doFinal(textoCifrado);
        System.out.println("Desencriptado:"+new String(desencriptado));
    } catch (Exception e) {
        e.printStackTrace();
    }
  }//main
}//..Ejemplo8
```

El concepto de **clave de sesión** permite combinar cifrado simétrico y asimétrico para lograr comunicaciones seguras y eficientes. En este enfoque, el emisor genera una **clave de sesión K** (simétrica) y la cifra usando la clave pública del receptor (criptografía asimétrica). El receptor, usando su clave privada, descifra **K**. A partir de ese momento, ambos comparten la misma clave de sesión, que sólo ellos conocen, y la usan para cifrar y descifrar datos.

Una **clave de sesión** (o **session key**) es una **clave criptográfica temporal** que se utiliza para cifrar y descifrar datos durante una única sesión de comunicación entre dos partes (por ejemplo, un cliente y un servidor).

5.5.6. Encriptar y desencriptar flujos de datos

JCA proporciona un conjunto de clases que encriptan o desencriptan automáticamente flujos de datos, estas son **CipherOutputStream** y **CipherInputStream**.

CipherOutputStream es un **FilterOutputStream** que encripta o descifra los datos que pasan a través de él. Está compuesto por un **OutputStream** y un objeto **Cipher**. Los métodos de escritura de **CipherOutputStream** primero procesan los datos con el objeto **Cipher** incrustado antes de escribirlos en el **OutputStream** subyacente. Es necesario inicializar el objeto **Cipher** antes de ser utilizado por un **CipherOutputStream**. Algunos métodos de esta clase son:

Métodos	Misión
CipherOutputStream(OutputStream salida, Cipher codificador)	Construye un flujo de salida que escribe datos en *salida* y los encripta o desencripta utilizando el objeto **Cipher** indicado
void write(int byte)	Escribe un solo byte al stream de salida, cifrándolo antes de enviarlo al **OutputStream** subyacente
void write(byte[] b, int off, int len)	Escribe una parte de un array de bytes al stream de salida. *b* es el buffer con los datos, *off* la posición inicial en el array y *len* el número de bytes a escribir
void flush()	Fuerza la escritura de todos los datos cifrados pendientes asegurando que ningún fragmento quede en el búfer

(https://docs.oracle.com/en/java/javase/21/docs/api/java.base/javax/crypto/CipherOutputStream.html)

Igualmente, **CipherInputStream** es un **FilterInputStream** que encripta o descifra los datos que lo atraviesan. Está compuesto por un **InputStream** y un objeto **Cipher**. Los métodos de lectura de **CipherInputStream** devuelven datos que se leen del **InputStream** subyacente que además han sido procesados por el objeto **Cipher** incrustado. El objeto **Cipher** debe estar inicializado antes de ser utilizado por un **CipherInputStream**. Algunos métodos de esta clase son los siguientes:

Métodos	Misión
CipherInputStream(InputStream entrada, Cipher codificador)	Construye un flujo de entrada que descifra automáticamente los datos leídos usando el **Cipher** proporcionado. El parámetro *entrada* es el flujo desde donde se leen los datos cifrados (por ejemplo, un fichero); y *codificador* es un objeto **Cipher** en modo DECRYPT_MODE o UNWRAP_MODE
int read()	Lee un solo byte de datos descifrado del flujo de entrada
int read(byte[] b, int off, int len)	Lee hasta *len* bytes de datos descifrados desde el flujo de entrada, y los guarda en el array *b*, empezando en *off*

(https://docs.oracle.com/en/java/javase/21/docs/api/java.base/javax/crypto/CipherInputStream.html)

Estas clases manipulan de forma transparente las llamadas a ***update()*** y ***doFinal()***.

El siguiente ejemplo utiliza la clave secreta almacenada en un fichero para cifrar un documento PDF de nombre *MiFichero.pdf*:

```java
import java.io.*;
import java.security.*;
import javax.crypto.*;

public class Ejemplo9Cifra {
    public static void main(String[] args) {
        try {
        //RECUPERAMOS CLAVE SECRETA DEL FICHERO
        ObjectInputStream oin = new ObjectInputStream(
                    new FileInputStream("Clave.secreta"));
        Key clavesecreta = (Key) oin.readObject();
        oin.close();

        //SE DEFINE EL OBJETO Cipher para encriptar
        Cipher c = Cipher.getInstance("AES/ECB/PKCS5Padding");
        c.init(Cipher.ENCRYPT_MODE, clavesecreta);

        //FICHERO A CIFRAR
        FileInputStream filein = new FileInputStream("MiFichero.pdf");

        //OBJETO CipherOutputStream QUE ENCRIPTA EL FICHERO
        CipherOutputStream out = new CipherOutputStream(
                    new FileOutputStream("FicheroPDF.Cifrado"), c);
        int tambloque = c.getBlockSize();//tamaño de bloque objeto Cipher
        byte[] bytes = new byte[tambloque];//bloque de bytes

        //LEEMOS BLOQUES DE BYTES DEL FICHERO PDF
        //Y LO VAMOS ESCRIBIENDO AL CipherOutputStream
        int i = filein.read(bytes);
        while (i != -1) {
            out.write(bytes, 0, i);
            i = filein.read(bytes);
        }
```

```
            out.flush();
            out.close();
            filein.close();
            System.out.println("Fichero cifrado con clave secreta.");

        } catch (Exception e) {e.printStackTrace();}
    }//main
}//.. Ejemplo9Cifra
```

Utilizamos la clase **CipherInputStream** para leer y desencriptar datos de un fichero cifrado:

```
import java.io.*;
import java.security.*;
import javax.crypto.*;

public class Ejemplo9Descifra {
    public static void main(String[] args) {
        try {
            //RECUPERAMOS CLAVE SECRETA DEL FICHERO
            ObjectInputStream oin = new ObjectInputStream(
                        new FileInputStream("Clave.secreta"));
            Key clavesecreta = (Key) oin.readObject();
            oin.close();

            //SE DEFINE EL OBJETO Cipher para desencriptar
            Cipher c = Cipher.getInstance("AES/ECB/PKCS5Padding");
            c.init(Cipher.DECRYPT_MODE, clavesecreta);

            //OBJETO CipherInputStream CUYO CONTENIDO SE VA A DESCIFRAR
            CipherInputStream in = new CipherInputStream(
                        new FileInputStream("FicheroPDF.Cifrado"), c);

            int tambloque = c.getBlockSize();    //tamaño de bloque
            byte[] bytes = new byte[tambloque]; //bloque de bytes

            //FICHERO CON EL CONTENIDO DESCIFRADO QUE SE CREARÁ
            FileOutputStream fileout - new
                            FileOutputStream("FICHEROdescifrado.pdf");

            //LEEMOS BLOQUES DE BYTES DEL FICHERO cifrado
            //Y LO VAMOS ESCRIBIENDO DESENCRIPTADOS AL FileOutputStream
            int i = in.read(bytes);
            while (i != -1){
                fileout.write(bytes, 0, i);
                i = in.read(bytes);
            }
            fileout.close();
            in.close();
            System.out.println("Fichero descifrado con clave secreta.");
        } catch (Exception e) { e.printStackTrace(); }
    }//main
}//.. Ejemplo9Descifra
```

5.6. COMUNICACIONES SEGURAS CON JAVA. JSSE

Los datos que viajan a través de la red pueden ser accedidos por personas que no son las destinatarias de los mismos. Cuando incluyen información privada, como contraseñas y números de tarjetas de crédito, se deben tomar medidas para que sean incomprensibles a las partes no autorizadas. También es importante asegurarse de que los datos no se modifiquen durante el transporte ya sea intencionadamente o no. Los protocolos **SSL** (*Secure Sockets Layer*) y **TLS** (*Transport Layer Security*) se han diseñado para ayudar a proteger la privacidad y la integridad de los datos mientras se transfieren a través de una red.

JSSE (*Java Secure Socket Extension*) es un conjunto de paquetes que permiten el desarrollo de aplicaciones seguras en Internet. Proporciona un marco y una implementación para la versión Java de los protocolos **SSL** y **TLS** e incluye funcionalidad de encriptación de datos, autenticación de servidores, integridad de mensajes y autenticación de clientes. Con **JSSE**, los desarrolladores pueden ofrecer intercambio seguro de datos entre un cliente y un servidor que ejecuta un protocolo de aplicación, tales como HTTP, Telnet o FTP, a través de TCP/IP. Las clases de **JSSE** se encuentran en los paquetes **javax.net** y **javax.net.ssl**.

En este capítulo trataremos el uso de **SSL** basado en las clases **SSLSocket** y **SSLServerSocket** que representan sockets seguros y derivan de las ya familiares **Socket** y **ServerSocket** respectivamente.

Además de las clases anteriores utilizaremos las siguientes para crear comunicaciones seguras mediante **SSL/TLS**:

- **SSLContext**: crea un contexto **SSL** que ofrezca soporte a **TLS** a partir del gestor de claves o del gestor de confianza. Encapsula información como claves, certificados, protocolos y proveedores. Se utiliza para crear objetos **SSLSocketFactory** y **SSLServerSocketFactory**. Los métodos que usaremos son:
    - *getInstance(String protocol)*: crea una instancia para un protocolo (ej. "TLS").
    - *init(KeyManager[] km, TrustManager[] tm, SecureRandom sr)*: inicializa el contexto con gestores de claves, de confianza y generador aleatorio.
    - *getSocketFactory()*: devuelve un **SSLSocketFactory** para crear **SSLSocket**.
    - *getServerSocketFactory()*: devuelve un **SSLServerSocketFactory** para crear **SSLServerSocket**.

- **SSLSocketFactory**: se usa para crear objetos **SSLSocket**. El método *createSocket(String host, int port)* crea y conecta un socket SSL a un host y puerto.

- **SSLServerSocketFactory**: crea objetos **SSLServerSocket**. El método *createServerSocket(int port)* crea un **SSLServerSocket** que escucha en el puerto indicado.

- **KeyStore**: definida en el paquete **java.security**. Representa un almacén de claves y certificados (*keystore* o *truststore*). El almacén de certificados se cargará en un objeto de este tipo. Los métodos que usaremos son:
    - *getInstance(String type)*: crea una instancia con un tipo de almacén de claves ("JKS", "PKCS12", "BKS", etc.). En los ejemplos se usa el tipo por defecto *KeyStore.getDefaultType()*.
    - *load(InputStream stream, char[] password)*: carga el contenido del almacén de claves desde un fichero o flujo y lo desbloquea usando una contraseña.

- **KeyManagerFactory**: es una fábrica para crear objetos **KeyManager**. Se utiliza para gestionar claves privadas y sus certificados asociados que una entidad (cliente o servidor) usa para identificarse durante el protocolo **SSL/TLS**. Se usa para configurar un **SSLContext**. Los métodos más importantes son:

  — *getInstance(String algorithm)*: obtiene una instancia con el algoritmo especificado (por ejemplo: "SunX509"). En los ejemplos se ha usado el algoritmo por defecto ***KeyManagerFactory.getDefaultAlgorithm()***.

  — *init(KeyStore ks, char[] password)*: inicializa el factory con un **KeyStore** y su contraseña.

  — *getKeyManagers()*: devuelve un array de **KeyManager** listos para ser usados con un **SSLContext**.

- **TrustManagerFactory**: es una fábrica para crear objetos **TrustManager**. Se utiliza para validar los certificados presentados por la contraparte (por ejemplo, un cliente validando el certificado del servidor). Se usa para configurar un **SSLContext** Los métodos más importantes son:

  — *getInstance(String algorithm)*: obtiene una instancia con el algoritmo especificado (por ejemplo: "PKIX" o "SunX509"). En los ejemplos se ha usado el algoritmo por defecto ***TrustManagerFactory.getDefaultAlgorithm()***.

  — *init(KeyStore ks):* inicializa con un almacén de confianza (*truststore*).

  — *getTrustManagers()*: devuelve un array de **TrustManager**.

- **SSLSession**: representa una sesión **SSL** entre cliente y servidor.

5.6.1. Autenticación unidireccional TLS

Cuando dos socket **SSL**, uno cliente y otro servidor, intentan establecer conexión tienen que "presentarse" el uno al otro y comprobar que el otro es de confianza. Si todo va bien y uno confia en el otro, la conexión se establece, en caso contrario no se establece. Para establecer esa confianza se debe crear un certificado para cada socket, uno para el cliente y otro para el servidor. Usaremos para ello la herramienta **keytool**.

Para crear el certificado del servidor usamos las siguientes opciones en **keytool**:

- *-genkeypair*: indicamos a **keytool** que genere un certificado. Genera un nuevo par de claves (pública y privada) y almacena el certificado asociado en un *keystore*.

- *-keyalg RSA*: el certificado será encriptado con el algoritmo RSA.

- *-alias servidor*: nombre con el que podremos identificar este certificado dentro del almacén.

- *-keystore almServidor.keystore*: es el fichero que hará de almacén de claves o *keystore* que contendrá un certificado válido y una clave privada. Si no existe se crea, si ya existe se añade el certificado con el alias que se haya indicado.

- *-storepass 1234567*, es la contraseña para acceder al almacén.

- ***-dname "CN=localhost"***: define el *Nombre Distinguido* (*Distinguished Name*) del certificado X.509. *"CN=localhost"* significa que el nombre común del certificado será *localhost*.

- ***-keysize 2048***: define el tamaño de la clave RSA en bits. 2048 es el mínimo recomendado actualmente para RSA.

Ejecutamos la orden **keytool** desde el indicador del DOS, con las opciones anteriores:

*D:\CAPIT5\JSSE>**keytool -genkeypair -alias servidor -keyalg RSA -keysize 2048 -keystore almServidor.keystore -storepass 1234567 -dname "CN=localhost"***

Generating 2.048 bit RSA key pair and self-signed certificate (SHA256withRSA) with a validity of 90 days

Para obtener un **SSLServerSocket** necesitaremos varios elementos, en primer lugar, hemos de tener un almacén de claves o *keystore*, se creó anteriormente con el nombre ***almServidor.keystore***.

A continuación, hemos de inicializar un **SSLContext**, necesitamos:

- Un objeto **KeyStore** o almacén de claves. Es el fichero que contiene la clave privada y el certificado (como nuestra identidad digital). Se usa para autenticarse como servidor o cliente.

- Un gestor de claves **KeyManagerFactory**, se encarga de sacar las claves del **KeyStore** para usarlas en la conexión segura.

- Un objeto **TrustStore** o almacén de confianza. Es otro fichero, similar al *keystore*, pero contiene los certificados de las entidades en las que confiamos, como una **Autoridad de Certificación** (CA) o un servidor específico.

- Un gestor de confianza **TrustManagerFactory**. Este usa el objeto **TrustStore** para verificar que el otro extremo de la conexión (por ejemplo, el servidor, que lo usa el programa cliente) es de confianza.

Una vez inicializado el **SSLContext** obtenemos un **SSLServerSocketFactory** y a partir de él crearemos el **SSLServerSocket**.

En el **programa servidor** realizaremos las siguientes operaciones, donde definimos el **KeyStore** y el **KeyManagerFactory**:

```
//Definir el fichero almacén que contiene el certificado y la clave
FileInputStream ficAlmacen = new
            FileInputStream("almServidor.keystore");
String clavekeystore = "1234567";

//Cargar en un KeyStore el almacén que contiene el certificado
KeyStore keyStore = KeyStore.getInstance(KeyStore.getDefaultType());
keyStore.load(ficAlmacen, clavekeystore.toCharArray());

//Crear el gestor de claves a partir del objeto KeyStore e
//inicializarlo con la clave del almacén
KeyManagerFactory kmf = KeyManagerFactory.getInstance
            (KeyManagerFactory.getDefaultAlgorithm());
kmf.init(keyStore, clavekeystore.toCharArray());
```

```
//Creación del contexto con soporte TLS
SSLContext sslContext = SSLContext.getInstance("TLS");
sslContext.init(kmf.getKeyManagers(), null, null);

//Creación del socket SSL de servidor a partir del contexto
SSLServerSocketFactory sfact = sslContext.getServerSocketFactory();
SSLServerSocket servidor = (SSLServerSocket)
                        sfact.createServerSocket(puerto);
```

El método ***init(KeyManager[] km, TrustManager[] tm, SecureRandom random)*** de **SSLContext** se usa para inicializar un contexto **SSL/TLS** en Java. Usa tres parámetros:

- ***KeyManager[] km***: certificados y claves privadas usadas por este lado; por ejemplo, el lado del servidor o el cliente.

- ***TrustManager[] tm***: certificados de confianza, usados para verificar al otro lado, por ejemplo, para verificar el certificado del servidor o del cliente.

- ***SecureRandom random***: fuente de aleatoriedad criptográfica. Puede ser *null* y Java usará una por defecto.

En el ejemplo anterior solo se define el primer parámetro indicando el certificado usado por el servidor, no se define certificado de confianza (ya que el servidor no desea verificar el otro lado de la conexión) ni la fuente de aleatoriedad.

Una vez creado el almacén ***almServidor.keystore*** tenemos que sacar el certificado a un fichero para que el cliente tenga el mismo certificado en su almacén de certificados de confianza; usamos de nuevo el comando **keytool** con las siguientes opciones:

- ***-exportcert***: para exportar el certificado.

- ***-keystore almServidor.keystore***: se indica el almacén donde está el certificado a exportar.

- ***-alias servidor***: identificador del certificado dentro del almacén.

- ***-file CertificadoServ.cer***: nombre del fichero donde se guardará el certificado que vamos a extraer.

- ***-storepass 1234567***: es la contraseña para acceder al almacén.

*D:\CAPIT5\JSSE> **keytool -exportcert -alias servidor -keystore almServidor.keystore -storepass 1234567 -file CertificadoServ.cer***
Certificate stored in file <CertificadoServ.cer>

La orden **keytool** extrae el certificado público asociado al alias *servidor* y lo guarda en un fichero llamado ***CertificadoServ.cer*** en formato X.509. No exporta la clave privada, solo el certificado (seguro de compartir). Para ver el certificado podemos usar la siguiente orden: ***keytool -printcert -file CertificadoServ.cer***.

A continuación en el cliente hay que generar el almacén de confianza (*truststore*) que debe contener el mismo certificado que el servidor. Usamos el comando **keytool** con las siguientes opciones:

- ***-importcert***: para introducir un certificado en el almacén.

- **-alias servidor**: identificador que queremos dar al certificado del servidor dentro del almacén del cliente.

- **-file CertificadoServ.cer**: certificado a introducir en el almacén.

- **-keystore truststoreCliente.jks**: almacén de certificados de confianza del cliente, se creará si no existe.

- **-storepass 890123**: es la contraseña para acceder al almacén.

- **-noprompt**: evita preguntar si se confía en el certificado.

*D:\CAPIT5\JSSE>**keytool -importcert -trustcacerts -alias servidor -file CertificadoServ.cer -keystore truststoreCliente.jks -storepass 890123 -noprompt***

Certificate was added to keystore

En este caso la orden **keytool** sirve para importar el certificado de servidor *CertificadoServ.cer* en el *truststore* del cliente (*truststoreCliente.jks*), para que el cliente confíe en ese servidor durante una conexión **SSL/TLS**.

En el **programa cliente** las operaciones son similares al programa servidor, definiremos el **KeyStore** donde está el almacén de certificados de confianza del cliente y usaremos la clase **TrustManagerFactory** para crear el gestor de confianza:

```
//Definir el fichero almacén que contiene el certificado de confianza y
//la clave para acceder a él
FileInputStream ficCerConf = new
             FileInputStream("truststoreCliente.jks");
String claveCerConf = "890123";

//Cargar en un KeyStore el almacén de certificados de confianza
KeyStore keyStore = KeyStore.getInstance(KeyStore.getDefaultType());
keyStore.load(ficCerConf, claveCerConf.toCharArray());

//Crear el gestor de confianza a partir del objeto KeyStore e
//inicializarlo con la clave del almacén
TrustManagerFactory tmf = TrustManagerFactory.getInstance
                  (TrustManagerFactory.getDefaultAlgorithm());
tmf.init(keyStore);

//Creación del contexto con soporte TLS
SSLContext sslContext = SSLContext.getInstance("TLS");
sslContext.init(null, tmf.getTrustManagers(), null);

//Creación del socket SSL de cliente a partir del contexto
SSLSocketFactory sfact = sslContext.getSocketFactory();
SSLSocket Cliente = (SSLSocket) sfact.createSocket(Host, puerto);
```

En este caso, en el método *init()* de **SSLContext** sólo se define el segundo parámetro en el que se indica el almacen de certificados de confianza del cliente. En estos ejemplos se ha realizado una **autenticación unidireccional**, donde sólo el servidor presenta su certificado al cliente

(*CertificadoServ.cer*). El cliente verifica ese certificado usando su almacén (*truststoreCliente.jks*) y no necesita tener certificado ni clave privada.

En el servidor se necesita un *keystore* (*almServidor.keystore*) con su clave privada y el certificado público y en el cliente un *truststore* (*truststoreCliente.jks*) que contenga el certificado del servidor. No hay verificación del cliente, es decir el servidor no sabe quién es el cliente; lo que importa es que la conexión sea segura y que el servidor sea auténtico. Es por ello que se indica que la **autenticación** es **unidireccional**.

Los ejemplos se encuentran en *ServidorSeguro1.java* y *ClienteSeguro1.java* del paquete *ejemplosJSSE* en los recursos del capítulo.

5.6.2. Autenticación mutua TLS (mTLS)

A continuación vamos a ver como implementar autenticación mutua **TLS**, donde tanto el cliente como el servidor presentan certificados y se verifican mutuamente. Esto es útil en sistemas donde ambos extremos deben demostrar su identidad (por ejemplo, en APIs seguras).

Se necesita el *keystore* del servidor, que ya lo tenemos en el fichero *almServidor.keystore*, el *keystore* del cliente con su propia clave y certificado, lo crearemos a continuación con el nombre *almCliente.keystore* y por último hay que intercambiar los certificados, vimos anteriormente como el cliente usaba el certificado del servidor.

Creamos el *keystore* del cliente:

*D:\CAPIT5\JSSE>**keytool -genkeypair -alias cliente -keyalg RSA -keysize 2048 -keystore almCliente.keystore -storepass 891011 -dname "CN=cliente"***

Generating 2.048 bit RSA key pair and self-signed certificate (SHA256withRSA) with a validity of 90 days

> *for: CN=cliente*

Exportamos el certificado público del cliente:

*D:\CAPIT5\JSSE>**keytool -exportcert -alias cliente -keystore almCliente.keystore -storepass 891011 -file CertificadoCli.cer***

Certificate stored in file <CertificadoCli.cer>

En el servidor importamos el certificado del cliente en el almacén de certificados de confianza o *truststore* del servidor, distinto al almacén de claves:

*D:\CAPIT5\JSSE>**keytool -importcert -alias cliente -file CertificadoCli.cer -keystore truststoreServidor.jks -storepass servidor123 -noprompt***

Certificate was added to keystore

El **programa servidor** donde el cliente y el servidor se verifican mutuamente es el siguiente, el servidor espera la conexión de un cliente, recibe un mensaje del mismo y le envia otro mensaje, suponemos que los ficheros de almacenes y de certificados confiables están en la misma carpeta en la que se ejecuta el programa:

```java
import java.io.*;
import java.security.KeyStore;
import javax.net.ssl.*;

public class ServidorSeguro2 {
    public static void main(String[] args) throws Exception {
        int puerto = 6000;

// Definir el fichero almacén que contiene el certificado y la clave
        FileInputStream ficAlmacen = new
                        FileInputStream("almServidor.keystore");
        String claveAlmacen = "1234567";

// Cargar en un KeyStore el almacén que contiene el certificado
        KeyStore keyStore =
                KeyStore.getInstance(KeyStore.getDefaultType());
        keyStore.load(ficAlmacen, claveAlmacen.toCharArray());

// Crear el gestor de claves a partir del objeto KeyStore e
// inicializarlo con la clave del almacén
        KeyManagerFactory kmf = KeyManagerFactory.getInstance(
                        KeyManagerFactory.getDefaultAlgorithm());
        kmf.init(keyStore, claveAlmacen.toCharArray());

//Cargar el truststore, certificados confiables del cliente
        KeyStore trustStore =
                KeyStore.getInstance(KeyStore.getDefaultType());
        trustStore.load(new FileInputStream("truststoreServidor.jks"),
                        "servidor123".toCharArray());

        TrustManagerFactory tmf = TrustManagerFactory.getInstance(
                        TrustManagerFactory.getDefaultAlgorithm());
        tmf.init(trustStore);

// Creación del contexto con soporte TLS
        SSLContext sslContext = SSLContext.getInstance("TLS");
        sslContext.init(kmf.getKeyManagers(),
                        tmf.getTrustManagers(),null);

        SSLServerSocketFactory factory =
                        sslContext.getServerSocketFactory();
        SSLServerSocket serverSocket = (SSLServerSocket)
                        factory.createServerSocket(puerto);

// Autenticación mutua requerida
        serverSocket.setNeedClientAuth(true);

        System.out.println("Servidor esperando conexión segura...");
        SSLSocket cliente = (SSLSocket) serverSocket.accept();

        System.out.println("Cliente conectado");
        DataInputStream entrada = new
                        DataInputStream(cliente.getInputStream());
```

```
        DataOutputStream salida = new
                    DataOutputStream(cliente.getOutputStream());
        String mensaje = entrada.readUTF();
        System.out.println("Mensaje recibido del cliente: " + mensaje);
        salida.writeUTF("Hola cliente, soy el servidor.");
        cliente.close();
        serverSocket.close();
    }
}
```

En este caso en el método *init()* de **SSLContext** se define el primer parámetro indicando el certificado usado por el servidor, y el segundo indicando el almacén de certificados de confianza del servidor. En el programa cliente también será necesario definir los dos parámetros.

En el programa servidor es necesario incluir la línea: ***serverSocket.setNeedClientAuth(true);*** ya que obliga al cliente a presentar su certificado digital, que será verificado contra el *truststore* del servidor.

El **programa cliente** es similar al anterior, se conecta al servidor, le envia un mensaje y recibe un mensaje del mismo:

```
import java.io.*;
import java.security.KeyStore;
import javax.net.ssl.*;

public class ClienteSeguro2 {
    public static void main(String[] args) throws Exception {
        String Host = "localhost";
        int puerto = 6000;

//Cargar el keystore del cliente (su certificado y clave privada)
        KeyStore keyStore =
                KeyStore.getInstance(KeyStore.getDefaultType());
        keyStore.load(new FileInputStream("almCliente.keystore"),
                                "891011".toCharArray());
        KeyManagerFactory kmf = KeyManagerFactory.getInstance(
                KeyManagerFactory.getDefaultAlgorithm());
        kmf.init(keyStore, "891011".toCharArray());

//Cargar el truststore del cliente, certificados confiables
        KeyStore trustStore =
                KeyStore.getInstance(KeyStore.getDefaultType());
        trustStore.load(new FileInputStream("truststoreCliente.jks"),
                                "890123".toCharArray());
        TrustManagerFactory tmf = TrustManagerFactory.getInstance(
                TrustManagerFactory.getDefaultAlgorithm());
        tmf.init(trustStore);

//Inicializar el contexto SSL
        SSLContext sslContext = SSLContext.getInstance("TLS");
        sslContext.init(kmf.getKeyManagers(),
                tmf.getTrustManagers(), null);
```

```
    SSLSocketFactory factory = sslContext.getSocketFactory();
    SSLSocket socket = (SSLSocket)
                        factory.createSocket(Host, puerto);

//se inicia el proceso de negociación SSL/TLS
    socket.startHandshake();

    DataInputStream entrada = new
                    DataInputStream(socket.getInputStream());
    DataOutputStream salida = new
                    DataOutputStream(socket.getOutputStream());
    salida.writeUTF("Hola servidor, soy el cliente.");
    String respuesta = entrada.readUTF();
    System.out.println("Respuesta del servidor: " + respuesta);

    socket.close();
    }
}
```

La línea *socket.startHandshake();* fuerza a que el *handshake TLS* se realice de inmediato, y permite detectar errores de conexión antes de enviar datos. El *handshake* en el contexto de **SSL/TLS** es el proceso inicial de negociación segura entre dos partes (cliente y servidor) antes de intercambiar datos cifrados.

5.6.3. Propiedades JSSE

Para aplicaciones pequeñas y para pruebas podemos usar las propiedades **JSSE** para definir la ubicación de los ficheros de almacenes. El valor de estas propiedades se puede establecer desde el programa usando el método *System.setProperty(String propiedad, String valor)*. En la siguiente tabla se muestran las propiedades más comunes:

Propiedad	Significado
javax.net.ssl.keyStore	Ubicación del fichero de almacén de claves de Java. En Windows, la ruta de acceso especificada debe utilizar barras inclinadas, /, en lugar de barras invertidas, \
javax.net.ssl.keyStorePassword	Contraseña para acceder a la clave privada en el fichero de almacén de claves especificado por **javax.net.ssl.keyStore**
javax.net.ssl.keyStoreType	Tipo de *keystore*. Por defecto es "JKS" (también puede ser "PKCS12", etc.)
javax.net.ssl.trustStore	Ubicación del fichero de almacén de claves que contiene la colección de certificados de confianza. En Windows, la ruta de acceso especificada debe utilizar barras inclinadas, /, en lugar de barras invertidas, \
javax.net.ssl.trustStorePassword	Contraseña para abrir el fichero de almacén de claves especificado por **javax.net.ssl.trustStore**.
javax.net.ssl.trustStoreType	Tipo de *truststore* (por defecto es "JKS").

En el **programa servidor** incluimos las siguientes propiedades:

```
System.setProperty("javax.net.ssl.keyStore", "almServidor.keystore");
System.setProperty("javax.net.ssl.keyStorePassword", "1234567");
System.setProperty("javax.net.ssl.trustStore",
                                        "truststoreServidor.jks");
System.setProperty("javax.net.ssl.trustStorePassword", "servidor123");
```

Y en el **programa cliente** las siguientes:

```
System.setProperty("javax.net.ssl.keyStore", "almCliente.keystore");
System.setProperty("javax.net.ssl.keyStorePassword", "891011");
System.setProperty("javax.net.ssl.trustStore",
                                        "truststoreCliente.jks");
System.setProperty("javax.net.ssl.trustStorePassword", "890123");
```

En proyectos serios o complejos, es preferible usar los métodos de configuración por código (**SSLContext, KeyStore, TrustManagerFactory**, etc.) ya que nos da más control, seguridad y flexibilidad.

Los ejemplos de uso de las propiedades se encuentran en las clases Java *ServidorSeguro3.java* y *ClienteSeguro3.java* del paquete *ejemplosJSSE* en los recursos del capítulo. En estos ejemplos las clases **SSLServerSocketFactory** y **SSLSocketFactory** usarán el método estático *getDefault()* para la creación de sockets seguros en lugar de usar el objeto **SSLContext**.

El método *getSession()* de la clase **SSLSocket** devuelve un objeto **SSLSession** con la sesión **SSL** utilizada por la conexión, a partir de ella podemos obtener información como el identificador de la sesión, el cifrado **SSL**, el protocolo, el certificado, etc. El siguiente código dentro del programa cliente muestra información sobre la sesión y el certificado utilizado:

```
SSLSession session = ((SSLSocket) Cliente).getSession();
System.out.println("Host: "+ session.getPeerHost());
System.out.println("Cifrado: " + session.getCipherSuite());
System.out.println("Protocolo: " + session.getProtocol());
System.out.println("IDentificador:" + new BigInteger(session.getId()));
System.out.println("Creación de la sesión: " +
                                session.getCreationTime());

X509Certificate certificate =
            (X509Certificate)session.getPeerCertificates()[0];
System.out.println("Propietario: " +
                        certificate.getSubjectX500Principal());
System.out.println("Algoritmo: " + certificate.getSigAlgName());
System.out.println("Tipo: " + certificate.getType());
System.out.println("Emisor: " + certificate.getIssuerX500Principal());
System.out.println("Número Serie: " + certificate.getSerialNumber());
```

La ejecución muestra la siguiente información:

```
Host: localhost
Cifrado: TLS_AES_256_GCM_SHA384
Protocolo: TLSv1.3
```

```
IDentificador:-
231886322702709731828018717055051689038587396687978101319180595737043507
49531
Creación de la sesión: 1747422526959
Propietario:    CN=localhost
Algoritmo:    SHA256withRSA
Tipo:    X.509
Emisor:    CN=localhost
Número Serie: 2745420277064846899
```

En el programa servidor para obtener la información del certificado tendríamos que utilizar el método ***getLocalCertificates()*** que devuelve el certificado enviado al cliente durante la negociación, en lugar de ***getPeerCertificates()***.

5.7. POLÍTICA DE SEGURIDAD. ROLES

Las políticas de seguridad informática son normas y procedimientos que establecen cómo proteger la información y los sistemas tecnológicos de una organización frente a amenazas. Definen medidas de seguridad, roles de los usuarios, y cómo gestionar incidentes. Son clave para asegurar la integridad, disponibilidad y confidencialidad de la información, además de ayudar a cumplir con normativas legales.

Una política de seguridad suele enlazarse con roles definidos dentro de una organización o sistema para garantizar que cada persona sepa qué responsabilidades tiene en materia de seguridad. Por ejemplo, si el objetivo de la política es establecer responsabilidades claras para proteger los activos informáticos de la organización, asegurando la confidencialidad, integridad y disponibilidad de la información podemos definir los siguientes roles con las siguientes responsabilidades:

- **Administrador de Seguridad (o Responsable de Seguridad de la Información)**: diseñar y mantener la política de seguridad, supervisar su cumplimiento, gestionar incidentes de seguridad, realizar auditorías de seguridad periódicas.

- **Administradores de Sistemas o de Red**: implementar medidas técnicas de seguridad (firewalls, antivirus, backups, etc.), aplicar actualizaciones y parches, controlar accesos y privilegios técnicos.

- **Desarrolladores de Aplicaciones**: programar siguiendo buenas prácticas de seguridad, realizar pruebas de seguridad en el código, corregir vulnerabilidades detectadas.

- **Usuarios Finales (empleados, usuarios internos)**: cumplir con las políticas de uso aceptable, usar contraseñas seguras, reportar incidentes o comportamientos sospechosos.

- **Auditores o Revisores de Seguridad**: evaluar la efectividad de la política, revisar registros de acceso y seguridad, proponer mejoras basadas en resultados.

- **Responsable Legal o de Cumplimiento**: asegurar que la política esté alineada con leyes y regulaciones (como GDPR, Ley de Protección de Datos, etc.).

Cada uno de estos roles colabora para aplicar y mantener la política de seguridad de manera eficaz. La separación de responsabilidades es clave para evitar conflictos de interés y asegurar controles internos.

5.8. MECANISMOS DE CONTROL DE ACCESO. Spring Security

Spring Security es un framework que proporciona mecanismos de autenticación y autorización para aplicaciones Java, especialmente aquellas basadas en **Spring**. **Spring Security** nos ayuda a proteger nuestras aplicaciones web al controlar quién puede acceder a qué recursos y a qué acciones, en el contexto de aplicaciones web o APIs, busca asegurar:

- **Autenticación**: verifica la identidad de un usuario.

- **Autorización**: determina qué puede hacer ese usuario (según sus roles).

- **Protección de datos**: evita que usuarios no autorizados accedan a información o funcionalidades sensibles.

- **Auditoría**: permite registrar acciones para su posterior análisis o trazabilidad.

5.8.1. Control de acceso básico

A continuación, vamos a ver como implementar la seguridad básica en un proyecto con **Spring Security**. Lo primero que haremos es ir a la página de **Spring Initializr** (*https://start.spring.io/index.html*) para que genere el proyecto con las dependencias necesarias: ***Spring Web*** y ***Spring Security***, véase Figura 5.18.

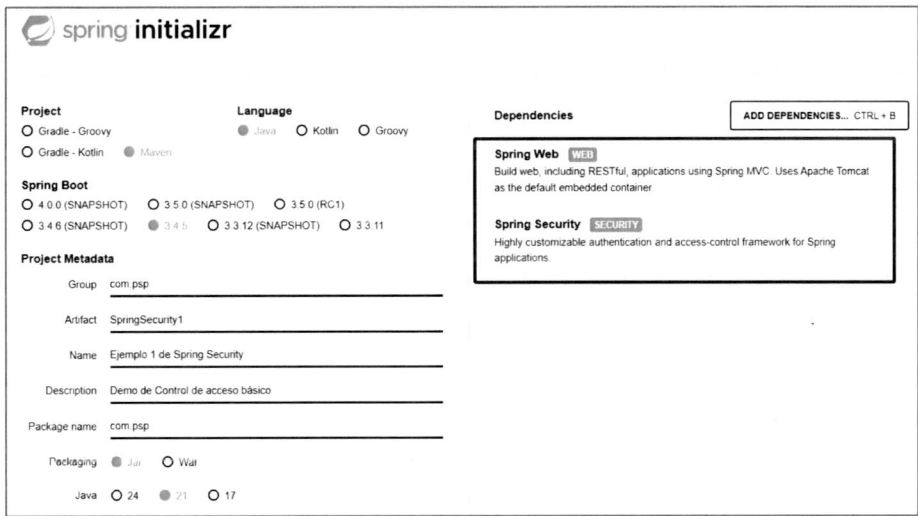

Figura 5.18. Creación del proyecto con Spring Security.

Descargamos el proyecto, lo descomprimimos y lo abrimos desde el entorno. Podemos ejecutar la clase con el método ***main()*** (**Run As >> Java Application**). Desde la consola podemos observar los mensajes que se producen, entre ellos veremos uno que nos indica la clave del usuario ***user*** que se crea por defecto:

```
Using generated security password: 403c6bf4-6f31-45c5-a560-9c3be56a6677

This generated password is for development use only. Your security
configuration must be updated before running your application in
production.
```

Y también nos muestra que esta contraseña generada es solo para uso en desarrollo, esta clave se genera cada vez que se ejecute la aplicación. También veremos que se ha inicializado en el puerto 8080. Si nos vamos al navegador web y escribimos *http://localhost:8080/* veremos que aparece una pantalla de login pidiendo el nombre del usuario y la contraseña, véase Figura 5.19. Por defecto **Spring Security** viene configurado con el usuario *user* y la contraseña es la que se muestra en consola. Escribimos el nombre del usuario y pulsamos en *Sign in*. Se mostrará una página de error, *Whitelabel Error Page*, ya que no se ha definido ningún **endpoit** en la aplicación.

Figura 5.19. Creación del proyecto con Spring Security.

Para desconectarnos escribimos *http://localhost:8080/logout*. Vamos a personalizar nuestro usuario de login, ya que este usuario no se suele usar. Para ello abrimos el fichero **application.properties** que se encuentra en **src/main/resources** y añadimos las propiedades del nombre del usuario y su password, por ejemplo, de nombre escribimos *usuario* y password *1234*:

```
spring.security.user.name=usuario
spring.security.user.password=1234
```

A continuación, paramos la ejecución y volvemos a ejecutarla, probamos ahora el login con el usuario definido. Una vez conectado se mostrará una página de error como antes.

Vamos a crear los **endpoints**. Creamos el paquete **controller** que contiene los controladores donde vamos a definir las rutas públicas y las privadas, es decir las rutas a la que pueden acceder usuarios no registrados y los usuarios registrados. Crearemos dos controladores (se puede realizar en un único controlador), uno para las rutas públicas y otro para las rutas privadas para los usuarios registrados:

- **PublicController.java**: las URLs para acceder a la parte pública comenzarán por *http://localhost:8080/public/*, se define el método *home()* para la ruta raíz que devuelve un *String* con un saludo. El código es el siguiente:

```
@RestController
@RequestMapping("public")
public class PublicController {
    @GetMapping("/")
    public String home() {
        return "Hola Home Public";
    }
}
```

- **PrivateController.java:** las URLs para acceder a la parte privada comenzarán por *http://localhost:8080/private/*, igual que antes se define el método *home()*. El código es el siguiente:

```java
@RestController
@RequestMapping("private")
public class PrivateController {
    @GetMapping("/")
    public String home() {
        return "Hola Home Private";
    }
}
```

Paramos la aplicación y volvemos a ejecutarla, probamos las URLs anteriores para acceder a cada parte: *http://localhost:8080/public/* y *http://localhost:8080/private/*. Veremos que para la parte privada no es necesario autenticarse, ya que aún no se ha configurado como se va aplicar la seguridad.

Para aplicar la seguridad, crearemos el paquete **config**, y dentro la clase de configuración de la seguridad con nombre *SecurityConfig.java*, en esta clase se añaden las anotaciones **@Configuration** y **@EnableWebSecurity** para indicar que es una clase de configuración y para habilitar la seguridad web (filtros HTTP, login, reglas por ruta, etc.) En esta clase se crea un **@Bean** de tipo **SecurityFilterChain** que permite adaptar las reglas de seguridad a las necesidades de la aplicación. Al anotar el método con **@Bean**, le estamos diciendo a **Spring** que el filtro debe formar parte del contexto de la aplicación y debe ser usado al inicializar la cadena de filtros de seguridad. El código de la clase y el método es el siguiente:

```java
@Configuration
@EnableWebSecurity

public class SecurityConfig {
    @Bean
    public SecurityFilterChain securityFilterChain(HttpSecurity http)
            throws Exception {
        http
            .authorizeHttpRequests(authz -> authz
                .requestMatchers("/public/**").permitAll()
                .anyRequest().authenticated()
            )
            .formLogin(Customizer.withDefaults())
            .formLogin(form -> form
                .defaultSuccessUrl("/private/", true)
            );

        return http.build();
    }
}
```

El método de tipo **SecurityFilterChain** recibe un objeto de tipo **HttpSecurity**, de nombre *http* al que se le añaden los siguientes filtros:

- **.authorizeHttpRequests**: para configurar la autorización, es decir las reglas de acceso. En este ejemplo se permite el acceso sin autenticación a las rutas que coinciden con **/public/**, mientras que cualquier otra solicitud requiere que el usuario esté autenticado.

- **.formLogin:** para configurar la autenticación, se habilita un formulario de inicio de sesión por defecto. Una vez autenticado (*.defaultSuccessUrl("/private/", true)*) redirige siempre a **/private/** para que se muestre la página con el mensaje *"Hola Home Private"*. El nombre del usuario y la clave los definimos anteriormente en el fichero **application.properties**.

- Cierre de sesión, por defecto también se configura el *logout* para permitir que los usuarios cierren sesión con la URL *http://localhost:8080/logout*.

- **.build():** valida que toda la información necesaria esté presente, y crea el objeto que después se retornará.

Es muy habitual en **Spring** ver el código Java usando expresiones *lambdas* con el fin de hacer la configuración más clara, concisa y fácil de leer.

Paramos la aplicación y volvemos a ejecutarla, probamos las URLs anteriores para acceder a cada parte: *http://localhost:8080/public/* y *http://localhost:8080/private/*; en este caso al acceder a la parte privada aparecerá el formulario de login para autenticarnos. Para cerrar la sesión escribimos la URL *http://localhost:8080/logout*.

CREAR USUARIOS EN LA BASE DE DATOS EN MEMORIA

Hasta ahora hemos usado el usuario añadido en el fichero **application.properties.** Pero podemos crear usuarios en memoria incluso asignarles roles. Dentro de la clase **SecurityConfig** podemos añadir un nuevo **@Bean** de nombre *usuarios()* para crear los usuarios de la aplicación. En el ejemplo se crean 2 usuarios de nombres *pepe* y *admin*, y las claves *12345* y *admin123*. A los usuarios se les asignan los roles "USER" y "ADMIN". Las contraseñas se encriptarán usando el **PasswordEncoder** provisto (por ejemplo, **BCryptPasswordEncoder**), por ello se necesita otro @Bean codificador de contraseñas (método *passwordEncoder()*):

```
//Definición de usuarios
@Bean
public InMemoryUserDetailsManager usuarios (PasswordEncoder
                                              passwordEncoder) {
        UserDetails user = User.withUsername("pepe")
                .password(passwordEncoder.encode("12345"))
                .roles("USER")
                .build();

        UserDetails admin = User.withUsername("admin")
                .password(passwordEncoder.encode("admin123"))
                .roles("ADMIN")
                .build();

        return new InMemoryUserDetailsManager(user, admin);
    }

//Codificador de contraseñas
@Bean
public PasswordEncoder passwordEncoder() {
      return new BCryptPasswordEncoder();
}
```

UserDetails y **User** son componentes clave para representar y manejar usuarios dentro del sistema de seguridad. **UserDetails** es la interfaz que representa a un usuario, proporciona métodos para acceder a información clave como el nombre de usuario, la contraseña y los roles asignados. **User** es una implementación concreta de **UserDetails** incluida en **Spring Security**. Permite crear usuarios fácilmente, como se ha visto en el ejemplo anterior:

- **User.withUsername("nombreuser"):** crea un usuario de nombre *nombreuser*. En el ejemplo se crean dos usuarios.

- **.password(passwordEncoder.encode("contraseña")):** crea la contraseña encriptada, llama al método *passwordEncoder()* que encriptará la contraseña.

- **.roles("NOMBREROL"):** crea el rol de nombre *NOMBREROL*, en el ejemplo se crea el rol "USER" para un usuario y el rol "ADMIN" para el otro, **Spring** añade automáticamente el prefijo ROLE_, es decir, se creará "ROLE_NOMBREROL".

- **BCryptPasswordEncoder**: se usa en el método *passwordEncoder()* para encriptar la contraseña.

- **InMemoryUserDetailsManager**: es una implementación de **UserDetailsService** que almacena la información de los usuarios directamente en la memoria del servidor, en lugar de usar una base de datos. Es útil para pruebas, entornos de desarrollo o aplicaciones simples. Permite a **Spring Security** autenticar usuarios usando esos datos cargados.

Para probar la autenticación de los nuevos usuarios, paramos la aplicación y volvemos a ejecutarla, probamos la URL *http://localhost:8080/private/* con los usuarios anteriores. Al conectarnos con el usuario creado inicialmente se mostrará el mensaje *Credenciales erróneas*. Ahora solo se pueden usar los dos anteriores.

5.8.2. Usando Roles

Vimos anteriormente como se crearon los usuarios y sus roles, vamos a ver cómo se puede acceder a distintas rutas dependiendo de los roles. Configuramos la siguiente ruta en el controlador privado para que solo los usuarios con el rol "ADMIN" puedan acceder a ella:

```
@GetMapping("/admin")
public String admin() {
        return "Solo los ADMIN pueden ver esto.";
}
```

En la clase **SecurityFilterChain** configuramos la seguridad a nivel de rutas HTTP, usando el objeto **HttpSecurity**:

```
http.authorizeHttpRequests(auth -> auth
    .requestMatchers("/public/**").permitAll()      //sin autenticación
    .requestMatchers("/private").hasAnyRole("USER", "ADMIN")
    .requestMatchers("/private/admin").hasRole("ADMIN") // solo ADMIN
    .anyRequest().authenticated() // cualquier otra, autenticada
  )
    .formLogin(Customizer.withDefaults())
    .formLogin(form -> form.defaultSuccessUrl("/private/", true)
);
```

Se configuran las siguientes rutas:

- **/public/****: permite el acceso sin autenticación, **permitAll()**, a cualquier URL que comience con **/public/**, incluidas todas sus subrutas.

- **/private**: acceso a la ruta **/private** para usuarios con rol "USER" o "ADMIN", **hasAnyRole("USER", "ADMIN")**.

- **/private/admin**: acceso a esta ruta solo para los usuarios con rol "ADMIN", **hasRole("ADMIN")**.

Paramos la aplicación y volvemos a ejecutarla, probamos la URL *http://localhost:8080/private/admin* con los usuarios creados antes. Veremos que solo el usuario con rol "ADMIN" puede ver la página.

PERSONALIZANDO ERRORES

A continuación, vamos a crear una página personalizada de error, en lugar que aparezca la página de error con el mensaje **"Whitelabel Error Page"** cada vez que escribimos una ruta no válida. Para ello hemos de añadir la dependencia **Thymeleaf** a el fichero **pom.xml**:

```
<dependency>
        <groupId>org.springframework.boot</groupId>
        <artifactId>spring-boot-starter-thymeleaf</artifactId>
</dependency>
```

A continuación, en el paquete **controller** creamos un controlador, ***CustomErrorController,*** que maneje la ruta */error*, tendrá el siguiente aspecto, la orden ***return*** hace que se abra la vista **error.html**:

```
@Controller
public class CustomErrorController implements ErrorController {

    @GetMapping("/error")
    public String handleError() {
        return "error";    // devuelve la vista "error.html"
    }
}
```

En este caso el controlador se ha definido con la anotación **@Controller** ya que devuelve vistas (HTML) usando el motor **Thymeleaf**, que es un motor de plantillas usado comúnmente con **Spring Boot** para generar HTML dinámico. El controlador con **@Controller** no responde con JSON, sino que devuelve el nombre de una vista HTML.

Creamos el fichero *error.html* en **src/main/resources/templates**, en él se indica que ha ocurrido un error y muestra las rutas correctas, véase Figura 5.20.

Figura 5.20. Página de error personalizada.

El código del fichero *error.html* es el siguiente

```html
<!DOCTYPE html>
<html xmlns:th="http://www.thymeleaf.org">
<head><title>Error</title></head>
<body>
    <h1>Algo salió mal</h1><p>Rutas válidas: </p>
    <pre>
     http://localhost:8080/public      ** NO NECESITA LOGIN
     http://localhost:8080/private     ** USUARIOS CON ROL ADMIN Y USER
     http://localhost:8080/private/admin  ** USUARIOS CON ROL ADMIN
    </pre>
</body>
</html>
```

Ahora cada vez que se escriba una ruta incorrecta o el usuario registrado acceda a una ruta a la que no puede acceder, en el navegador se mostrará el mensaje, véase Figura 5.20.

Definimos también en el controlador *CustomErrorController* una ruta para mostrar en una página web información del usuario autenticado. El método se llama *perfil()* y la ruta se llama */perfil*, tendrá el siguiente aspecto, la orden *return* hace que se abra la vista **perfil.html**:

```java
@GetMapping("/perfil")
public String perfil(Authentication authentication, Model model) {
    model.addAttribute("usuario", authentication.getName());
    model.addAttribute("roles", authentication.getAuthorities());
    model.addAttribute("autenticado", authentication.isAuthenticated());
    model.addAttribute("detalles", authentication.getDetails());
    model.addAttribute("masdatos", authentication.getPrincipal());

    return "perfil";  // devuelve la vista "perfil.html"
}
```

Donde, el parámetro de tipo **Authentication** es el objeto que representa al usuario autenticado. El parámetro de tipo **Model** se usa para pasar datos a la vista (en este caso, al fichero **Thymeleaf** *perfil.html*) mediante el método *addAttribute("atributo", valor)*:

- **model.addAttribute("usuario", authentication.getName());** añade el nombre de usuario al atributo *usuario* que se usará en la vista HTML.

- **model.addAttribute("roles", authentication.getAuthorities());** agrega los roles del usuario al atributo *roles*.

- **model.addAttribute("autenticado", authentication.isAuthenticated());** devuelve *true* si el usuario está autenticado, el atributo *autenticado* tendrá el valor true o *false*.

- **model.addAttribute("detalles", authentication.getDetails());** añade detalles técnicos del login, como IP del cliente y sesión original al atributo *detalles*.

- **model.addAttribute("masdatos", authentication.getPrincipal());** añade el objeto principal (usualmente una instancia de **UserDetails**), que puede incluir email, username, etc, al atributo *masdatos*

Creamos el fichero *perfil.html* en **src/main/resources/templates**, el aspecto es el siguiente:

```html
<!DOCTYPE html>
<html xmlns:th="http://www.thymeleaf.org">
<head>
    <meta charset="UTF-8">
    <title>Perfil de Usuario</title>
</head>
<body>
    <h1>Bienvenido Usuario: <span th:text="${usuario}"></span></h1>
    <h2>Roles:</h2>
    <ul>
        <li th:each="rol : ${roles}" th:text="${rol}"></li>
    </ul>
    <h2>Autenticado?:</h2><span th:text="${autenticado}"></span>
    <h2>Detalles:</h2><span th:text="${detalles}"></span>
    <h2>Mas datos:</h2><span th:text="${masdatos}"></span>

    <br><a th:href="@{/logout}">Cerrar sesión</a>
</body>
</html>
```

Las expresiones **th:text="${atributo}"** en **Thymeleaf** se usa para mostrar en el HTML el valor del atributo que fue pasado desde el controlador a la vista. La expresión **th:each="rol : ${roles}"** recorre una colección llamada **roles** y procesa cada elemento en una variable temporal llamada **rol**. La expresión **th:href="@{/logout}"** genera un enlace HTML cuyo atributo *href* apunta a la URL */logout*. La Figura 5.21 muestra el perfil del usuario *admin*.

La estructura del proyecto del ejemplo básico de autenticación y autorización con **Spring Security** se muestra en la Figura 5.22.

Figura 5.21. Página de perfil del usuario.

Figura 5.22. Estructura del proyecto de ejemplo básico.

Para crear el fichero **.jar**, desde el entorno Eclipse seleccionamos el proyecto y marcamos ***Run As >> Maven Build***, en **Goals** escribimos las acciones ***clean verify*** y a continuación pulsamos el botón ***Apply*** y después ***Run***. Se muestra en consola la salida generada por el proceso. Al final de la lista de mensajes aparecerá el mensaje *BUILD SUCCESS* si todo ha ido bien; también veremos que se ha generado el fichero *.jar* de nuestro proyecto con el nombre definido en las etiquetas *artifactId* y *version* en la carpeta ***target*** del proyecto:

```
[INFO] Replacing main artifact
C:\PSP\SpringSecurity1\target\SpringSecurity1-0.0.1-SNAPSHOT.jar with
repackaged archive, adding nested dependencies in BOOT-INF/.
[INFO] The original artifact has been renamed to
C:\PSP\SpringSecurity1\target\SpringSecurity1-0.0.1-SNAPSHOT.jar.original
[INFO] ------------------------------------------------------------
[INFO] BUILD SUCCESS
[INFO] ------------------------------------------------------------
[INFO] Total time:  11.488 s
[INFO] Finished at: 2025-05-20T13:41:28+02:00
[INFO] ------------------------------------------------------------
```

Ahora podemos ir a la carpeta *C:\PSP\SpringSecurity1\target* y ejecutar el fichero jar de nuestra aplicación:

C:\PSP\SpringSecurity1\target>java -jar SpringSecurity1-0.0.1-SNAPSHOT.jar

Y desde el navegador web podemos realizar las pruebas.

5.8.3. Autenticación mediante una tabla de usuarios en la Base de Datos

En esta sección se explica cómo implementar el control de acceso mediante login utilizando **Spring Security** y una tabla de usuarios almacenada en una base de datos **MySQL**. Esta configuración permite que la autenticación se realice validando las credenciales de los usuarios registrados en la base de datos, en lugar de usar usuarios en memoria o configuraciones estáticas. Se mostrará cómo integrar **Spring Security** con **JPA** para cargar los datos de los usuarios, establecer roles o autoridades, y proteger rutas de acuerdo a los permisos definidos.

Partimos de la tabla USUARIOS que contiene los campos: *id* que es la clave, el nombre de usuario que usaremos para hacer login, la password que está encriptada y el rol del usuario:

```
create table usuarios (
      id        bigint auto_increment primary key,
      nombre    varchar(15) not null unique,
      password  char(60) not null, -- Longitud fija para hash BCrypt
      rol       varchar(15) not null
) engine=InnoDB;
```

Se han creado varios usuarios con roles "ADMIN" y "USER". Realizaremos una aplicación donde los usuarios identificados dependiendo del rol realizarán una operación u otra sobre una tabla de nombre PRODUCTOS que también crearemos. El formato de la tabla es el siguiente:

```
create table productos (
    id              bigint auto_increment primary key,
    denominacion    varchar(30),
    pvp             float,
    stock           int
)  engine=InnoDB;
```

Partimos de que las tablas tienen datos. Usando **Spring Initializr** generaremos un proyecto con las dependencias siguientes: *Spring Web, Spring Security, Spring data JPA* y *MySQL Driver*. Descargamos el zip y lo abrimos en nuestro entorno.

En primer lugar, añadimos al fichero **application.properties** (carpeta *src/main/resources*) las propiedades de conexión a la base de datos y las propiedades de *JPA / Hibernate* para el acceso a datos, en el ejemplo la base de datos se llama *autenticacion* y el usuario con el que se hace la conexión es *root* sin valor en la clave:

```
spring.datasource.url=jdbc:mysql://localhost:3306/autenticacion
spring.datasource.username=root
spring.datasource.password=
spring.datasource.driver-class-name=com.mysql.cj.jdbc.Driver

spring.jpa.show-sql=true
spring.jpa.hibernate.ddl-auto=none
spring.jpa.properties.hibernate.dialect=org.hibernate.dialect.MySQLDialect
```

Creamos la estructura de paquetes para el proyecto, véase Figura 5.23:

Figura 5.23. Estructura del proyecto de usuarios en base de datos.

- Paquete **config**: contiene la clase *SecurityConfig.java*, con la configuración de seguridad de nuestra aplicación.

- Paquete **controller:** contiene el controlador *HomeControler.java* para todos los **endpoints** que tenga nuestra aplicación.

- Paquete **entity:** contiene las entidades de nuestro modelo de datos *Producto.java* y *Usuario.java*. La clase *SecurityUser.java* se usa para adaptar la entidad de *Usuario* en un objeto que **Spring Security** necesita para autenticación y autorización.

- Paquete **repository**: contiene las clases *ProductoRepository.java* y *UsuarioRepository.java* que establecen la comunicación con la base de datos.

- Paquete **service:** contiene las clases *ProductoService.java* donde se define la funcionalidad sobre las operaciones en la tabla PRODUCTOS. Y la clase *UserDetailsServiceImpl.java* que se usa para cargar los datos del usuario desde la base de datos (evita el uso de usuarios en memoria).

CONFIGURACIÓN DE LA SEGURIDAD

La seguridad se configura en la clase *SecurityConfig.java*, se le añade la anotación **@EnableMethodSecurity** para habilitar la seguridad a nivel de método. La clase Java tendrá el siguiente aspecto:

```
@Configuration
@EnableWebSecurity
@EnableMethodSecurity

public class SecurityConfig {

    @Bean
    public SecurityFilterChain securityFilterChain(HttpSecurity http)
                    throws Exception {

        http.authorizeHttpRequests(auth -> auth
            .requestMatchers("/").permitAll()
            .requestMatchers("/productos/**").hasAuthority("USER")
            .requestMatchers("/admin/**").hasAuthority("ADMIN")
            .anyRequest().authenticated()
        )
          .formLogin(Customizer.withDefaults());

        return http.build();
    }

    // Codificador de contraseñas
    @Bean
    public PasswordEncoder passwordEncoder() {
        return new BCryptPasswordEncoder();
    }
}
```

Las reglas de acceso a las rutas HTTP configuradas en la aplicación son las siguientes:

- **/**: acceso público a la ruta raíz (/) sin necesidad de iniciar sesión ni autenticación.

- **/productos/****: restringe el acceso a la ruta **/productos/** y todas sus subrutas únicamente a usuarios que tengan la autoridad "USER".

- **/admin/****: acceso permitido a la ruta **/admin/** y todas sus subrutas a los usuarios con la autoridad "ADMIN".

- Cualquier otra ruta: solo usuarios autenticados.

En este ejemplo se manejan *authorities* y no roles, en lugar de usar **hasRole("USER")** hemos de usar **hasAuthority("USER")**, ya que en la clase **SecurityUser** el método **getAuthorities()** devuelve el rol del usuario.

LAS ENTIDADES

La entidad **Producto** es la siguiente:

```java
@Entity
@Table(name = "productos")
public class Producto {

    @Id
    @GeneratedValue(strategy = GenerationType.IDENTITY)
    private Long id;

    private String denominacion;
    private float pvp;
    private int stock;
    //constructores
    //getter y setter
}
```

La entidad **Usuario** es la siguiente, el atributo *username* representa la columna *nombre* en la tabla, es necesario que la entidad tenga un campo llamado *username* (o una propiedad con el método *getUsername()*):

```java
@Entity
@Table(name = "usuarios")
public class Usuario {
    @Id
    @GeneratedValue(strategy = GenerationType.IDENTITY)
    private Long id;

    @Column(name = "nombre", unique = true)
    private String username;

    private String password;
    private String rol;

    //constructores
    //getter y setter
}
```

En el paquete **repository** se encuentra la clase *UsuarioRepository.java* a la que hay que añadir el método *findByUsername()* que recibe el nombre del usuario y devuelve el objeto *Usuario* con ese nombre:

```
@Repository
public interface UsuarioRepository extends JpaRepository<Usuario, Long> {
    Usuario findByUsername(String username);
}
```

LA ENTIDAD SecurityUser

La clase *SecurityUser.java* implementa la interfaz **UserDetails** y actúa como un adaptador entre la entidad *Usuario* y el sistema de seguridad de **Spring Security**. Gracias a esta clase, podemos utilizar *Usuario* como una fuente válida de credenciales y roles, integrándola con el mecanismo de autenticación y autorización de **Spring**.

UserDetails es una interfaz de **Spring Security** que representa la información del usuario autenticado. **Spring Security** la usa internamente para verificar credenciales (*username* y *password*), obtener los roles o autoridades del usuario, saber si la cuenta está activa, bloqueada, expirada, etc.

La clase es la siguiente, el método *getAuthorities()* devuelve los roles o permisos del usuario, en este caso el que tiene almacenado en la tabla que puede ser "USER" o "ADMIN":

```
public class SecurityUser implements UserDetails {
    private Usuario user;

    public SecurityUser(Usuario user) {
        this.user = user;
    }
    @Override
    public Collection<? extends GrantedAuthority> getAuthorities() {
        return Collections.singletonList(new
                        SimpleGrantedAuthority(user.getRol()));
    }
    @Override
    public String getPassword() { return user.getPassword(); }

    @Override
    public String getUsername() { return user.getUsername(); }
}
```

LOS SERVICIOS

En la clase *ProductoServicio.java* se definen las siguientes operaciones:

```
@Service
public class ProductoService {

    @Autowired
    ProductoRepository productoRepository;

    // Devuelve la lista de productos
    public List<Producto> getProductos() {
        return productoRepository.findAll();
    }
```

```java
    // Devuelve el producto con el id recibido
    public Optional<Producto> getProducto(Long id) {
        return productoRepository.findById(id);
    }

    // Inserta el producto y lo devuelve
    public Producto saveProducto(Producto producto) {
        return productoRepository.save(producto);
    }

    // Elimina el producto con ese id
    public void deleteProducto(Long id) {
        productoRepository.deleteById(id);
    }

    // Comprueba si existe o no el producto con ese id
    public boolean existeProducto(Long id) {
        return productoRepository.existsById(id);
    }
}
```

La clase *UserDetailsServiceImpl.java* implementa la interfaz **UserDetailsService**, y su propósito es cargar un usuario desde la base de datos usando su nombre de usuario (*username*) para que **Spring Security** pueda autenticarlo y autorizarlo. El método *loadUserByUsername()* recibe el *username* ingresado en el formulario de login, busca al usuario en la base de datos usando el repositorio *UsuarioRepository* y si no lo encuentra, lanza una excepción (*UsernameNotFoundException*), si lo encuentra, envuelve el objeto *Usuario* en una clase que implementa **UserDetails** en este caso, *SecurityUser.java*. Devuelve ese **UserDetails** a **Spring Security** para que haga la autenticación.

Relación entre las tres clases:

- **UserDetailsServiceImpl**: carga usuarios desde la BD para autenticación
- **UsuarioRepository**: interfaz para buscar usuarios en la base de datos.
- **SecurityUser**: adapta la entidad **Usuario** a **UserDetails.**

SecurityUser.java (que implementa **UserDetails**) es lo que **Spring** usa para: comparar contraseñas, verificar roles/autorizaciones, verificar si la cuenta está activa, etc. El código de *UserDetailsServiceImpl.java* es el siguiente:

```java
@Service
public class UserDetailsServiceImpl implements UserDetailsService {

    @Autowired
    private UsuarioRepository userRepository;

    @Override
    public UserDetails loadUserByUsername(String username)
                        throws UsernameNotFoundException {
        Usuario user = userRepository.findByUsername(username);
        if(user == null) {
            throw new UsernameNotFoundException("User not found");
        }
        return new SecurityUser(user);
    }
}
```

EL CONTROLADOR

Por último, se definen los siguientes **endpoint** en el controlador:

```java
import com.example.entity.Producto;
import com.example.service.ProductoService;

@RestController
@RequestMapping("/")
public class HomeController {

    @Autowired // para enlazar el servicio
    private ProductoService productoService;

    //PARTE PÚBLICA
    @GetMapping("/")
    public String home() {
        return "Pagina inicial, accesible a todos";
    }

    //para usuarios con el rol "USER" CONSULTA TODOS LOS PRODUCTOS
    @GetMapping("/productos")
    public List<Producto> productos() {
        return productoService.getProductos();
    }

    //CONSULTA PRODUCTO POR ID
    @GetMapping("/productos/{id}")
    public Optional<Producto> producto(@PathVariable Long id) {
        return productoService.getProducto(id);
    }

    //PARA USUARIOS CON EL ROL "ADMIN"
    @GetMapping("/admin")
    public String admin() {
        return "Solo los ADMIN pueden ver esto.";
    }

    //ELIMINAR PRODUCTO POR ID
    @PreAuthorize("hasAuthority('ADMIN')")
    @DeleteMapping("/delete/{id}")
    public String deleteProducto(@PathVariable Long id) {
        if (productoService.existeProducto(id)) {
            productoService.deleteProducto(id);
            return "Producto: " + id + ", eliminado";
        } else {
            return "Producto: " + id + ", NO existe";
        }
    }

    //INSERTAR PRODUCTO
    @PreAuthorize("hasAuthority('ADMIN')")
    @PostMapping("/create")
    public Producto addProducto(@RequestBody Producto prod) {
        return productoService.saveProducto(prod);
    }
}
```

Los métodos HTTP definidos son los siguientes:

- **GET /**: página inicial, acceso público. *http://localhost:8080/*

Acceso solo para usuarios con rol "USER":

- **GET /productos**: lista todos los productos. *http://localhost:8080/productos*
- **GET /productos/{id}**: *http://localhost:8080/productos/1*, consulta producto por ID.

Acceso solo para usuarios con rol "ADMIN":

- **GET /admin**: mensaje solo visible para administradores. *http://localhost:8080/admin*
- **DELETE /delete/{id}**: elimina un producto por ID.
- **POST /create**: inserta un nuevo producto.

Las rutas como **/productos** y **/productos/{id}** están protegidas en la configuración de seguridad con **.hasAuthority("USER")**. La ruta **/admin**, está protegida en la configuración de seguridad con **.hasAuthority('ADMIN')**.

Las rutas **/delete/{id}** y **/create** están protegidas en el método mediante la anotación **@PreAuthorize("hasAuthority('ADMIN')")**. Estas no se definieron en la configuración de seguridad, se podrían haber definido asi: *requestMatchers("/admin/**", "/create", "/delete/**").hasAuthority("ADMIN")*, en ese caso no seria necesario usar la anotación **@PreAuthorize** en el controlador.

Al ejecutar la aplicación en la consola se mostrará el mensaje *Global AuthenticationManager configured with UserDetailsService bean with name userDetailsServiceImpl* indicando que los usuarios se gestionarán de forma personalizada, usando la clase **userDetailsServiceImpl**.

Se pueden probar las rutas **GET** desde el navegador web, al abrir rutas protegidas el navegador pedirá login mediante un formulario HTML (*formLogin*). Hay que iniciar la sesión con un usuario válido.

Para probar las rutas **DELETE** y **POST** usaremos **Postman**. Añadiremos al fichero de configuración **SecurityConfig.java** las siguientes configuraciones:

```
// para activar Basic Auth
      http.httpBasic(Customizer.withDefaults());

//Desactiva CSRF
      http.csrf(csrf -> csrf.disable());

//Desactivar el formulario de login, evitando el error 302
      http.formLogin(AbstractHttpConfigurer::disable);
```

Para probar el método **POST** creamos la colección en **Postman**, añadimos la URL, en la pestaña **Auth**orization, eligimos el tipo **Basic Auth** y escribimos el nombre del usuario y su password, véase Figura 5.24. Desde la pestaña **Body** escribimos el JSON para insertar el producto, por último, pulsamos el botón *Send*.

Figura 5.24. Postman añadiendo credenciales para realizar POST.

Si todo ha ido bien se mostrará el mensaje *200 OK* y el producto en formato JSON que se acaba de insertar en la base de datos.

Si introducimos como usuario uno que no tenga permiso, por ejemplo, *ana* o *pepe*, entonces el servidor nos devolverá el error *403 Forbidden*, véase Figura 5.25, que en HTTP indica que el servidor entiende la solicitud, pero no la autoriza, generalmente debido a falta de permisos del usuario o restricciones de acceso. Si introducimos un nombre de usuario que no exista en la base de datos, el servidor devuelve el error *401 Unauthorized*, que indica que la solicitud realizada no ha sido ejecutada porque falta o es incorrecta la credencial de autenticación (como usuario y contraseña). La prueba del método **DELETE** es similar a la realizada con **POST**.

Body ∨ ⏱

| 403 Forbidden | 163 ms · 436 B | 🌐 | 🖉 Save Response ∘∘∘ |

{ } JSON ∨   ▷ Preview   ⚡ Visualize ∨

```
1  {
2      "timestamp": "2025-05-23T12:08:37.202+00:00",
3      "status": 403,
4      "error": "Forbidden",
5      "path": "/create"
6  }
```

Figura 5.25. Error 403 no autoriza la solicitud.

5.8.4. Autenticación mediante OAuth 2

OAuth 2.0 es un protocolo de autorización que permite a las aplicaciones obtener acceso limitado a recursos protegidos en nombre de un usuario, sin necesidad de gestionar directamente sus credenciales. Diseñado para facilitar la delegación segura de permisos, **OAuth 2.0** es ampliamente utilizado en aplicaciones modernas para integrar autenticación con proveedores externos como **Google**, **Facebook** o servicios corporativos.

A diferencia de los sistemas tradicionales de login, **OAuth 2.0** permite a los usuarios otorgar acceso a su información sin compartir su contraseña, mediante un flujo de redirección y tokens. En el contexto de aplicaciones Java, **Spring Security** ofrece un soporte robusto para implementar **OAuth 2.0** de manera sencilla y segura, ya sea como cliente (por ejemplo, usando **Google** como proveedor) o como servidor de autorización. A continuación, veremos cómo integrar **OAuth 2.0** en una aplicación **Spring** utilizando estas capacidades.

Usando **Spring Initializr** generaremos un proyecto con las dependencias siguientes: *Spring Web*, *Spring Security* y *OAuth2 Client*. Descargamos el zip y lo abrimos en nuestro entorno. Creamos un controlador con varias rutas en el paquete **controller**, por ejemplo:

```java
@RestController
public class HomeController {

    @GetMapping("/")
    public String home() {
        return "Pagina inicial";
    }
    @GetMapping("/public")
    public String publica() {
        return "Sitio accesible a todos";
    }
    @GetMapping("/private")
    public String privado() {
        return "Sitio para registrados";
    }
}
```

En el paquete **config** creamos la clase *SecurityConfig.java* para aplicar la seguridad, el aspecto es el siguiente:

```java
@Configuration
@EnableWebSecurity
public class SecurityConfig {
    @Bean
    public SecurityFilterChain securityFilterChain(HttpSecurity http)
                            throws Exception {

        http.authorizeHttpRequests(authz -> authz
            .requestMatchers("/", "/public").permitAll()
            .anyRequest().authenticated())
            .formLogin(Customizer.withDefaults())
            .oauth2Login(Customizer.withDefaults());
```

```
        return http.build();
    }
}
```

Donde se permite acceso sin autenticación a las rutas / y */public*, cualquier otra solicitud requiere que el usuario esté autenticado. Con ***oauth2Login(Customizer.withDefaults())*** se activa el login con **OAuth2** usando los valores por defecto. Esto incluye:

- Redirigir automáticamente al proveedor **OAuth2** (como por ejemplo *Google*) si el usuario no está autenticado.

- Gestionar el flujo de autorización e intercambio de token.

- Crear una sesión de usuario una vez autenticado.

INICIO DE SESIÓN CON CUENTA DE Google

Para habilitar el inicio de sesión con una cuenta de **Google** necesitamos definir ciertas propiedades en el fichero **application.properties** que se encuentra en **src/main/resources**:

```
spring.security.oauth2.client.registration.google.client-id=CLIENT_ID
spring.security.oauth2.client.registration.google.client-secret=
                                                    CLIENT_SECRET
spring.security.oauth2.client.registration.google.scope=openid,profile,email
```

Estas propiedades se rellenan con el *ID del cliente* (*CLIENT_ID*) y el *Secreto del cliente* (*CLIENT_SECRET*). Para conseguir estos valores hemos de acceder a la URL *https://console.cloud.google.com* o ***Google Cloud Console***, que es el panel de administración central para todos los servicios en la plataforma de ***Google Cloud***. En la caja de *Buscar* buscamos *credentials* y seleccionamos ***API Credentials***, véase Figura 5.26

Figura 5.26. Consola de *Google Cloud.*

Desde aquí se pueden crear y gestionar proyectos, habilitar APIs (como ***Google Maps***, ***YouTube***, etc.), crear credenciales **OAuth2**, etc. En este caso usaremos la consola para:

- Registrar nuestra aplicación web, para que **Google** permita que los usuarios se autentiquen a través de ella.

- Obtener credenciales, se necesita un *client-id* y *client-secret*.

- Configurar URIs de redirección: *http://localhost:8080/login/oauth2/code/google*, que es esencial para que el flujo **OAuth2** funcione.

Si no tenemos ningún proyecto creado, nos solicitará crear uno. Pulsamos sobre *Crear proyecto*, escribimos nombre, y pulsamos en *Crear*, véase Figura 5.27.

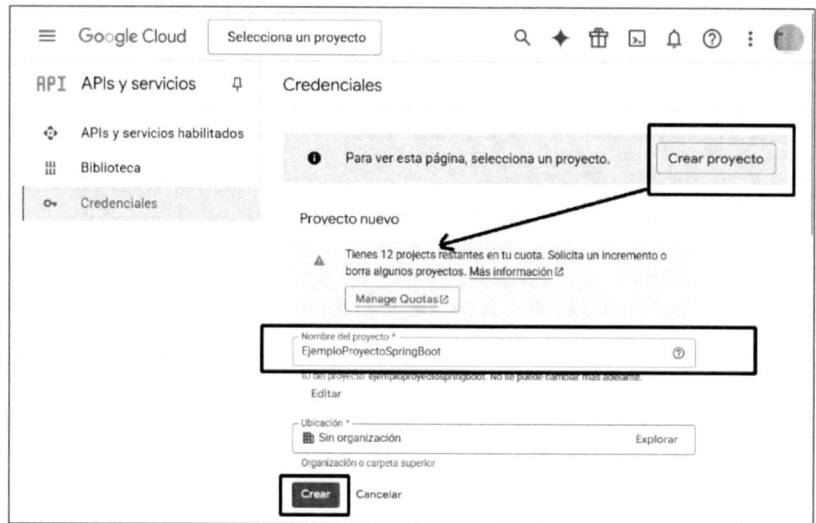

Figura 5.27. Consola de *Google Cloud*, crear un proyecto.

A continuación, pulsamos sobre **+ *Crear credenciales*** y seleccionamos ***ID de cliente OAuth***, véase Figura 5.28. Nos pedirá que configuremos una pantalla de consentimiento, Figura 5.29.

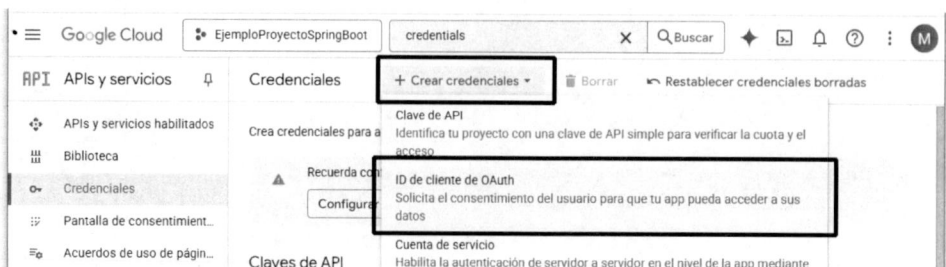

Figura 5.28. Consola de *Google Cloud*, crear credenciales.

Figura 5.29. Consola de *Google Cloud*, pantalla de consentimiento.

Al configurar la pantalla de consentimiento nos pedirá el nombre de la aplicación, email de asistencia del usuario, para qué usuarios está disponible, información de contacto, aceptar las políticas de privacidad, etc. Una vez rellenados todos los apartados pulsamos en *Crear*.

Desde la siguiente pantalla, **Google Auth Platform**, pulsamos sobre **Crear cliente de OAuth**, Figura 5.30.

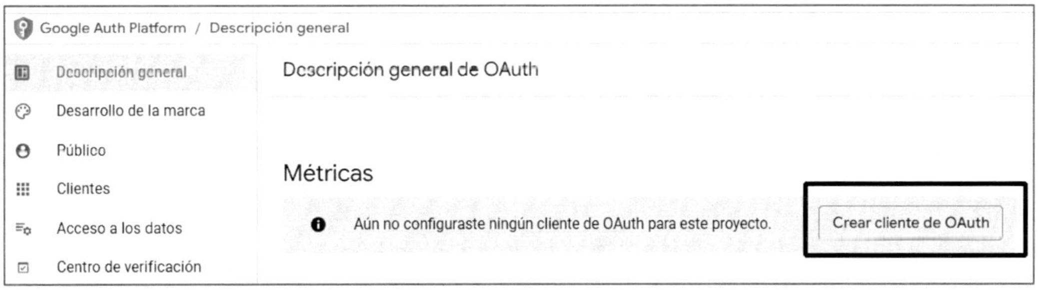

Figura 5.30. *Google Auth Platform*, crear cliente de OAuth.

Los siguientes datos que nos pide son el tipo de aplicación, que en este caso es *Aplicación web*, el nombre, en el apartado **URIs de redireccionamiento autorizados** pulsamos sobre *+ Agregar URI* y escribimos la URI ***http://localhost:8080/login/oauth2/code/google***, Figura 5.31. Por último, pulsamos en *Crear*. Se mostrará una ventanita con los datos del cliente **OAuth**, donde podemos copiar el *Id del cliente* y el *Secreto del cliente*, en las propiedades del fichero **application.properties** (en *CLIENT_ID* y *CLIENT_SECRET*), pulsamos en *Aceptar*, véase Figura 5.32.

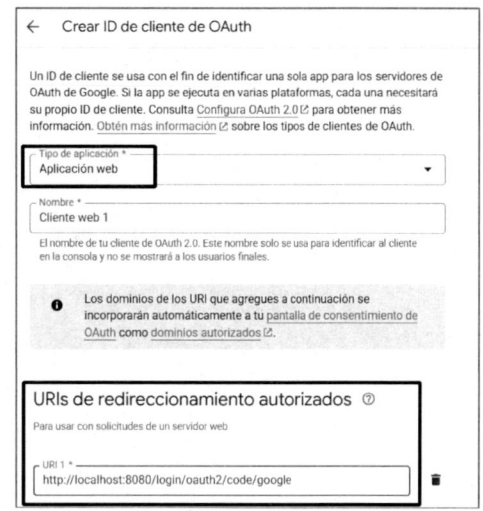

Figura 5.31. Crea ID del cliente de OAuth.

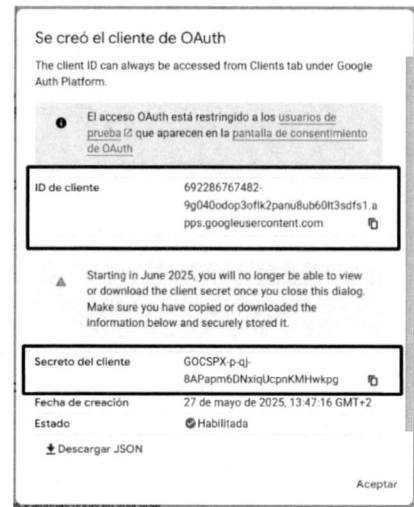

Figura 5.32. Datos del cliente de OAuth.

Por último, se mostrará una lista con los IDs de clientes de **OAuth 2.0** creados, véase Figura 5.33.

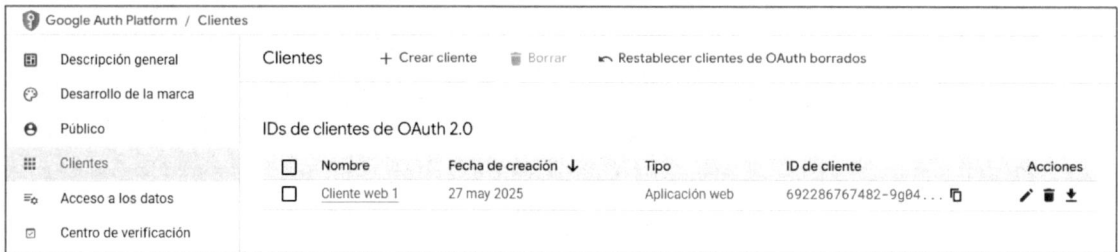

Figura 5.33. IDs de clientes OAuth 2.0

Regresamos de nuevo a ***APIs y Servicios*** (podemos escribir *credentials* en la caja de *Buscar*) y pulsamos sobre *Credenciales* para ver las credenciales creadas, Figura 5.34. Podemos editar, eliminar o descargar la credencial creada.

Figura 5.34. APIs y servicios, credenciales disponibles.

No hemos de olvidar que en nuestro fichero **application.properties** tenemos que rellenar las propiedades con el *ID del cliente* y el *Secreto del cliente*.

Ejecutamos la aplicación y escribimos desde el navegador la URL *http://localhost:8080/private*, nos pedirá autenticarnos, véase Figura 5.35.

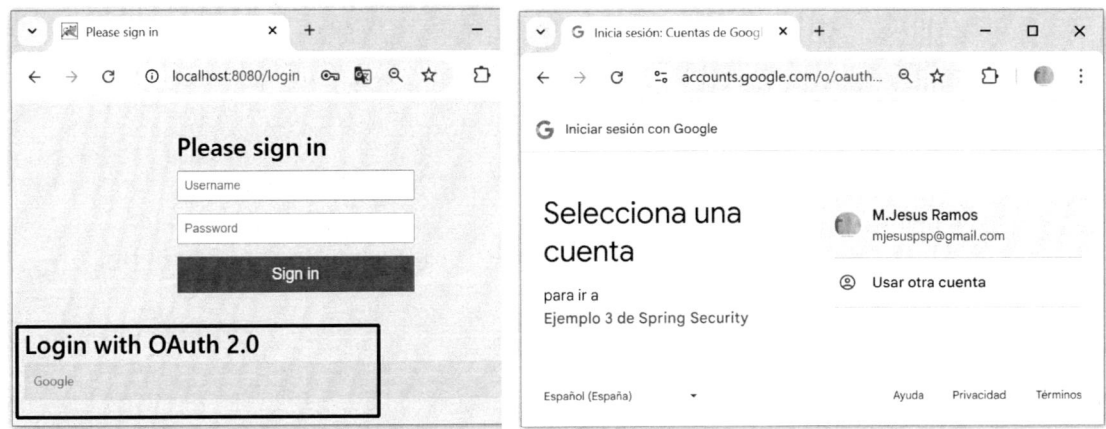

Figura 5.35. Login con usuario Google.

Podemos ver que debajo del *formLogin* por defecto se muestra un enlace para autenticarnos con nuestra cuenta de **Google**, pulsamos sobre el enlace y seleccionamos nuestra cuenta de **Google**. Se mostrará un mensaje indicando que consultemos la política de privacidad y los términos del servicio de la aplicación a la que vamos a acceder, ya que **Google** compartirá el nombre, dirección de correo electrónico e imagen de perfil con dicha aplicación, pulsamos *Continuar* para seguir. O también nos pedirá la llave de acceso del usuario para iniciar la sesión en **Google**. Si todo va bien se mostrará el mensaje que devuelve el método *privado()* definido en **HomeController**.

Se puede quitar la línea *.formLogin(Customizer.withDefaults())* de *SecurityConfig.java* para que no aparezca el formulario por defecto.

INICIO DE SESIÓN CON CUENTA DE GitHub

Si tenemos cuenta de **GitHub** también podemos usarla para autenticación mediante **OAuth**. **GitHub** proporciona un flujo de autenticación basado en **OAuth 2.0** que permite a los desarrolladores integrar el inicio de sesión con **GitHub** en sus aplicaciones web o móviles.

Para ello accedemos a nuestro perfil, seleccionamos *Settings* y buscamos el enlace a *Developer Settings* dentro de la lista de opciones. Se muestra una pantalla donde aparecen varias opciones, pulsamos sobre *OAuth Apps,* si no tenemos ninguna autorización creada se mostrará una página similar a la de la Figura 5.36

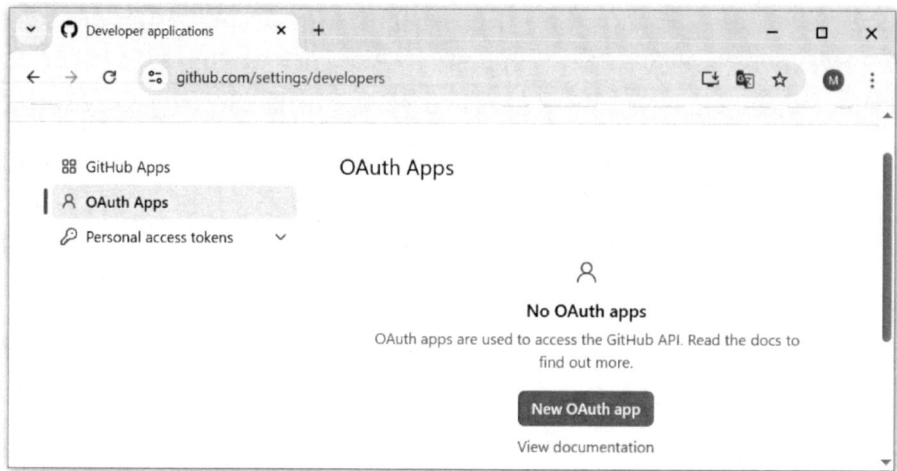

Figura 5.36. Crear autorización con GitHub.

Pulsamos sobre **New OAuth app**, se abrirá una página desde la que hemos de introducir los datos para registrar nuestra aplicación, véase Figura 5.37, en **Homepage URL** escribimos *http://localhost:8080*, en **Authorization callback URL** escribimos la URL a la que **GitHub** redirige al usuario, escribimos **http://localhost:8080/login/oauth2/code/github**, véase Figura 5.37. Pulsamos sobre **Register application**, se muestra una nueva página con el *Client ID*, Figura 5.38. Para generar el *Client secrets* pulsamos sobre **Generate a new client secret.**

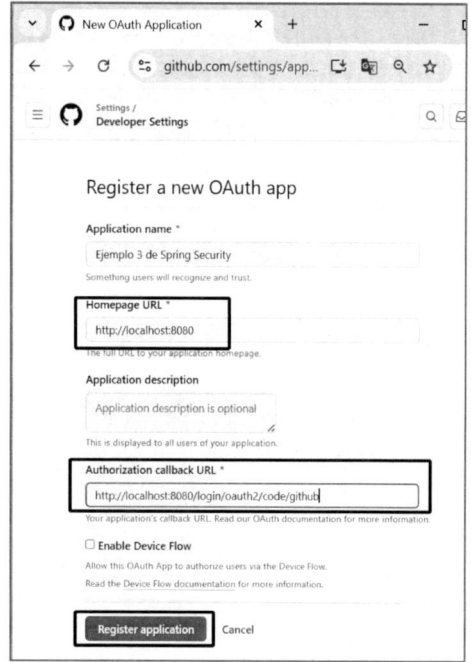

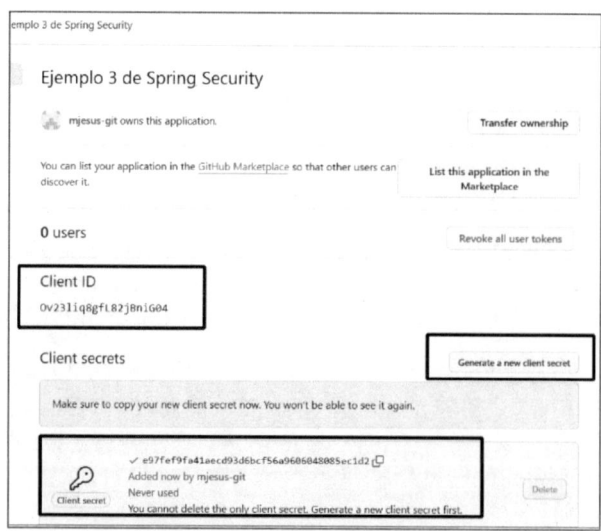

Figura 5.37. GitHub registrar app con OAuth.   **Figura 5.38.** GitHub datos del cliente de OAuth.

Copiamos el id del cliente y el secreto del cliente y los pegamos en el fichero **application.properties** en las siguientes propiedades:

```
spring.security.oauth2.client.registration.github.client-id=CLIENT_ID
spring.security.oauth2.client.registration.github.client-secret=
                                                CLIENT_SECRET
```

Para finalizar con esta pantalla pulsamos sobre *Update application*. Ejecutamos nuestra aplicación y escribimos la URL *http://localhost:8080/private* en el navegador web, aparece la pantalla de login con los enlaces *Gooogle* y *GitHub*, Figura 5.39.

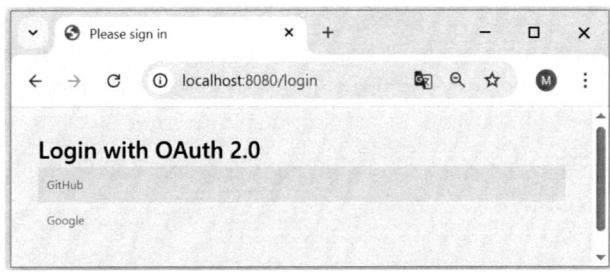

Figura 5.39. Pantalla de Login con GitHub y Google.

Al pulsar sobre el enlace de *GitHub* redirecciona a la página de **GitHub** en la que tenemos que pulsar sobre el botón de autorización para entrar en la aplicación web, véase Figura 5.40. Entonces se mostrará la página inicial de nuestra aplicación web.

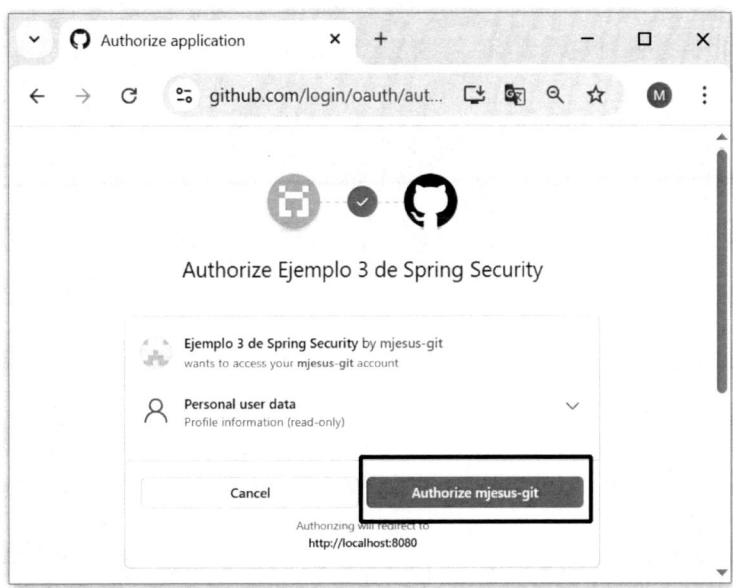

Figura 5.40. Página de autorización con GitHub.

COMPRUEBA TU APRENDIZAJE

1º) Genera el resumen de un fichero, el fichero se debe elegir del disco duro con la clase **JFileChooser**. El resumen se debe mostrar en hexadecimal. Utiliza los algoritmos SHA-256 y MD5 comprueba los resúmenes generados.

2º) Utilizando la técnica de firma digital. Indica los pasos necesarios a llevar a cabo para que entre un emisor y un receptor (situados en distintos lugares) se pueda efectuar un intercambio seguro de ficheros. El fichero a intercambiar puede ser el documento *EjemploFichero.docx*.

Realiza las clases Java necesarias indicando quien las tendría que ejecutar. Crea una carpeta para el emisor y otra para el receptor.

3º) Utilizando herramientas para firmar ficheros. Imagina que quieres enviar a un compañero o compañera vía e-mail un documento y que el destinatario del documento quiere tener la seguridad de que has sido tú el que se lo ha enviado y no otra persona. Simula cómo sería el proceso en el emisor y el receptor, qué tendrían que hacer. Realiza los programas necesarios distinguiendo quien los tendría que ejecutar.

4º) Partiendo del ejemplo *SpringOAuth2Client* añade un controlador de tipo **@Controller** con la ruta */perfil* que muestre el perfil del usuario conectado. Solo pueden acceder a esa ruta los usuarios conectados. Sigue el ejemplo mostrado en el proyecto *SpringSecurity1*.

5º) Escribe una aplicación cliente/servidor que utilice sockets **SSL**. El servidor aceptará conexiones de múltiples clientes. El servidor debe recibir mensajes de texto por parte de los clientes, y les devolverá el mensaje de texto en mayúscula, el cliente mostrará el mensaje en pantalla. El cliente introducirá por teclado los mensajes de texto a enviar y finalizará la conexión con el servidor cuando introduzca un *.

6º) Partiendo del ejemplo *SpringSecurity2*, añade desde SQL una nueva tabla en la base de datos de nombre CLIENTES cuyas columnas son: *id, nombre, localidad* y *nif*, la clave primaria es *id*. Crea todo lo necesario en el proyecto para que se puedan realizar las siguientes operaciones con los clientes: consultar todos los clientes, consultar un cliente por *id*, insertar un nuevo cliente y eliminar un cliente por *id*. Solamente los usuarios con rol "ADMIN" podrán crear y eliminar clientes. Los usuarios con rol "USER" podrán consultar los clientes por *id*. Y tanto usuarios registrados como no registrados podrán consultar todos los clientes. Define las rutas necesarias. Puedes crear otro controlador para manejar las operaciones del cliente. Utiliza **Postman** para comprobar lo que puede hacer cada usuario.

7º) Responde a las siguientes cuestiones:

1. ¿Cuál de los siguientes algoritmos pertenece a la criptografía simétrica?

   a) RSA   b) SHA-1   c) AES   d) ECC

2. ¿Qué característica distingue a los algoritmos de clave pública?

   a) Utilizan la misma clave para cifrar y descifrar

   b) No requieren autenticación

   c) Usan dos claves diferentes: una pública y otra privada

   d) Son más rápidos que los algoritmos simétricos

Indica Verdadero / Falso:

3. El algoritmo MD5 se utiliza principalmente para cifrar mensajes largos.

4. Los certificados digitales permiten cifrar datos y autenticar la identidad del titular.

Completa el siguiente párrafo:

5. La criptografía _____ utiliza la misma clave para cifrar y descifrar.

6. Una firma digital se genera cifrando un _____ del mensaje con la clave privada del emisor.

7. Explica con tus palabras el proceso de verificación de una firma digital por parte del receptor.

8. ¿Cuál es la diferencia principal entre criptografía simétrica y asimétrica?

9. ¿Cuál de estos elementos no forma parte del control de acceso?

   a) Identificación   b) Autenticación   c) Compresión   d) Autorización

10. ¿Qué tipo de autenticación se basa en algo que el usuario posee?

   a) Contraseña   b) Escaneo de retina

   c) Token o tarjeta de acceso   d) Firma manuscrita

11. ¿Qué elemento permite verificar que una clave pública pertenece realmente a una persona u organización?

   a) Token   b) Certificado digital   c) Clave secreta   d) Usuario y contraseña

12. ¿Qué función cumple una firma digital?

    a) Cambiar el formato de un fichero

    b) Asegurar la integridad y autenticidad del mensaje

    c) Comprimir ficheros para su envío

    d) Servir como contraseña

13. ¿Qué organismo emite certificados digitales en España?

    a) INEM   b) RENFE   c) FNMT   d) AENA

14. ¿Qué algoritmo de cifrado simétrico es considerado un estándar moderno por su seguridad y velocidad?

    a) RSA   b) Triple DES   c) AES   d) MD5

Bibliografía

Sistemas operativos. Diseño e implementación. Andrew S. Tanenbaum. Ed Prentice Hall.

Desarrollo de funciones en el sistema informático. J.M. Molina, F. Chamorro, A.Berlanga, y otros. Ed. Mcgraw-Hill. ISBN: 8448148770.

Guía Linux de Programación (GULP): http://es.tldp.org/Manuales-LuCAS/GULP/gulp-0.11.pdf

Programación concurrente. José Tomás Palma Méndez, Mª Carmen Garrido Carrera, Fernando Sánchez Figueroa, Alexis Quesada Arencibia. Ed Paraninfo. ISBN: 9788497321846.

Programación concurrente. J. E. Pérez Martínez. Editorial Rueda.

Procesamiento paralelo teoría y programación. Sebastián Dormido Canto y otros, Ed: Sanz y Torres. ISBN: 9788496094109.

Sistemas distribuidos: conceptos y diseño. George Coulouris, Jean Dollimore, Tim Kindberg. Ed: Addison-Wesley. ISBN 9788478290499.

Piensa en Java. Bruce Eckel. Ed Prentice Hall. ISBN: 9788489660342.

Core Java™ 2: Volume II–Advanced Features. By Cay S. Horstmann, Gary Cornell. Ed: Prentice Hall PTR. ISBN: 0-13-092738-4

Alta velocidad y calidad de servicio en Redes IP. Jesús García Tomas, José Luis Raya Cabrera,Víctor Rodrigo Raya. Editorial: RA-MA. ISBN: 9788478975037.

Secure Coding: Principles & Practices. Autor: Mark G. Graff, Kenneth R. van Wyk. Editorial: O'REILLY & ASSOCIATES, ISBN: 0-596-00242-4.

Seguridad en las comunicaciones y en la información. Autores: Castro Gil, Manuel Alonso, Díaz Orueta, Gabriel Mur Pérez, Francisco, Peire Arroba, Juan. Editorial: UNED. ISBN: 9788436249750.

Java 2 Volumen 2. Características avanzadas. Autores: Cay S. Horstmann, Gary Cornell. Editorial: Prentice Hall. ISBN: 9788483223109.

Mastering Concurrency Programming with Java 8. Javier Fernández González.

Java Threads and the Concurrency Utilities 1st ed. Edition. Jeff Friesen, ISBN: 9781484216996

WEBGRAFÍA

https://docs.oracle.com/en/java/javase/21/docs/api/java.base/java/lang/ProcessBuilder.html

https://docs.oracle.com/en/java/javase/21/docs/api/java.base/java/lang/Process.html

https://docs.oracle.com/en/java/javase/21/docs/api/java.base/java/lang/Runtime.html

https://docs.oracle.com/en/java/javase/21/books.html

https://docs.oracle.com/en/java/javase/21/docs/api/java.base/java/lang/Thread.html

https://docs.oracle.com/javase/tutorial/essential/concurrency/index.html

https://docs.oracle.com/javase/tutorial/networking/

http://www.sc.ehu.es/sbweb/fisica/cursoJava/applets/threads/sincronizacion.htm

http://www.cert.fnmt.es/

https://docs.oracle.com/en/java/javase/24/docs/api/java.base/java/net/MulticastSocket.html

https://docs.oracle.com/en/java/javase/24/docs/api/java.base/java/net/package-summary.html

https://docs.oracle.com/en/java/javase/21/

https://docs.oracle.com/en/java/javase/21/security/

http://docstore.mik.ua/orelly/java-ent/security/

https://javadoc.io/doc/jakarta.mail/jakarta.mail-api/latest/jakarta.mail/jakarta/mail/package-summary.html

https://jakarta.ee/specifications/mail/1.6/apidocs/

https://docs.spring.io/spring-boot/index.html

https://docs.oracle.com/en/java/javase/21/docs/api/java.base/java/security/package-tree.html

https://docs.oracle.com/en/java/javase/21/docs/api/java.base/javax/crypto/package-tree.html

https://docs.spring.io/spring-boot/reference/web/spring-security.html

https://spring.io/guides/tutorials/spring-boot-oauth2

https://docs.spring.io/spring-security/reference/servlet/oauth2/index.html

https://docs.spring.io/spring-security/reference/servlet/authentication/index.html

https://docs.spring.io/spring-security/reference/servlet/authorization/index.html

https://spring.io/guides/tutorials/rest

https://spring.io/guides/gs/rest-service

https://spring.io/projects/spring-security

https://learning.postman.com/docs/introduction/overview/

http://es.wikipedia.org/

https://chatgpt.com/